国家社会科学基金重点项目

法治与改革：中国的实践

刘作翔 等 著

著作者　刘作翔　王奇才　马　岭　倪　斐
　　　　陈洪杰　韩　波　王　锋　吴啟铮
　　　　于　霄　魏书音　苏　艺

上海人民出版社

各章作者

刘作翔　法学博士，上海师范大学哲学与法政学院教授、博士生导师（撰写序言，第一、四章，后记）

王奇才　法学博士，上海师范大学哲学与法政学院副教授、硕士生导师（撰写第二、六、十二章）

马　岭　法学学士，中国社会科学院大学法学院教授（撰写第七、八章）

倪　斐　法学博士，南京师范大学法学院教授、博士生导师（撰写第十一、二十六、二十七、二十八章）

陈洪杰　法学博士，上海政法学院司法研究所教授、硕士生导师（撰写第十、十五、十六、十七章）

韩　波　法学博士，中国政法大学民商经济法学院教授、博士生导师（撰写第二十、二十一、二十二章）

王　锋　法学博士，法律出版社副社长（撰写第三、十三章）

吴启铮　法学博士，上海师范大学哲学与法政学院副教授、硕士生导师（撰写第十八、十九、二十九、三十章）

于　霄　法学博士，上海师范大学哲学与法政学院副教授、硕士生导师（撰写第十四、二十五章）

魏书音　法学博士，中国社会科学院研究生院博士（撰写第二十三、二十四章）

苏　艺　法学博士，江苏警察学院副教授（撰写第五、九章）

刘振宇　法学博士，上海师范大学哲学与法政学院副教授、硕士生导师（负责组织协调工作）

目录 CONTENTS

序 言　在法治轨道上推进改革和发展

刘作翔[*]

2014 年 10 月 23 日党的十八届四中全会通过的《中共中央关于全面推进依法治国若干重大问题的决定》，提出了"重大改革于法有据"的立法指导方针，并指出了"重大改革于法有据"的具体路径。该决定提出："实现立法和改革决策相衔接，做到重大改革于法有据、立法主动适应改革和经济社会发展需要。实践证明行之有效的，要及时上升为法律。实践条件还不成熟、需要先行先试的，要按照法定程序作出授权。对不适应改革要求的法律法规，要及时修改和废止。""重大改革于法有据"这一重大原则和立法指导方针的提出以及具体路径的设计，是中国共产党在如何处理改革与法治的关系问题上取得的一个重大理论成果。

"重大改革于法有据"重大理论成果的取得，经历了新中国成立以来，尤其是改革开放以来长时期的理论探索和实践探索的艰巨过程。这个过程经历了以下三个阶段：第一个阶段，即 1978 年至 2011 年"重大改革于法有据"的探索阶段；第二个阶段，即 2011 年至党的十八大"重大改革于法有据"的初创阶段；第三个阶段，即党的十八大至今"重大改革于法有据"的确立阶段和实践阶段。这样一个历史性过程，表明了我们党和国家

---

　　* 上海师范大学法治与人权研究所所长，光启学者特聘教授。中国法学会法治文化研究会副会长、中国法学会体育法学研究会副会长。中国法学会立法学研究会顾问、中国法学会法理学研究会顾问。

从改革开放以来,就一直持续不断地在理论上和实践上探索如何处理改革与法治的关系,寻找一条符合中国改革实际和实践的法治道路,说明了改革是一个不断探索、不断实践的发展过程,需要在实践中不断总结经验、不断完善、不断发展。

《法治与改革:中国的实践》一书,就是以党的十八届四中全会通过的《中共中央关于全面推进依法治国若干重大问题的决定》提出的"重大改革于法有据"为指导,对新中国成立以来,尤其是改革开放以来,我国在处理法治与改革问题上,在"重大改革于法有据"方面的历史发展、理论探索、实现路径、实践演进、制度变革等进行理论研究,从完善改革与法治的研究现状、历史渊源、文本解读、规范分析等角度对"重大改革于法有据"命题进行系统阐释,勾勒出我国在处理改革与法治的关系上,在与改革相关的立法方面所展开的宏大实践和取得的辉煌成果,全方位地展现了我国在践行"重大改革于法有据"方面的理论探索和法治实践。

"重大改革于法有据"立法指导方针的重大意义,就在于解决了改革的合法性和权威性的问题,理顺了改革与法治的关系。之所以如此高度强调"重大改革于法有据",就是要确立改革的合法性和权威性。有了法治,改革才有合法性和权威性;没有法治,改革的合法性和权威性就无法解决。"重大改革于法有据"有利于解决改革的合法性和权威性问题。尤其是第二种途径和办法,解决了困扰我们多年的改革与法律相冲突的难题。通过法定授权,找到了确立改革的合法性路径,即凡需要进行先行先试的改革地区和领域、事项,通过授权,暂时中止原来实施的相关法律,这样使改革能够顺利进行。

《法治与改革:中国的实践》一书,对我国在二十八项制度领域的改革和立法情况进行了深入的研究。这二十八项制度领域改革的内容确立,以立法上有明确的制度改革为标志,涉及了如下的改革领域:党政机构改革的法治实践;人民代表大会制度的发展与完善;国家监察体制改革的法治实践；立法体制改革的法治实践；我国合宪性审查制度的特点；我国宪法解释制度的设计；法规备案审查制度的法治实践；司法解释备案审查制度的法治实践；我国选举制度改革的法治实践；综合行政执法体制改革的法治实践；公务员体制改革的法治实践；基层治理制度改革的法治实践；人民法院、人民检察院机构改革的法治实践；司法责任制改革的法治实践；人民陪审员制度改革；刑事案件速裁程序改革；刑事案件认罪认罚从宽制度改革；民事公益诉讼制度改革；民事诉讼程序繁简分流制度改革；证券纠纷代表人诉讼制度改革；我国生育制度改革的法治化实践；我国户籍制度改革的法治化实践；土地制度改革的法治化实践；财税体制改革的法治化实践；自由贸易试验区制度改革的法治化实践；环境保护制度改革的法治化实践；废止劳动教养制度；废止收容教育制度。对每一项制度的历史发展、改革动因、改革的立法内容、改革后的实施状况，以及进一步完善的对策建议乃至立法修改建议进行深入研究。

通过对以上制度改革领域的研究表明，"重大改革于法有据"已经覆盖了我国经济社会发展和国家治理的主要方面，包括政治体制、经济体制、社会体制、立法体制、行政体制、司法体制、刑事领域、民商事领域、环境领域等非常广泛的内容，形成了较为系统完善的"重大改革于法有据"实践推进机制，为各级立法机关、中央和地方各级政府在法治轨道上推进改革提供了可供遵循的制度框架和具体程序，为全面深化改革、全面依法治国提供了重要制度保障。

党的二十大报告提出"在法治轨道上全面推进中国式社会主义现代化"。在实现中国式社会主义现代化的过程中，改革与法治始终伴随其间，实现改革与法治的良性互动，始终是一个需要不断探索、不断实践、不断完善的过程。中国社会主义现代化的伟大实践为"重大改革于法有据"提供了丰富的理论基点和实践素材，促使法学理论界和法治实务界加深对"重大改革于法有据"命题的认识，正确理解法治与改革、发展的关系，探索实现改革与法治良性互动的有效对策，丰富中国特色社会主义法治理论，使中国的改革事业在法治的引领下顺利前行，为实现"在法治轨道上全面推进中国式社会主义现代化"的战略目标而作出努力。

2024 年 3 月 16 日于北京

第一章 "重大改革于法有据"的理论探索、实现路径及其重要意义

"重大改革于法有据"是 2014 年 10 月 23 日党的十八届四中全会通过的《中共中央关于全面推进依法治国若干重大问题的决定》中正式规定的处理改革与法治关系的重大原则和指导方针。该决定提出:"实现立法和改革决策相衔接,做到重大改革于法有据、立法主动适应改革和经济社会发展需要。实践证明行之有效的,要及时上升为法律。实践条件还不成熟、需要先行先试的,要按照法定程序作出授权。对不适应改革要求的法律法规,要及时修改和废止。"①虽是短短一段话,却指出了处理改革与法治关系的关键路径。本章从以下三个方面对这一重大原则和指导方针作历史追溯和阐释:一是"重大改革于法有据"的历史演进和理论探索;二是"重大改革于法有据"的实现路径——处理改革与法治关系的三种路径和办法;三是"重大改革于法有据"的重大意义——确保改革合法性和权威性的关键。

---

① 《中共中央关于全面推进依法治国若干重大问题的决定》,2014 年 10 月 23 日中国共产党第十八届中央委员会第四次全体会议通过。

第一节 "重大改革于法有据"的历史演进和理论探索

"重大改革于法有据"这一处理改革与法治关系的重大原则和指导方针的提出，经历了改革开放以来的理论探索和实践探索的过程。

一、"重大改革于法有据"的探索阶段（1978—2011 年）

自 1978 年我国实行改革开放以来，对于如何实现改革与法治的良性互动进行了艰苦的理论探索和实践探索。改革开放以来，改革与法治的关系一直是法学、政治学、经济学、社会学和各界关注争论的问题，争论的焦点是到底要先改革后立法，还是先立法后改革，当时把它叫作"先立后破"还是"先破后立"。这些争论涉及改革的策略以及方式方法，争论的实质就是某些改革决策、改革举措的合宪性和合法性问题。为什么争论这些问题呢？因为当时出现了一些典型事例，如 1978 年安徽省凤阳县小岗村进行的家庭联产承包责任制的改革，突破了 1978 年《宪法》规定的人民公社制。1988 年以前深圳等经济特区将土地使用权出租的经济体制改革，突破了 1982 年《宪法》关于土地不得买卖出租的规定。1998 年四川省遂宁市的一个乡实行直选乡镇长的改革，突破了宪法、地方人大和政府组织法关于乡镇长要间接选举产生的规定。原十二届全国人大法律委员会主任委员乔晓阳在回顾改革开放以来 40 年的立法工作时讲到："改革开放 40 年来立法工作中的一个老生常谈的话题，就是如何处理立法与改革的关系……为什么要处理立法与改革的关系？因为这是一对矛盾。立法是什么？它是把稳定的、成熟的社会关系上升为法，把社会关系用法的形式固定下来，它追求的是稳定性。所以立法的特点是'定'。改革恰恰是对原来定下的、但不适应经济社会发展的制度、做法进行改变，是制度自我完善的一个手段。所以改革的特点是'变'。用特点是'定'的立法来适应特点是'变'的改革,可以说是改革开放 40 年来立法工作当中的一条主线,一直在处理这两者的关系。这其中经历了'先改革后立法'、'边改革边立法',到'凡属重大改革必须于法有据'几个阶段。每个阶段在处理立法与改革关系的时候又有不同的特点,比如从立法'有比没有好'、'快搞比慢搞好'、'宜粗不宜细',到'能明确的尽量明确、能具体的尽量具体',等等。"①

面对改革与法律相冲突,以及某些改革突破宪法与法律的现象,法学界有些专家提出一个概念,即"良性违宪"或"良性违法",并展开了一场争论。所谓的"良性违宪""良性违法",就是指中央或者地方的一些改革举措,虽然违背了当时宪法和法律的个别条文规范,但是却有利于解放和发展生产力,有利于维护国家和民族的根本利益,认为是有利于社会文明进步的"良性"行为,因此应当容许它存在,但是要加以限制而不能放任自流。②这就是"良性违宪""良性违法"提出者的主要观点。"良性违宪""良性违法"在当时虽然争论很热烈,但并不是法学界的主流观点。违法就是违法,违宪就是违宪,怎么还能够戴上"良性"的帽子呢?准确的表述就是改革突破了当时的法律规定。

为了处理改革与法治的关系,我们党和国家自改革开放始,从国情和实际出发,有针对性地采取了一些行之有效的应对措施,为许多重大改革提供了重要的宪法和法律依据。

1993 年,党的十四届三中全会通过的《中共中央关于建立社会主义

---

① 乔晓阳:《如何处理好立法和改革的关系》,载中国人大网,http://www.npc.gov.cn/zgrdw/npc/xinwen/2019-01/18/content_2070780.htm。

② 有关这场争论参见以下文章:郝铁川:《论良性违宪》,载《法学研究》1996 年第 4 期;童之伟:《"良性违宪"不宜肯定——对郝铁川同志有关主张的不同看法》,载《法学研究》1996 年第 6 期;郝铁川:《社会变革与成文法的局限性——再谈良性违宪兼答童之伟同志》,载《法学研究》1996 年第 6 期;郝铁川:《温柔的抵抗——关于"良性违宪"的说明》,载《法学》1997 年第 5 期;童之伟:《宪法实施灵活性的底线——再与郝铁川先生商榷》,载《法学》1997 年第 5 期。

市场经济体制若干问题的决定》，提出了改革决策要与立法决策紧密结合，立法要体现改革精神，用法律引导、推进和保障改革顺利进行。该决定提出，"社会主义市场经济体制的建立和完善，必须有完备的法制来规范和保障。要高度重视法制建设，做到改革开放与法制建设的统一，学会运用法律手段管理经济"，并指出"坚持社会主义法制的统一，改革决策要与立法决策紧密结合。立法要体现改革精神，用法律引导、推进和保障改革顺利进行。要搞好立法规划，抓紧制定关于规范市场主体、维护市场秩序、加强宏观调控、完善社会保障、促进对外开放等方面的法律。要适时修改和废止与建立社会主义市场经济体制不相适应的法律和法规。加强党对立法工作领导，完善立法体制，改进立法程序，加快立法步伐，为社会主义市场经济提供法律规范"。[①]后来党的十八届四中全会提出的处理改革与法治关系的思路，是在当年的基础上发展而来的。全国人大常委会1995年提出国家立法机关要按照立法决策和改革决策紧密结合的要求，将制定保障和促进改革开放、加快社会主义市场经济体制方面的法律作为立法的重点。2004年又进一步指出，立法工作既要注意及时将改革中取得的成功经验用法律形式确定下来，对现有法律中不适应实践发展的规定进行修改，为改革发展提供坚实的法治保障，又要注意为继续深化改革留下空间，要坚持从我国的国情出发，始终将改革开放和现代化建设的伟大事业作为立法的基础。

二、"重大改革于法有据"的初创阶段（2011—党的十八大）

在2011年3月10日第十一届全国人民代表大会第四次会议上，时任全国人大常委会委员长吴邦国宣布中国特色社会主义法律体系形成，并总结了如下的经验："正确把握改革发展稳定的关系，妥善处理法律稳

---

① 《中共中央关于建立社会主义市场经济体制若干问题的决定》，1993年11月14日中国共产党第十四届中央委员会第三次全体会议通过。

定性与实践变动性的关系,妥善处理法律前瞻性与可行性的关系,确保立法进程与改革开放和社会主义现代化建设进程相适应。"同时,提出了处理改革与法治关系的三种对策:

第一,对实践经验比较成熟的、各方面认识也比较一致的,规定得具体一些,增强法律的可操作性;

第二,对实践经验尚不成熟但现实中又需要法律进行规范的,先规定得原则一些,为引导实践提供规范和保障,并为深化改革留下空间,待条件成熟后再修改补充;

第三,对改革开放中遇到的一些新情况新问题,用法律来规范还不具备条件的,先依照法定权限制定行政法规和地方性法规,先行先试,待取得经验、条件成熟时再制定法律。①

以上三种办法,为后来党的十八届四中全会提出的处理改革与法治的关系奠定了理论基础和实践基础。只不过当时提出的先行先试和后来提出的先行先试略有不同,当时提出的先行先试是暂不要上升到国家法律这一层级,先在国务院行政法规、地方性法规中先行先试;党的十八届四中全会提出的先行先试是暂时不要立法,通过授权先行先试,先行先试的地区和领域相关法律暂时中止实施。

三、"重大改革于法有据"的确立阶段(党的十八大至今)

党的十八大以来,中国的改革事业进入了前所未有的新阶段。面对繁重的改革任务,如何发挥法治的作用、法治如何引领改革,就成为一个重大的问题。以习近平同志为核心的党中央更加重视全面推进依法治国和法治中国的建设。2013 年在党的十八届三中全会上,习近平总书记讲话指出:"这次全会提出的许多改革措施涉及现行法律规定,凡属重大改

---

① 《吴邦国在十一届全国人大四次会议上作的常委会工作报告》,载《人民日报》2011 年 3 月 1 日。

革要于法有据，需要修改法律的可以先修改法律，先立后破，有序进行。有的重要改革举措需要得到法律授权的，要按法律程序进行。"乔晓阳认为，"这段话虽然是针对实施改革措施讲的，同时也是对立法工作提出的要求，对于我们处理好立法与改革关系具有重要指导意义……几乎每一项重大改革都涉及与现行法律规定的关系。比如 2013 年十八届三中全会决定推出一系列改革举措，经法工委研究梳理，改革领域涉及现行法律 139 件，需要制定修改和废止的立法项目 76 件"。①

2014 年 2 月 28 日，习近平总书记在中央全面深化改革领导小组第二次会议的讲话中又一次明确提出："凡属重大改革都要于法有据。在整个改革过程中，都要高度重视运用法治思维和法治方式，发挥法治的引领和推动作用，加强对相关立法工作的协调，确保在法治轨道上推进改革。"②

2014 年 10 月 23 日召开的党的第十八届四中全会是中国共产党成立以来非常重要的一次会议，将依法治国提到了前所未有的高度。全会特别强调依法治国是党领导人民治国理政的基本方略，法治是管理国家、治理社会的基本方式。这次会议通过的《中共中央关于全面推进依法治国若干重大问题的决定》，对于如何处理改革与法治的关系给出了明确的思路，该决定提出："实现立法和改革决策相衔接，做到重大改革于法有据，立法主动适应改革和经济社会发展需要。"③而"如何理解和实现立法和改革决策相衔接，做到重大改革于法有据、立法主动适应改革和经济社会发展需要"，就是各级立法机关要紧盯经济社会的发展实践，对经济社

---

① 乔晓阳：《如何处理好立法和改革的关系》，载中国人大网，http://www.npc.gov.cn/zgrdw/npc/xinwen/2019-01/18/content_2070780.htm。

② 《习近平主持召开中央全面深化改革领导小组第二次会议》，载央广网，https://china.cnr.cn/news/201403/t20140301_514963752.shtml。

③ 《中共中央关于全面推进依法治国若干重大问题的决定》，2014 年 10 月 23 日中国共产党第十八届中央委员会第四次全体会议通过。

会发展的形势及时作出研判,哪些问题需要通过立法来规范,哪些问题需要通过授权先行先试,哪些法律同经济社会发展实践不适应,要及时作出调整,变过去的被动为主动。立法机关应主动作为,发挥法律对改革和社会关系的调整作用。

乔晓阳在解读"实现立法和改革决策相衔接"时,认为"关键就是实现立法决策要与改革决策相一致,立法要适应改革的需要,服务于改革……因为立法决策与改革决策相一致体现了党的领导,从国家层面来讲重大改革决策都是党中央作出的,所以立法决策对改革决策实际上是处于'适应''服务'的地位……但是立法决策与改革决策相一致绝不意味着立法仅仅是简单的、单纯的'符合'改革决策就行了。而是要通过整个立法程序使改革决策更加完善、更加周到,因为立法的过程,要广泛征求各方面的意见,特别是人民群众的意见,要经过人大常委会一审、二审甚至三审才能通过,法律通过后,各方面依法办事。在这个过程中实现了坚持在法治框架内推进改革,从而也就实现了立法的引领和推动作用。实际上立法决策与改革决策相一致恰恰体现了党的领导、人民当家作主和依法治国的有机统一"。①

第二节 "重大改革于法有据"的实现路径

在确立了"重大改革要于法有据"重大原则和指导方针的基础上,党的十八届四中全会又给出了处理改革与法治关系的三种具体路径和办法:"实践证明行之有效的,要及时上升为法律。实践条件还不成熟、需要

---

① 乔晓阳:《如何处理好立法和改革的关系》,载中国人大网,http://www.npc.gov.cn/zgrdw/npc/xinwen/2019-01/18/content_2070780.htm。

先行先试的，要按照法定程序作出授权。对不适应改革要求的法律法规，要及时修改和废止。"①这三种路径和办法，是在此前基础上进一步地完善和改进，更加精炼和明确。这三种路径和办法都是为了贯彻落实"重大改革于法有据"的这一处理改革与法治关系的大原则和大前提。以下是笔者对这三种路径和办法所作的分析。

一、实践证明行之有效的，要及时上升为法律——第一种路径和办法

如何理解"实践证明行之有效的，要及时上升为法律"？就是立法要加快步伐，不能被动地等待，要主动密切观察社会实践的变化。社会实践领域不是单一的，而是全方位的，各方面实践的问题、以及改革的进展都要关注。对于实践证明行之有效的，要及时上升为法律。例如，2018 年 4 月 27 日第十三届全国人大常委会第二次会议通过了《关于国务院机构改革涉及法律规定的行政机关职责调整问题的决定》，将国务院机构改革后涉及法律规定的行政机关职责调整问题确定了下来；2018 年 6 月 22 日第十三届全国人大常委会第三次会议通过了《关于全国人民代表大会宪法和法律委员会职责问题的决定》和《关于中国海警局行使海上维权执法职权的决定》，对全国人大宪法和法律委员会的职责和中国海警局行使海上维权执法职权作了明确；党的十九大提出的"巩固和完善农村基本经营制度，深化农村土地制度改革，完善承包地'三权'分置制度。保持土地承包关系稳定并长久不变，第二轮土地承包到期后再延长三十年"；2018 年 12 月 29 日第十三届全国人大常委会第七次会议通过了《关于修改〈中华人民共和国农村土地承包法〉的决定》，其中第一条规定："保持农村土地承包关系稳定并长久不变，维护农村土地承包经营当事人的合法权益。"

---

① 《中共中央关于全面推进依法治国若干重大问题的决定》，2014 年 10 月 23 日中国共产党第十八届中央委员会第四次全体会议通过。

第二十一条第一款规定:"耕地的承包期为三十年。草地的承包期为三十年至五十年。林地的承包期为三十年至七十年。"第二款规定:"前款规定的耕地承包期届满后再延长三十年,草地、林地承包期届满后依照前款规定相应延长。"此外,还对农村土地所有权、承包权、经营权三权分置,土地经营入股、维护进城务工和落户农民的土地承包权益作了规定。这就是"实践证明行之有效的,要及时上升为法律"的实例。关于生育政策和生育制度改革,先后经历了单独二孩、放开二孩、生育三孩三个阶段。2013年12月28日第十二届全国人大常委会第六次会议通过了《关于调整完善生育政策的决议》;2015年12月27日第十二届全国人大常委会第十八次会议通过了《关于修改〈中华人民共和国人口与计划生育法〉的决定》;2021年8月20日第十三届全国人大常委会第三十次会议通过《关于修改〈中华人民共和国人口与计划生育法〉的决定》。

二、实践条件还不成熟、需要先行先试的,要按照法定程序作出授权——第二种路径和办法

党的十八大以来,改革进入深水区。习近平总书记强调要"在法治下推进改革,在改革中完善法治"。党的十八届三中全会确定了336项改革任务,十八届四中全会确定了190项改革任务,这些改革任务大都涉及法律制度的调整。十二届全国人大及其常委会把着力发挥立法引领和推动作用,确保"重大改革于法有据"作为立法工作的一条主线。2015年修改《立法法》,增加第十三条规定:"全国人民代表大会及其常务委员会可以根据改革发展的需要,决定就行政管理等领域的特定事项授权在一定期限内在部分地方暂时调整或者暂时停止适用法律的部分规定。"这为立法授权改革提供了法律依据。

《立法法》这一新增条文,解决了困扰我们多年的改革与法律相冲突的难题。通过法定授权,解决改革的合法性问题。具体措施:凡需要进行先行先试的改革地区和领域、事项，通过授权，暂时中止原来实施的相关法律，因为先行先试和现行法律是有冲突的，如果不中止就没有办法先行先试了，这样使改革能够顺利进行。

设立自贸试验区是我国全面深化改革开放、积极主动融入全球经济一体化的一项重大举措。2013 年和 2014 年，全国人大常委会分别通过决定，授权国务院在上海、广东、天津、福建自贸试验区和上海自贸试验区扩展区域暂停实施《外资企业法》等法律规定的部分行政审批事项，改为备案管理。根据决定规定，第一个授权决定于 2016 年 9 月 30 日到期。据此，2016 年，全国人大常委会对《外资企业法》等四部法律的部分条款进行修改，为构建我国开放型经济新体制提供法律依据，保障自贸区试验。

为进一步完善刑事诉讼程序，合理配置司法资源，提高审理刑事案件的质量与效率，维护当事人的合法权益，2014 年 6 月 27 日第十二届全国人大常委会第九次会议通过了《关于授权最高人民法院、最高人民检察院在部分地区开展刑事案件速裁程序试点工作的决定》，"授权最高人民法院、最高人民检察院在北京、天津、上海、重庆、沈阳、大连、南京、杭州、福州、厦门、济南、青岛、郑州、武汉、长沙、广州、深圳、西安开展刑事案件速裁程序试点工作。对事实清楚，证据充分，被告人自愿认罪，当事人对适用法律没有争议的危险驾驶、交通肇事、盗窃、诈骗、抢夺、伤害、寻衅滋事等情节较轻，依法可能判处一年以下有期徒刑、拘役、管制的案件，或者依法单处罚金的案件，进一步简化刑事诉讼法规定的相关诉讼程序……试点期限为二年"；2015 年 10 月 15 日，最高人民法院、最高人民检察院提交了《关于刑事案件速裁程序试点情况的中期报告》；2018 年 10 月 26 日第十三届全国人大常委会第六次会议通过了《关于修改〈中华人民共和国刑事诉讼法〉的决定》，专门增加了第四节的速裁程序，并规定了具体的条款：第二百二十二条"基层人民法院管辖的可能判处三年有期徒刑以下刑罚的案件,案件事实清楚,证据确实、充分,被告人认罪认罚并同意适用速裁程序的,可以适用速裁程序,由审判员一人独任审判。人民检察院在提起公诉的时候,可以建议人民法院适用速裁程序";第二百二十四条"适用速裁程序审理案件,不受本章第一节规定的送达期限的限制,一般不进行法庭调查、法庭辩论,但在判决宣告前应当听取辩护人的意见和被告人的最后陈述意见。""适用速裁程序审理案件,应当当庭宣判";第二百二十五条"适用速裁程序审理案件,人民法院应当在受理后十日以内审结;对可能判处的有期徒刑超过一年的,可以延长至十五日"。

关于开展认罪认罚从宽制度的改革,2016 年 9 月 3 日第十二届全国人大常委会第二十二次会议通过了《关于授权最高人民法院、最高人民检察院在部分地区开展刑事案件认罪认罚从宽制度试点工作的决定》;2017 年 12 月 23 日在第十二届全国人大常委会第三十一次会议上,最高人民法院、最高人民检察院提交了关于在部分地区开展刑事案件认罪认罚从宽制度试点工作情况的中期报告;2018 年 10 月 26 日第十三届全国人大常委会第六次会议通过了《关于修改〈中华人民共和国刑事诉讼法〉的决定》,规定"犯罪嫌疑人、被告人自愿如实供述自己的罪行,承认指控的犯罪事实,愿意接受处罚的,可以依法从宽处理"。

关于民事诉讼程序繁简分流改革试点工作,2019 年 12 月 28 日第十三届全国人大常委会第十五次会议通过了《关于授权最高人民法院在部分地区开展民事诉讼程序繁简分流改革试点工作的决定》。

关于人民陪审员制度的改革,2015 年 4 月 24 日第十二届全国人大常委会第十四次会议通过了《关于授权在部分地区开展人民陪审员制度改革试点工作的决定》;2017 年 4 月 27 日第十二届全国人大常委会第二十七次会议通过了《关于延长人民陪审员制度改革试点期限的决定》;2018 年 4 月 27 日第十三届全国人大常委会第二次会议通过了《人民陪审员法》,完成了人民陪审员制度改革的立法任务。

关于国家监察体制改革，全国人大常委会先后通过了如下的决定：2016 年 12 月 25 日第十二届全国人大常委会第二十五次会议通过了《关于在北京市、山西省、浙江省开展国家监察体制改革试点工作的决定》，在北京、山西、浙江三省、市进行国家监察体制改革的试点工作；后又于 2017 年 11 月 4 日第十二届全国人大常委会第三十次会议通过了《关于在全国各地推开国家监察体制改革试点工作的决定》，在全国各地推开国家监察体制改革的试点工作；2018 年 3 月 20 日第十三届全国人民代表大会第一次会议通过了《监察法》，完成了国家监察体制这一重大政治制度改革的立法任务；随后，2019 年 10 月 26 日第十三届全国人大常委会第十四次会议通过了《关于国家监察委员会制定监察法规的决定》，明确了国家监察委员会可以制定监察法规的立法职权。

2021 年以来，第十三届全国人大常委会密集地通过了数个授权决定。其中，2021 年 4 月 29 日第十三届全国人大常委会第二十八次会议表决通过了《关于授权国务院在自由贸易试验区暂时调整适用有关法律规定的决定》；2021 年 6 月 10 日第十三届全国人大常委会第二十九次会议表决通过了《关于授权上海市人民代表大会及其常务委员会制定浦东新区法规的决定》；2021 年 8 月 20 日第十三届全国人大常委会第三十次会议通过了《关于授权最高人民法院组织开展四级法院审级职能定位改革试点工作的决定》；2021 年 10 月 23 日第十三届全国人大常委会第三十一次会议通过了《关于授权国务院在营商环境创新试点城市暂时调整适用〈中华人民共和国计量法〉有关规定的决定》《关于授权国务院在部分地区开展房地产税改革试点工作的决定》《关于深化国防动员体制改革期间暂时调整适用相关法律规定的决定》。在半年的时间内，第十三届全国人大常委会就密集地通过了六个授权决定，说明中国的改革进入了活跃期和快车道。这些授权决定涉及立法改革、司法改革、自由贸易区改革、营商环境改革、房地产税改革、国防动员体制改革等多个领域。

三、对不适应改革要求的法律法规,要及时修改和废止——第三种路径和办法

党的十八大以来,在及时立法的基础上,修改法律成为立法工作的一种新态势。2013年12月28日第十二届全国人大常委会第六次会议通过了《关于废止有关劳动教养法律规定的决定》;2019年12月28日第十三届全国人大常委会第十五次会议通过了《关于废止有关收容教育法律规定和制度的决定》。

在2021年1月召开的第十三届全国人大常委会第二十五次会议上,时任全国人大常委会法制工作委员会主任沈春耀关于2020年备案审查工作情况的报告中讲到,2020年2月24日全国人大常委会作出《关于全面禁止非法野生动物交易、革除滥食野生动物陋习、切实保障人民群众生命健康安全的决定》后,立即开展野生动物保护领域法规、规章、司法解释及其他规范性文件专项审查和集中清理工作。根据国务院办公厅和地方人大常委会反馈的情况,清理中发现需要根据全国人大常委会决定精神修改或者废止的规范性文件共419件,其中行政法规3件,国务院规范性文件4件,部门规章和规范性文件30件,省级地方性法规69件,设区的市地方性法规9件,单行条例22件,经济特区法规1件,地方政府规章和规范性文件281件。有关方面已经修改30件、废止55件;2020年5月28日第十三届全国人民代表大会第三次会议审议通过了《中华人民共和国民法典》后,为配合民法典的贯彻实施,开展了民法典涉及法规、规章、司法解释及其他规范性文件专项审查和集中清理工作。清理中发现需要修改或者废止的规范性文件共2850件,其中行政法规31件,国务院规范性文件5件,部门规章和规范性文件164件,地方性法规543件,地方政府规章和规范性文件1874件,司法解释233件。有关方面已经修改257

件、废止 449 件。①法律清理工作成为立法机关的一项重要工作内容。

在 2021 年 12 月 21 日召开的第十三届全国人大常委会第三十二次会议上，关于 2021 年备案审查工作情况的报告中提及，按照全国人大常委会工作部署，围绕贯彻党中央重大决策部署和推动保障重要法律实施，组织开展了三个方面法规、规章、规范性文件的集中清理，并有重点地开展专项审查。2020 年 12 月 26 日第十三届全国人大常委会第二十四次会议审议通过《长江保护法》。组织开展了涉及长江流域保护的法规、规章、规范性文件专项清理工作。清理发现需要修改或者废止的规范性文件 322 件，其中行政法规 3 件，部门规章和规范性文件 14 件，省级地方性法规 107 件，自治条例 5 件，单行条例 15 件，地方政府规章和规范性文件 178 件。目前有关方面已修改 18 件、废止 41 件；2021 年 1 月 22 日第十三届全国人大常委会第二十五次会议审议通过新修订的《行政处罚法》。为保障新修订的行政处罚法贯彻实施，我们组织开展了涉及行政处罚内容的法规、规章和其他规范性文件专项清理工作。清理发现需要修改或者废止的规范性文件共 4012 件，其中行政法规 13 件，国务院规范性文件 7 件，部门规章和规范性文件 610 件，地方性法规 725 件，单行条例 82 件，经济特区法规 5 件，地方政府规章和规范性文件 2570 件。目前有关方面已修改 31 件、废止 286 件；2021 年 8 月 20 日第十三届全国人大常委会第三十次会议审议通过《关于修改〈人口与计划生育法〉的决定》。为贯彻落实党中央关于优化生育政策促进人口长期均衡发展的决策部署，确保修改后的《人口与计划生育法》正确实施，组织开展了涉及计划生育内容的法规、规章、规范性文件专项清理工作，推动有关方面取消社会抚养费征收规定，废止计划生育相关处罚、处分规定，以及将个人生育情况与入学、

---

① 参见沈春耀：《全国人民代表大会常务委员会法制工作委员会关于 2021 年备案审查工作情况的报告》，载中国人大网，http://www.npc.gov.cn/npc/c30834/202112/2606f90a45b1406e9e57ff45b42ceb1c.shtml，访问时间：2021 年 6 月 23 日。

入户、入职等相挂钩的有关规定。清理发现需要修改或者废止的规范性文件共3632件,其中行政法规3件,国务院规范性文件2件,部门规章和规范性文件43件,地方性法规57件,自治条例35件,单行条例11件,地方人大及其常委会决定、决议44件,地方政府规章和规范性文件3437件。目前有关方面已修改42件、废止428件。同时,建议有关方面适时组织开展涉及计划生育内容的党内法规、规范性文件集中清理。[①]

2022年4月25日,中国共产党中央委员会宣传部举行"中国这十年"系列主题新闻发布会,聚焦新时代立法工作的成就与进展。全国人大常委会法制工作委员会相关负责人介绍,截至2022年4月第十三届全国人大常委会第三十四次会议,全国人大通过宪法修正案,全国人大及其常委会制定法律68件,修改法律234件次,作出法律解释9件,通过有关法律问题和重大问题的决定99件次,现行有效法律292件。与前十年相比,新制定法律数量增加了三分之一,修改法律数量增加了近2倍,通过有关法律问题的决定数量增加了1.5倍多。[②]

可见,自党的十八大以来,除了进一步加强新的立法创制工作外,对于法律的修改和废止也成为立法工作的主要内容。

以上是对党的十八届四中全会提出的"重大改革要于法有据"以及处理改革与法治关系的三种具体办法的解读。

第三节 "重大改革于法有据"的重大意义

党的十八届四中全会之后,习近平总书记强调,要将十八届四中全会

[①] 参见沈春耀:《全国人民代表大会常务委员会法制工作委员会关于2021年备案审查工作情况的报告》,载中国人大网,http://www.npc.gov.cn/npc/c30834/202112/2606f90a45b1406e9e57ff45b42ceb1c.shtml,访问时间:2022年5月24日。

[②] 《"中国这十年"系列主题新闻发布会聚焦新时代立法工作的成就与进展》,载中国法院网,https://www.chinacourt.org/article/detail/2022/04/id/6655188.shtml,访问时间:2022年5月24日。

提出的 180 多项对依法治国具有重要意义的改革举措纳入改革任务总台账，全面依法治国也是改革总台账的一部分，一体部署、一体落实、一体督办，在改革中推进法治，在法治保障下推进改革。习近平总书记在 2015 年新年贺词中专门将法治和改革作了重点的强调："我们要继续全面深化改革，开弓没有回头箭，改革关头勇者胜。我们要全面推进依法治国，用法治保障人民权益、维护社会公平正义、促进国家发展。我们要让全面深化改革、全面推进依法治国如鸟之两翼、车之双轮，推动全面建成小康社会的目标如期实现。"①

　　为什么如此高度强调"重大改革于法有据"？就是要增强改革的合法性和权威性，有了法治，改革才有合法性和权威性；没有法治，改革的合法性和权威性就无法解决。"重大改革于法有据"有利于解决改革的合法性和权威性问题。法律的制定过程是一个科学、理性、依法的过程。立法程序是比较烦琐、复杂的。一部法律要经过大量的论证，立法的必要性、可行性、可操作性都要经过论证，每一个条款中涉及的内容都要经过大量的论证，找专家论证，找相关部门研究和论证，甚至交全国人民讨论，是经过严格论证、理性化的产物。更重要的是，经过严格的民主立法程序，人民的意志得到了充分的体现。法律是人民意志的体现。有了扎实广泛的民意基础，使制定出来的法律得到人民信服，凝聚了人民共识，可以确保法律得到充分和有效实施。

第四节　"重大改革于法有据"的地方授权问题

　　按照党的十八届四中全会的决定，只有全国人大常委会可以授权进

---

　　①　参见《国家主席习近平发表 2015 年新年贺词》，载新华网，http://www. xinhuanet. com//politics/2014-12/31/c_1113846581.htm。

行先行先试，而各级地方人大及其常委会没有此权限。从理论上讲，"重大改革于法有据"作为处理改革与法治关系的重要原则，既应适用于国家层面，也应该适用于地方层面。中国地域广大辽阔，经济社会文化发展不平衡，地方也会遇到需要进行先行先试的改革问题，且地方是中国改革的前沿地带，有许多改革需要在地方进行。各级地方人大及其常委会能否也行使授权，按照改革的需要享有立法权限和事务权限，在本地方进行授权先行先试，在党的十八届四中全会之后，还是一个未解决的问题。对于有立法权的地方，能否允许实施此项原则：对于地方实践证明行之有效的，可及时上升为地方性法律；对于地方实践条件还不成熟、需要先行先试的，可按照法定程序作出授权；对不适应改革要求的地方法律法规，要及时修改和废止。在这三种办法之中，关键是应该授予地方有先行先试的权力。

第二章 "重大改革于法有据"的实践演进

改革与法治的关系是新时代全面依法治国的重大关系之一,"重大改革于法有据"是新时代全面依法治国必须坚持的一项法治原则。在改革与法治的问题上,必须坚持系统思维和辩证思维,准确把握两者之间的关系。改革开放是坚持和发展中国特色社会主义的必由之路,改革必须在法治的轨道上加以推进。习近平总书记指出:"我们要让全面深化改革、全面推进依法治国如鸟之两翼、车之双轮"。①法治在全面深化改革中起着引领、推动和规范作用,重大改革于法有据是改革的重要原则。"改革和法治同步推进,增强改革的穿透力",法治为改革的合法性、可持续性提供制度性支撑,保障改革能够应对、化解可能的风险和挑战。

回顾改革开放以来的历史,正是在改革与法治的发展中,"重大改革于法有据"在实践中逐步形成并确立为全面依法治国的一项重要法治原则。改革开放初期,"改革应当于法有据"的授权试点实践,主要出现在立法工作、经济建设、行政管理和司法制度等领域。随着改革开放不断深入,特别是中国特色社会主义进入新时代以来,"重大改革于法有据"的实

---

① 《国家主席习近平发表二〇一五年新年贺词》,载新华网:http://www.xinhuanet.com/politics/2014-12/31/c_1113846581.htm,访问时间:2020 年 2 月 20 日。

践,从个别领域推广到经济社会发展和国家治理的各个方面,覆盖经济、社会、政治、文化、生态和国防各个领域,从单次性的授权改革试点到系统性的授权改革试点,体现了改革的系统性、纵深性,形成了较为系统完善的"重大改革于法有据"实践推进机制,为各级立法机关、中央和地方各级政府在法治轨道上推进改革提供了可供遵循的制度框架和具体程序,为全面深化改革、全面依法治国提供了重要制度保障。

第一节 1978 年至党的十八大前"重大改革于法有据"的实践图景

改革开放初期,党提出了"有法可依、有法必依、执法必严、违法必究"的社会主义法治方针。一方面,立法机关通过大规模的立、改、废、释工作,强化制度供给,完善法律规范体系;另一方面,全国人民代表大会及其常务委员会也通过专门决议或者决定的方式,就改革中的重大专门事项加以规定。这些事项涉及立法体制、经济建设、行政管理、司法改革等领域的重大问题,确立了相关国家权力机构的权力职责改革、对外开放的区域范围等重大事项的法律依据,是"重大改革于法有据"在实践中不断探索的重要阶段,是"重大改革于法有据"的系统化、全面化、体系化展开的实践经验基础。

一、立法体制

1978 年到党的十八大前,为了健全社会主义法制,服务社会主义经济建设和对外开放,在立法体制领域的重大改革于法有据,主要体现在《立法法》制定之前,全国人民代表大会常务委员会就法律解释权限、经济特区立法等问题作出的一系列重要决议和决定。这些决议和决定,有效支撑了法制建设和对外开放的法律制度需求,也为《立法法》的制定进行了探索、夯实了基础。

1.《全国人民代表大会常务委员会关于加强法律解释工作的决议》（1981 年 6 月 10 日第五届全国人民代表大会常务委员会第十九次会议通过）

该决议明确了全国人民代表大会常务委员会、最高人民法院、最高人民检察院、国务院及其主管部门和地方省级人民代表大会常务委员会、省级人民政府主管部门各自的法律解释权限。该决议指出："第五届全国人民代表大会第二次会议通过几个法律以来，各地、各部门不断提出一些法律问题要求解释。同时，在实际工作中，由于对某些法律条文的理解不一致，也影响了法律的正确实施。为了健全社会主义法制，必须加强立法和法律解释工作。"该决议还明确了法律解释问题的权限规定："一、凡关于法律、法令条文本身需要进一步明确界限或作补充规定的，由全国人民代表大会常务委员会进行解释或用法令加以规定。二、凡属于法院审判工作中具体应用法律、法令的问题，由最高人民法院进行解释。凡属于检察院检察工作中具体应用法律、法令的问题，由最高人民检察院进行解释。最高人民法院和最高人民检察院的解释如果有原则性的分歧，报请全国人民代表大会常务委员会解释或决定。三、不属于审判和检察工作中的其他法律、法令如何具体应用的问题，由国务院及主管部门进行解释。四、凡属于地方性法规条文本身需要进一步明确界限或作补充规定的，由制定法规的省、自治区、直辖市人民代表大会常务委员会进行解释或作出规定。凡属于地方性法规如何具体应用的问题，由省、自治区、直辖市人民政府主管部门进行解释。"

2.《全国人民代表大会常务委员会关于授权广东省、福建省人民代表大会及其常务委员会制定所属经济特区的各项单行经济法规的决议》（1981 年 11 月 26 日第五届全国人民代表大会常务委员会第二十一次会议通过）

第五届全国人民代表大会常务委员会第二十一次会议审议了国务院关于建议授权广东省、福建省人民代表大会及其常务委员会制定所属经济特区的各项单行经济法规的议案。会议认为,为了使广东省、福建省所属经济特区的建设顺利进行,使特区的经济管理充分适应工作需要,更加有效地发挥经济特区的作用,决定:授权广东省、福建省人民代表大会及其常务委员会,根据有关的法律、法令、政策规定的原则,按照各该省经济特区的具体情况和实际需要,制定经济特区的各项单行经济法规,并报全国人民代表大会常务委员会和国务院备案。

3.《第七届全国人民代表大会第二次会议关于国务院提请审议授权深圳市制定深圳经济特区法规和规章的议案的决定》(1989 年 4 月 4 日第七届全国人民代表大会第二次会议通过)

第七届全国人民代表大会第二次会议审议了国务院提请授权深圳市人民代表大会及其常务委员会和深圳市人民政府分别制定深圳经济特区法规和深圳经济特区规章的议案,决定:授权全国人民代表大会常务委员会在深圳市依法选举产生市人民代表大会及其常务委员会后,对国务院提出的上述议案进行审议,作出相应决定。

4.《全国人民代表大会常务委员会关于授权深圳市人民代表大会及其常务委员会和深圳市人民政府分别制定法规和规章在深圳经济特区实施的决定》(1992 年 7 月 1 日第七届全国人民代表大会常务委员会第二十六次会议通过)

根据《第七届全国人民代表大会第二次会议关于国务院提请审议授权深圳市制定深圳经济特区法规和规章的议案的决定》,第七届全国人民代表大会常务委员会第二十六次会议审议了国务院关于提请授权深圳市人民代表大会及其常务委员会和深圳市人民政府分别制定深圳经济特区法规和深圳经济特区规章的议案,决定授权深圳市人民代表大会及其常务委员会根据具体情况和实际需要,遵循宪法的规定以及法律和行政法规的基本原则,制定法规,在深圳经济特区实施,并报全国人民代表大会常务委员会、国务院和广东省人民代表大会常务委员会备案;授权深圳市人民政府制定规章并在深圳经济特区组织实施。

5.《全国人民代表大会关于授权厦门市人民代表大会及其常务委员会和厦门市人民政府分别制定法规和规章在厦门经济特区实施的决定》(1994 年 3 月 22 日第八届全国人民代表大会第二次会议通过)

第八届全国人民代表大会第二次会议审议了福建省袁启彤等 36 名全国人大代表在八届全国人大一次会议上提出的关于授权厦门市人大及其常委会和厦门市政府分别制定法规和规章的议案,决定授权厦门市人民代表大会及其常务委员会根据经济特区的具体情况和实际需要,遵循宪法的规定以及法律和行政法规的基本原则,制定法规,在厦门经济特区实施,并报全国人民代表大会常务委员会、国务院和福建省人民代表大会常务委员会备案;授权厦门市人民政府制定规章并在厦门经济特区组织实施。

6.《全国人民代表大会关于授权汕头市和珠海市人民代表大会及其常务委员会、人民政府分别制定法规和规章在各自的经济特区实施的决定》(1996 年 3 月 17 日第八届全国人民代表大会第四次会议通过)

第八届全国人民代表大会第四次会议决定:授权汕头市和珠海市人民代表大会及其常务委员会根据其经济特区的具体情况和实际需要,遵循宪法的规定以及法律和行政法规的基本原则,制定法规,分别在汕头和珠海经济特区实施,并报全国人民代表大会常务委员会、国务院和广东省人民代表大会常务委员会备案;授权汕头市和珠海市人民政府制定规章并分别在汕头和珠海经济特区组织实施。

二、经济建设

发展是解决我国一切问题的基础和关键。改革开放以来,为了发展经济、深化改革、扩大对外开放,全国人民代表大会及其常务委员会以决议和决定的方式为改革开放过程中的制度改革探索提供法律依据,授权国务院立法,决定设立海南经济特区。

1.《中华人民共和国第六届全国人民代表大会第三次会议关于授权国务院在经济体制改革和对外开放方面可以制定暂行的规定或者条例的决定》(1985 年 4 月 10 日第六届全国人民代表大会第三次会议通过)

为了保障经济体制改革和对外开放工作的顺利进行,第六届全国人民代表大会第三次会议决定:授权国务院对于有关经济体制改革和对外开放方面的问题,必要时可以根据宪法,在同有关法律和全国人民代表大会及其常务委员会的有关决定的基本原则不相抵触的前提下,制定暂行的规定或者条例,颁布实施,并报全国人民代表大会常务委员会备案。经过实践检验,条件成熟时由全国人民代表大会或者全国人民代表大会常务委员会制定法律。

2.《第七届全国人民代表大会第一次会议关于建立海南经济特区的决议》(1988 年 4 月 13 日第七届全国人民代表大会第一次会议通过)

决议规定:"一、划定海南岛为海南经济特区。二、授权海南省人民代表大会及其常务委员会,根据海南经济特区的具体情况和实际需要,遵循国家有关法律、全国人民代表大会及其常务委员会有关决定和国务院有关行政法规的原则制定法规,在海南经济特区实施,并报全国人民代表大会常务委员会和国务院备案。"

三、行政管理

改革开放过程中,涉及大量的行政管理体制改革,既有通过立法的方式进行的改革,也有全国人民代表大会及其常务委员会以决议和决定的方式进行的改革。后者主要涉及港口开放、国务院组成部门职权等方面。

1.《全国人民代表大会常务委员会关于批准长江南通港、张家港对外国籍船舶开放的决定》(1982 年 11 月 19 日第五届全国人民代表大会常务委员会第二十五次会议通过)

第五届全国人民代表大会常务委员会第二十五次会议,审议了国务院提出的关于提请批准长江南通港、张家港对外国籍船舶开放的议案。决定：批准将长江南通港、张家港对外国籍船舶开放。

2.《全国人民代表大会常务委员会关于国家安全机关行使公安机关的侦查、拘留、预审和执行逮捕的职权的决定》(1983年9月2日第六届全国人民代表大会常务委员会第二次会议通过)

该决定规定，第六届全国人民代表大会第一次会议决定设立的国家安全机关，承担原由公安机关主管的间谍、特务案件的侦查工作，性质为国家公安机关，因而国家安全机关可以行使宪法和法律规定的公安机关的侦查、拘留、预审和执行逮捕的职权。

3.《全国人民代表大会常务委员会关于批准长江南京港对外国籍船舶开放的决定》(1986年1月20日第六届全国人民代表大会常务委员会第十四次会议通过)

第六届全国人民代表大会常务委员会第十四次会议，审议了国务院、中央军委提出的关于提请批准南京港对外国籍船舶开放的议案，决定批准将长江南京港对外国籍船舶开放。今后南京港至长江口沿岸再有其他港口需对外国籍船舶开放时，授权国务院审批。

4.《全国人民代表大会常务委员会关于批准武汉、九江、芜湖港对外国籍船舶开放的决定》(1991年10月30日第七届全国人民代表大会常务委员会第二十二次会议通过)

第七届全国人民代表大会常务委员会第二十二次会议，审议了国务院、中央军委提出的关于提请批准武汉、九江、芜湖港对外国籍船舶开放的议案，决定批准将武汉、九江、芜湖港对外国籍船舶开放，并规定，今后，我国再有其他内河港口需对外国籍船舶开放时，授权国务院审批。

5.《全国人民代表大会常务委员会关于中国银行业监督管理委员会履行原由中国人民银行履行的监督管理职责的决定》(2003年4月26日第十届全国人民代表大会常务委员会第二次会议通过)

决定规定:"一、由国务院依照现行《中华人民共和国中国人民银行法》《中华人民共和国商业银行法》和其他有关法律的规定,确定中国银行业监督管理委员会履行原由中国人民银行履行的审批、监督管理银行、金融资产管理公司、信托投资公司及其他存款类金融机构等的职责及相关职责。二、由国务院抓紧提出修改《中华人民共和国中国人民银行法》和《中华人民共和国商业银行法》以及其他有关法律的议案,提请全国人民代表大会常务委员会审议。"

6.《全国人民代表大会常务委员会关于授权香港特别行政区对深圳湾口岸港方口岸区实施管辖的决定》(2006年10月31日第十届全国人民代表大会常务委员会第二十四次会议通过)

决定指出:"为了缓解内地与香港特别行政区交往日益增多带来的陆路通关压力,适应深圳市与香港特别行政区之间交通运输和便利通关的客观要求,促进内地和香港特别行政区之间的人员交流和经贸往来,推动两地经济共同发展,在深圳湾口岸内设立港方口岸区,专用于人员、交通工具、货物的通关查验,是必要的。"该决定规定:"一、授权香港特别行政区自深圳湾口岸启用之日起,对该口岸所设港方口岸区依照香港特别行政区法律实施管辖。香港特别行政区对深圳湾口岸港方口岸区实行禁区式管理。二、深圳湾口岸港方口岸区的范围,由国务院规定。三、深圳湾口岸港方口岸区土地使用期限,由国务院依照有关法律的规定确定。"

7.《全国人民代表大会常务委员会关于授权澳门特别行政区对设在横琴岛的澳门大学新校区实施管辖的决定》(2009年6月27日第十一届全国人民代表大会常务委员会第九次会议通过)

该决定的主要内容为,"授权澳门特别行政区自横琴岛澳门大学新校区启用之日起,在本决定第三条规定的期限内对该校区依照澳门特别行政区法律实施管辖。横琴岛澳门大学新校区与横琴岛的其他区域隔开管理,具体方式由国务院规定"。

四、司法改革

在司法改革领域，从改革开放到党的十八大之前，全国人民代表大会及其常务委员会以立法的方式有力推进了社会主义司法体制的改革完善。同时，全国人民代表大会常务委员会还以决定的方式，对新疆维吾尔自治区生产建设兵团设置人民法院和人民检察院、完善人民陪审员制度等方面作出了规定，在立法之外为完善社会主义司法体制、推进司法改革提供了有力支撑。

1.《全国人民代表大会常务委员会关于新疆维吾尔自治区生产建设兵团设置人民法院和人民检察院的决定》（1998 年 12 月 29 日第九届全国人民代表大会常务委员会第六次会议通过）

该决定规定："在新疆维吾尔自治区设立新疆维吾尔自治区高级人民法院生产建设兵团分院，作为自治区高级人民法院的派出机构；在新疆生产建设兵团设立若干中级人民法院；在生产建设兵团农牧团场比较集中的垦区设立基层人民法院。"

2.《全国人民代表大会常务委员会关于完善人民陪审员制度的决定》（2004 年 8 月 28 日第十届全国人民代表大会常务委员会第十一次会议通过）

制定该决定的目的，是完善人民陪审员制度，保障公民依法参加审判活动，促进司法公正。决议规定人民陪审员依照本决定产生，依法参加人民法院的审判活动，除不得担任审判长外，同法官有同等权利。该决定还对人民陪审员的职责定位、产生方式、参与审判案件的范围、任职条件、参与陪审案件的确定形式、管理培训和监督、经费保障等方面作了规定。

梳理改革开放以来"重大改革于法有据"的实践历程，可以看到，从社会主义法制恢复重建到中国特色社会主义法律体系基本形成的过程中，改革开放中的重大改革，经历了逐步探索到基本定型的过程。改革开放以来，重大改革的制度依据，主要来自党中央的政策文件、全国人民代表大会及其常务委员会立法、国务院立法及政策文件、地方立法、地方各级党委政府的政策文件等。"重大改革于法有据"的第二种路径,即"实践条件还不成熟、需要先行先试的,要按照法定程序作出授权",在实践中尚未以系统化、权威化、法定化的方式确立。这反映了,在"重大改革于法有据"的探索阶段,重大改革主要以制定法律的方式和制定政策的方式推进,以国家立法机关按照法定程序授权的方式进行先行先试的政策并没有全面施行。如果说改革开放之初,对国家制度和经济社会发展的各个方面的改革还处于摸索阶段,对什么样的改革事项需要以制定法律或者授权的方式赋予其权威性、合法性并不明确,那么,随着改革开放的不断深入、国家制度的逐步定型,中国特色社会主义法律体系的基本形式,就需要更加明确地以国家立法或者依法授权的方式赋予各项重大改革以合法性和权威性,推进国家的法制统一,维护法治体系的权威和尊严,更好地保障国家制度的稳定运行和人民群众的合法权益。

第二节 党的十八大以来"重大改革于法有据"的实践图景

党的十八大提出,中国特色社会主义事业总体布局为经济建设、政治建设、文化建设、社会建设、生态文明建设五位一体。党的十八届三中全会通过的《中共中央关于全面深化改革若干重大问题的决定》提出,"全面深化改革的总目标是完善和发展中国特色社会主义制度,推进国家治理体系和治理能力现代化"。按照《中共中央关于全面深化改革若干重大问题的决定》的论述,全面深化改革涉及经济体制改革、政治体制改革、文化体制改革、社会体制改革、生态文明体制改革、党的建设制度改革以及国防和军队体制改革。党的十八届四中全会通过的《中共中央关于全面推进依法治国若干重大问题的决定》指出,"全面建成小康社会、实现中华民族伟大复兴的中国梦，全面深化改革、完善和发展中国特色社会主义制度，提高党的执政能力和执政水平，必须全面推进依法治国"。决定还提出，"实现立法和改革决策相衔接，做到重大改革于法有据、立法主动适应改革和经济社会发展需要。实践证明行之有效的，要及时上升为法律。实践条件还不成熟、需要先行先试的，要按照法定程序作出授权。对不适应改革要求的法律法规，要及时修改和废止"。根据党的十八大、十八届三中全会、十八届四中全会的论述，党的十八大以来"重大改革于法有据"的实践演进，可以从经济体制改革、政治体制改革、文化体制改革、社会体制改革、生态文明体制改革、党的建设制度改革以及国防和军队改革等七个方面进行梳理。其中，党的建设制度改革主要涉及党内法规的制定修改完善，文化体制改革与其他几个方面的改革具有紧密的交叉性，故下文从经济体制改革、政治体制改革、社会体制改革、生态文明体制改革，以及国防和军队改革五个方面作系统梳理。①

一、经济体制改革

党的十八大以来的经济体制改革是全方位的，就"重大改革于法有据"而言，主要体现在土地制度改革、财税体制改革、对外贸易和自由贸易试验区和证券制度改革等领域。其中在土地制度改革方面，全国人民代表大会常务委员会先后五次授权国务院在试点行政区域暂时调整实施土地制度有关法律规定，在取得试点改革经验后，于2018年修改《农村土地承包法》、2019年修改《土地管理法》。在财税体制改革方面，主要涉及按照税收法定原则制定和修改相关法律、中央和地方财权事权划分等。在对外贸易和自由贸易试验区方面，主要涉及制定《外商投资法》和《海南自由贸易港法》，在自由贸易试验区授权立法和暂时调整实施相关法律等。

---

① 本部分对截至2024年2月29日的相关情况进行了梳理。

在证券制度改革方面,针对证券领域刑事犯罪修改了《刑法》、建立了证券领域代表诉讼制度等。

1. 土地制度改革

(1)《中华人民共和国农村土地承包法》(2018 年 12 月 29 日第十三届全国人民代表大会常务委员会第七次会议《关于修改〈中华人民共和国农村土地承包法〉的决定》第二次修正)。

本次修正针对农村土地"三权分置"、保持农村土地承包关系稳定并长久不变、承包地的个别调整、土地经营权流转和融资担保、土地经营权入股、进城务工和落户农民的土地维护、承包权益保护及农村妇女土地承包权益保护等内容作了修改。

(2)《中华人民共和国土地管理法》(根据 2019 年 8 月 26 日第十三届全国人民代表大会常务委员会第十二次会议《关于修改〈中华人民共和国土地管理法〉、〈中华人民共和国城市房地产管理法〉的决定》第三次修正)

本次修正涉及土地征收(缩小土地征收范围,规范土地征收程序,完善对被征地农民合理、规范、多元保障机制)、集体经营性建设用地入市(明确入市的条件、明确集体经营性建设用地入市后的管理措施)、宅基地制度(健全宅基地权益保障方式、完善宅基地管理制度、探索宅基地自愿有偿退出机制)、强化耕地尤其是永久基本农田保护、适当下放农用地转用审批权限,以及删去省级人民政府批准征地报国务院备案的规定等。

(3)《全国人民代表大会常务委员会关于授权国务院在北京市大兴区等三十三个试点县(市、区)行政区域暂时调整实施有关法律规定的决定》(2015 年 2 月 27 日第十二届全国人民代表大会常务委员会第十三次会议通过)、《全国人民代表大会常务委员会关于授权国务院在北京市大兴区等 232 个试点县(市、区)、天津市蓟县等 59 个试点县(市、区)行政区域分别暂时调整实施有关法律规定的决定》(2015 年 12 月 27 日第十二届全国人民代表大会常务委员会第十八次会议通过),《全国人民代表大会常务委员会关于延长授权国务院在北京市大兴区等三十三个试点县(市、区)行政区域暂时调整实施有关法律规定期限的决定》(2017 年 11 月 4 日第十二届全国人民代表大会常务委员会第三十次会议通过),《全国人民代表大会常务委员会关于延长授权国务院在北京市大兴区等二百三十二个试点县(市、区)、天津市蓟州区等五十九个试点县(市、区)行政区域分别暂时调整实施有关法律规定期限的决定》(2017 年 12 月 27 日第十二届全国人民代表大会常务委员会第三十一次会议通过),《全国人民代表大会常务委员会关于延长授权国务院在北京市大兴区等三十三个试点县(市、区)行政区域暂时调整实施有关法律规定期限的决定》(2018 年 12 月 29 日第十三届全国人民代表大会常务委员会第七次会议通过)。

上述决定主要是为了在部分行政区域授权开展土地改革试验。其中,《全国人民代表大会常务委员会关于授权国务院在北京市大兴区等三十三个试点县(市、区)行政区域暂时调整实施有关法律规定的决定》(2015 年 2 月 27 日第十二届全国人民代表大会常务委员会第十三次会议通过)的主要内容为,"为了改革完善农村土地制度,为推进中国特色农业现代化和新型城镇化提供实践经验,第十二届全国人民代表大会常务委员会第十三次会议决定:授权国务院在北京市大兴区等三十三个试点县(市、区)行政区域,暂时调整实施《中华人民共和国土地管理法》、《中华人民共和国城市房地产管理法》关于农村土地征收、集体经营性建设用地入市、宅基地管理制度的有关规定"。上述决定指出,"暂时调整实施有关法律规定,必须坚守土地公有制性质不改变、耕地红线不突破、农民利益不受损的底线,坚持从实际出发,因地制宜。国务院及其国土资源主管部门要加强对试点工作的整体指导和统筹协调、监督管理,按程序、分步骤审慎稳妥推进,及时总结试点工作经验,并就暂时调整实施有关法律规定的情况向全国人民代表大会常务委员会作出报告。对实践证明可行的,修改完善有关法律;对实践证明不宜调整的,恢复施行有关法律规定"。

2. 财税体制改革

(1)法律制定或修改。涉及《环境保护税法》《船舶吨税法》《烟叶税法》《个人所得税法》《耕地占用税法》《预算法》《企业所得税法》《城市维护建设税法》《契税法》及《印花税法》等的制定或修改。具体时间如下:

《中华人民共和国环境保护税法》(2016年12月25日第十二届全国人民代表大会常务委员会第二十五次会议通过 根据2018年10月26日第十三届全国人民代表大会常务委员会第六次会议《关于修改〈中华人民共和国野生动物保护法〉等十五部法律的决定》修正)。

《中华人民共和国船舶吨税法》(2017年12月27日第十二届全国人民代表大会常务委员会第三十一次会议通过 根据2018年10月26日第十三届全国人民代表大会常务委员会第六次会议《关于修改〈中华人民共和国野生动物保护法〉等十五部法律的决定》修正)。

《中华人民共和国烟叶税法》(2017年12月27日第十二届全国人民代表大会常务委员会第三十一次会议通过)。

《中华人民共和国个人所得税法》(2018年8月31日第十三届全国人民代表大会常务委员会第五次会议《关于修改〈中华人民共和国个人所得税法〉的决定》第七次修正)。

《中华人民共和国耕地占用税法》(2018年12月29日第十三届全国人民代表大会常务委员会第七次会议通过)。

《中华人民共和国预算法》(2014年8月31日第十二届全国人民代表大会常务委员会第十次会议《关于修改〈中华人民共和国预算法〉的决定》第一次修正 根据2018年12月29日第十三届全国人民代表大会常务委员会第七次会议《关于修改〈中华人民共和国产品质量法〉等五部法律的决定》第二次修正)。

《中华人民共和国企业所得税法》（2007 年 3 月 16 日第十届全国人民代表大会第五次会议通过　根据 2017 年 2 月 24 日第十二届全国人民代表大会常务委员会第二十六次会议《关于修改〈中华人民共和国企业所得税法〉的决定》第一次修正　根据 2018 年 12 月 29 日第十三届全国人民代表大会常务委员会第七次会议《关于修改〈中华人民共和国电力法〉等四部法律的决定》第二次修正）。

《中华人民共和国城市维护建设税法》（2020 年 8 月 11 日第十三届全国人民代表大会常务委员会第二十一次会议通过）。

《中华人民共和国契税法》（2020 年 8 月 11 日第十三届全国人民代表大会常务委员会第二十一次会议通过）。

《中华人民共和国印花税法》（2021 年 6 月 10 日第十三届全国人民代表大会常务委员会第二十九次会议通过）。

《全国人民代表大会常务委员会关于授权国务院在营商环境创新试点城市暂时调整适用〈中华人民共和国计量法〉有关规定的决定》（2021 年 10 月 23 日第十三届全国人民代表大会常务委员会第三十一次会议通过）。

（2）房地产税改革。房地产税立法先后被列入十三届全国人大常委会立法规划和《中华人民共和国国民经济和社会发展第十四个五年规划和 2035 年远景目标纲要》。在目前房地产税立法尚未完成的情况下，房地产税改革是以全国人民代表大会常务委员会授权国务院在部分地区开展试点的方式进行的。

《全国人民代表大会常务委员会关于授权国务院在部分地区开展房地产税改革试点工作的决定》（2021 年 10 月 23 日第十三届全国人民代表大会常务委员会第三十一次会议通过）

决定提出，"为积极稳妥推进房地产税立法与改革，引导住房合理消费和土地资源节约集约利用，促进房地产市场平稳健康发展，第十三届全国人民代表大会常务委员会第三十一次会议决定:授权国务院在部分地区开展房地产税改革试点工作"。其主要内容包括:"一、试点地区的房地产税征税对象为居住用和非居住用等各类房地产,不包括依法拥有的农村宅基地及其上住宅。土地使用权人、房屋所有权人为房地产税的纳税人。非居住用房地产继续按照《中华人民共和国房产税暂行条例》《中华人民共和国城镇土地使用税暂行条例》执行。二、国务院制定房地产税试点具体办法,试点地区人民政府制定具体实施细则。国务院及其有关部门、试点地区人民政府应当构建科学可行的征收管理模式和程序。三、国务院按照积极稳妥的原则,统筹考虑深化试点与统一立法、促进房地产市场平稳健康发展等情况确定试点地区,报全国人民代表大会常务委员会备案。"

该决定授权的试点期限为五年,自国务院试点办法印发之日起算。决定要求,"试点过程中,国务院应当及时总结试点经验,在授权期限届满的六个月以前,向全国人民代表大会常务委员会报告试点情况,需要继续授权的,可以提出相关意见,由全国人民代表大会常务委员会决定。条件成熟时,及时制定法律"。

3. 对外贸易和自由贸易试验区

全面提高对外开放水平,是构建对外开放新格局,实现新时代高质量发展、构建新发展格局的重要一环。党的十八大以来,我国分批次共批准设立了 20 个自贸试验区和海南自由贸易港。在自由贸易港开展法治创新,加快推进制度性开放,需要按照"重大改革于法有据"的要求,通过立法、修法和授权试点改革等方式,支撑和保障对外贸易体制改革和自由贸易试验区建设。

(1)《全国人民代表大会常务委员会关于授权国务院在中国(上海)自由贸易试验区暂时调整有关法律规定的行政审批的决定》(2013 年 8 月 30 日第十二届全国人民代表大会常务委员会第四次

会议通过）。

（2）《全国人民代表大会常务委员会关于授权国务院在中国（广东）自由贸易试验区、中国（天津）自由贸易试验区、中国（福建）自由贸易试验区以及中国（上海）自由贸易试验区扩展区域暂时调整有关法律规定的行政审批的决定》（2014 年 12 月 28 日第十二届全国人民代表大会常务委员会第十二次会议通过）。

（3）《全国人民代表大会常务委员会关于修改〈中华人民共和国外资企业法〉等四部法律的决定》（2016 年 9 月 3 日第十二届全国人民代表大会常务委员会第二十二次会议通过）。

（4）《全国人民代表大会常务委员会关于授权国务院在中国（海南）自由贸易试验区暂时调整适用有关法律规定的决定》（2020 年 4 月 29 日第十三届全国人民代表大会常务委员会第十七次会议通过）。

（5）《中华人民共和国外商投资法》（2019 年 3 月 15 日第十三届全国人民代表大会第二次会议通过）。

（6）《全国人民代表大会常务委员会关于授权国务院在自由贸易试验区暂时调整适用有关法律规定的决定》（2021 年 4 月 29 日第十三届全国人民代表大会常务委员会第二十八次会议通过）。

（7）《中华人民共和国海南自由贸易港法》（2021 年 6 月 10 日第十三届全国人民代表大会常务委员会第二十九次会议通过）。

4. 证券制度改革

证券制度改革是资本市场改革的重要内容,也是深化资本市场改革的急需内容。证券制度改革,对防范化解金融风险,加快形成融资功能完备、基础制度扎实、市场监管有效、投资者合法权益得到充分保护的股票市场具有重要意义。改革也是根据证券市场实际情况、针对 2015 年股市异常波动所暴露问题的回应。相关的法律修改和授权决定主要包括以下内容：

（1）《全国人民代表大会常务委员会关于授权国务院在实施股票发行注册制改革中调整适用〈中华人民共和国证券法〉有关规定的决定》（2015年12月27日第十二届全国人民代表大会常务委员会第十八次会议通过）。

（2）《全国人民代表大会常务委员会关于延长授权国务院在实施股票发行注册制改革中调整适用〈中华人民共和国证券法〉有关规定期限的决定》（2018年2月24日第十二届全国人民代表大会常务委员会第三十三次会议通过）。

（3）《中华人民共和国公司法》（2018年10月26日第十三届全国人民代表大会常务委员会第六次会议《关于修改〈中华人民共和国公司法〉的决定》第四次修正。2023年12月29日第十四届全国人民代表大会常务委员会第七次会议第二次修订）。

（4）《中华人民共和国证券法》（2019年12月28日第十三届全国人民代表大会常务委员会第十五次会议第二次修订）。

（5）《中华人民共和国刑法修正案（十一）》（2020年12月26日第十三届全国人民代表大会常务委员会第二十四次会议通过）。

主要内容为：一是，将《刑法》第一百六十条修改为："在招股说明书、认股书、公司、企业债券募集办法等发行文件中隐瞒重要事实或者编造重大虚假内容，发行股票或者公司、企业债券、存托凭证或者国务院依法认定的其他证券，数额巨大、后果严重或者有其他严重情节的，处五年以下有期徒刑或者拘役，并处或者单处罚金；数额特别巨大、后果特别严重或者有其他特别严重情节的，处五年以上有期徒刑，并处罚金。控股股东、实际控制人组织、指使实施前款行为的，处五年以下有期徒刑或者拘役，并处或者单处非法募集资金金额百分之二十以上一倍以下罚金；数额特别巨大、后果特别严重或者有其他特别严重情节的，处五年以上有期徒刑,并处非法募集资金金额百分之二十以上一倍以下罚金。单位犯前两款罪的,对单位判处非法募集资金金额百分之二十以上一倍以下罚金,并对其直接负责的主管人员和其他直接责任人员,依照第一款的规定处罚。"二是,将《刑法》第一百六十一条修改为:"依法负有信息披露义务的公司、企业向股东和社会公众提供虚假的或者隐瞒重要事实的财务会计报告,或者对依法应当披露的其他重要信息不按照规定披露,严重损害股东或者其他人利益,或者有其他严重情节的,对其直接负责的主管人员和其他直接责任人员,处五年以下有期徒刑或者拘役,并处或者单处罚金;情节特别严重的,处五年以上十年以下有期徒刑,并处罚金。前款规定的公司、企业的控股股东、实际控制人实施或者组织、指使实施前款行为的,或者隐瞒相关事项导致前款规定的情形发生的,依照前款的规定处罚。犯前款罪的控股股东、实际控制人是单位的,对单位判处罚金,并对其直接负责的主管人员和其他直接责任人员,依照第一款的规定处罚。"

5. 反垄断法律制度改革

"反垄断法是市场经济的基础性法律制度。"[①]随着我国社会主义市场经济发展,平台经济等新业态在发展过程中暴露出妨碍市场公平竞争、损害消费者权利等方面的问题。推进反垄断法律制度改革,完善反垄断制度在平台经济等领域的适用规则和监管制度,对于完善我国社会主义市场经济体制、推动经济高质量发展具有重要意义。

2022年6月24日,第十三届全国人民代表大会常务委员会第三十五次会议通过《全国人民代表大会常务委员会关于修改〈中华人民共和国反垄断法〉的决定》,该决定的主要内容为:(1)明确了竞争政策的基础地

---

① 张工:《关于〈中华人民共和国反垄断法(修正草案)〉的说明——2021年10月19日在第十三届全国人民代表大会常务委员会第三十一次会议上》,载中国人大网,http://www.npc.gov.cn/npc/c30834/202206/d5eb7f283661462bb8af84e5929f62e7.shtml,2022年8月10日访问。

位和公平竞争审查制度的法律地位。草案在规定国家强化竞争政策基础地位的同时,规定国家建立健全公平竞争审查制度;行政机关和法律、法规授权的具有管理公共事务职能的组织,在制定涉及市场主体经济活动的规定时,应当进行公平竞争审查。(2)进一步完善反垄断相关制度规则。草案总结反垄断执法实践,借鉴国际经验,对反垄断相关制度规则作了进一步完善。(3)进一步加强对反垄断执法的保障。增加规定了反垄断执法机构依法对滥用行政权力排除、限制竞争的行为进行调查时有关单位或者个人的配合义务,并规定对涉嫌违法行为的经营者、行政机关和法律、法规授权的具有管理公共事务职能的组织,反垄断执法机构可以对其法定代表人或者负责人进行约谈,要求其采取措施进行整改。(4)完善法律责任,加大处罚力度。针对反垄断执法中反映出的问题,大幅提高了对相关违法行为的罚款数额,增加了对达成垄断协议的经营者的法定代表人、主要负责人和直接责任人员的处罚规定。此外,根据机构改革情况,明确国务院市场监督管理部门作为国务院反垄断执法机构,负责反垄断统一执法工作。为更好维护社会公共利益,规定经营者实施垄断行为,侵害社会公共利益的,人民检察院可以依法向人民法院提起民事公益诉讼。

二、政治体制改革

党的十九大报告指出,要长期坚持、不断发展我国社会主义民主政治,积极稳妥推进政治体制改革,推进社会主义民主政治制度化、规范化、程序化,保证人民依法通过各种途径和形式管理国家事务,管理经济文化事业,管理社会事务,巩固和发展生动活泼、安定团结的政治局面。党的十八大以来,在积极稳妥推进政治体制改革方面,主要涉及党政机构改革、人大制度改革、国家监察体制改革、宪法实施制度改革、立法体制改革、行政体制改革、公务员体制改革、司法体制改革和贯彻"一国两制"方针具体制度改革完善等方面。

1. 党政机构改革

2013年3月14日第十二届全国人民代表大会第一次会议通过了《关于国务院机构改革和职能转变方案的决定》。此次深化国务院机构改革和职能转变，主要涉及铁路政企分开，整合加强卫生和计划生育、食品药品、新闻出版和广播电影电视、海洋、能源机构管理。2018年2月28日，中国共产党第十九届中央委员会第三次全体会议通过《中共中央关于深化党和国家机构改革的决定》，指出深化党和国家机构改革是推进国家治理体系和治理能力现代化的一场深刻变革，目标是构建系统完备、科学规范、运行高效的党和国家机构职能体系。该决定对完善坚持党的全面领导的制度、优化政府机构设置和职能配置、统筹党政军群机构改革、合理设置地方机构、推进机构编制法定化等作出了部署，指出"实施机构改革方案需要制定或修改法律法规的，要及时启动相关程序"。2018年3月，第十三届全国人民代表大会第一次会议审议通过《中华人民共和国宪法修正案》《第十三届全国人民代表大会第一次会议关于国务院机构改革方案的决定》。2018年4月，第十三届全国人民代表大会常务委员会第二次会议通过《全国人民代表大会常务委员会关于国务院机构改革涉及法律规定的行政机关职责调整问题的决定》。2023年2月28日，党的二十届二中全会通过了《党和国家机构改革方案》。2023年3月10日，第十四届全国人民代表大会第一次会议审议通过《国务院机构改革方案》。宪法修正案和关于机构改革的相关决定，是按照"重大改革于法有据"的要求来启动和实施的。具体内容为：

（1）《第十二届全国人民代表大会第一次会议关于国务院机构改革和职能转变方案的决定》（2013年3月14日第十二届全国人民代表大会第一次会议通过）。

（2）《中华人民共和国宪法修正案》（2018年3月11日第十三届

全国人民代表大会第一次会议通过)。

(3)《第十三届全国人民代表大会第一次会议关于国务院机构改革方案的决定》(2018年3月17日第十三届全国人民代表大会第一次会议通过)。

(4)《全国人民代表大会常务委员会关于国务院机构改革涉及法律规定的行政机关职责调整问题的决定》(2018年4月27日第十三届全国人民代表大会常务委员会第二次会议通过)。

(5)《全国人民代表大会常务委员会关于中国海警局行使海上维权执法职权的决定》(2018年6月22日第十三届全国人民代表大会常务委员会第三次会议通过)。

(6)《第十四届全国人民代表大会第一次会议关于国务院机构改革方案的决定》(2023年3月10日第十四届全国人民代表大会第一次会议通过)。

2. 人民代表大会制度改革

人民代表大会制度是我国的根本政治制度。人民代表大会制度改革是围绕全国人民代表大会的组成、议事规则、选举制度等领域的改革,全国人民代表大会及其常务委员会通过修改法律、颁布决定等方式推进改革。

(1)《全国人民代表大会常务委员会关于全国人民代表大会宪法和法律委员会职责问题的决定》(2018年6月22日第十三届全国人民代表大会常务委员会第三次会议通过)。

(2)《全国人民代表大会关于修改〈中华人民共和国全国人民代表大会组织法〉的决定》(2021年3月11日第十三届全国人民代表大会第四次会议通过)。

(3)《全国人民代表大会关于修改〈中华人民共和国全国人民代表大会议事规则〉的决定》(2021年3月11日第十三届全国人民代

表大会第四次会议通过）。

（4）《全国人民代表大会常务委员会关于修改〈中国人民解放军选举全国人民代表大会和县级以上地方各级人民代表大会代表的办法〉的决定》（2021 年 4 月 29 日第十三届全国人民代表大会常务委员会第二十八次会议通过）。

（5）《全国人民代表大会常务委员会关于修改〈中华人民共和国地方各级人民代表大会和地方各级人民政府组织法〉、〈中华人民共和国全国人民代表大会和地方各级人民代表大会选举法〉、〈中华人民共和国全国人民代表大会和地方各级人民代表大会代表法〉的决定》（2015 年 8 月 29 日第十二届全国人民代表大会常务委员会第十六次会议通过）。

（6）《全国人民代表大会常务委员会关于修改〈中华人民共和国全国人民代表大会和地方各级人民代表大会选举法〉的决定》（2020 年 10 月 17 日第十三届全国人民代表大会常务委员会第二十二次会议通过）。

（7）《全国人民代表大会常务委员会关于修改〈中华人民共和国全国人民代表大会常务委员会议事规则〉的决定》（2022 年 6 月 24 日第十三届全国人民代表大会常务委员会第三十五次会议通过）。

（8）《全国人民代表大会常务委员会组成人员守则》（1993 年 7 月 2 日第八届全国人民代表大会常务委员会第二次会议通过　2023 年 4 月 26 日第十四届全国人民代表大会常务委员会第二次会议修订）。

（9）《全国人民代表大会常务委员会关于设立全国人民代表大会常务委员会代表工作委员会的决定》（2023 年 6 月 28 日第十四届全国人民代表大会常务委员会第三次会议通过）。

3. 国家监察体制改革

深化国家监察体制改革是一项事关全局的重大政治体制改革。党的十九大和十九届二中、三中全会对全面推开国家监察体制改革试点工作先后作出部署。2018 年第十三届全国人民代表大会第一次会议修改宪法、增加了国家监察机关并审议通过监察法。

（1）《全国人民代表大会常务委员会关于在北京市、山西省、浙江省开展国家监察体制改革试点工作的决定》(2016 年 12 月 25 日第十二届全国人民代表大会常务委员会第二十五次会议通过)。

（2）《全国人民代表大会常务委员会关于在全国各地推开国家监察体制改革试点工作的决定》(2017 年 11 月 4 日第十二届全国人民代表大会常务委员会第三十次会议通过)。

（3）《中华人民共和国监察法》(2018 年 3 月 20 日第十三届全国人民代表大会第一次会议通过)。

（4）《全国人民代表大会常务委员会关于修改〈中华人民共和国刑事诉讼法〉的决定》(2018 年 10 月 26 日第十三届全国人民代表大会常务委员会第六次会议通过)。

（5）《全国人民代表大会常务委员会关于国家监察委员会制定监察法规的决定》(2019 年 10 月 26 日第十三届全国人民代表大会常务委员会第十四次会议通过)。

（6）《中华人民共和国监察官法》(2021 年 8 月 20 日第十三届全国人民代表大会常务委员会第三十次会议通过)。

4. 宪法实施制度改革

宪法实施是全面依法治国所必不可少的环节，也是法律实施的首要和重点环节。宪法实施关系着整个法治体系的权威性和整个法律体系实施的有效性。党的十八大以来，在宪法实施的具体制度方面，通过全国人大常委会决定、工作办法等方式，为构建合宪性审查制度、法规司法解释备案审查制度等构造了基础，对于推动上述具体制度的实施起到了重要作用。具体包括：

（1）合宪性审查制度。《全国人民代表大会常务委员会关于全国人民代表大会宪法和法律委员会职责问题的决定》（2018 年 6 月 22 日第十三届全国人民代表大会常务委员会第三次会议通过）。

（2）法规、司法解释备案审查制度。《法规、司法解释备案审查工作办法》（2019 年 12 月 16 日第十三届全国人民代表大会常务委员会第四十四次委员长会议通过）。《全国人民代表大会常务委员会关于完善和加强备案审查制度的决定》（2023 年 12 月 29 日第十四届全国人民代表大会常务委员会第七次会议通过）。

（3）宪法解释制度。改革开放以来，全国人大常委会没有行使过"解释宪法"的权力，但是探索和推进宪法解释制度的实践，对于强化宪法实施、提升宪法权威具有重要意义。2014 年党的十八届四中全会通过《中共中央关于全面推进依法治国若干重大问题的决定》提出要"完善全国人大及其常委会宪法监督制度，健全宪法解释程序机制"，2019 年党的十九届四中全会通过《中共中央关于坚持和完善中国特色社会主义制度　推进国家治理体系和治理能力现代化若干重大问题的决定》重申要"加强宪法实施和监督，落实宪法解释程序机制"。

5. 立法体制改革

立法体制关系立法权配置的制度体系。2015 年和 2023 年的《立法法》修改，因应全面深化改革和全面依法治国的需要，在依法赋予所有设区的市、自治州和四个不设区的地级市地方立法权，落实税收法定原则，进一步健全授权立法制度，规范部门规章和政府规章等方面推进了立法体制改革。

（1）《中华人民共和国立法法》（2000 年 3 月 15 日第九届全国人民代表大会第三次会议通过　根据 2015 年 3 月 15 日第十二届全国人民代表大会第三次会议《关于修改〈中华人民共和国立法法〉的决

定》修正　根据 2023 年 3 月 13 日第十四届全国人民代表大会第一次会议《关于修改〈中华人民共和国立法法〉的决定》第二次修正）。

（2）《全国人民代表大会常务委员会关于授权上海市人民代表大会及其常务委员会制定浦东新区法规的决定》（2021 年 6 月 10 日第十三届全国人民代表大会常务委员会第二十九次会议通过）。

该决定主要内容为："为建立完善与支持浦东大胆试、大胆闯、自主改相适应的法治保障体系，推动浦东新区高水平改革开放，打造社会主义现代化建设引领区，第十三届全国人民代表大会常务委员会第二十九次会议决定：一、授权上海市人民代表大会及其常务委员会根据浦东改革创新实践需要，遵循宪法规定以及法律和行政法规基本原则，制定浦东新区法规，在浦东新区实施。二、根据本决定制定的浦东新区法规，应当依照《中华人民共和国立法法》的有关规定分别报全国人民代表大会常务委员会和国务院备案。浦东新区法规报送备案时，应当说明对法律、行政法规、部门规章作出变通规定的情况。"

6. 行政体制改革

法治政府建设是全面依法治国系统工程的骨干工程。行政执法体制既是行政体制的重要组成部分，更是法律实施体制的关键环节。党的十八大以来，行政执法体制改革继续深入推进，在行政审批、行政许可、行政程序、行政机构设置等方面取得了显著成效。具体包括：

（1）《全国人民代表大会常务委员会关于授权国务院在广东省暂时调整部分法律规定的行政审批的决定》（2012 年 12 月 28 日第十一届全国人民代表大会常务委员会第三十次会议通过）。

（2）《全国人民代表大会常务委员会关于授权国务院在广东省暂时调整部分法律规定的行政审批试行期届满后有关问题的决定》（2015 年 12 月 27 日第十二届全国人民代表大会常务委员会第十八次会议通过）。

（3）《全国人民代表大会常务委员会关于授权国务院在部分地方开展药品上市许可持有人制度试点和有关问题的决定》（2015年11月4日第十二届全国人民代表大会常务委员会第十七次会议通过）。

（4）《全国人民代表大会常务委员会关于延长授权国务院在部分地方开展药品上市许可持有人制度试点期限的决定》（2018年10月26日第十三届全国人民代表大会常务委员会第六次会议通过）。

（5）《中华人民共和国行政许可法》（根据2019年4月23日第十三届全国人民代表大会常务委员会第十次会议《关于修改〈中华人民共和国建筑法〉等八部法律的决定》修正）。

（6）《全国人民代表大会常务委员会关于授权国务院在粤港澳大湾区内地九市开展香港法律执业者和澳门执业律师取得内地执业资质和从事律师职业试点工作的决定》（2020年8月11日第十三届全国人民代表大会常务委员会第二十一次会议通过）。

（7）《中华人民共和国行政处罚法》（根据2017年9月1日第十二届全国人民代表大会常务委员会第二十九次会议《关于修改〈中华人民共和国法官法〉等八部法律的决定》第二次修正　2021年1月22日第十三届全国人民代表大会常务委员会第二十五次会议修订）。

（8）《中华人民共和国教育法》（根据2015年12月27日第十二届全国人民代表大会常务委员会第十八次会议《关于修改〈中华人民共和国教育法〉的决定》第二次修正　根据2021年4月29日第十三届全国人民代表大会常务委员会第二十八次会议《关于修改〈中华人民共和国教育法〉的决定》第三次修正）。

（9）《全国人民代表大会常务委员会关于修改〈中华人民共和国审计法〉的决定》（2021年10月23日第十三届全国人民代表大会常

务委员会第三十一次会议通过)。

(10)《中华人民共和国行政复议法》(根据 2017 年 9 月 1 日第十二届全国人民代表大会常务委员会第二十九次会议《关于修改〈中华人民共和国法官法〉等八部法律的决定》第二次修正 2023 年 9 月 1 日第十四届全国人民代表大会常务委员会第五次会议修订)。

7. 公务员体制改革

随着全面深化改革的走深走实,我国国家治理体制的改革持续推进,我国公务员体制得到不断优化和完善。从 2016 年 12 月在部分地区和部分在京中央机关试点改革,到 2017 年、2018 年修订《公务员法》,再到 2020 年制定《公职人员政务处分法》,公务员体制改革遵循了"重大改革于法有据"所要求的先试点、后上升为法律的路径。

(1)《全国人民代表大会常务委员会关于授权国务院在部分地区和部分在京中央机关暂时调整适用〈中华人民共和国公务员法〉有关规定的决定》(2016 年 12 月 25 日第十二届全国人民代表大会常务委员会第二十五次会议通过)。

(2)《中华人民共和国公务员法》(2005 年 4 月 27 日第十届全国人民代表大会常务委员会第十五次会议通过 根据 2017 年 9 月 1 日第十二届全国人民代表大会常务委员会第二十九次会议《关于修改〈中华人民共和国法官法〉等八部法律的决定》修正 2018 年 12 月 29 日第十三届全国人民代表大会常务委员会第七次会议修订)。

(3)《中华人民共和国公职人员政务处分法》(2020 年 6 月 20 日第十三届全国人民代表大会常务委员会第十九次会议通过)。

8. 司法体制改革

党的十八大以来,随着全面深化改革战略在国家治理领域的深入实施,以司法责任制为基石的这一阶段司法改革,涉及面广、改革力度大、影响深远,包括司法责任制改革、司法管理体制改革、司法权运行机制改革、以审判为中心的刑事诉讼制度改革、认罪认罚从宽制度研究、司法职业保障制度改革、多元化纠纷解决机制改革等重大问题。相关的主要内容有：

（1）《全国人民代表大会常务委员会关于废止有关劳动教养法律规定的决定》（2013 年 12 月 28 日第十二届全国人民代表大会常务委员会第六次会议通过）。

（2）《全国人民代表大会常务委员会关于授权最高人民法院、最高人民检察院在部分地区开展刑事案件速裁程序试点工作的决定》（2014 年 6 月 27 日第十二届全国人民代表大会常务委员会第九次会议通过）。

（3）《全国人民代表大会常务委员会关于在北京、上海、广州设立知识产权法院的决定》（2014 年 8 月 31 日第十二届全国人民代表大会常务委员会第十次会议通过）。

（4）《最高人民法院设立巡回法庭试点方案》（2014 年 12 月 2 日中央全面深化改革领导小组第七次全体会议审议通过）党的十八届四中全会提出"最高人民法院设立巡回法庭，审理跨行政区域重大行政和民商事案件"。2014 年 12 月 28 日，第十二届全国人民代表大会常务委员会第十二次会议表决通过任免名单，任命刘贵祥为最高人民法院第一巡回法庭庭长、胡云腾为最高人民法院第二巡回法庭庭长。其后，又陆续设置了第三、第四、第五、第六巡回法庭。

（5）《全国人民代表大会常务委员会关于授权在部分地区开展人民陪审员制度改革试点工作的决定》（2015 年 4 月 24 日第十二届全国人民代表大会常务委员会第十四次会议通过）。

（6）《全国人民代表大会常务委员会关于授权最高人民法院、最高人民检察院在部分地区开展刑事案件认罪认罚从宽制度试点工作的决定》（2016 年 9 月 3 日第十二届全国人民代表大会常务委员会第二十二次会议通过）。

（7）《全国人民代表大会常务委员会关于延长人民陪审员制度改革试点期限的决定》（2017年4月27日第十二届全国人民代表大会常务委员会第二十七次会议通过）。

（8）《中华人民共和国行政诉讼法》（1989年4月4日第七届全国人民代表大会第二次会议通过 根据2014年11月1日第十二届全国人民代表大会常务委员会第十一次会议《关于修改〈中华人民共和国行政诉讼法〉的决定》第一次修正 根据2017年6月27日第十二届全国人民代表大会常务委员会第二十八次会议《关于修改〈中华人民共和国民事诉讼法〉和〈中华人民共和国行政诉讼法〉的决定》第二次修正）。

（9）《中华人民共和国人民陪审员法》（2018年4月27日第十三届全国人民代表大会常务委员会第二次会议通过）。

（10）《全国人民代表大会常务委员会关于设立上海金融法院的决定》（2018年4月27日第十三届全国人民代表大会常务委员会第二次会议通过）。

（11）《中华人民共和国刑事诉讼法》（1979年7月1日第五届全国人民代表大会第二次会议通过 根据1996年3月17日第八届全国人民代表大会第四次会议《关于修改〈中华人民共和国刑事诉讼法〉的决定》第一次修正 根据2012年3月14日第十一届全国人民代表大会第五次会议《关于修改〈中华人民共和国刑事诉讼法〉的决定》第二次修正 根据2018年10月26日第十三届全国人民代表大会常务委员会第六次会议《关于修改〈中华人民共和国刑事诉讼法〉的决定》第三次修正）。

（12）《中华人民共和国人民法院组织法》（1979年7月1日第五届全国人民代表大会第二次会议通过 根据1983年9月2日第六届全国人民代表大会常务委员会第二次会议《关于修改〈中华人民共

和国人民法院组织法〉的决定》第一次修正 根据 1986 年 12 月 2 日第六届全国人民代表大会常务委员会第十八次会议《关于修改〈中华人民共和国地方各级人民代表大会和地方各级人民政府组织法〉的决定》第二次修正 根据 2006 年 10 月 31 日第十届全国人民代表大会常务委员会第二十四次会议《关于修改〈中华人民共和国人民法院组织法〉的决定》第三次修正 2018 年 10 月 26 日第十三届全国人民代表大会常务委员会第六次会议修订）。

（13）《中华人民共和国人民检察院组织法》（1979 年 7 月 1 日第五届全国人民代表大会第二次会议通过 根据 1983 年 9 月 2 日第六届全国人民代表大会常务委员会第二次会议《关于修改〈中华人民共和国人民检察院组织法〉的决定》第一次修正 根据 1986 年 12 月 2 日第六届全国人民代表大会常务委员会第十八次会议《关于修改〈中华人民共和国地方各级人民代表大会和地方各级人民政府组织法〉的决定》第二次修正 2018 年 10 月 26 日第十三届全国人民代表大会常务委员会第六次会议修订）。

（14）《全国人民代表大会常务委员会关于专利等知识产权案件诉讼程序若干问题的决定》（2018 年 10 月 26 日第十三届全国人民代表大会常务委员会第六次会议通过）。

（15）《中华人民共和国法官法》（1995 年 2 月 28 日第八届全国人民代表大会常务委员会第十二次会议通过 根据 2001 年 6 月 30 日第九届全国人民代表大会常务委员会第二十二次会议《关于修改〈中华人民共和国法官法〉的决定》第一次修正 根据 2017 年 9 月 1 日第十二届全国人民代表大会常务委员会第二十九次会议《关于修改〈中华人民共和国法官法〉等八部法律的决定》第二次修正 2019 年 4 月 23 日第十三届全国人民代表大会常务委员会第十次会议修订）。

（16）《中华人民共和国检察官法》（1995 年 2 月 28 日第八届全国人民代表大会常务委员会第十二次会议通过 根据 2001 年 6 月 30 日第九届全国人民代表大会常务委员会第二十二次会议《关于修改〈中华人民共和国检察官法〉的决定》第一次修正 根据 2017 年 9 月 1 日第十二届全国人民代表大会常务委员会第二十九次会议《关于修改〈中华人民共和国法官法〉等八部法律的决定》第二次修正 2019 年 4 月 23 日第十三届全国人民代表大会常务委员会第十次会议修订）。

（17）《全国人民代表大会常务委员会关于废止有关收容教育法律规定和制度的决定》（2019 年 12 月 28 日第十三届全国人民代表大会常务委员会第十五次会议通过）。

（18）《全国人民代表大会常务委员会关于授权最高人民法院在部分地区开展民事诉讼程序繁简分流改革试点工作的决定》（2019 年 12 月 28 日第十三届全国人民代表大会常务委员会第十五次会议通过）。

（19）《全国人民代表大会常务委员会关于设立海南自由贸易港知识产权法院的决定》（2020 年 12 月 26 日第十三届全国人民代表大会常务委员会第二十四次会议通过）。

（20）《全国人民代表大会常务委员会关于设立北京金融法院的决定》（2021 年 1 月 22 日第十三届全国人民代表大会常务委员会第二十五次会议通过）。

（21）《中华人民共和国法律援助法》（2021 年 8 月 20 日第十三届全国人民代表大会常务委员会第三十次会议通过）。

（22）《全国人民代表大会常务委员会关于授权最高人民法院组织开展四级法院审级职能定位改革试点工作的决定》（2021 年 8 月 20 日第十三届全国人民代表大会常务委员会第三十次会议通过）。

（23）《全国人民代表大会常务委员会关于修改〈中华人民共和国民事诉讼法〉的决定》（2021 年 12 月 24 日第十三届全国人民代表大会常务委员会第三十二次会议通过 根据 2023 年 9 月 1 日第十四届全国人民代表大会常务委员会第五次会议《关于修改〈中华人民共和国民事诉讼法〉的决定》第五次修正）。

（24）《全国人民代表大会常务委员会关于设立成渝金融法院的决定》（2022 年 2 月 28 日第十三届全国人民代表大会常务委员会第三十三次会议通过）。

（25）2023 年 8 月 21 日，第十四届全国人大常委会第十次委员长会议审议通过了全国人大宪法和法律委员会关于终止审议行政诉讼法修正草案的报告。

9."一国两制"

党的十八大报告指出，"全面准确贯彻'一国两制'、'港人治港'、'澳人治澳'、高度自治的方针，必须把坚持一国原则和尊重两制差异、维护中央权力和保障特别行政区高度自治权、发挥祖国内地坚强后盾作用和提高港澳自身竞争力有机结合起来，任何时候都不能偏废"。党的十九大报告指出，"保持香港、澳门长期繁荣稳定，必须全面准确贯彻'一国两制'、'港人治港'、'澳人治澳'、高度自治的方针，严格依照宪法和基本法办事，完善与基本法实施相关的制度和机制"。根据党的十八大、十九大精神，针对"一国两制"实践中的各种问题，全国人民代表大会及其常务委员会通过立法、决定、立法解释等形式，推动基本法实施相关制度机制的不断完善。

（1）《全国人民代表大会常务委员会关于香港特别行政区行政长官普选问题和 2016 年立法会产生办法的决定》（2014 年 8 月 31 日第十二届全国人民代表大会常务委员会第十次会议通过）。

（2）《全国人民代表大会常务委员会关于〈中华人民共和国香港

特别行政区基本法〉第一百零四条的解释》(2016 年 11 月 7 日第十二届全国人民代表大会常务委员会第二十四次会议通过)。

(3)《全国人民代表大会常务委员会关于增加〈中华人民共和国香港特别行政区基本法〉附件三所列全国性法律的决定》(2017 年 11 月 4 日第十二届全国人民代表大会常务委员会第三十次会议通过)。

(4)《全国人民代表大会常务委员会关于增加〈中华人民共和国澳门特别行政区基本法〉附件三所列全国性法律的决定》(2017 年 11 月 4 日第十二届全国人民代表大会常务委员会第三十次会议通过)。

(5)《全国人民代表大会关于建立健全香港特别行政区维护国家安全的法律制度和执行机制的决定》(2020 年 5 月 28 日第十三届全国人民代表大会第三次会议通过)。

(6)《中华人民共和国香港特别行政区维护国家安全法》(2020 年 6 月 30 日第十三届全国人民代表大会常务委员会第二十次会议通过)。

(7)《全国人民代表大会常务委员会关于增加〈中华人民共和国香港特别行政区基本法〉附件三所列全国性法律的决定》(2020 年 6 月 30 日第十三届全国人民代表大会常务委员会第二十次会议通过)。

(8)《全国人民代表大会关于完善香港特别行政区选举制度的决定》(2021 年 3 月 11 日第十三届全国人民代表大会第四次会议通过)。

(9)《中华人民共和国香港特别行政区基本法附件一香港特别行政区行政长官的产生办法》(1990 年 4 月 4 日第七届全国人民代表大会第三次会议通过 2010 年 8 月 28 日第十一届全国人民代表大会常务委员会第十六次会议批准修正 2021 年 3 月 30 日第十三届全国人民代表大会常务委员会第二十七次会议修订)。

（10）《中华人民共和国香港特别行政区基本法附件二香港特别行政区立法会的产生办法和表决程序》（1990年4月4日第七届全国人民代表大会第三次会议通过　2010年8月28日第十一届全国人民代表大会常务委员会第十六次会议备案修正　2021年3月30日第十三届全国人民代表大会常务委员会第二十七次会议修订）。

（11）《全国人民代表大会常务委员会关于〈中华人民共和国香港特别行政区维护国家安全法〉第十四条和第四十七条的解释》（2022年12月30日第十三届全国人民代表大会常务委员会第三十八次会议通过）。

（12）《全国人民代表大会常务委员会关于授权澳门特别行政区对广东省珠海市拱北口岸东南侧相关陆地和海域实施管辖的决定》（2023年12月29日第十四届全国人民代表大会常务委员会第七次会议通过）。

三、社会体制改革

社会体制改革是全面深化改革的重要领域，社会治理现代化是国家治理体系和治理能力现代化的重要组成部分。党的十八大以来，在社会体制改革和社会治理领域，"重大改革于法有据"的实践主要体现在基层治理制度改革、生育政策和生育制度改革、户籍制度改革等方面。

1. 基层治理制度改革

完善基层治理是社会治理现代化的基础和关键，修改完善的法律、行政法规主要包括：

（1）《中华人民共和国社区矫正法》（2019年12月28日第十三届全国人民代表大会常务委员会第十五次会议通过）。

（2）《中华人民共和国城市居民委员会组织法》（2018年12月29日第十三届全国人民代表大会常务委员会第七次会议《关于修改

〈中华人民共和国村民委员会组织法〉〈中华人民共和国城市居民委员会组织法〉的决定》修正）。

（3）《中华人民共和国村民委员会组织法》（2018 年 12 月 29 日第十三届全国人民代表大会常务委员会第七次会议《关于修改〈中华人民共和国村民委员会组织法〉〈中华人民共和国城市居民委员会组织法〉的决定》修正）。

（4）《物业管理条例》（根据 2016 年 2 月 6 日《国务院关于修改部分行政法规的决定》第二次修订　根据 2018 年 3 月 19 日《国务院关于修改和废止部分行政法规的决定》第三次修订）。

（5）《中华人民共和国民法典》（2020 年 5 月 28 日第十三届全国人民代表大会第三次会议通过）。

2. 生育政策和生育制度改革

随着中国社会人口结构变化，为了应对低生育率引发的人口结构失衡和老龄化社会压力等问题，我国大力推进生育政策和生育制度改革，通过法律授权、修改法律及备案审查等方式推进改革，在内容上涉及实施包容性生育政策、逐步放开生育限制、取消社会抚养费等惩罚性措施及加强生育保障性措施等方面。所涉及的制度改革主要包括：

（1）《全国人民代表大会常务委员会关于调整完善生育政策的决议》（2013 年 12 月 28 日第十二届全国人民代表大会常务委员会第六次会议通过）。

（2）《全国人民代表大会常务委员会关于授权国务院在河北省邯郸市等 12 个试点城市行政区域暂时调整适用〈中华人民共和国社会保险法〉有关规定的决定》（2016 年 12 月 25 日第十二届全国人民代表大会常务委员会第二十五次会议通过）。

（3）《中华人民共和国人口与计划生育法》（2001 年 12 月 29 日第九届全国人民代表大会常务委员会第二十五次会议通过　根据

2015 年 12 月 27 日第十二届全国人民代表大会常务委员会第十八次会议《关于修改〈中华人民共和国人口与计划生育法〉的决定》第一次修正　根据 2021 年 8 月 20 日第十三届全国人民代表大会常务委员会第三十次会议《关于修改〈中华人民共和国人口与计划生育法〉的决定》第二次修正)。

3. 户籍制度改革

《中华人民共和国国民经济和社会发展第十三个五年规划纲要》(2016 年 3 月 16 日第十二届全国人民代表大会第四次会议批准)提出,要进一步深化"户籍制度改革",主要内容为:"推进有能力在城镇稳定就业和生活的农业转移人口举家进城落户,并与城镇居民享有同等权利和义务。优先解决农村学生升学和参军进入城镇的人口、在城镇就业居住五年以上、举家迁徙的农业转移人口、新生代农民工落户问题。省会及以下城市要全面放开对高校毕业生、技术工人、职业院校毕业生、留学归国人员的落户限制。推广专业技术职称、技能等级等同大城市落户挂钩的做法。大中城市不得采取购买房屋、投资纳税、积分制等方式设置落户限制。超大城市和特大城市要以具有合法稳定就业和合法稳定住所(含租赁)、参加城镇社会保险年限、连续居住年限等为主要条件,实行差异化的落户政策。强化地方政府推动农业转移人口市民化主体责任。"

四、生态体制改革

党的十八大以来,以习近平同志为核心的党中央将生态文明建设纳入中国特色社会主义事业"五位一体"总体布局,把"美丽中国"作为生态文明建设的宏伟目标。党的十九大报告将人与自然和谐共生作为新时代坚持和发展中国特色社会主义的基本方略之一,提出"生态文明建设是关系中华民族永续发展的千年大计"。围绕生态文明建设基本方略,我国在生态环保领域制定 8 部法律、修改 16 部法律,"中国特色社会主义生态环保法律体系初步形成"①。

1. 公益诉讼改革

公益诉讼是我国在生态体制改革领域的一项重要举措,也是我国司法改革的组成部分之一。2014 年 10 月,党的十八届四中全会提出"探索建立检察机关提起公益诉讼制度"。随后,经全国人民代表大会常务委员会授权,最高人民检察院在部分地区开展了为期两年的试点工作。在公益诉讼改革取得明显成效的基础上,2017 年 7 月 1 日,第十二届全国人大常委会第二十八次会议修改的《民事诉讼法》和《行政诉讼法》正式实施,吸纳改革成果,在法律层面确立了由检察机关提起公益诉讼的制度。

(1)《全国人民代表大会常务委员会关于授权最高人民检察院在部分地区开展公益诉讼试点工作的决定》(2015 年 7 月 1 日第十二届全国人民代表大会常务委员会第十五次会议通过)。

(2)《全国人民代表大会常务委员会关于修改〈中华人民共和国民事诉讼法〉和〈中华人民共和国行政诉讼法〉的决定》(2017 年 6 月 27 日第十二届全国人民代表大会常务委员会第二十八次会议通过)。

《民事诉讼法》第五十五条增加一款,作为第二款:"人民检察院在履行职责中发现破坏生态环境和资源保护、食品药品安全领域侵害众多消费者合法权益等损害社会公共利益的行为,在没有前款规定的机关和组织或者前款规定的机关和组织不提起诉讼的情况下,可以向人民法院提起诉讼。前款规定的机关或者组织提起诉讼的,人民检察院可以支持起诉。"

《行政诉讼法》第二十五条增加一款,作为第四款:"人民检察院在履行职责中发现生态环境和资源保护、食品药品安全、国有财产保护、国有

①　汪洋:《构建保护生态环境的强大法治合力》,载中国人大网,http://www.npc.gov.cn/npc/kgfb/202207/796f22633e0e4d5882da4a4d8cc1307e.shtml,2022 年 8 月 10 日访问。

土地使用权出让等领域负有监督管理职责的行政机关违法行使职权或者不作为,致使国家利益或者社会公共利益受到侵害的,应当向行政机关提出检察建议,督促其依法履行职责。行政机关不依法履行职责的,人民检察院依法向人民法院提起诉讼。"

2. 环境保护制度改革

在建设形成中国特色社会主义生态环境保护法律体系的过程中,全国人民代表大会常务委员会加大制度供给力度,不断增强环境保护立法的系统性、整体性、协同性,既要重视重点领域立法的时效性、针对性,又要重视立法的综合配套并合理地把试点改革成果有效纳入立法。党的十八大以来,在环境保护领域,法律指定和修改的工作主要有:

(1)《中华人民共和国环境保护法》(2014 年 4 月 24 日第十二届全国人民代表大会常务委员会第八次会议修订)。

(2)《中华人民共和国畜牧法》(2015 年 4 月 24 日第十二届全国人民代表大会常务委员会第十四次会议《关于修改〈中华人民共和国计量法〉等五部法律的决定》修正 2022 年 10 月 30 日第十三届全国人民代表大会常务委员会第三十七次会议修订)。

(3)《中华人民共和国大气污染防治法》(2015 年 8 月 29 日第十二届全国人民代表大会常务委员会第十六次会议第二次修订 根据2018 年 10 月 26 日第十三届全国人民代表大会常务委员会第六次会议《关于修改〈中华人民共和国野生动物保护法〉等十五部法律的决定》第二次修正)。

(4)《中华人民共和国深海海底区域资源勘探开发法》(2016 年 2 月 26 日第十二届全国人民代表大会常务委员会第十九次会议通过)。

(5)《中华人民共和国节约能源法》(2016 年 7 月 2 日第十二届全国人民代表大会常务委员会第二十一次会议《关于修改〈中华人民共和国节约能源法〉等六部法律的决定》第一次修正 根据 2018 年

10 月 26 日第十三届全国人民代表大会常务委员会第六次会议《关于修改〈中华人民共和国野生动物保护法〉等十五部法律的决定》第二次修正)。

(6)《中华人民共和国水法》(2016 年 7 月 2 日第十二届全国人民代表大会常务委员会第二十一次会议《关于修改〈中华人民共和国节约能源法〉等六部法律的决定》第二次修正)。

(7)《中华人民共和国环境影响评价法》(2016 年 7 月 2 日第十二届全国人民代表大会常务委员会第二十一次会议《关于修改〈中华人民共和国节约能源法〉等六部法律的决定》第一次修正 根据2018 年 12 月 29 日第十三届全国人民代表大会常务委员会第七次会议《关于修改〈中华人民共和国劳动法〉等七部法律的决定》第二次修正)。

(8)《中华人民共和国固体废物污染环境防治法》(2013 年 6 月29 日第十二届全国人民代表大会常务委员会第三次会议《关于修改〈中华人民共和国文物保护法〉等十二部法律的决定》第一次修正 根据 2015 年 4 月 24 日第十二届全国人民代表大会常务委员会第十四次会议《关于修改〈中华人民共和国港口法〉等七部法律的决定》第二次修正 根据 2016 年 11 月 7 日第十二届全国人民代表大会常务委员会第二十四次会议《关于修改〈中华人民共和国对外贸易法〉等十二部法律的决定》第三次修正 2020 年 4 月 29 日第十三届全国人民代表大会常务委员会第十七次会议第二次修订)。

(9)《中华人民共和国水污染防治法》(根据 2017 年 6 月 27 日第十二届全国人民代表大会常务委员会第二十八次会议《关于修改〈中华人民共和国水污染防治法〉的决定》第二次修正)。

(10)《中华人民共和国海洋环境保护法》(2013 年 12 月 28 日第十二届全国人民代表大会常务委员会第六次会议《关于修改〈中华人

民共和国海洋环境保护法〉等七部法律的决定》第一次修正　根据
2016 年 11 月 7 日第十二届全国人民代表大会常务委员会第二十四
次会议《关于修改〈中华人民共和国海洋环境保护法〉的决定》第二次
修正　根据 2017 年 11 月 4 日第十二届全国人民代表大会常务委员
会第三十次会议《关于修改〈中华人民共和国会计法〉等十一部法律
的决定》第三次修正　2023 年 10 月 24 日第十四届全国人民代表大
会常务委员会第六次会议第二次修订）。

（11）《中华人民共和国土壤污染防治法》（2018 年 8 月 31 日第
十三届全国人民代表大会常务委员会第五次会议通过）。

（12）《中华人民共和国循环经济促进法》（2018 年 10 月 26 日第
十三届全国人民代表大会常务委员会第六次会议《关于修改〈中华人
民共和国野生动物保护法〉等十五部法律的决定》修正）。

（13）《中华人民共和国环境保护税法》（2016 年 12 月 25 日第十
二届全国人民代表大会常务委员会第二十五次会议通过　根据
2018 年 10 月 26 日第十三届全国人民代表大会常务委员会第六次
会议《关于修改〈中华人民共和国野生动物保护法〉等十五部法律的
决定》修正）。

（14）《中华人民共和国防沙治沙法》（2018 年 10 月 26 日第十三
届全国人民代表大会常务委员会第六次会议《关于修改〈中华人民共
和国野生动物保护法〉等十五部法律的决定》修正）。

（15）《中华人民共和国环境噪声污染防治法》（2018 年 12 月 29
日第十三届全国人民代表大会常务委员会第七次会议《关于修改〈中
华人民共和国劳动法〉等七部法律的决定》修正）。

（16）《中华人民共和国资源税法》（2019 年 8 月 26 日第十三届
全国人民代表大会常务委员会第十二次会议通过）。

（17）《中华人民共和国森林法》（2019 年 12 月 28 日第十三届全

国人民代表大会常务委员会第十五次会议修订）。

（18）《中华人民共和国长江保护法》（2020 年 12 月 26 日第十三届全国人民代表大会常务委员会第二十四次会议通过）。

（19）《中华人民共和国湿地保护法》（2021 年 12 月 24 日第十三届全国人民代表大会常务委员会第三十二次会议通过）。

（20）《中华人民共和国噪声污染防治法》（2021 年 12 月 24 日第十三届全国人民代表大会常务委员会第三十二次会议通过）。

（21）《中华人民共和国黄河保护法》（2022 年 10 月 30 日第十三届全国人民代表大会常务委员会第三十七次会议通过）。

（22）《中华人民共和国青藏高原生态保护法》（2023 年 4 月 26 日第十四届全国人民代表大会常务委员会第二次会议通过）。

（23）《全国人民代表大会常务委员会关于设立全国生态日的决定》（2023 年 6 月 28 日第十四届全国人民代表大会常务委员会第三次会议通过）。

3. 生物安全制度改革

生物安全领域法治建设和法治改革，是法治中国建设的新兴重点领域建设。习近平总书记指出："要积极推进国家安全、科技创新、公共卫生、生物安全、生态文明、防范风险、涉外法治等重要领域立法，健全国家治理急需的法律制度、满足人民日益增长的美好生活需要必备的法律制度，填补空白点、补强薄弱点。数字经济、互联网金融、人工智能、大数据、云计算等新技术新应用快速发展，催生一系列新业态新模式，但相关法律制度还存在时间差、空白区。"党的十八大以来，制定了《生物安全法》，对《动物防疫法》《野生动物保护法》《动物防疫法》进行了多次修订，出台了《全国人民代表大会常务委员会关于全面禁止非法野生动物交易、革除滥食野生动物陋习、切实保障人民群众生命健康安全的决定》，为统筹发展与安全、强化生物安全建设提供了重要法治保障。

（1）《中华人民共和国动物防疫法》（2013 年 6 月 29 日第十二届全国人民代表大会常务委员会第三次会议《关于修改〈中华人民共和国文物保护法〉等十二部法律的决定》第一次修正　根据 2015 年 4 月 24 日第十二届全国人民代表大会常务委员会第十四次会议《关于修改〈中华人民共和国电力法〉等六部法律的决定》第二次修正　2021 年 1 月 22 日第十三届全国人民代表大会常务委员会第二十五次会议第二次修订）。

（2）《中华人民共和国野生动物保护法》（2016 年 7 月 2 日第十二届全国人民代表大会常务委员会第二十一次会议第一次修订　根据 2018 年 10 月 26 日第十三届全国人民代表大会常务委员会第六次会议《关于修改〈中华人民共和国野生动物保护法〉等十五部法律的决定》第三次修正　2022 年 12 月 30 日第十三届全国人民代表大会常务委员会第三十八次会议第二次修订）。

（3）《全国人民代表大会常务委员会关于全面禁止非法野生动物交易、革除滥食野生动物陋习、切实保障人民群众生命健康安全的决定》（2020 年 2 月 24 日第十三届全国人民代表大会常务委员会第十六次会议通过）。

（4）《中华人民共和国生物安全法》（2020 年 10 月 17 日第十三届全国人民代表大会常务委员会第二十二次会议通过）。

（5）《中华人民共和国动物防疫法》（根据 2013 年 6 月 29 日第十二届全国人民代表大会常务委员会第三次会议《关于修改〈中华人民共和国文物保护法〉等十二部法律的决定》第一次修正　根据 2015 年 4 月 24 日第十二届全国人民代表大会常务委员会第十四次会议《关于修改〈中华人民共和国电力法〉等六部法律的决定》第二次修正　2021 年 1 月 22 日第十三届全国人民代表大会常务委员会第

二十五次会议第二次修订）。

五、国防和军队改革

构建中国特色军事法治体系，是实现治军方式根本性转变、提高国防和军队建设法治化水平的必然要求，是全面加强军队革命化现代化正规化建设的一项重要工作。党的十八大以来，依法治军作为全面依法治国的重要组成部分，以构建系统完备、严密高效的军事法规制度体系、军事法治实施体系、军事法治监督体系及军事法治保障体系为主的军事法治建设取得了长足进步。在全面推进依法治军的系统工程中，国防和军队建设的法治化按照"重大改革于法有据"的要求，在军官制度改革、中国人民武装警察部队改革、国防动员体制改革等方面，由全国人民代表大会常务委员会通过暂时调整适用相关法律法规的方式，对相关领域改革发挥了重要支撑和推进作用。

（1）《全国人民代表大会常务委员会关于军官制度改革期间暂时调整适用相关法律规定的决定》（2016 年 12 月 25 日第十二届全国人民代表大会常务委员会第二十五次会议通过）。

该决定规定："军官制度改革期间，暂时调整适用《中华人民共和国现役军官法》、《中国人民解放军军官军衔条例》中军官职务等级、军衔、职务任免、教育培训、待遇保障、退役安置有关规定。具体办法和试行范围，由中央军事委员会组织制定和予以明确。改革措施成熟后，及时修改完善有关法律。"

（2）《全国人民代表大会常务委员会关于中国人民武装警察部队改革期间暂时调整适用相关法律规定的决定》（2017 年 11 月 4 日第十二届全国人民代表大会常务委员会第三十次会议通过）。

该决定规定："人民武装警察部队改革期间，暂时调整适用《中华人民共和国国防法》、《中华人民共和国人民武装警察法》中有关人民武装警察部队领导指挥体制、职能任务、警衔制度、保障体制、部队部署和兵力调动使用的规定。具体办法按照党中央的有关决定、国务院和中央军事委员会的有关规定执行。改革措施成熟后，及时修改完善有关法律。"

（3）《全国人民代表大会常务委员会关于深化国防动员体制改革期间暂时调整适用相关法律规定的决定》（2021 年 10 月 23 日第十三届全国人民代表大会常务委员会第三十一次会议通过）。

该决定规定："深化国防动员体制改革期间，暂时调整适用《中华人民共和国国防动员法》、《中华人民共和国人民防空法》、《中华人民共和国国防交通法》、《中华人民共和国国防教育法》中有关国防动员以及人民武装动员、经济动员、人民防空、交通战备、国防教育的领导管理体制、军地职能配置、工作机构设置和国防动员资源指挥运用的规定。具体办法按照党中央的有关决定、国务院和中央军事委员会的有关规定执行。改革措施成熟后，及时修改完善有关法律。"

（4）《全国人民代表大会常务委员会关于中国人民解放军现役士兵衔级制度的决定》（2022 年 2 月 28 日第十三届全国人民代表大会常务委员会第三十三次会议通过）。

该决定主要内容为：1）士兵军衔的性质。为有效激发士兵服役积极性，增强荣誉感尊崇感，明确士兵军衔是表明士兵身份、区分士兵等级的称号和标志，是党和国家给予士兵的地位和荣誉。2）士兵军衔的设置。适应军队人员分类管理的改革需要，分别对军士、义务兵的军衔等级、称谓作出明确。其中，军士军衔设"三等七衔"（高级军士：一级军士长、二级军士长、三级军士长；中级军士：一级上士、二级上士；初级军士：中士、下士），义务兵军衔设上等兵、列兵两衔。3）士兵军衔的管理。为规范士兵军衔管理，对军衔的军种冠名、上下级关系和标志佩带等作出明确规定，同时明确士兵服现役的衔级年限和军衔授予、晋升、降级、剥夺以及培训、考核、任用等管理制度,由中央军事委员会具体规定,以尽快构建完善士兵军衔管理制度体系,确保军队改革有关举措落地见效。此外,为同步调整规范武警部队士兵衔级制度,明确武警部队适用该决定。

(5)《中华人民共和国预备役人员法》(2022 年 12 月 30 日第十三届全国人民代表大会常务委员会第三十八次会议通过)。

(6)《全国人民代表大会常务委员会关于军队战时调整适用〈中华人民共和国刑事诉讼法〉部分规定的决定》(2023 年 2 月 24 日第十三届全国人民代表大会常务委员会第三十九次会议通过)。

第三章　党政机构改革的法治实践

　　党政机构是国家上层建筑的重要构成部分,是国家机器构成和运行的核心,是国家治理体系和治理能力的重要担纲者。党和政府一直高度重视根据经济社会发展不同阶段的需要,推进党和政府机构改革,完善上层建筑,完善国家治理体系和提升治理能力。改革开放以来,我国进行了九次国务院机构改革和六次党中央机构改革。①地方党政机构也随之进行了八次相应的改革。从整个过程来看,历次机构改革均是在党的领导下推进的,也促使党政机构改革的系统化、规范化和法治化程度不断提高。

　　纵观党政机构改革的历史进程,党政机构改革于法有据体现在以下三个方面:一是严格在法治化轨道上推进机构改革。从历史进程来看,党和政府从建国之初,就非常重视国务院机构改革的法治化,通过《国务院

---

　　① 关于党政机构改革的研究参见以下论文。张博:《改革开放以来党中央部门机构改革的历史与逻辑》,载《理论与改革》2019 年第 5 期;文宏、林仁镇:《中国特色现代化治理体系构建的实践探索》,载《社会科学战线》2020 年第 4 期;陈鹏:《新中国成立 70 年来的政府机构改革:历程、启示和展望》,载《岭南学刊》2019 年第 4 期;赵宇峰:《政府改革与国家治理:周期性政府机构改革的中国逻辑》,载《复旦学报(哲学社会科学版)》2020 年第 2 期;刘俊:《国家机构改革的经验启示及法治逻辑》,载《四川行政学院学报》2020 年第 1 期;汪雄:《国家机构改革与行政法修改模式的创新》,载《甘肃政法学院学报》2019 年第 4 期。从上述论文来看,国务院机构改革为 9 次,党中央机构改革为 6 次,其中除了 1999 年外,其他如 1982 年、1988 年、1993 年、2018 年和 2023 年党中央机构改革的 5 次时间均与国务院机构改革时间一致。

组织法》规定了国务院机构改革的程序,之后的国务院机构改革都是在法治轨道上推进实施的。同时,党中央机构改革也非常重视改革规范化,坚持以党中央决定(文件或者会议形式)形式推进机构改革。二是根据机构改革的实际情况修改法律法规。在机构改革实施过程中,根据机构改革的情况修改不适应机构改革实际的相关法律法规。三是总结党政机构改革的经验,制定新的机构改革的法律法规和党内法规。在总结机构改革经验的基础上,1997 年,国务院发布了《国务院行政机构设置和编制管理条例》;2007 年,国务院公布了《地方各级人民政府机构设置和编制管理条例》;2019 年,中共中央印发了《中国共产党机构编制工作条例》。

第一节　党政机构改革的历史发展、动因和内容

改革开放以来,我国分别于 1982 年、1988 年、1993 年、1999 年、2003 年、2008 年、2013 年、2018 年和 2023 年进行了九次国务院机构改革,于 1982 年、1988 年、1993 年、1999 年、2018 年和 2023 年进行了六次党中央机构改革。与中央机构改革相适应,地方党政机构于 1982 年、1994 年、1999 年、2003 年、2008 年、2013 年、2018 年和 2023 年进行了八次改革。

上述党和政府机构改革均依据全国人大常委会、全国人大决定或党中央决定(文件或者会议形式)开展实施。针对 1982 年至 2018 年的八次国务院机构改革,全国人大及其常委会分别作出了八份"关于国务院机构改革的决定"。1982 年 3 月 8 日,第五届全国人民代表大会常务委员会第二十二次会议原则批准了《国务院关于国务院机构改革问题的报告》。1988 年 4 月 9 日,第七届全国人民代表大会第一次会议原则批准国务院

机构改革方案。1993 年 3 月 22 日，第八届全国人民代表大会第一次会议审议通过了《关于国务院机构改革方案的决定》。1998 年 3 月 10 日，第九届全国人民代表大会第一次会议审议了《关于国务院机构改革方案的决定》，并予批准。2003 年 3 月 10 日，第十届全国人民代表大会第一次会议审议了国务院机构改革方案，并予批准。第十一届全国人民代表大会第一次会议审议了关于国务院机构改革方案的决定，2008 年 3 月 15 日批准。2013 年 3 月 14 日，第十二届全国人民代表大会第一次会议审议了国务院机构改革和职能转变方案，并予批准。2018 年 3 月 17 日，第十三届全国人民代表大会第一次会议审议了国务院机构改革方案，并予批准。同时，国务院机构改革还遵循了《国务院组织法》规定的程序。1982 年国务院机构改革在法律程序上的依据是 1954 年第一届全国人大通过的《国务院组织法》，该法第二条规定："国务院各部和各委员会的增加、减少或者合并，经总理提出，由全国人大决定，在全国人大闭会期间，由全国人大常委会决定。"虽然 1982 年底第五届全国人大第五次会议修改了《国务院组织法》，但仍然保留了国务院机构改革的程序条款。从八次国务院机构改革的情况来看，改革均按照《国务院组织法》的规定，改革方案经过了全国人大常委会或者全国人大批准。此外，国务院机构改革的实施过程中，也根据需要对不适应机构改革的法律法规以全国人大常委会或者国务院决定的形式进行了相应修改。针对五次党中央机构改革，党中央分别以文件或者会议形式作出了决定。1982 年，邓小平作了题为"精简机构是一场革命"的讲话，以精简机构为主题的机构改革陆续开展，还出台了《中共中央关于建立老干部退休制度的决定》。1987 年，中央政治局原则同意中央机构改革领导小组关于党中央、国务院机构改革方案。1993 年，党的十四届二中全会审议通过了《关于党政机构改革的方案》。1999 年，党中央部门机构改革工作会议召开，提出了在维持大格局不变的情况下，继续进行机构调整。2018 年，党的十九届三中全会审议通过《中共中央关于深化党和国家机构改革的决定》和《深化党和国家机构改革方案》。需要说明的是,2023 年党的二十届二中全会通过的《党和国家机构改革方案》第一次将党中央机构改革与国务院机构改革方案一并发布。上述方案中国务院机构改革的内容在 2024 年 3 月第十四届全国人民代表大会第二次会议通过的新修订的《国务院组织法》中予以充分落实。地方机构改革,也是按照中央机构改革的相关要求而进行的。

一、党中央机构的六次改革

1. 1982 年改革

改革开放初期的此次改革,是为了适应改革开放和社会主义现代化建设的需要,对党和国家领导制度进行的改革。1982 年 1 月 11 日至 13 日,中共中央政治局召开会议,讨论中央机构精简问题。邓小平在会上作了"精简机构是一场革命"的讲话。随之,中央和国务院的机构改革工作开始进行。此次改革主题是精简机构,着眼把年轻干部用起来,并建立老干部退休制度。

2. 1988 年改革

20 世纪 80 年代中期,随着改革由农村扩展至城市,由经济领域扩展至政治、文化、社会等领域,需要对党和国家机构进一步改革。1987 年 12 月中共中央政治局第二次全体会议原则同意关于党中央、国务院机构改革方案并认真组织实施。此次改革着眼于调整党政关系,将党政职能重叠部分转给国务院等国家政权机构,强调党通过国家政权履行职能,主要是撤销与国务院职能部门重叠的领导小组和办事机构,合并业务相近的事业单位,明确直属工作机构的职能,精简内部人员。①

---

① 参见《中直机构改革进展顺利》,载《人民日报》1988 年 8 月 22 日,第 1 版。

3. 1993 年改革

为适应社会主义市场经济新体制，对行政管理体制和党政机构的改革势在必行。1993 年 3 月 5 日至 7 日，党的十四届二中全会在北京举行，通过了《关于党政机构改革的方案》。7 月 2 日，中共中央发出通知，印发《关于党政机构改革的方案》和《关于党政机构改革方案的实施意见》。确定中央直属机构改革的主要任务是理顺关系，调整结构，精简内设机构和人员，进一步改善干部结构和提高干部素质，提高工作效率。调整后的中央直属机构为中央纪委机关与国家监察部合署办公，一个机构挂两块牌子；工作部门和办事机构 9 个，即中央办公厅、中央组织部、中央宣传部、中央统战部、中央对外联络部、中央政法委员会、中央政策研究室、中央台湾工作办公室、中央对外宣传办公室（原为中央对外宣传小组），其中中央台湾工作办公室与国务院台湾事务办公室为一个机构两块牌子，中央对外宣传办公室与国务院新闻办公室为一个机构两块牌子；派出机构 2 个，即中央直属机关工作委员会、中央国家机关工作委员会。《关于党政机构改革的方案》指出，中央现有议事性委员会或领导小组 12 个，即中央财经领导小组、中央对台工作领导小组、中央机构编制委员会、中央外事工作领导小组、中央农村工作领导小组、中央党的建设工作领导小组、中央宣传思想工作领导小组、中央党史领导小组、中央社会治安综合治理委员会、中央保密委员会、中央密码工作领导小组、中央保健委员会。在党中央设置高层次的议事机构是必要的。

4. 1999 年改革

随着社会主义市场经济体制的逐步建立，亟须调整上层建筑。在国务院、地方政府机构改革后，1999 年 7 月，党中央部门机构改革工作会议召开，提出在维持大格局不变的情况下，继续进行机构调整，形成结构合理、管理科学、工作高效的运行机制。①这次改革主要有三项内容：一是理

---

① 参见《中共中央部门机构改革工作会议召开》，载《人民日报》1999 年 7 月 7 日，第 1 版。

顺职能关系,重新界定党中央部门与政府部门、人民团体的职责分工,解决中央各部门间、部门内部的职能交叉问题;二是通过撤销、清理、合并,精简内设机构和人员编制;三是针对垂直管理部门,调整派驻纪检监察机构的领导体制和编制。①

5. 2018 年改革

相比于前四次改革,2018 年党中央机构改革是在中国特色社会主义进入新时代的背景下启动的。党治国理政的国际国内环境发生了很大变化,面临百年未有之大变局,亟须对党政机构进行改革,以应对复杂情况。这次机构改革,以坚持和加强党的全面领导为统领,是对党的组织机构和管理体制的一次系统性、整体性改革,对党中央部门、党组织和同级组织关系、中央和地方关系等多个层面进行了改革。2018 年 3 月 21 日,中共中央印发《深化党和国家机构改革方案》。方案明确,组建国家监察委员会、组建中央全面依法治国委员会、组建中央审计委员会、组建中央教育工作领导小组、组建中央和国家机关工作委员会、组建新的中央党校(国家行政学院)、组建中央党史和文献研究院;中央组织部统一管理中央机构编制委员会办公室、统一管理公务员工作;中央宣传部统一管理新闻出版工作、统一管理电影工作;中央统战部统一领导国家民族事务委员会、统一管理宗教工作、统一管理侨务工作;中央全面深化改革领导小组、中央网络安全和信息化领导小组、中央财经领导小组、中央外事工作领导小组改为委员会;不再设立中央维护海洋权益工作领导小组、不再设立中央社会治安综合治理委员会及其办公室、不再设立中央维护稳定工作领导小组及其办公室;将中央防范和处理邪教问题领导小组及其办公室职责划归中央政法委员会、公安部。2018 年 10 月 31 日,党中央决定,成立中央退役军人事务工作领导小组,下设办公室,设在

———————

① 参见张博:《改革开放以来党中央部门机构改革的历史与逻辑》,载《理论与改革》2019 年第 5 期。

退役军人事务部。

6. 2023 年改革①

为了加强党中央对金融工作、科技工作、社会工作以及港澳工作的领导，在上述方面党中央进行了机构改革。此次机构改革主要包括以下几个方面的内容：一是组建中央金融委员会。加强党中央对金融工作的集中统一领导，设立中央金融委员会办公室，作为中央金融委员会的办事机构，列入党中央机构序列。不再保留国务院金融稳定发展委员会及其办事机构。将国务院金融稳定发展委员会办公室职责划入中央金融委员会办公室。二是组建中央金融工作委员会。统一领导金融系统党的工作，指导金融系统党的政治建设、思想建设、组织建设、作风建设、纪律建设等，作为党中央派出机关，同中央金融委员会办公室合署办公。将中央和国家机关工作委员会的金融系统党的建设职责划入中央金融工作委员会。三是组建中央科技委员会。为了加强党中央对科技工作的集中统一领导，组建中央科技委员会。中央科技委员会办事机构职责由重组后的科学技术部整体承担。保留国家科技咨询委员会，服务党中央重大科技决策，对中央科技委员会负责并报告工作。国家科技伦理委员会作为中央科技委员会领导下的学术性、专业性专家委员会，不再作为国务院议事协调机构。四是组建中央社会工作部。为了加强党对社会工作的领导，组建中央社会工作部。中央社会工作部统一领导国家信访局。国家信访局由国务院办公厅管理的国家局调整为国务院直属机构。五是组建中央港澳工作办公室。在国务院港澳事务办公室基础上组建，作为党中央办事机构，保留国务院港澳事务办公室牌子。不再保留单设的国务院港澳事务办公室。

---

① 可访问中央政府网(www.gov.cn)，搜索《党和国家机构改革方案》。

二、国务院机构的九次改革

1. 1982 年改革

1978 年改革开放后，经济建设成为党和国家的工作重心。由于经济建设的需要，国务院机构数量创历史最高，机构庞大、人员臃肿、行政运行成本高居不下。在此背景下，1982 年启动了第一次政府机构改革，其主要内容是压缩国务院部门数量，裁减领导职数与人员，解决人浮于事的问题。

2. 1988 年改革

此次改革动因是 1982 年精简机构和人员的成果并未维持多久，又陷入了机构膨胀和人员增加的老路。为了打破"精简—膨胀—再精简—再膨胀"的怪圈，党的十三大对机构改革提出了新的要求，即抓住转变政府职能，按照经济体制改革和政企分开的要求，使政府对企业的管理由直接管理为主转变成间接管理为主。1988 年 3 月，第七届全国人大一次会议审议通过了《关于国务院机构改革方案的决定》。

1988 年机构改革的目标是建立一个符合现代化管理要求，具有中国特色的功能齐全、结构合理、运转协调、灵活高效的行政管理体系。这次机构改革的主要内容：一是合并裁减专业管理部门和综合部门内设机构，撤销和整合煤炭、石油和核工业等几个直接管理经济的部门。二是改革思路从机构层面向职能层面转变，将改革重点从机构改革转移到转变政府职能和重构政企关系。

3. 1993 年改革

此次改革的大背景是 1992 年党的十四大提出中国经济体制的改革目标是建立社会主义市场经济体制。这次会议强调要下决心进行行政管理体制和机构改革，做到转变职能、理顺关系、精兵简政、提高效率。1993 年 3 月，党的十四届二中全会讨论通过了机构改革方案，这是第一次在中央全会上讨论通过机构改革方案。随后，八届全国人大一次会议审议通过了关于国务院机构改革方案的决定，分别对综合经济部门、专业经济部门、社会管理部门、直属机构、办事机构和非常设机构提出了改革要求。

这次改革，将国务院经贸办改建为国家经贸委；撤销能源部，设立电力部、煤炭部。撤销机械电子部，设立机械部、电子部。撤销航空航天部，组建国家航空工业总公司、航天工业总公司；撤销商业部、物资部，设立国内贸易部。轻工业部、纺织工业部改为轻工总会、纺织总会，不作为国务院的组成部门；国家物价局、国家矿产储量局、黄金局、国家核安全局并入有关部委、科委，作为该部委、科委的职能局；国家气象局、专利局改为事业单位，国家建材局改为建材工业协会联合会；部委归口管理的国家技术监督局、国家建材局、国家医药局、国家海洋局、国家地震局、国家外专局、国家语委、国家国有资产局、国家烟草专卖局、国家中医药局、国家商检局、国家文物局、国家外汇局、国家粮食局、国家测绘局等十五个机构改为部委管理的国家局，其主要业务由主管的部委党组领导，但仍保留原印章和专项资金，在一定范围内可单独行文和开展工作。

4. 1998 年改革

党的十五大指出了国务院机构"机构庞大、人员臃肿、政企不分、官僚主义严重"等问题，要求"按照社会主义市场经济要求，推进机构改革，转变政府职能。深化行政体制改革，实现国家机构组织、职能、编制、工作程序的法定化，严格控制机构膨胀，坚决裁减冗员"。[①]为此，1998 年 3 月 10 日，九届全国人大一次会议审议通过了《关于国务院机构改革方案的决定》。按照改革方案，在宏观调控部门方面，主要是将国家经济体制改革委员会改为国务院高层次的议事机构，不再列入国务院组成部门序列；在专业经济管理部门方面，组建信息产业部，组建劳动和社会保障部，组建

---

① 参见吕志奎：《从职能带动到体系驱动：中国政府机构改革的"三次跃迁"》，载《学术研究》2019 年第 11 期。

国土资源部,组建国防科学技术工业委员会,明确政府管理部门不再直接管理企业;将国家计划委员会更名为国家发展计划委员会,科学技术委员会更名为科学技术部,国家教育委员会更名为教育部。这次国务院机构改革提出了机关行政编制要精简50％的要求,是历次机构改革人员精简力度最大的一次。

按照国务院部署,各部门抓紧研究制定定职能、定机构、定编制的“三定”规定。在三个月内,国务院五十一个部委、直属机构、办事机构和十九个部委管理的国家局的“三定”规定先后审议批准、陆续下达并组织实施。

5. 2003 年改革

党的十六大提出,要“完善政府经济调节、市场监管、社会管理和公共服务的职能……继续推进政府机构改革,科学规范政府职能,合理设置机构,优化人员机构,实现机构和编制的法定化”。此次机构改革,集中力量解决行政管理体制中影响改革和发展的突出矛盾和问题,进一步转变政府职能,为促进改革开放和现代化建设提供组织保障。改革主要内容:一是深化国有资产管理体制改革,设立国务院国有资产监督管理委员会,为国务院直属特设机构。二是完善宏观调控体系,将国家发展计划委员会改组为国家发展和改革委员会,不再保留国家经济贸易委员会、对外贸易经济合作部。三是健全金融监管体制,设立中国银行业监督管理委员会。四是继续推进流通管理体制改革,组建商务部。五是加强食品安全和安全生产监管体制建设,在国家药品监督管理局的基础上组建国家食品药品监督管理局,将国家经贸委管理的国家安全生产监督管理局改为国务院直属机构。六是为加强人口发展战略研究,推动人口与计划生育工作的综合协调,将国家计划生育委员会更名为国家人口和计划生育委员会。

6. 2008 年改革

2007 年党的十七大提出,要加大机构整合力度,着力解决机构重叠、职责交叉、政出多门等问题,减少行政层级,降低行政成本,探索大部制。

根据党的十七大和十七届二中全会精神,这次国务院机构改革的主要任务是围绕转变政府职能和理顺部门职责关系,探索实行职能有机统一的大部门体制,合理配置宏观调控部门职能,加强能源环境管理机构,整合完善工业和信息化、交通运输行业管理体制,以改善民生为重点,加强与整合社会管理和公共服务部门。主要内容:一是合理配置宏观调控部门职能。这次改革着力推动国家发展和改革委员会进一步转变职能,减少微观管理事务和具体审批事项,集中精力抓好宏观调控。财政部改革完善预算和税政管理,健全中央和地方财力与事权相匹配的体制,完善公共财政体系。中国人民银行进一步健全货币政策体系,加强与金融监管部门的统筹协调,维护国家金融安全。国家发展和改革委员会、财政部、中国人民银行等部门建立健全协调机制,形成更加完善的宏观调控体系。二是加强能源管理机构。设立高层次议事协调机构国家能源委员会。组建国家能源局,由国家发展和改革委员会管理。将国家发展和改革委员会的能源行业管理有关职责及机构,与国家能源领导小组办公室的职责、国防科学技术工业委员会的核电管理职责进行整合,划入该局。国家能源委员会办公室的工作由国家能源局承担。不再保留国家能源领导小组及其办事机构。三是组建工业和信息化部。将国家发展和改革委员会的工业行业管理有关职责、国防科学技术工业委员会核电管理以外的职责、信息产业部和国务院信息化工作办公室的职责,整合划入工业和信息化部。组建国家国防科技工业局,由工业和信息化部管理。国家烟草专卖局改由工业和信息化部管理。不再保留国防科学技术工业委员会、信息产业部、国务院信息化工作办公室。四是组建交通运输部。将交通部、中国民用航空总局的职责,建设部的指导城市客运职责,整合划入交通运输部。组建国家民用航空局,由交通运输部管理。国家邮电局改由交通运输部管理。保留铁道部,继续推进改革。不再保留交通部、中国民用航空总局。五是组建人力资源和社会保障部。将人事部、劳动和社会保障部的职责整合划入人力资源和社会保障部。组建国家公务员局，由人力资源和社会保障部管理。不再保留人事部、劳动和社会保障部。六是组建环境保护部。不再保留国家环境保护总局。七是组建住房和城乡建设部。不再保留建设部。八是国家食品药品监督管理局改由卫生部管理。明确卫生部承担食品安全综合协调、组织查处食品安全重大事故的责任。

7. 2013 年改革

党的十八大和十八届二中全会提出，要深化行政体制改革，加快"建设职能科学、结构优化、廉洁高效、人民满意的服务型政府"，明确提出"加快形成权界清晰、分工合理、权责一致、运转高效、法治保障的国务院机构职能体系"。为此，这次国务院机构改革，重点围绕转变职能和理顺职责关系，稳步推进大部门制改革，实行铁路政企分开，整合加强卫生和计划生育、食品药品、新闻出版和广播电影电视、海洋、能源管理机构。改革主要内容：一是实行铁路政企分开。组建国家铁路局，由交通运输部管理，承担铁道部的其他行政职责。组建中国铁路总公司，承担铁道部的企业职责。二是将卫生部的职责、国家人口和计划生育委员会的计划生育管理和服务职责整合，组建国家卫生和计划生育委员会。三是将国务院食品安全委员会办公室的职责、国家食品药品监督管理局的职责、国家质量监督检验检疫总局的生产环节食品安全监督管理职责、国家工商行政管理总局的流通环节食品安全监督管理职责整合，组建国家食品药品监督管理总局。四是将国家新闻出版总署、国家广播电影电视总局的职责整合，组建国家新闻出版广播电影电视总局。五是将现国家海洋局及其中国海监、公安部边防海警、农业部中国渔政、海关总署海上缉私警察的队伍和职责整合，重新组建国家海洋局，由国土资源部管理。六是将现国家能源局、国家电力监管委员会的职责整合，重新组建国家能源局，由国家发展和改革委员会管理。

8. 2018 年改革

党的十九大报告提出，到 2035 年基本实现国家治理体系和治理能力现代化，到 21 世纪中叶，实现国家治理体系和治理能力现代化。国家治理体系和治理能力现代化是全面建成现代化强国的重要构成部分。为此，党的十九大报告对机构和行政管理体制改革从国家治理体系和治理能力现代化的战略高度作出了战略部署。根据党的十九届三中全会审议通过的《中共中央关于深化党和国家机构改革的决定》和《深化党和国家机构改革方案》，深化国务院机构改革的任务是要着眼于转变政府职能，坚决破除制约使市场在资源配置中起决定性作用、更好发挥政府作用的体制机制弊端，围绕推动高质量发展，建设现代化经济体系，加强和完善政府经济调节、市场监管、社会管理、公共服务、生态环境保护职能，结合新的时代条件和实践要求，着力推进重点领域和关键环节的机构职能优化和调整，构建起职责明确、依法行政的政府治理体系，提高政府执行力，建设人民满意的服务型政府。主要内容：**一是组建自然资源部**。将国土资源部的职责，国家发展和改革委员会的组织编制主体功能区规划职责，住房和城乡建设部的城乡规划管理职责，水利部的水资源调查和确权登记管理职责，农业部的草原资源调查和确权登记管理职责，国家林业局的森林、湿地等资源调查和确权登记管理职责，国家海洋局的职责，国家测绘地理信息局的职责整合，组建自然资源部。**二是组建生态环境部**。将环境保护部的职责，国家发展和改革委员会的应对气候变化和减排职责，国土资源部的监督防止地下水污染职责，水利部的编制水功能区划、排污口设置管理、流域水环境保护职责，农业部的监督指导农业面源污染治理职责，国家海洋局的海洋环境保护职责，国务院南水北调工程建设委员会办公室的南水北调工程项目区环境保护职责整合，组建生态环境部。**三是组建农业农村部**。将农业部的职责，以及国家发展和改革委员会的农业投资项目、财政部的农业综合开发项目、国土资源部的农田整治项目、水利部的农田水利建设项目等管理职责整合,组建农业农村部。**四是组建文化和旅游部**。将文化部、国家旅游局的职责整合,组建文化和旅游部。**五是组建国家卫生健康委员会**。将国家卫生和计划生育委员会、国务院深化医药卫生体制改革领导小组办公室、全国老龄工作委员会办公室的职责,工业和信息化部的牵头《烟草控制框架公约》履约工作职责,国家安全生产监督管理总局的职业安全健康监督管理职责整合,组建国家卫生健康委员会。**六是组建退役军人事务部**。将民政部的退役军人优抚安置职责,人力资源和社会保障部的军官转业安置职责,以及中央军委政治工作部、后勤保障部有关职责整合,组建退役军人事务部。**七是组建应急管理部**。将国家安全生产监督管理总局的职责,国务院办公厅的应急管理职责,公安部的消防管理职责,民政部的救灾职责,国土资源部的地质灾害防治、水利部的水旱灾害防治、农业部的草原防火、国家林业局的森林防火相关职责,中国地震局的震灾应急救援职责以及国家防汛抗旱总指挥部、国家减灾委员会、国务院抗震救灾指挥部、国家森林防火指挥部的职责整合,组建应急管理部。**八是重新组建科学技术部**。将科学技术部、国家外国专家局的职责整合,重新组建科学技术部。**九是重新组建司法部**。将司法部和国务院法制办公室的职责整合,重新组建司法部。**十是优化水利部职责**。将国务院三峡工程建设委员会及其办公室、国务院南水北调工程建设委员会及其办公室并入水利部。**十一是优化审计署职责**。将国家发展和改革委员会的重大项目稽察、财政部的中央预算执行情况和其他财政收支情况的监督检查、国务院国有资产监督管理委员会的国有企业领导干部经济责任审计和国有重点大型企业监事会的职责划入审计署,构建统一高效审计监督体系。**十二是监察部并入新组建的国家监察委员会**。国家预防腐败局并入国家监察委员会。**十三是组建国家市场监督管理总局**。将国家工商行政管理总局的职责、国家质量监督检验检疫总局的职责、国家食品药品监督管理总局的职责、国家发展和改革委员会的价格监督检查与反垄断执法职责、商务部的经营者集中反垄断执法以及国务院反垄断委员会办公室等职责整合，组建国家市场监督管理总局，作为国务院直属机构。**十四是组建国家广播电视总局**。在国家新闻出版广电总局广播电视管理职责的基础上组建国家广播电视总局，作为国务院直属机构。**十五是组建中国银行保险监督管理委员会**。将中国银行业监督管理委员会和中国保险监督管理委员会的职责整合，组建中国银行保险监督管理委员会，作为国务院直属事业单位。**十六是组建国家国际发展合作署**。将商务部对外援助工作有关职责、外交部对外援助协调等职责整合，组建国家国际发展合作署，作为国务院直属机构。**十七是组建国家医疗保障局**。将人力资源和社会保障部的城镇职工和城镇居民基本医疗保险、生育保险职责，国家卫生和计划生育委员会的新型农村合作医疗职责，国家发展和改革委员会的药品和医疗服务价格管理职责，民政部的医疗救助职责整合，组建国家医疗保障局，作为国务院直属机构。**十八是组建国家粮食和物资储备局**。将国家粮食局的职责，国家发展和改革委员会的组织实施国家战略物资收储、轮换和管理，管理国家粮食、棉花和食糖储备等职责，以及民政部、商务部、国家能源局等部门的组织实施国家战略和应急储备物资收储、轮换和日常管理职责整合，组建国家粮食和物资储备局，由国家发展和改革委员会管理。**十九是组建国家移民管理局**。将公安部的出入境管理、边防检查职责整合，建立健全签证管理协调机制，组建国家移民管理局，加挂中华人民共和国出入境管理局牌子，由公安部管理。**二十是组建国家林业和草原局**。将国家林业局的职责，农业部的草原监督管理职责，以及国土资源部、住房和城乡建设部、水利部、农业部、国家海洋局等部门的自然保护区、风景名胜区、自然遗产、地质公园等管理职责整合，组建国家林业和草原局，由自然资源部管理。**二十一是重新组建国家知识产权局**。将国家知识产权局的职责、国家工商行政管理总局的商标管理职责、国家质量监督检验检疫总局的原产地地理标志管理职责整合，重新组建国家知识产权局，由国家市场监督管理总局管理。**二十二是调整全国社会保障基金理事会隶属关系**。将全国社会保障基金理事会由国务院管理调整为由财政部管理。**二十三是改革国税地税征管体制**。将省级和省级以下国税地税机构合并，具体承担所辖区域内各项税收、非税收入征管等职责。国税地税机构合并后，实行以国家税务总局为主与省（区、市）人民政府双重领导管理体制。

9. 2023 年改革①

为了适应构建新发展格局、推动高质量发展，加强科学技术、金融监管、数据管理、乡村振兴、知识产权、老龄工作等重点领域的机构职责优化和调整，转变政府职能，加快建设法治政府，党的二十届二中全会通过了《党和国家机构改革方案》。其中，深化国务院机构改革是一项重要任务。此次机构改革的主要内容：**一是重新组建科学技术部**。将科学技术部的组织拟订科技促进农业农村发展规划和政策、指导农村科技进步职责划入农业农村部。将科学技术部的组织拟订科技促进社会发展规划和政策职责分别划入国家发展和改革委员会、生态环境部、国家卫生健康委员会等部门。将科学技术部的组织拟订高新技术发展及产业化规划和政策，指导国家自主创新示范区、国家高新技术产业开发区等科技园区建设，指导科技服务业、技术市场、科技中介组织发展等职责划入工业和信息化部。将科学技术部的负责引进国外智力工作职责划入人力资源和社会保障部，在人力资源和社会保障部加挂国家外国专家局牌子，将科学技术部所属中国农村技术开发中心划入农业农村部，中国生物技术发展中心划入国家卫生健康委员会，中国 21 世纪议程管理中心、科学技术部高技术

---

① 　可以访问中国机构编制网（www.scopsr.gov.cn）之"资料中心"之"机构沿革"之"历次国务院机构改革部分"。需要说明的是，本次机构改革到目前为止尚不足一年，实施效果尚需进一步研究观察。

研究发展中心划入国家自然科学基金委员会。国家自然科学基金委员会仍由科学技术部管理。科学技术部不再保留国家外国专家局牌子。**二是组建国家金融监督管理总局**。在中国银行保险监督管理委员会基础上组建，将中国人民银行对金融控股公司等金融集团的日常监管职责和有关金融消费者保护职责、中国证券监督管理委员会的投资者保护职责划入，统一负责除证券业之外的金融业监管，强化机构监管、行为监管、功能监管、穿透式监管、持续监管，统筹负责金融消费者权益保护、加强风险管理和防范处置、依法查处违法违规行为。**三是深化地方金融监管体制改革**。针对地方金融监管部门存在的监管手段缺乏、专业人才不足等问题，强化金融管理中央事权，建立以中央金融管理部门地方派出机构为主的地方金融监管体制，统筹优化中央金融管理部门地方派出机构设置和力量配备。同时，压实地方金融监管主体责任，地方政府设立的金融监管机构专司监管职责，不再加挂金融工作局、金融办公室等牌子。**四是中国证券监督管理委员会调整为国务院直属机构**。中国证券监督管理委员会由国务院直属事业单位调整为国务院直属机构。**五是统筹推进中国人民银行分支机构改革**。撤销中国人民银行大区分行及分行营业管理部、总行直属营业管理部和省会城市中心支行，在 31 个省（自治区、直辖市）设立省级分行，在深圳、大连、宁波、青岛、厦门设立计划单列市分行。中国人民银行北京分行保留中国人民银行营业管理部牌子，中国人民银行上海分行与中国人民银行上海总部合署办公。不再保留中国人民银行县（市）支行，相关职能上收至中国人民银行地（市）中心支行。对边境或外贸结售汇业务量大的地区，可根据工作需要，采取中国人民银行地（市）中心支行派出机构方式履行相关管理服务职能。**六是完善国有金融资本管理体制**。按照国有金融资本出资人相关管理规定，将中央金融管理部门管理的市场经营类机构剥离，相关国有金融资产划入国有金融资本受托管理机构，由其根据国务院授权统一履行出资人职责。**七是加强金融管理部**

门工作人员统一规范管理。中国人民银行、国家金融监督管理总局、中国证券监督管理委员会、国家外汇管理局及其分支机构、派出机构均使用行政编制,工作人员纳入国家公务员统一规范管理,执行国家公务员工资待遇标准。**八是组建国家数据局**。负责协调推进数据基础制度建设,统筹数据资源整合共享和开发利用,统筹推进数字中国、数字经济、数字社会规划和建设等,由国家发展和改革委员会管理。**九是优化农业农村部职责**。将国家乡村振兴局职责划入农业农村部,在农业农村部加挂国家乡村振兴局牌子。**十是完善老龄工作体制**。将国家卫生健康委员会的组织拟订并协调落实应对人口老龄化政策措施、承担全国老龄工作委员会的具体工作等职责划入民政部。中国老龄协会改由民政部代管。**十一是完善知识产权管理体制**。将国家知识产权局由国家市场监督管理总局管理的国家局调整为国务院直属机构。商标、专利等领域执法职责继续由市场监管综合执法队伍承担,相关执法工作接受国家知识产权局专业指导。**十二是国家信访局调整为国务院直属机构**。将国家信访局由国务院办公厅管理的国家局调整为国务院直属机构。**十三是精减中央国家机关人员编制**。中央国家机关各部门人员编制统一按照5%的比例进行精减,收回的编制主要用于加强重点领域和重要工作。改革后,除国务院办公厅外,国务院设置组成部门仍为26个。

三、地方党政机构的八次改革

1. 1982年改革

按照中央部署,在1982年中央党政机关的机构改革进行后,各省、市、自治区党委参照中央党政机关机构改革的精神和做法,结合本地的实际情况,酝酿制定机构改革方案。为加强对省级机构改革工作的领导,1982年11月,成立省、市、自治区机构改革指导小组,在中央政治局书记处的领导下,负责指导各省、市、自治区一级机构改革的领导班子配备。

2. 1994 年改革

在 1993 年中央政府机构改革完成以后,从 1994 年开始,地方政府机构改革在全国展开。这次改革的主要特点:一是以转变政府职能为关键,强调要加强宏观管理职能,弱化微观管理职能。坚持政企分开,切实落实企业的经营自主权,促进企业经营机制的转换。二是专业经济管理部门精简力度较大。很多专业经济部门成建制地转为经济实体或服务实体。对一些行政管理职能较多、管理任务重、一时难以转为经济实体的专业经济部门,也精简了内设机构和人员,减少对企业产、供、销和人、财、物的直接管理。三是较大幅度地精简了机构和人员。四是推行了国家公务员制度。

3. 1999 年改革

1999 年 1 月 5 日,中共中央、国务院发布了《关于地方政府机构改革的意见》。省级政府机构改革,基本建立与国务院机构框架大体协调的省级政府组织结构。工作部门一般设置 25 个左右,在机构综合设置方面进行了尝试,加强执法监管部门,组建适应新兴产业发展的机构等。

从 1999 年下半年开始,各地党委、政府在组织实施省级党政机构改革工作的同时,组织力量着手对市县乡党政机关的职能配置、机构设置和人员编制等进行调研,全国市县乡机构改革开始启动。经过近三年的工作,到 2002 年 6 月,从中央到地方的机构改革全面完成。

4. 2003 年改革

国务院机构改革以后,地方政府机构改革在中央的统一部署下,按照巩固、完善、探索、深化的总体要求,结合本地实际,巩固和完善已经取得的改革成果,积极探索符合各地特点的改革路子,认真贯彻落实党的十六大提出的要求,深化国有资产管理体制改革,设立省、市(地)两级政府国有资产管理机构。其他的机构设置不搞一刀切，也不要求完全上下对口。

5. 2008 年改革

《关于深化行政管理体制改革的意见》要求"在中央的统一领导下，鼓励地方结合实际改革创新"。依据中央精神，这次改革既坚持原则性，又强调灵活性，为地方因地制宜改革预留了广阔的探索空间。

2009 年上半年重点抓好省级政府机构改革方案的组织实施，把制定和完善省级政府部门"三定"规定作为实施省级政府机构改革方案的中心环节，通过"三定"工作，把改革的各项要求落到实处，加快政府职能转变，突出强化部门责任，着力理顺职责关系。从时间进程看，到 2009 年年中，省级政府机构改革应当基本完成，并同时启动市县级政府机构改革、提出改革的要求以及预案。

6. 2013 年改革

2013 年 9 月，中共中央、国务院印发《关于地方政府职能转变和机构改革的意见》，提出推进地方政府职能转变和机构改革。中央编委召开了地方政府职能转变和机构改革工作电视电话会议，对有关工作进行了部署。

这次改革的任务包括加快政府职能转变、深化政府机构改革、严格控制机构编制等几个主要方面。改革把转变政府职能放在更加突出的位置，明确要求推进简政放权、减少行政审批事项，改善政府管理、加强事中事后监管，坚持依法行政、规范行政权力运行。在机构改革方面，重点是与政府职能转变相适应，在深化上下功夫，各地按照精简统一效能原则，与国务院机构改革相衔接，整合组建新的省级卫生和计划生育、食品药品监管、新闻出版广电等部门，相应做好卫生和计划生育、文化管理等领域基层服务资源的整合。各地还要从实际工作出发，在更大范围、更多领域综合设置机构，特别是在市场监管、农业农村管理、交通运输、城市规划建设和市政管理等领域,加大机构和职责整合力度。

7. 2018 年改革

2018 年党的十九届三中全会通过的《深化党和国家机构改革方案》对地方机构改革也提出了明确要求,"省级党政机构改革方案要在 2018 年 9 月底前报党中央审批,在 2018 年年底前机构调整基本到位。省以下党政机构改革,由省级党委统一领导,在 2018 年年底前报党中央备案。所有地方机构改革任务在 2019 年 3 月底以前基本完成"。在中央的统一领导下,目前,各地机构改革基本完成。

8. 2023 年改革

根据中央统一部署,地方机构改革要在 2024 年底前完成。目前,各地均已完成社会工作部的机构改革并已开始运行,其他机构改革正在积极推进。

第二节　党政机构改革的实施状况

一、党中央机构改革实施情况

1. 1982 年改革实施情况

1982 年 6 月 28 日,中共中央印发的《中央党政机关机构改革第一阶段总结和下一阶段打算》的通知指出,经过这次机构改革,中央直属机构改革、配备领导班子工作已初见成效,中央的 30 个直属机构,经过机构改革,局级机构减少 11％,处级机构减少 10％,总编制减少 17.3％,各部委的正、副职减少 15.7％;在新的领导班子中新选拔的中青年干部占 16％,平均年龄由 64 岁降到 60 岁。

2. 1988 年改革实施情况

经过改革后的党中央直属机构和事业单位有中央办公厅、中央组织部、中央宣传部、中央统战部、中央对外联络部、中央政治体制改革研究室、中央农村政策研究室；中央顾问委员会机关、中央纪律检查委员会机关；中央直属机关工作委员会、中央国家机关工作委员会；中央党校、人民日报社、中央党史研究室、中央文献研究室、中央编译局。

1989 年 3 月 26 日的《人民日报》报道，中共中央直属机关工作机构和事业单位的调整和定机构、定职能、定人员编制的工作基本结束。机构改革后，有工作实体的直属机构由改革前的 24 个精简为 17 个，直属工作部门人员减少了 19.5％，直属事业单位人员编制减少 9.9％，与改革前相比，人员共减少 15.2％。

3. 1993 年改革实施情况

1994 年 3 月，中共中央直属机关部门在中央书记处直接领导下，较好地完成了党中央确定的机构改革的任务。12 个部委的职能配置、内设机构和人员编制方案已基本实施。经过改革，中直各部委内设局级机构共减少 21 个；行政编制精简 15％。

4. 1999 年改革实施情况

此次改革，通过"定职责、定机构、定编制"调整了党中央 18 个部门的内设机构和人员编制，优化了组织机构和人员结构，建立岗位责任制，建立健全工作运行机制。为了加强党对重大工作的领导，中共中央决定，撤销中央大型企业工作委员会，成立中共中央企业工作委员会。中共中央企业工作委员会是党中央的派出机关。同时决定，成立中央企业纪律检查工作委员会，其是中央纪委的派出机关。

5. 2018 年机构改革实施情况

这次机构改革，涉及范围之广、情况之复杂、触及利益关系之深前所未有，推进之平稳、效果之扎实前所未有。这次改革，在以习近平同志为核心的党中央坚强领导下，从中央到地方，上下同心，整体性推进各级各类机构改革，重构健全党的领导体系、政府治理体系、武装力量体系、群团工作体系，系统性地增强了党的领导力、政府执行力、武装力量战斗力、群团组织活力，解决了若干长期想解决而没能解决的问题，理顺了不少多年想理顺而没有理顺的体制机制，适应新时代要求的党和国家机构职能体系主体框架初步建立，为完善和发展中国特色社会主义制度、推进国家治理体系和治理能力现代化提供了有力组织保障。①通过这次改革，加强党的全面领导得到有效贯彻落实，维护党的集中统一领导的机构职能体系更加健全。②

二、国务院机构改革实施情况

1. 1982 年改革实施情况

1982 年改革后，国务院机构由一百多个减少到了 61 个，尤其是办事机构数量大幅减少，编制数量也由 5 万多名减至 3 万多名，应当说达到了精简机构和人员的目的。

2. 1988 年改革实施情况

1988 年的改革，使政府对企业的管理由直接和微观管理为主逐渐转向间接、宏观管理为主。经过此次改革，国务院共撤销 12 个部委，具体是撤销原计委、经委、机械委、电子部、航天部、航空部、石油部、煤炭部、水电部、核工业部、城建部、劳动人事部。新组建 9 个部委，即国家计委、机械电子部、航天航空部、能源部、水利部、建设部、人事部、劳动部、物资部（同时撤销国家物资局）。将农牧渔业部更名为农业部。新华社改

---

① ②　中央机构编制委员会办公室：《学习贯彻习近平总书记重要讲话精神　巩固深化党和国家机构改革成果》，载《求是》2019 年第 14 期。

为国务院直属事业单位,不再列入国务院行政机构序列。通过这次改革,国务院部委由原来的 45 个减为 41 个,直属机构减少 3 个,人员编制有效压缩。

3. 1993 年机构改革实施情况

经过调整,国务院原有组成部门 42 个,调整为 41 个,减少 1 个;原有直属机构 19 个,调整为 13 个,减少 6 个;原有办事机构 9 个,调整为 5 个,减少 4 个。同时,取消 15 个部委归口管理机构的称谓,改为部委管理的国家局,仍设 15 个。国务院的非常设机构也进行了大幅度的裁减,由 85 个减少到 26 个。国务院各部门无论是保留的,还是新设置的,都严格定编定员。

4. 1998 年改革实施情况

经过改革,国务院组成部门由 40 个精简为 29 个。部门内设机构减少 200 多个,精简了四分之一,改革后行政编制由原来的 3.23 万名减至 1.67 万名,精简了 47.5%,分流干部的安置工作顺利进行。

5. 2003 年改革实施情况

经过改革,除国务院办公厅外,国务院组成部门设置 28 个。按照科学规范部门职能、合理设置机构和优化人员结构的要求,完成新成立部门的"三定"(定职能、定机构、定编制)工作,并对其他部门的"三定"规定进行完善,进一步理顺部门职能分工。适应改革的要求,按照程序,抓紧制定和修改有关的法律、行政法规。研究制定配套政策,做好机构变动部门和单位的干部人事、离退休干部以及资产处置等工作。加强行政管理体制的法制建设,实现机构和编制的法定化。

6. 2008 年改革实施情况

经过调整,除国务院办公厅外,国务院设置组成部门 27 个,直属特设机构 1 个,直属机构 15 个,办事机构 4 个,部委管理的国家局 16 个,直属事业单位 14 个。国务院正部级机构减少 4 个。

7. 2013 年改革实施情况

这次改革，国务院正部级机构减少 4 个，其中组成部门减少 2 个，副部级机构增减相抵数量不变。改革后，除国务院办公厅外，国务院设置组成部门 25 个。

8. 2018 年改革实施情况

这次改革取得了以下几个方面的成效：**一是国务院机构组织结构全面优化。**习近平总书记指出，机构宜大则大、宜小则小，关键看怎样摆布符合实际、科学合理、更有效率。这次改革，使国务院机构得到优化调整，经济调节、市场监管、社会管理、公共服务、生态环境保护职能得到加强。**二是部门三定高质量完成。**此次改革所有"三定"首次全部用党内法规条目式表述，制定统一模板，规范体例格式，以中央文件形式印发，有力提升了"三定"规定的权威性和法定效力。**三是职责关系进一步理顺。**按照一类事情原则上由一个部门统筹、一件事情原则上由一个部门负责的要求，最大限度解决职责交叉问题。重点对自然资源确权登记、国土空间规划、城乡污染排放监管、农业投资项目管理、反垄断执法、城乡医疗保障、退役军人服务保障、应急管理、援外工作协调、自然保护区监管、国家物资储备等职责作了调整优化，解决了 60 多项长期存在的部门职责交叉、关系不顺事项，多头分散、责任不清、推诿扯皮等问题得到有效改观。**四是机构编制配置得到优化。**这次机构改革没有搞断崖式的精简分流人员，但是通过综合设置机构、转变管理方式，最终落实下来，国务院编制总体得到精简。①

三、地方机构改革实施情况

1. 1982 年地方机构改革实施情况

到 1983 年 3 月 25 日，全国 29 个省、市、自治区的领导班子都相继作

① 中央机构编制委员会办公室：《学习贯彻习近平总书记重要讲话精神 巩固深化党和国家机构改革成果》，载《求是》2019 年第 14 期。

了调整,而后又抓了省属部委厅局和地市领导班子的调整工作。在省级机构改革进行的同时,市县党政机关机构改革也在进行,进行了地市合并试点工作。县级工作部门的设置,根据党政合理分工的精神和精简的原则,大力简化和紧缩,党群机关人员编制精简 20％左右。

2. 1994 年地方机构改革实施情况

通过精简和合理确定机构编制限额,这次改革的成效是相当大的。地方各级机关机构精简比例在 30％—40％之间;人员精简 25％左右,全国约精简 200 多万人。

3. 1999 年地方机构改革实施情况

地方各级政府机构改革完成后,省级政府机构设置平均由 55 个减到 40 个,人员编制精简 47％。市(地)级政府机构平均由 45 个减少到 35 个,县级政府机构平均由 28 个减少到 18 个,人员编制精简 19％。全国精减行政编制共计 115 万人。这次改革,进一步改变了长期以来在计划经济体制下形成的政府机构框架。尽管难度很大,但由于措施得当、工作细致,改革进展顺利。

4. 2003 年地方机构改革实施情况

参照国务院机构改革的做法,各省、自治区、直辖市从实际出发,因地制宜地推进机构调整和职能整合,可以上下对应,也可以不完全对应。省以下政府机构的改革,由省、自治区、直辖市党委和政府研究确定。在改革中,重视做好职能衔接,保证国民经济正常运行,保持企业改革重组以及其他各项工作的连续性,维护社会稳定。这次地方政府机构改革,既要保持地方政府的相对稳定,又要抓住重点,解决地方行政管理体制中的一些突出矛盾和问题,为促进改革开放和现代化建设提供体制保障和组织保障。

5. 2008 年地方机构改革实施情况

此次改革取得以下成效:**一是转变政府职能取得成效**。按照中央政府的要求，此次政府机构改革的核心是转变政府职能，并要求加快推进政企分开、政资分开、政事分开、政府与市场中介组织分开，把不该由政府管理的事项转移出去，进一步下放管理权限，深化行政审批制度改革，减少行政许可。**二是强化政府责任**。以襄汾溃坝事故和三鹿问题奶粉事件为标志，"行政问责风暴"在2008年显现出鲜明的特色，问责范围之广、问责级别之高为近年来所罕见。与此同时，人们已不满足于单一的"风暴"，进而关注行政问责的制度建设。**三是大厅局制改革有效推进**。此次地方政府在农业、工业、交通运输、城乡建设、人力资源、文化领域、食品药品七个方面加强统筹协调，这与国务院机构改革并不完全一致。

6. 2013 年地方机构改革实施情况

这次改革，为实现财政供养人员只减不增目标，各地都制订了本届政府控编减编方案，不断完善制度措施，强调中央核定的行政编制总额和各类专项编制员额不得突破，地方事业编制总额以2012年底统计数为基数，由省级政府负责实行总量控制，并在总量内有所减少。

7. 2018 年地方机构改革实施情况

此次改革，规定动作到位，自选动作出彩，省市县主要机构职能同中央保持基本对应，构建起了上下贯通、运行顺畅、充满活力的工作体系。根据党中央部署，对省级机构需要对应调整的22项具体改革任务，全部落实到位，做到省级党政主要机构职能同中央基本对应、上下贯通。对于党中央要求统一设置的退役军人事务、应急管理、医疗保障等重点领域新组建机构，省市县三级保持上下一致。在强调主要机构职能基本对应的前提下，一些地方因地制宜设置了一些机构。①

需要说明的是，由于2023年中央层面改革要求于2023年底完成，地

---

① 中央机构编制委员会办公室：《学习贯彻习近平总书记重要讲话精神 巩固深化党和国家机构改革成果》，载《求是》2019年第14期。

方机构改革要求于 2024 年底完成。因此,其实施状况尚有待进一步观察研究。

第三节　党政机构改革的经验

一、坚持党的领导:在中央的统一部署下进行机构改革

毛泽东在 1957 年说:"中国共产党是全中国人民的领导核心。没有这样一个核心,社会主义事业就不能胜利。"习近平总书记指出:"中国特色社会主义最本质的特征是中国共产党的领导,中国特色社会主义制度的最大优势是中国共产党的领导。"这些重要论述阐明了党的领导对社会主义事业的决定性作用。在党政机构改革领域,党的领导也是具有决定性作用的。纵观改革开放以来的党政机构改革,无一例外都是在党的领导下推进实施的。党的领导贯穿于党政机构改革的启动、实施的全过程、全环节,从而有效保障了党政机构改革能够有效贯彻落实党中央的决策部署。坚持党的领导,是我国历次党政机构改革能够取得成功的最为重要的经验,也是今后的党政机构改革必须坚持的根本原则。2019 年中共中央通过的《中国共产党机构编制工作条例》明确规定,机构编制工作要以坚持和加强党的全面领导为统领。这一规定,既是对以往党政机构改革坚持党的领导的历史和实践成功经验的总结,也为未来党政机构坚持和加强党的领导指明了方向、提供了遵循。

二、改革于法有据:在法治轨道上进行机构改革

建国之初,党和政府就非常重视机构改革的规范化和法治化。从改

革开放以来的中央和地方机构改革总体进程来看,一直沿着规范化和法治化的轨道推进机构改革。1954 年第一届全国人大通过的《国务院组织法》第二条规定:"国务院各部和各委员会的增加、减少或者合并,经总理提出,由全国人大决定,在全国人大闭会期间,由全国人大常委会决定。"上述规定对国务院机构改革的程序作了规定,目前依然有效。1997 年,国务院公布了《国务院行政机构设置和编制管理条例》,其中第五条对国务院机构改革的评估和论证程序作了规定。2007 年,国务院公布了《地方各级人民政府机构设置和编制管理条例》,其中第九条规定了地方人民政府机构改革的审批程序。2019 年,中共中央印发的《中国共产党机构编制工作条例》具有里程碑意义。该条例在总结历史上机构改革经验的基础上,强化了党对机构改革的统一领导,第一次以党内法规的形式,对党和国家机构设置和编制作出了系统、全面的规定,并与国家相关机构设置和编制的有关法律法规作了衔接,有力推进了机构改革的法治化进程。由于之前,国家法律法规并未对党的机构改革作出规定,而我国党内法规制定条例是 2012 年才颁布实施的,因此,《中国共产党机构编制工作条例》的颁布实施标志着党的机构改革也进入了全面法治化轨道。

三、与时俱进:根据形势的发展需要进行机构改革

与时俱进是我国先哲的智慧结晶,最早可追溯至我国经典著作《易经》。这一智慧被中国共产党继承发扬,成为中国共产党思想路线的重要内容和鲜明的政治品格。在党政机构改革领域,在党的领导下,与时俱进成为党政机构改革的突出特点和成功经验。无论是党中央机构改革,还是国务院机构改革,乃至地方机构改革,都在针对当时的形势、任务和问题,部署和推进机构改革。例如,1982 年改革开放初期的此次中央机构改革,是为了适应改革开放和社会主义现代化建设的需要;1982 年国务院机构改革,其主要目的是压缩国务院部门数量,裁减领导职数与人员,

解决人浮于事的问题，等等。今后的机构改革，也必须坚持与时俱进的成功经验，根据国家形势与需要，以问题为导向，不断完善国家治理体系和治理能力，为中华民族伟大复兴提供强大有力的体制保障和组织保障。

四、机构改革稳步推进，取得实际成效

从历次党和国家机构改革历程来看，稳步推进、力求实效成为贯穿机构改革始终的主线和基调。在党中央领导下，各地各部门坚决贯彻党中央决策部署，采取有力措施，在法治轨道上稳步推进机构改革工作，历次改革均取得了实实在在的成效，解决了当时与经济社会发展、国家治理等不相适应的问题，有效完善了国家治理体系、提高了治理能力，为推进中国特色社会主义伟大事业提供了体制和组织保障。

第四章 人民代表大会制度的发展与完善

人民代表大会制度是我国的根本政治制度，是坚持党的领导、人民当家作主、依法治国有机统一的根本政治制度安排。新中国成立以来特别是改革开放 40 多年来，人民代表大会制度为党领导人民创造经济快速发展奇迹和社会长期稳定奇迹提供了重要制度保障。党的十八大以来，党中央统筹中华民族伟大复兴战略全局和世界百年未有之大变局，从坚持和完善党的领导、巩固中国特色社会主义制度的战略高度出发，继续推进人民代表大会制度理论和实践创新，提出一系列新理念新思想新要求，促使人民代表大会制度在实践中不断发展完善。

第一节 人民代表大会制度的确立和发展

习近平总书记在庆祝全国人民代表大会成立六十周年大会上的讲话中指出："在中国实行人民代表大会制度，是中国人民在人类政治制度史上的伟大创造，是深刻总结近代以后中国政治生活惨痛教训得出的基本结论，是中国社会 100 多年激越变革、激荡发展的历史结果，是中国人民翻身作主、掌握自己命运的必然选择。"这一重要论述深刻阐明了我国建立人民代表大会制度的历史必然性和重大意义。

早在 1940 年 1 月,毛泽东在《新民主主义论》中就明确提出,中国"可以采取全国人民代表大会、省人民代表大会、县人民代表大会、区人民代表大会直到乡人民代表大会的系统,并由各级代表大会选举政府"。1945年 4 月,毛泽东在《论联合政府》中进一步指出:"新民主主义的政权组织,应该采取民主集中制,由各级人民代表大会决定大政方针,选举政府。""只有这个制度,才既能表现广泛的民主,使各级人民代表大会有高度的权力;又能集中处理国事,使各级政府能集中地处理被各级人民代表大会所委托的一切事务,并保障人民的一切必要的民主活动。"1948 年 4 月 30日,中共中央发布《纪念"五一"劳动节口号》,提出:"各民主党派、各人民团体、各社会贤达迅速召开政治协商会议,讨论并实现召集人民代表大会,成立民主联合政府。"①1948 年 9 月,毛泽东在中央政治局会议上所作的报告中指出,我们的政权采取民主集中制的人民代表会议制度,而不采取资产阶级议会制。以上论述清晰表明,中国共产党人对人民代表大会制度的构想早已形成。1949 年 9 月中国人民政治协商会议第一届全体会议召开,这次会议通过的具有临时宪法地位的《中国人民政治协商会议共同纲领》明确规定,"中华人民共和国的国家政权属于人民,人民行使国家政权的机关为各级人民代表大会和各级人民政府,各级人民代表大会由人民用普选方法产生之,各级人民代表大会选举各级人民政府"。1954年第一届全国人民代表大会第一次会议召开,标志人民代表大会制度在全国范围内由下至上系统建立起来。此后,人民代表大会制度在实践中不断发展,其中也经历了一些曲折。1978 年 12 月,党的十一届三中全会

---

① 　中共中央《纪念"五一"劳动节口号》第五条。

作出以经济建设为中心、实行改革开放的历史性决策，明确提出，"发扬社会主义民主，健全社会主义法制"①，人民代表大会制度进入新的历史发展阶段。我们党把社会主义民主法治建设摆在极端重要的位置，推动人民代表大会制度不断得到巩固、完善和发展，为改革开放和社会主义现代化建设提供了有力的根本政治制度保障。

党的十八大以来，以习近平同志为核心的党中央高度重视、全面加强党对人大工作的领导，推动人大制度和人大工作取得历史性成就。习近平总书记就坚持和完善人民代表大会制度、发展社会主义民主政治发表了一系列重要论述，拓展了人民代表大会制度的科学内涵、基本特征和本质要求，标志着我们党对人民代表大会制度的规律性认识达到了一个新的高度。习近平总书记关于坚持和完善人民代表大会制度的重要思想，是习近平新时代中国特色社会主义思想的重要组成部分。党的十九大报告提出："加强人民当家作主制度保障。人民代表大会制度是坚持党的领导、人民当家作主、依法治国有机统一的根本政治制度安排，必须长期坚持、不断完善。要支持和保证人民通过人民代表大会行使国家权力。发挥人大及其常委会在立法工作中的主导作用，健全人大组织制度和工作制度，支持和保证人大依法行使立法权、监督权、决定权、任免权，更好发挥人大代表作用，使各级人大及其常委会成为全面担负起宪法法律赋予的各项职责的工作机关，成为同人民群众保持密切联系的代表机关。完善人大专门委员会设置，优化人大常委会和专门委员会组成人员结构。"②党的十九届四中全会通过的决议提出："坚持和完善人民代表大会制度这一根本政治制度。人民行使国家权力的机关是全国人民代表大会和地方各级人

---

① 《中国共产党第十一届中央委员会第三次全体会议公报》，载《人民日报》1978年12月24日，第1版。

② 《决胜全面建成小康社会、夺取新时代中国特色社会主义伟大胜利》，载新华网，http://www.xinhuanet.com/politics/19cpcnc/2017-10/27/c_1121867529.htm。

民代表大会。支持和保证人民通过人民代表大会行使国家权力,保证各级人大都由民主选举产生、对人民负责、受人民监督,保证各级国家机关都由人大产生、对人大负责、受人大监督。支持和保证人大及其常委会依法行使职权,健全人大对'一府一委两院'监督制度。密切人大代表同人民群众的联系,健全代表联络机制,更好发挥人大代表作用。健全人大组织制度、选举制度和议事规则,完善论证、评估、评议、听证制度。适当增加基层人大代表数量。加强地方人大及其常委会建设。"①党的二十大报告提出发展全过程人民民主,保障人民当家作主,强调全过程人民民主是社会主义民主政治的本质属性,是最广泛、最真实、最管用的民主。提出支持和保证人大及其常委会依法行使立法权、监督权、决定权、任免权,健全人大对行政机关、监察机关、审判机关、检察机关监督制度。同时提出加强人大代表工作能力建设,密切人大代表同人民群众的联系。

2021 年 10 月,在庆祝中国共产党百年华诞、开启全面建设社会主义现代化国家新征程历史交汇的关键节点,中央人大工作会议在北京召开。这在党的历史、人民代表大会制度历史上都是第一次,在我国社会主义民主政治建设进程中具有里程碑意义。习近平总书记在会上发表重要讲话,从坚持和完善中国特色社会主义制度、推进国家治理体系和治理能力现代化的高度,以非凡的理论勇气、高远的战略思维、深邃的政治考量、强烈的使命担当,深刻回答了发展中国特色社会主义民主政治、坚持和完善人民代表大会制度的一系列重大理论和实践问题:全面总结我国人民代表大会制度的发展历程、独特优势和鲜明特点,用"六个必须坚持"系统概括新时代人民代表大会制度理论和实践创新的新理念新思想新要求;明确提出坚持和完善人民代表大会制度、加强和改进新时代人大工作的主

---

① 《中共中央关于坚持和完善中国特色社会主义制度、推进国家治理体系和治理能力现代化若干重大问题的决定》,载中华人民共和国中央人民政府官网,https://www.gov.cn/zhengce/2019-11/05/content_5449023.htm。

要任务，从六个方面作出战略部署；创造性提出"八个能否""四个要看、四个更要看"和"五个基本观点"，全面阐明我们党关于民主的立场、理念、观点；全面系统阐述全过程人民民主重大理念，对继续推进全过程人民民主建设提出明确要求。

贯彻落实党中央关于坚持和完善人民代表大会制度、加强和改进新时代人大工作的重大方针政策，人大制度相关立法也在实践中不断与时俱进。

第二节　全国人大组织制度和工作程序的完善

一、完善全国人大组织制度和工作程序的重大意义

全国人民代表大会是最高国家权力机关，行使宪法和法律赋予的重要职权。全国人大组织法和全国人大议事规则是关于全国人大及其常委会组织制度、工作制度和工作程序的基本法律，也是最高国家权力机关依法行使职权的重要制度保障。我国《宪法》第七十八条规定："全国人民代表大会和全国人民代表大会常务委员会的组织和工作程序由法律规定。"全国人大组织法是全国人民代表大会成立后最早制定的法律之一。全国人民代表大会成立60多年来，人民代表大会制度不断得到巩固和发展。每年召开全国人民代表大会会议，是国家政治生活中的一件大事，是在党的领导下国家政治安定、人民团结、事业发展的重要标志。1982年现行宪法和全国人大组织法公布施行以来，全国人民代表大会先后五次通过宪法修正案，完成八次国家机构领导人员换届选举，批准八个国民经济和社会发展五年规划，形成并不断完善中国特色社会主义法律体系。全国人大及其常委会不断适应新形势新要求，认真行使职权，积极探索创新，

法律草案在立法全过程多次公开征求意见、常委会听取"一府一委两院"专项工作报告、执法检查、专题询问、备案审查、代表列席常委会会议、宪法宣誓等新制度、新方式不断推出,日益规范,取得重大成果和功效。全国人大及其常委会依法行使职权的过程,也是全国人大会议制度和工作程序不断走向健全、人民代表大会制度不断走向完善的过程。对于现行的全国人大组织法和全国人大议事规则而言,有必要深入总结人民代表大会制度发展和人大工作的实践经验,把一些成熟的、行之有效的做法通过法律制度固定下来,持续从新的实践中获取生机活力,推动人民代表大会制度与时俱进、完善发展。

　　修改全国人大组织法和议事规则是坚持党的全面领导、加强全国人大政治建设的重要举措,是坚持全过程人民民主、保证和发展人民当家作主的制度保障。我国《宪法》第二条中规定:"中华人民共和国的一切权力属于人民。"人民当家作主是社会主义民主政治的本质和核心。习近平总书记指出:"我们走的是一条中国特色社会主义政治发展道路,人民民主是一种全过程的民主。既保证人民依法实行民主选举,也保证人民依法实行民主决策、民主管理、民主监督。全过程民主是中国特色社会主义民主政治区别于西方形形色色资产阶级民主的显著特征。"[①]人民代表大会制度之所以具有强大的生命力和显著优越性,关键在于它深深根植于人民之中。全国人民代表大会和地方各级人民代表大会都由民主选举产生,对人民负责,受人民监督。全国人大及其常委会的组织和运行切实贯彻落实全过程民主的要求,通过完整规范的制度程序,实现完整有效地参与实践。全国人大代表来自人民,反映人民的意志和要求;全国人大及其常委会通过多种形式和渠道,同人民群众保持密切联系,倾听人民的意见和建议,保障人民权益。全国人大及其常委会依照宪法和法律规定行使

---

　　① 刘世军:《"全过程民主"是人民民主的本质体现》,载中国人大网,http://www.npc.gov.cn/c2/c30834/202106/t20210624_312138.html。

立法、监督等各项职权，决定重大事项，都是在充分发扬民主、广泛征求意见、反复酝酿讨论的基础上集体作出决策。修改全国人大组织法和全国人大议事规则，完善全国人大的组织制度、工作制度和会议程序，对于坚持以人民为中心，巩固和发挥中国特色社会主义民主政治的独特优势，保证全体人民更好地通过人民代表大会制度行使国家权力，具有重大的现实意义。

修改全国人大组织法和全国人大议事规则是深化党和国家机构改革、推进国家治理体系和治理能力现代化的现实需要。党和国家机构职能体系是中国特色社会主义制度的重要组成部分，是党治国理政的重要组织保障。习近平总书记指出："要坚持和完善民主集中制的制度和原则，促使各类国家机关提高能力和效率、增进协调和配合，形成治国理政的强大合力。"党的十九届三中全会对深化党和国家机构改革作出全面部署，十三届全国人大一次会议通过了国务院机构改革方案。2018年修改后的宪法专设一节规定国家监察委员会；全国人大组织机构进一步健全，法律委员会更名为宪法和法律委员会，内务司法委员会更名为监察和司法委员会，新设社会建设委员会。党和国家机构改革和职能转变，对全国人大及其常委会更好地贯彻落实民主集中制原则提出新的要求。人民代表大会制度是中国特色社会主义制度的重要组成部分，是支撑国家治理体系和治理能力的根本政治制度。修改全国人大组织法和全国人大议事规则，完善全国人大及其常委会、专门委员会、工作委员会等机构职责和活动准则，正确把握全国人大及其常委会与其他有关国家机关之间的关系，加强国家权力机关对行政机关、监察机关、审判机关、检察机关等国家机关的工作监督，有利于进一步巩固深化国家机构改革成果，保证各国家机关更好地分工合作、相互配合，使各国家机关更有效地领导和组织社会主义现代化建设事业，推进国家治理体系和治理能力现代化。

二、全国人大组织法和全国人大议事规则修改的主要内容

（一）全国人大组织法修改的主要内容

根据 2021 年十三届全国人大四次会议通过全国人民代表大会关于修改全国人大组织法的决定，全国人大组织法修改的主要修改内容有以下方面：

1. 明确坚持党的领导和人大工作指导思想

中国共产党领导是中国特色社会主义最本质的特征，是中国特色社会主义制度的最大优势。人民代表大会制度是坚持党的领导、人民当家作主、依法治国有机统一的根本政治制度安排。坚持和完善人民代表大会制度，必须毫不动摇坚持中国共产党的领导，更好地通过法定程序使党的主张成为国家意志。《中共中央关于加强党的政治建设的意见》明确指出："贯彻落实宪法规定，制定和修改有关法律法规要明确规定党领导相关工作的法律地位。将坚持党的全面领导的要求载入人大、政府、法院、检察院的组织法，载入政协、民主党派、工商联、人民团体、国有企业、高等学校、有关社会组织等的章程，健全党对这些组织实施领导的制度规定，确保其始终在党的领导下积极主动、独立负责、协调一致地开展工作。"[1]修改完善全国人大组织法，明确全国人大及其常委会坚持中国共产党的领导，是坚持党对国家各项工作全面领导的重要举措。这对于新时代更好地坚持党对人大工作的全面领导，切实加强全国人大及其常委会的政治建设，保证党的路线方针政策和决策部署在国家工作中得到全面贯彻和有效执行，具有重要和深远的意义。

2. 完善全国人民代表大会主席团和全国人大常委会委员长会议职权相关规定

全国人民代表大会主席团、主席团常务主席和全国人大常委会委

---

[1] 《中共中央关于加强党的政治建设的意见》，载人民政协网，https://www.rmzxb.com.cn/c/2019-02-27/2294528_3.shtml。

员长会议是体现坚持中国共产党的领导、实行民主集中制原则、适应人民代表大会制度特点的重要组织形式和工作制度。修改后的全国人大组织法为此增加了以下内容:一是对大会主席团的职权集中作出规定。大会主席团主持全国人民代表大会会议,在大会进程中发挥着重要作用,但以往其职权散见于相关条文中,为进一步突出其地位,修改后的全国人大组织法采取列举方式明确大会主席团的职权,增加规定主席团处理的具体事项,包括决定会议日程、决定会议期间代表提出议案的截止时间、决定会议期间提出的议案是否列入会议议程、决定是否将议案和决定决议草案提交会议表决、提名由大会选举的国家机构组成人员的人选和确定正式候选人名单等。二是明确主席团常务主席的职权。主席团常务主席实际上对大会的组织和运行肩负着重要的领导责任。主席团常务主席承担召集并主持主席团会议、为主席团会议做准备的重要职责,根据实践做法,增加规定:主席团常务主席就拟提请主席团审议事项听取汇报,向主席团提出建议,并可以对会议日程作必要的调整。三是进一步完善委员长会议的职权,增加规定:委员长会议决定是否将议案和决定决议草案交付常委会全体会议表决;制订常委会年度工作要点、立法工作计划、监督工作计划、代表工作计划、专项工作规划和工作规范性文件等。

3. 适应监察体制改革需要增加相关内容

根据宪法,增加规定国家监察委员会可以向全国人大及其常委会提出议案、常委会组成人员不得担任国家监察机关的职务,增加规定对国家监察委员会及其主任的质询、罢免制度。

4. 健全全国人大常委会人事任免权

为了保证国家机构正常有序运转,根据宪法的规定和精神以及实际工作需要,增加规定:一是全国人大常委会在全国人大闭会期间,根据国务院总理的提名,可以决定国务院其他组成人员的任免;根据中央军事委员会主席的提名,可以决定中央军事委员会其他组成人员的任免。二是全国人大常委会在全国人大闭会期间,根据委员长会议、国务院总理的提请,可以决定撤销国务院其他个别组成人员的职务;根据中央军事委员会主席的提请,可以决定撤销中央军事委员会其他个别组成人员的职务。

5. 加强代表工作、密切与代表的联系

全国人大常委会高度重视代表工作,提出尊重代表主体地位、更好发挥代表作用是坚持和完善人民代表大会制度的必然要求,是人大工作保持生机和活力的重要基础。为此,除在总则中增加有关规定外,根据实践发展增加规定:全国人大常委会和各专门委员会、工作委员会应当同代表保持密切联系,听取代表的意见和建议,支持和保障代表依法履职,扩大代表对各项工作的参与,充分发挥代表作用;全国人大常委会建立健全常务委员会组成人员和各专门委员会、工作委员会联系代表的工作机制。同时,完善代表建议办理工作机制,增加规定:对全国人大代表提出的建议、批评和意见,有关机关、组织应当与代表联系沟通,充分听取意见,认真研究办理,及时予以答复;负责办理代表建议、批评和意见的有关机关、组织应当及时向代表反馈办理情况;全国人大有关专门委员会和常务委员会办事机构应当加强对办理工作的督促检查;代表建议、批评和意见办理情况的报告,应当予以公开。

党的二十大对深化党和国家机构改革作出重要布署。深化全国人大机构改革作为党和国家机构改革的一项重要任务,重点是组建全国人大常委会代表工作委员会。2023 年 6 月第十四届全国人大常委会第六次会议通过了全国人大常委会关于设立代表工作委员会的决定。根据该决定,代表工作委员会是全国人大常委会的工作机构,其主要职责包括负责全国人大代表名额分配、资格审查、联络服务有关工作,承担代表集中视察、专题调研、联系群众有关制度制订和指导协调工作,负责全国人大代

表议案建议工作的统筹管理、全国人大代表履职的监督管理、全国人大代表学习培训的统筹规划和管理等。

（二）全国人大议事规则修改的主要内容

根据2021年十三届全国人大四次会议通过全国人民代表大会关于修改全国人大议事规则的决定，全国人大议事规则修改的主要内容有以下方面：

1. 明确会议召开的相关准备工作

修改后的全国人大议事规则在总结实践经验的基础上，进一步明确对全国人民代表大会会议召开前相关准备工作的各项要求。一是增加规定：会议召开的日期由常委会决定并予以公布；遇有特殊情况，常委会可以决定适当提前或者推迟召开会议；提前或者推迟召开会议的日期，未能在当次会议上决定的，常委会可以另行决定，或者授权委员长会议决定并予以公布。二是增加规定：全国人大常委会在会议举行前可以组织代表研读讨论有关法律草案，并征求代表对法律草案的意见。

2. 严明会议纪律

党的十八大以来，以习近平同志为核心的党中央高度重视会风会纪问题。全国人大及其常委会坚决贯彻落实党中央要求，坚持不懈改进会风，就进一步严肃会议纪律提出了各项具体措施和明确要求。总结实践做法，修改后的全国人大议事规则明确规定全国人大代表应当出席会议，因病或者其他特殊原因不能出席的，应当向大会秘书处书面请假；大会秘书处应当向主席团报告代表出席会议的情况和缺席的原因；代表应当勤勉尽责，认真审议各项议案和报告，严格遵守会议纪律。

3. 适当精简会议程序，提高议事质量和效率

总结2020年新冠肺炎疫情防控特殊背景下召开十三届全国人大三次会议的实践经验，修改后的全国人大议事规则围绕提高大会议事质量和效率作了补充完善。一是增加规定：全国人民代表大会举行会议，应当

合理安排会议日程，提高议事质量和效率。二是精简法律草案审议程序，明确法律草案修改稿在各代表团审议后，经进一步修改可直接提出表决稿交付大会表决，减少了实践中草案建议表决稿的审议环节。三是简化常委会委员辞职程序，将以往全国人大常委会接受常委会委员辞职应当报经大会"确认"，修改为向大会"报告"，这样修改后，此类事项不再需要像以往那样列入大会议程进行审议和表决。四是增加规定：代表在大会各种会议上发言，应当围绕会议确定的议题进行。五是吸收历年大会议案表决办法的有关内容，对表决程序和表决方式在法律上作出明确规定，这样修改后，不再需要像以往那样在每次大会开会时由主席团专门通过本次会议的议案表决办法。

4. 加强会议公开和信息化建设

为进一步扩大会议公开事项，增进人民群众对最高国家权力机关行使职权过程的了解，增加规定：全国人民代表大会会议议程、日程和会议情况应当公开；大会设发言人，代表团可以根据需要设发言人；大会秘书处可以组织代表和有关部门、单位负责人接受新闻媒体采访；代表团可以组织本代表团代表接受新闻媒体采访；大会全体会议可以通过广播、电视、网络等进行公开报道。增加规定：全国人民代表大会会议利用信息技术，推进会议文件、资料电子化，为代表履职提供便利。

5. 完善法律案等议案审议程序

一是根据多年来的实践做法并参照立法法的规定，增加规定：向大会提出的法律案，在大会闭会期间，可以先向常委会提出，经常委会会议依照有关程序审议后，决定提请大会审议；常委会对准备提请大会审议的法律案，应当将法律草案向社会公布，广泛征求意见，但是经委员长会议决定不公布的除外。向社会公布征求意见的时间一般不少于三十日。二是规定向大会提出的议案经主席团决定不列入本次会议议程的，交有关的专门委员会在大会闭会后审议；有关的专门委员会进行审议后，向常委提出审议结果报告，经常委会审议通过后，印发全国人民代表大会下次会议。

6. 规范规划纲要的审查批准和调整程序

根据实践发展，增加规定：国民经济和社会发展五年规划纲要和中长期规划纲要的审查、批准和调整，参照有关年度计划审查、批准和调整的规定执行。

7. 健全完善大会通过事项的公布程序

根据实践做法，增加规定：大会通过的宪法修正案，以全国人民代表大会公告予以公布，并对大会通过的法律，大会选举和决定任命国家机构组成人员、国家机构组成人员辞职和罢免的公布程序作了规定。此外还增加规定：大会通过的法律、决议、决定，发布的公告，以及法律草案的说明、审议结果报告等相关立法文件，应当及时在全国人大常委会公报和中国人大网上刊载。

第三节　全国人大专门委员会制度的改革和完善

一、全国人大专门委员会设置的历史沿革

（一）全国人大专门委员会制度的初步确立

1. 专门委员会制度的萌芽

早在 1948 年召开的华北临时人民代表大会就选举产生了代表资格审查委员会、代表提案审查委员会，分别负责审查代表资格和代表提案。华北临时人民代表大会是全国人民代表大会的前奏和雏形，其设立的委员会属于专门委员会制度的最初尝试。

1949 年 9 月 21 日中国人民政治协商会议第一届全体会议召开，这

次会议通过的《中国人民政治协商会议共同纲领》规定："在普选的全国人民代表大会召开以前,由中国人民政治协商会议的全体会议执行全国人民代表大会的职权。"①中国人民政治协商会议第一届全体会议通过主席团的提议,设立六个委员会:中国人民政治协商会议组织法草案整理委员会、中国人民政治协商会议共同纲领草案整理委员会、中央人民政府组织法草案整理委员会、中国人民政治协商会议第一届会议宣言起草委员会、国旗国徽国都纪年方案审查委员会和代表资格审查委员会。鉴于工作任务的特定性,上述委员会均属于临时性的委员会。

2. 五四宪法规定的全国人大专门委员会制度

1954 年 9 月,一届全国人大一次会议召开,通过了《宪法》标志着我国人民代表大会制度这一国家根本政治制度正式建立。这次大会通过的 1954 年《宪法》首次确立了全国人大专门委员会制度。1954 年《宪法》第三十四条规定:"全国人民代表大会设立民族委员会、法案委员会、预算委员会、代表资格审查委员会和其他需要设立的委员会。民族委员会和法案委员会在全国人民代表大会闭会期间,受全国人民代表大会常务委员会的领导。"

1954 年 9 月刘少奇同志在大会上所作的《关于中华人民共和国宪法草案的报告》中指出:"这些委员会都是经常性的组织。他们的任务是协助全国人民代表大会工作。根据工作情况,民族委员会和法案委员会在全国人民代表大会闭会期间还要协助全国人民代表大会常务委员会工作,而预算委员会和代表资格审查委员会就只是在全国人民代表大会开会期间才进行工作。为了表明这两类委员会工作情况的区别,对第三十四条的第二款作了一点修改,写明'民族委员会和法案委

---

① 《中国人民政治协商会议组织法》第十三条。

员会,在全国人民代表大会闭会期间,受全国人民代表大会常务委员会的领导'。"

(二)完善全国人大专门委员会制度的探索

1. 1957 年对完善专门委员会制度的探索

1956 年 9 月召开的党的第八次全国代表大会确定了扩大人民民主、健全社会主义法制的方针。鉴于苏联斯大林问题的严重教训,当时党和国家对扩大民主、加强监督尤为重视。刘少奇同志在党的第八次全国代表大会上的政治报告中提出,必须认真地、有系统地改善国家机关,要加强各级人民代表大会对政府的监督。①根据党的八大精神,时任全国人大常委会常务副委员长兼秘书长彭真领导和组织机关党组,围绕立法和监督两项中心任务,重点研究从制度上加强经常性工作的问题。

1956 年 11 月,全国人大代表团赴苏联和六个欧洲社会主义国家考察,着重了解议会的组织、常设委员会(即专门委员会)的工作范围和工作方法、议会在国家政权中的作用等情况。当时彭真同志提出,可以考虑在全国人大增设几个委员会,对国务院相关部门实行"对口监督"。解决问题要有对立面,要唱对台戏。②在研究各国经验和总结我国人民代表大会制度的实践经验基础上,全国人大提出了增设专门委员会的方案,即在之前的 4 个专门委员会的基础上,增设政治法律、工业、交通、商业、农业、社会福利、文化教育和外交等 8 个专门委员会,在全国人大闭会期间协助全国人大常委会进行立法、监督等工作。与此同时,还研究了相应修改宪法和组织法的问题。但是,由于 1957 年以后国内政治、经济形势的急剧变化,上述增设委员会的构想未能付诸实施。第二届、第三届全国人大仍然沿袭第一届全国人大的做法,继续设立民族委员会、法案委员会、预算委员会、代表资格审查委员会等 4 个专门委员会。三届全国人大一次会议

---

① 刘少奇:《在中国共产党第八次全国代表大会上的政治报告》(1956 年 9 月 15 日)。

② 纯胜:《人大专门委员会制度的历史叙事》,载《中国人大制度理论研究》2018 年第 1 期。

召开之后,从 1966 年 7 月至 1974 年年底,全国人大及其常委会没有举行过一次会议。在此期间,由于人大工作的停滞,作为人大常设机构的专门委员会几乎不开展工作,也难以从制度上加以完善。1975 年修改宪法时,删去了五四宪法中关于专门委员会的规定,1975 年 1 月至 1978 年 2 月四届全国人大期间,全国人大没有设立专门委员会。

2. 七八宪法恢复了全国人大专门委员会制度

1978 年 2 月,五届全国人大一次会议召开,通过了七八宪法。七八宪法规定,全国人大和全国人大常委会可以根据需要设立若干专门委员会。这是宪法上第一次使用"专门委员会"这一概念。

七八宪法没有明确规定专门委员会的具体名称,五届全国人大一次会议设立了代表资格审查委员会,二次会议又增设了预算委员会、法案委员会和民族委员会。其中,民族委员会和法案委员会属于常设委员会,代表资格审查委员会、预算委员会是临时性的委员会。

(三)八二宪法确立的专门委员会制度

1978 年年底召开的党的十一届三中全会,开辟了我国改革开放和社会主义建设的新时期,人大制度建设和人大工作随之进入了发展的新阶段。五届全国人大三次会议接受中共中央的建议,通过决议成立宪法修改委员会,主持修改宪法。在宪法修改过程中,围绕加强和完善人大专门委员会制度,各方面提出了一些不同意见。

1. 关于是否设立专门委员会

有的意见认为,全国人大和它的常委会主要是以会议的形式进行工作、行使职权,因此增设专门委员会的必要性不大。对此,彭真同志指出:"过去我们没有专门委员会时,什么问题都要提到主席团上来,不开代表大会时,则是什么问题都要报到人大常委会上来。人大常委会因为人多,就不好讨论各种问题,尤其是不能分门别类地讨论。"①彭真同志在 1981

① 　纯胜:《人大专门委员会制度的历史叙事》,载《中国人大制度理论研究》2018 年第 1 期。

年12月给中共中央报送的《关于宪法修改草案几个问题的报告》中进一步明确提出，为了充分发挥人民代表大会制度的作用，及时反映和集中群众意见，尽可能促进和帮助国务院和两高对问题的解决，应当增加一些专门委员会。[①]

当时参加宪法修改委员会秘书处工作的肖蔚云教授总结，增设专门委员会主要基于以下五点理由：第一，由于全国人大代表多，每年才举行一次会议，常委会每两个月举行一次会议，开完会就停止工作，因而应当增设一些专门委员会，作为全国人大及其常委会的办事机构，协助进行会前的准备工作和会后的具体工作，并审议和提出有关议案。第二，设立专门委员会，使之在平时就可以和国务院以及两高机关进行接触，了解情况，调查研究，向全国人大及其常委会提出建议，以利于全国人大及其常委会对"一府两院"进行监督。第三，与国务院各部委以及法院、检察院对口设立专门委员会，也有利于全国人大及其常委会和"一府两院"相互配合，协调工作。第四，早在1956年全国人大就有设立八个专门委员会的设想，但由于客观原因未能实现，现在条件具备了，故应该设立。第五，国外议会设有专门委员会的经验可以借鉴。[②]

2. 关于设置专门委员会的数量

在修改宪法过程中，各方面主张设立专门委员会的要求比较强烈，但具体设置哪些专门委员会意见又有不同，数量加起来达20余个。宪法修改委员会秘书处经过研究提出，为了保证全国人大及其常委会更好地发挥最高国家权力机关的作用，加强立法工作和对国家机关的监督，除恢复五四宪法规定的4个专门委员会外，增设政法委员会、经济委员会、教育科学文化委员会、国防事务委员会、外交委员会等专门委员会。在人员配

---

①②　纯胜：《人大专门委员会制度的历史叙事》，载《中国人大制度理论研究》2018年第1期。

备上,除民族委员会外,各专门委员会一般由 7 人至 20 人组成;委员从全国人大代表中产生,一般应当是专职。全国人大常委会委员分别兼任各专门委员会的委员。关于专门委员会的职权,秘书处的建议是:协助全国人大及其常委会拟定和审议有关法案和议案、监督有关国家机关的工作,向有关国家机关提出质询和要求提供必要的材料,要求有关负责人到会说明情况和回答问题等。此外,还建议全国人大常委会可以根据需要,设立若干专门委员会,作为工作机构。

1981 年 7 月至 9 月,彭真同志集中各方面意见和建议后,对设立专门委员会问题发表意见时指出,"如果要设 20 个,我担心国务院无法工作。我们没有经验,对最必要的、看得准的,能定几个定几个。看不准的先不定,拖一拖,继续考虑,看准了,再补就是了。如果搞得很多,势必多头政治,不利于提高行政效率"。①为此,彭真同志在 1981 年 12 月《关于宪法修改草案几个问题的报告》中提出:"为了充分发扬人民代表大会制度的作用,及时反映和集中群众意见,尽可能促进和帮助国务院和两高对问题的解决,应当增加一些专门委员会。设多少? 由于经验不足,首先把各方面要求最迫切和工作最必需的定下来。草案规定,设立民族、法律、经济、科学与国民教育、外事、代表资格审查和其他需要设立的专门委员会。"②中共中央书记处在讨论宪法修改草案时,同意报告提出的设立专门委员会的设想,同样考虑到这个问题现实经验不足,倾向于先少设一些,条件成熟,再逐步增加。经反复研究,在 1982 年 2 月拟向修宪委员会提出的《宪法修改草案(讨论稿)》中规定,"全国人民代表大会设立民族委员会、法律委员会、财政经济委员会、科学教育委员会、外事委员会和其他需要设立的委员会。在全国人民代表大会闭会期间,各专门委员会受全

---

① 纯胜:《人大专门委员会制度的历史叙事》,载《中国人大制度理论研究》2018 年第 1 期。

② 彭真:《关于宪法修改草案几个问题的报告》(一九八二年十一月二十六日在第五届全国人民代表大会第五次会议上)。

国人民代表大会常务委员会的领导。各专门委员会在全国人民代表大会、全国人民代表大会常务委员会领导下审议和拟定有关议案。"①后来，在宪法修改委员会讨论修宪草案的过程中，根据华侨界和负责侨务工作负责同志的意见要求，又增加了华侨委员会。

（四）八二宪法对专门委员会制度的健全和完善

经过反复讨论修改，1982 年 12 月五届全国人大五次会议审议通过了宪法草案，其中第七十条第一款规定，"全国人民代表大会设立民族委员会、法律委员会、财政经济委员会、教育科学文化卫生委员会、外事委员会、华侨委员会和其他需要设立的专门委员会"。②不仅明确规定设立 6 个专门委员会，还留下了增设"其他需要设立的专门委员会"的空间。与五四宪法的有关规定相比，八二宪法进一步健全和完善了专门委员会制度：一是专门委员会的数量从 4 个增加至 6 个；二是根据部门对应原则，增设了财政经济、教育科学文化卫生、外事、华侨等四个专门委员会，有利于对国务院各部门进行"对口监督"；三是所有的专门委员会均为常设委员会，明确规定在全国人大闭会期间，各专门委员会受全国人大常委会的领导。这次大会通过的全国人大组织法设专章对全国人大专门委员会的设置、组成、产生、职责等作了具体规定。

1982 年宪法设立了全国人大财政经济委员会。之后，为加强预算审查监督，1998 年九届全国人大常委会第六次会议决定设立全国人大常委会预算工作委员会，协助全国人大财政经济委员会对预算进行审查监督。1982 年制定的全国人大组织法将代表资格审查委员会由全国人大设立，改为由主持代表选举工作的全国人大常委会设立。1983 年 2 月 28 日召开的第五届全国人大常委会第二十六次会议首次成立了全国人大常委会

---

① 彭真：《关于宪法修改草案几个问题的报告》（一九八二年十一月二十六日在第五届全国人民代表大会第五次会议上）。

② 《中华人民共和国宪法修改草案》，第五届全国人民代表大会第五次会议文件。

代表资格审查委员会，并沿用至今。此外，实践中，在1983年六届全国人大一次会议之前，每次召开大会时都会由大会全体会议或者预备会议通过本次会议的提案审查委员会名单，成立本次会议的提案审查委员会，负责在大会期间对代表向大会提出的提案进行审查并提出交办建议，就有关情况向大会报告。从六届全国人大一次会议起取消了这一惯常做法。

1983年6月7日六届全国人大一次会议通过决议，设立了包括法律委员会在内的6个全国人大专门委员会。为了协助全国人大常委会加强法制工作，1983年9月2日六届全国人大常委会第二次会议通过决议，将1979年2月23日五届全国人大常委会第六次会议决定设立的全国人大常委会法制委员会，改为全国人大常委会法制工作委员会，作为全国人大常委会的工作委员会。

二、党的十八大以来全国人大专门委员会制度的不断完善

随着人民代表大会制度的健全和完善，为适应专门委员会开展工作的需要，根据宪法规定，1988年七届全国人大一次会议增设内务司法委员会。1993年八届全国人大一次会议增设环境保护委员会，八届人大二次会议决定更名为环境与资源保护委员会。1998年九届全国人大一次会议增设农业与农村委员会。至此，全国人大设立的专门委员会由原来的6个增至9个。

2018年2月28日，党的十九届三中全会审议通过了关于深化党和国家机构改革的决定，提出全国人大增设社会建设委员会，将内务司法委员会更名为监察和司法委员会，将法律委员会更名为宪法和法律委员会，并规定了相应工作职责。同年3月11日，十三届全国人大一次会议通过的《宪法修正案》将《宪法》第七十条第一款中的"法律委员会"修改为"宪法和法律委员会"。2018年3月13日，通过了关于设立专门委员会的决

定，规定第十三届全国人大设立民族委员会、宪法和法律委员会、监察和司法委员会、财政经济委员会、教育科学文化卫生委员会、外事委员会、华侨委员会、环境与资源保护委员会、农业与农村委员会、社会建设委员会。至此，全国人大共设立了 10 个专门委员会。6 月 22 日，十三届全国人大常委会第三次会议通过了《关于全国人民代表大会宪法和法律委员会职责问题的决定》，规定法律规定的"法律委员会"的职责，由宪法和法律委员会承担，在继续承担统一审议法律草案等工作的基础上，增加推动宪法实施、开展宪法解释、推进合宪性审查、加强宪法监督、配合宪法宣传等工作职责。

2020 年十三届全国人大三次会议通过的关于修改全国人大组织法的决定，补充完善了有关专门委员会设置及其职责的内容：一是根据实际情况，列明全国人大现有的 10 个专门委员会名称。二是从工作需要出发，明确规定专门委员会的每届任期同全国人民代表大会每届任期相同，履行职责到下届全国人民代表大会产生新的专门委员会为止。三是根据实践发展，增加有关专门委员会工作职责的规定，包括组织起草有关法律草案，承担全国人大常委会听取和审议专项工作报告、执法检查、专题询问有关具体工作，听取"一府一委两院"专题汇报，研究办理代表建议和有关督办工作等。四是根据《深化党和国家机构改革方案》，增加规定：宪法和法律委员会承担推动宪法实施、开展宪法解释、推进合宪性审查、加强宪法监督、配合宪法宣传等工作职责。五是增加规定财政经济委员会的相关职责，明确财政经济委员会对国务院提出的国民经济和社会发展计划草案、规划纲要草案、预算草案、中央决算草案及相关报告和调整方案进行审查，向大会主席团或者全国人大常委会提出审查结果报告，其他专门委员会可以就有关草案向财政经济委员会提出意见。

第四节　地方人大及其常委会组织制度和工作程序的完善

一、完善地方人大及其常委会组织制度和工作程序的重大意义

地方人大及其常委会是人民代表大会制度的重要组成部分。关于地方人大及其常委会的组织制度和工作程序,主要是在《地方各级人民代表大会和地方各级人民政府组织法》(以下简称《地方组织法》)中规定的。《地方组织法》是关于地方人大、地方政府的组织和工作制度的基本法律,是宪法关于地方政权建设规定的立法实施,是地方各级国家权力机关、行政机关行使职权、履行职责的重要制度保障。我国《宪法》第九十五条中规定:"地方各级人民代表大会和地方各级人民政府的组织由法律规定。"《地方组织法》于1979年7月由五届全国人大二次会议通过并公布施行后,根据形势发展变化,于1982年、1986年、1995年、2004年、2015年和2022年先后作了六次修改,推动地方政权机关工作和建设不断与时俱进、发展完善。党的十八大以来,以习近平同志为核心的党中央高度重视国家政权机关工作和建设,对坚定不移走中国特色社会主义政治发展道路,坚持和完善人民代表大会制度,发展全过程人民民主,坚持和完善中国特色社会主义行政体制,构建职责明确、依法行政的政府治理体系,作出一系列重大部署,推进一系列重大工作、取得一系列重大成果。党的十九大报告提出"完善国家机构组织法";党的十九届四中全会决定提出"健全人大组织制度、选举制度和议事规则""加强地方人大及其常委会建设""优化政府职责体系""健全充分发挥中央和地方两个积极性体制机制";党的十九届六中全会决议提出"必须坚持党的领导、人民当家作主、依法治国有机统一,积极发展全过程人民民主,健全全面、广泛、有机衔接的人

民当家作主制度体系"。2021年10月，党中央召开中央人大工作会议，对新时代坚持和完善人民代表大会制度、加强和改进人大工作作出全面部署、提出明确要求。

贯彻习近平总书记关于坚持和完善人民代表大会制度的重要思想，落实党中央重大决策部署和中央人大工作会议精神，有必要在认真总结实践经验基础上，对《地方组织法》作出修改完善，进一步健全地方政权机关的组织和工作制度，维护党中央权威和集中统一领导，构建从中央到地方权责清晰、运行顺畅、充满活力的工作体系；坚持以人民为中心、全心全意为人民服务，不断发展全过程人民民主，保障人民当家作主；推动地方人大加强和改进新时代人大工作，全面提高依法履职能力。

二、地方组织法修改的主要内容

2022年3月11日，十三届全国人大五次会议通过《关于修改〈中华人民共和国地方各级人民代表大会和地方各级人民政府组织法〉的决定》，对这部法律进行了第六次修改。这也是继2021年十三届全国人大四次会议修改全国人大组织法后，又一部由大会修改的国家机构组织法。这次《地方组织法》的修改，是历次修改中幅度最大的一次，内容多，分量重，亮点纷呈。修改决定共49条，修改后条文从69条增加到90条。主要修改内容有以下几个方面。

一是明确坚持党的领导和地方人大、地方政府工作的指导思想和原则。坚持党的领导是加强地方政权机关建设，做好地方工作的最高政治原则。将坚持党的全面领导载入人大、政府、法院、检察院的组织法，是党中央的明确要求。这次修改地方组织法，明确地方人大、地方政府坚持中国共产党的领导，坚持以马克思列宁主义、毛泽东思想、邓小平理论、"三个代表"重要思想、科学发展观、习近平新时代中国特色社会主义思想为指导，依照宪法和法律规定行使职权。另外，明确了地方人大、地方政府工作的原则,如坚持以人民为中心原则、坚持依法治国原则、实行民主集中制原则。

二是完善地方人大及其常委会的职权。这是此次修改《地方组织法》的重点之一。根据中央有关文件精神和总结地方实践经验,补充完善地方人大及其常委会的职权,如规定地方人大及其常委会审查监督政府债务;监督政府对国有资产的管理;讨论、决定本行政区域内的重大项目;规定人大常委会听取和审议有关专项工作报告、组织执法检查、开展专题询问,听取和审议本级人民政府关于年度环境状况和环境保护目标完成情况的报告,听取和审议备案审查工作情况报告,等等。上述内容,有的是党中央文件的明确要求,有的是其他法律的规定,有的是地方人大的实践经验。

三是健全地方人大及其常委会的议事制度。以前《地方组织法》对地方人大及其常委会会议规定不多,不少内容由地方人大自己规定。这次修改《地方组织法》,从完善人民代表大会制度出发,根据地方的实践经验作了进一步明确,如明确乡、民族乡、镇的人民代表大会会议一般每年举行两次;根据新冠肺炎疫情防控期间地方人大召开会议的实践,规定遇有特殊情况,县级以上地方各级人大常委会或者乡镇人大主席团可以决定适当提前或者推迟召开会议;明确地方各级人大举行会议,应当合理安排会期和会议日程,提高议事质量和效率;规定地方各级人民代表大会会议有三分之二以上的代表出席,始得举行;常务委员会会议有常务委员会全体组成人员过半数出席,始得举行;完善常委会会议列席制度,等等。

四是加强地方人大及其常委会自身建设。这是坚持和完善人民代表大会制度的重要内容,习近平总书记在中央人大工作会议上提出了建设"四个机关"的明确要求。根据中央人大工作会议精神,这次修改增加了不少很实很具体的内容,如适当增加省、设区的市两级人大常委会组成人员名额,在现有名额的基础上,名额上下限和最高限分别增加 10 名。通过增加名额,增强地方人大常委会组成人员的代表性、广泛性,优化常委会组成人员结构,进一步提高立法、监督等工作质量。例如,进一步规范省、设区的市两级人大专门委员会的设置和名称,在现有列名三个专门委员会的基础上,增加列名环境与资源保护委员会、社会建设委员会,同时充实完善专门委员会的职责,单列一条,明确了专门委员会的七项职权;再如,规范常委会工作机构的设置,明确常委会设立法制工作委员会、预算工作委员会、代表工作委员会等工作机构,明确县、自治县的人大常委会可以比照有关规定在街道设立工作机构。通过加强人大及其自身建设,进一步加强和改进人大工作。

五是加强和改进代表工作,充分发挥人大代表作用。人大代表是国家权力机关的组成人员,代表人民依法参加行使国家权力。加强和改进代表工作,是加强和改进人大工作的重要方面。这次修改《地方组织法》,从保障代表履职、加强代表与选民联系、加强常委会与代表联系角度,增加了不少内容,如规定代表的建议、批评和意见的办理情况,由常委会办事机构或者乡镇人大主席团向本级人大常委会或者乡镇人大报告,并予以公开;代表应当与原选区选民或者原选举单位和人民群众保持密切联系,听取和反映他们的意见和要求,充分发挥在发展全过程人民民主中的作用;代表应当向原选区选民或者原选举单位报告履职情况;地方人大应当建立健全常委会组成人员和各专门委员会、工作机构联系代表的工作机制,支持和保障代表依法履职,扩大代表对各项工作的参与,充分发挥代表作用;地方人大常委会通过建立基层联系点、代表联络站等方式,密切同人民群众的联系,听取对立法、监督等工作的意见和建议。

六是贯彻国家区域协调发展战略,健全协作机制。总结地方实践经验,规定省、设区的市两级人大及其常委会根据区域协调发展的需要,可以开展协同立法。县级以上地方政府可以共同建立跨行政区划的区域协同发展工作机制，加强区域合作。

七是明确地方人大与地方监察委员会关系的相关制度。例如，明确地方各级人大常委会监督本级监察委员会的工作；明确对监察委员会主任的罢免制度和对监察委员会的质询制度；明确地方各级监察委员会组成人员的提名和选举任免、辞职等的程序。

八是充实铸牢中华民族共同体意识的内容。铸牢中华民族共同体意识是新时代党的民族工作的主线。根据宪法有关规定和中央民族工作会议精神，在地方人大和地方政府职责中分别增加"铸牢中华民族共同体意识""促进各民族广泛交往交流交融"等内容，为地方人大、地方政府做好民族工作提供法律指引。

《地方组织法》是规范地方政权机关组织、运行的基本法律，在国家治理制度体系中发挥支柱性作用。修改《地方组织法》是新时代坚持和加强党的全面领导，保证党领导人民依法有效治理国家的必然要求；是不断发展全过程人民民主，保证人民当家作主的重大举措；是深入贯彻党中央全面依法治国战略部署，推进全面依法治国的制度保障；是坚持和完善人民代表大会制度，深化党和国家机构改革，推进国家治理体系和治理能力现代化的现实需要。通过这次地方组织法修改，进一步完善了地方人大、地方政府的组织、职权和工作制度，完善人民当家作主制度体系，有利于地方人大、地方政府依法履职、更好地为人民服务，有利于推进全面依法治国，推进国家治理体系和治理能力现代化。

第五章　国家监察体制改革的法治实践

新中国监察制度的发展历经机构变迁和纪检合署后，逐步纳入法治化轨道。但长期以来，行政监察体制下监察范围过窄、监察力量分散、监察手段不足等问题未能有效解决。党的十八大后，党中央从健全监督体系顶层设计的角度出发，决定在北京市、山西省、浙江省开展国家监察体制改革试点。全国人大常委会先后通过两个关于试点工作的决定，确保国家监察体制改革依法启动并向全国各地推开。为确保作为重大政治改革的国家监察体制改革于法有据，十三届全国人大一次会议通过《宪法修正案》、制定《监察法》、产生国家监察委员会组成人员，标志着中国特色国家监察体制已经形成。此后，全国人大常委会先后完成对《刑事诉讼法》等监察配套法律的修改，制定《政务处分法》和《监察官法》，同时授予国家监察委员会制定监察法规的权限，国家监委据此制定《监察法实施条例》，这一系列举措均确保国家监察机制改革在法治轨道上行稳致远。

第一节　新中国监察制度的历史发展

新中国成立前夕，具有临时宪法性质的《中国人民政治协商会议共同纲领》第十九条就规定："在县市以上的各级人民政府内,设人民监察机关,以监督各级国家机关和各种公务人员是否履行其职责,并纠举其中之违法失职的机关和人员。人民和人民团体有权向人民监察机关或人民司法机关控告任何国家机关和任何公务人员的违法失职行为。"《中央人民政府组织法》第十八条更是将其命名为"人民监察委员会",位列政治法律委员会、财政经济委员会、文化教育委员会之后,并明确规定:"人民监察委员会负责监察政府机关和公务人员是否履行其职责。"1950 年 10 月 24日,经政务院批准《政务院人民监察委员会试行组织条例》,主要介绍了人民监察委员会的委员组成、各自职责、工作机构设置、会议安排等程序性内容,并对其职责任务、工作开展、事件处理方法等实体性内容也作了详尽说明。

　　1954 年《宪法》中并未出现"监察"字样,在 1954 年《国务院组织法》第二条中,规定国务院下设监察部。1954 年 11 月《国务院关于设立、调整中央和地方国家行政机关及其有关事项的通知》发出后,人民监察委员会改设为监察部,地方也设立了监察厅、监察局、监察处。但 1954 年 12月监察部《关于调整地方各级监察机构及其有关事项的指示》又规定,在县和不设区的市和市辖区的人民委员会中不设置监察机关,但在工作特别需要的县和不设区的市,由专署或者省的监察机关重点派遣监察组(不设专署的,由省派遣),受各级监察机关垂直领导,在工作上受同级政府指导。1955 年 11 月 2 日,国务院常务会议批准《监察部组织简则》,较为详尽地明确了其立法依据和目的,监察部的职责、权限以及行使职权的程序,并规定了监察部的机构设置、人员配备和内部领导关系。此后,1957年《国务院关于国家行政机关工作人员的奖惩暂行规定》也与监察机关的运作具有直接关系。

　　改革开放后,1982 年《宪法》中首次出现了 2 处"监察"字样,分别是第八十九条第八项国务院"领导和管理民政、公安、司法行政和监察等工作"，以及第一百零七条第一款"县级以上地方各级人民政府依照法律规定的权限，管理本行政区域内的经济、教育、科学、文化、卫生、体育事业、城乡建设事业和财政、民政、公安、民族事务、司法行政、监察、计划生育等行政工作，发布决定和命令，任免、培训、考核和奖惩行政工作人员"。但直到 1986 年 12 月 2 日，第六届全国人民代表大会常务委员会第十八次会议决定设立中华人民共和国监察部，标志着"恢复并确立国家行政监察体制"。①1990 年 11 月 23 日，国务院第七十二次常务会议通过《行政监察条例》，标志着行政监察工作开始逐步纳入法治化轨道。

但此后几年，由于行政监察机关与政府其他部门平级，实践中产生了若干问题。1993 年 2 月，根据《中共中央、国务院批转中央纪委、监察部〈关于中央纪委、监察部机关合署办公和机构设置有关问题的请示〉的通知》精神，中央直属机关、中央国家机关纪检、监察机构合署办公，实行一套工作机构、两个机构名称、履行两种职能的体制。中央纪委、监察部均派驻和内设纪检组、监察机构的部门，纪检组和监察机构实行合署办公；由中央纪委派驻纪检组，行政监察机构实行内设的部门，纪检组同行政监察机构合署办公；只有监察部派驻监察机构的部门，党组纪检组（纪委）与派驻监察机构合署办公。在地方，除深圳外，地方各级纪检监察机关先后完成了合署。当然，合署后监察部仍属国务院系统，地方各级监察机关仍是各级政府的组成部分，接受所在政府和上级监察机关双重领导。1997 年 5 月 9 日，第八届全国人民代表大会常务委员会第二十五次会议通过《中华人民共和国行政监察法》，分为总则、监察机关和监察人员、监察机关的职责、监察机关的权限、监察程序、法律责任、附则七章共四十八条，这是行政监察制度发展的里程碑事件。随着依法行政进程的加快和行政管理体制改革的深化，2010 年 6 月，第十一届全国人民代表大会常务委

---

① 《全国人民代表大会常务委员会关于设立中华人民共和国监察部的决定》，载《中华人民共和国国务院公报》1986 年第 33 期。

员会第十五次会议又决定对该法进行修正,进一步明确了行政监察对象,明确了行政监察方式,增加了提出监察建议的情形,对举报制度、派驻机构管理体制、监察机关职责、行政监察程序等内容作了修改,还理顺了派驻机构管理体制,增加了监察机关承担纠风工作的职责,以及增加了处分的执行、解除程序等。这些规定与《公务员法》《法官法》《检察官法》等法律法规中涉及监察的相关规定,共同构成我国当时监察制度的法律体系,但在行政监察体制不变的情况下,行政监察对象暂时无法包括《公务员法》规定的其他六类机关及其公务员。

第二节　国家监察体制改革的动因和试点情况

2012 年 11 月,党的十八大报告提出:"健全纪检监察体制,完善派驻机构统一管理,更好发挥巡视制度监督作用。"①标志着纪检监察工作步入全面巡视监督时期。但此后,中央在相关文件中只突出"纪检",却刻意回避了"监察"。例如,2013 年《中共中央关于全面深化改革若干重大问题的决定》提出:"全面落实中央纪委向中央一级党和国家机关派驻纪检机构,实行统一名称、统一管理。派驻机构对派出机关负责,履行监督职责。改进中央和省区市巡视制度,做到对地方、部门、企事业单位全覆盖。"②2014 年 6 月,中共中央政治局审议通过《党的纪律检查体制改革实施方案》;2014 年 12 月,中共中央办公厅印发《关于加强中央纪委派驻机构建设的意见》;2015 年 3 月,中共中央办公厅印发《省(自治区、直辖市)

---

① 胡锦涛:《坚定不移沿着中国特色社会主义道路前进　为全面建成小康社会而奋斗——在中国共产党第十八次全国代表大会上的报告》,载《人民日报》2012 年 11 月 18 日,第 5 版。

② 《中共中央关于全面深化改革若干重大问题的决定》,载《人民日报》2013 年 11 月 16 日,第 2 版。

纪委书记、副书记提名考察办法(试行)》《中央纪委派驻纪检组组长、副组长提名考察办法(试行)》《中管企业纪委书记、副书记提名考察办法(试行)》等三个提名考察办法;2015 年 11 月 20 日,中共中央办公厅印发《关于全面落实中央纪委向中央一级党和国家机关派驻纪检机构的方案》,等等。随着纪检体制基本调整到位,党内监督加强并实现全覆盖,而国家自我监督却在很大程度上存在监察范围过窄、监察力量分散、监察手段不足等问题,下一步实行国家监察体制改革势在必行。

2016 年 1 月 12 日,习近平总书记在十八届中央纪委六次全会上强调,要完善监督制度,做好监督体系顶层设计,既加强党的自我监督,又加强对国家机器的监督。要整合问责制度,健全问责机制,坚持有责必问、问责必严。要健全国家监察组织架构,形成全面覆盖国家机关及其公务员的国家监察体系。①2016 年 11 月 7 日,中共中央办公厅印发《关于在北京市、山西省、浙江省开展国家监察体制改革试点方案》,拉开了国家监察体制改革的序幕。方案强调:"国家监察体制改革是事关全局的重大政治改革,是国家监察制度的顶层设计。深化国家监察体制改革的目标,是建立党统一领导下的国家反腐败工作机构。实施组织和制度创新,整合反腐败资源力量,扩大监察范围,丰富监察手段,实现对行使公权力的公职人员监察全面覆盖,建立集中统一、权威高效的监察体系,履行反腐败职责,深入推进党风廉洁建设和反腐败斗争,构建不敢腐、不能腐、不想腐的有效机制。"②2016 年 12 月 25 日,第十二届全国人大常委会第二十五次会议通过了《关于在北京市、山西省、浙江省开展国家监察体制改革试点工作的决定》,主要涉及三个方面的内容:第一,在北京市、山西省、浙江省

---

① 《习近平在十八届中央纪委六次全会上发表重要讲话强调 坚持全面从严治党依规治党 创新体制机制强化党内监督》,载《人民日报》2016 年 1 月 13 日,第 1 版。
② 《中办印发〈关于在北京市、山西省、浙江省开展国家监察体制改革试点方案〉》,载《人民日报》2016 年 11 月 8 日,第 3 版。

及所辖县、市、市辖区设立监察委员会,行使监察职权,包括将试点地区人民政府的监察厅(局)、预防腐败局及人民检察院查处贪污贿赂、失职渎职以及预防职务犯罪等部门的相关职能整合至监察委员会,以及监察委员会由本级人民代表大会产生,监察委员会对本级人民代表大会及其常务委员会和上一级监察委员会负责,并接受监督等。第二,赋予试点地区监察委员会对本地区所有行使公权力的公职人员履行监督、调查、处置职责,可以采取谈话、讯问、询问、查询、冻结、调取、查封、扣押、搜查、勘验检查、鉴定、留置等措施。第三,在试点地区暂时调整或者暂时停止适用《行政监察法》《刑事诉讼法》《人民检察院组织法》《检察官法》《地方各级人民代表大会和地方各级人民政府组织法》中监察工作相关章节条文,其他法律中规定由行政监察机关行使的监察职责,一并调整由监察委员会行使。①

全国人大常委会的决定作出后,试点地区的监察体制改革试点工作依法启动:第一,监察委员会如期组建。2017 年 1 月,北京市及其所辖 16 个区,浙江省及其所辖 11 个地级市、89 个县市区,山西省及其所辖 11 个地级市、119 个县市区,监察委员会及其主任分别由同级人民代表大会选举产生,副主任、委员由同级人大常委会任命。第二,内设机构全面调整。监察委员会与纪委共同设立综合部门、信访部门、案件监督管理部门、案件审理部门、执纪监督部门和执纪审查部门,履行纪检监察职责。通过统筹安排、整体谋划,做到机构不增加、人员不扩编、级别不提升,机构编制和人员配置向主责主业集中。例如,北京市纪委机关原有 23 个内设机构,在市级检察院划转 10 个机构后,市纪委、市监察委机关撤并重组为 29 个内设机构,机构总数比改革前减少 4 个。第三,转隶工作顺利到位。纪委、政法委积极指导检察机关配合职能划转和工作衔接,组织、编办及

---

① 《全国人大常委会关于在北京市、山西省、浙江省开展国家监察体制改革试点工作的决定》,载《中华人民共和国全国人民代表大会常务委员会公报》2017 年第 6 期。

财政等有关部门深入研究解决转隶涉及的机构编制、干部配备、经费保障等问题。检察机关讲政治顾大局,努力做好转隶人员思想工作,协助把好入口关,特别是政治关、廉洁关。截至 2017 年 4 月 27 日,试点地区全面完成监察委员会组建和转隶工作,北京市共转隶干部 768 人,山西省共转隶干部 1884 人,浙江省共转隶干部 1645 人。第四,依法履行监察职责。按照监察范围摸清监察底数,实现对本地区所有行使公权力的公职人员监察的全覆盖。按照监察职责完善派驻机制,将纪检组派驻机构统一更名为纪检监察组。按照授权,依法履行监督、调查、处置职责,全面运用监察措施开展监察活动。①2017 年 1 月至 8 月,北京市立案 1840 件,处分 1789 人;山西省立案 11261 件,处分 10557 人;浙江省立案 11000 件,处分 9389 人。北京市、山西省、浙江省分别追回外逃党员和国家工作人员 12 人、9 人、10 人。②

　　在三省市先行改革试点工作的基础上,党的十九大报告进一步指出:"深化国家监察体制改革,将试点工作在全国推开,组建国家、省、市、县监察委员会,同党的纪律检查机关合署办公,实现对所有行使公权力的公职人员监察全覆盖。制定国家监察法,依法赋予监察委员会职责权限和调查手段,用留置取代'两规'措施。"2017 年 10 月 23 日,中共中央办公厅印发《关于在全国各地推开国家监察体制改革试点方案》,2017 年 11 月 4 日第十二届全国人大常委会第三十次会议通过了《全国人大常委会关于在全国各地推开国家监察体制改革试点工作的决定》。按照中央确定的"路线图"和"时间表",各地倒排工期,挂图作战。先转隶、再成立、再挂牌,仅用时 3 个多月,除先行试点的北京、山西、浙江外的 28 个省份的省、

---

　　①　中国反腐败司法研究中心:《国家监察体制改革试点工作调查》,载《求是》2017 年第 23 期。

　　②　参见郑光魁:《全面推开国家监察体制改革试点》,载《中国纪检监察报》2017 年 11 月 11 日,第 4 版。

市、县三级监察委员会就全部完成了组建,为国家监察委员会的组建打下了坚实基础。

第三节　通过修宪立法确保国家监察体制改革的有关内容

一、修改《中华人民共和国宪法》

由于国家监察体制改革增设了由本级人大产生、对本级人大及其常委会负责并受其监督的监察委员会,使原来人民代表制度下的"一府两院"变成"一府一委两院",是1982年《宪法》实施以来突破性的改制,是我国政治体制改革的重大步骤,涉及国家权力板块的变化,需要由《宪法》作出相应的回应[①],"全国范围设置国家监察机关必须修宪才行"。[②]

2017年12月15日,中共中央召开党外人士座谈会,就中共中央关于修改《宪法》部分内容的建议听取各民主党派中央、全国工商联负责人和无党派人士代表的意见和建议。2018年1月19日,党的十九届二中全会审议通过了《中共中央关于修改宪法部分内容的建议》。2018年1月29日,受中共中央委托,中共中央政治局常委、宪法修改小组副组长栗战书在十二届全国人大常委会第三十二次会议上作中共中央关于修改《宪法》部分内容的建议的说明。2018年2月25日,新华社全文刊发了《中国共产党中央委员会关于修改宪法部分内容的建议》。2018年3月11日,第十三届全国人民代表大会第一次会议通过了《中华人民共和国宪法修正案》。其中,涉及国家监察体制改革的有以下几个

---

① 参见马岭:《政体变化与宪法修改:监察委员会入宪之讨论》,载《中国法律评论》2017年第4期。

② 参见童之伟:《将监察体制改革全程纳入法治轨道之方略》,载《法学》2016年第12期。

方面。

（一）第三条第三款"国家行政机关、审判机关、检察机关都由人民代表大会产生，对它负责，受它监督"修改为："国家行政机关、监察机关、审判机关、检察机关都由人民代表大会产生，对它负责，受它监督。"这充分表明，在人民代表大会制度下，尽管监察机关已与行政机关、审判机关、检察机关的地位实现平行，但仍在权力机关之下。

（二）第六十二条"全国人民代表大会行使下列职权"中增加一项，作为第七项"（七）选举国家监察委员会主任"；第六十三条"全国人民代表大会有权罢免下列人员"中增加一项，作为第四项"（四）国家监察委员会主任"；第六十五条第四款"全国人民代表大会常务委员会的组成人员不得担任国家行政机关、审判机关和检察机关的职务"修改为："全国人民代表大会常务委员会的组成人员不得担任国家行政机关、监察机关、审判机关和检察机关的职务"；第六十七条"全国人民代表大会常务委员会行使下列职权"中第六项"（六）监督国务院、中央军事委员会、最高人民法院和最高人民检察院的工作"修改为："（六）监督国务院、中央军事委员会、国家监察委员会、最高人民法院和最高人民检察院的工作"，同时增加一项，作为第十一项"（十一）根据国家监察委员会主任的提请，任免国家监察委员会副主任、委员"；第一百零一条第二款中"县级以上的地方各级人民代表大会选举并且有权罢免本级人民法院院长和本级人民检察院检察长"修改为："县级以上的地方各级人民代表大会选举并且有权罢免本级监察委员会主任、本级人民法院院长和本级人民检察院检察长"；第一百零三条第三款"县级以上的地方各级人民代表大会常务委员会的组成人员不得担任国家行政机关、审判机关和检察机关的职务"修改为："县级以上的地方各级人民代表大会常务委员会的组成人员不得担任国家行政机关、监察机关、审判机关和检察机关的职务"；第一百零四条中"监督本级人民政府、人民法院和人民检察院的工作"修改为"监督本级人民政府、监察委员会、人民法院和人民检察院的工作"。以上条款是处理人大及其常委会和监察委员会关系的规定，涉及国家和县级以上地方各级监察委员会主任的选举与罢免，全国和县级以上地方各级人大常委会组成人员不得在监察机关担任职务，全国人大常委会和国家监察委员会、县级以上地方各级人大常委会和本级监察委员会的监督关系，国家监察委员会副主任、委员的任免，等等。

（三）第八十九条"国务院行使下列职权"中第八项"（八）领导和管理民政、公安、司法行政和监察等工作"修改为"（八）领导和管理民政、公安、司法行政等工作"；第一百零七条第一款"县级以上地方各级人民政府依照法律规定的权限，管理本行政区域内的经济、教育、科学、文化、卫生、体育事业、城乡建设事业和财政、民政、公安、民族事务、司法行政、监察、计划生育等行政工作，发布决定和命令，任免、培训、考核和奖惩行政工作人员"修改为"县级以上地方各级人民政府依照法律规定的权限，管理本行政区域内的经济、教育、科学、文化、卫生、体育事业、城乡建设事业和财政、民政、公安、民族事务、司法行政、计划生育等行政工作，发布决定和命令，任免、培训、考核和奖惩行政工作人员"。以上条款删去了原属于行政机关职权的"监察"。

（四）第三章"国家机构"中增加一节，作为第七节"监察委员会"；增加五条，分别作为第一百二十三条至第一百二十七条，涉及监察委员会的性质、产生、组成、地位，工作原则、领导体制、与其他国家机关的关系等方面，主要包括：

1. 第一百二十三条规定："中华人民共和国各级监察委员会是国家的监察机关"；第一百二十五条第一款规定："中华人民共和国国家监察委员会是最高监察机关。"以上条文规定了监察委员会的性质。

2. 第一百二十四条规定："中华人民共和国设立国家监察委员会和地方各级监察委员会。监察委员会由下列人员组成：主任，副主任若干人，委员若干人。监察委员会主任每届任期同本级人民代表大会每届任期相同。国家监察委员会主任连续任职不得超过两届。监察委员会的组织和职权由法律规定。"该条规定了监察委员会的层级、组成人员、监察委员会主任的任期及其限制，并确定其组织和职权的法律保留原则。

3. 第一百二十五条第二款规定："国家监察委员会领导地方各级监察委员会的工作，上级监察委员会领导下级监察委员会的工作"；第一百二十六条规定："国家监察委员会对全国人民代表大会和全国人民代表大会常务委员会负责。地方各级监察委员会对产生它的国家权力机关和上一级监察委员会负责。"以上条款规定了监察委员会的垂直领导体制以及与国家权力机关之间的关系。

4. 第一百二十七条规定："监察委员会依照法律规定独立行使监察权，不受行政机关、社会团体和个人的干涉。监察机关办理职务违法和职务犯罪案件，应当与审判机关、检察机关、执法部门互相配合，互相制约。"该条规定了监察委员会的工作原则和与其他国家机关之间的关系。

二、制定《中华人民共和国监察法》

2015 年 1 月，习近平总书记在十八届中央纪委五次全会上发表重要讲话，明确要求修改行政监察法。2016 年 6 月至 10 月，习近平总书记先后六次主持召开中央全面深化改革领导小组会议、中央政治局常委会会议和中央政治局会议，专题研究深化国家监察体制改革、国家监察相关立法问题，确定了制定《监察法》的指导思想、基本原则和主要内容，明确了国家监察立法工作的方向和时间表、路线图。习近平总书记发表了一系列重要讲话，为《监察法》立法工作提供了根本遵循。

2017 年 4 月，国家监察立法工作专班前往首批开展改革试点的北京、山西、浙江等地进行调研，听取相关意见建议。在前期工作基础上，吸收改革试点地区的实践经验，听取专家学者的意见建议，经反复修改完善,形成了监察法草案。2017 年 6 月 15 日,习近平总书记主持中央政治局常委会会议,审议并原则同意全国人大常委会党组关于监察法草案几个主要问题的请示。2017 年 6 月下旬,第十二届全国人大常委会第二十八次会议对监察法草案进行了首次审议。首次审议后,全国人大常委会法制工作委员会将草案送 23 个中央国家机关以及 31 个省、自治区、直辖市人大常委会征求意见;2017 年 7 月 18 日,还专门召开专家会,听取了宪法、行政法和刑事诉讼法方面专家学者的意见。2017 年 11 月 7 日起,监察法草案在中国人大网全文公开,征求社会公众意见。草案备受关注,共有 3700 多人提出 1.3 万多条意见建议。对这些意见建议,国家监察立法工作专班高度重视,进行了认真梳理、研究。2017 年 11 月 30 日,全国人大法律委员会召开会议,对监察法草案作了修改完善。2017 年 12 月 22 日至 27 日,第十二届全国人大常委会第三十一次会议对监察法草案进行第二次审议,认为草案充分吸收各方意见,已经比较成熟,决定将其提请十三届全国人大一次会议审议。2018 年 1 月 31 日,全国人大常委会办公厅将监察法草案发送十三届全国人大代表。代表们对草案进行了认真研读讨论,总体赞成草案,同时提出了一些修改意见。全国人大法律委员会召开会议,根据全国人大常委会组成人员和代表们提出的意见又对草案作了修改,并将修改情况向全国人大常委会委员长会议作了汇报。在《中共中央关于修改宪法部分内容的建议》公布后,坚持将监察法草案与宪法修正案"对标",相关内容及表述均与宪法修改关于监察委员会的各项规定相衔接、相统一。2018 年 2 月 8 日,习近平总书记主持召开中央政治局常委会会议,听取了全国人大常委会党组的汇报,原则同意《关于〈中华人民共和国监察法(草案)〉有关问题的请示》并作出重要指示。根据党中央指示精神,又对草案作了进一步完善。①2018 年 3 月 20 日,第

---

①　参见朱基钗、姜洁:《反腐败工作法治化的重要里程碑——〈中华人民共和国监察法〉立法纪实》,载《人民日报》2018 年 3 月 22 日,第 8 版。

十三届全国人民代表大会第一次会议表决通过了《监察法》，国家主席习近平签署第 3 号主席令予以公布。

《监察法》的制定出台，使党的主张通过法定程序成为国家意志，对于构建集中统一、权威高效的中国特色国家监察体制，具有重大而深远的影响，全面规定了监察工作的原则、体制、机制和程序，赋予监察委员会职责权限和调查手段，用留置取代"两规"措施，体现了全面从严治党、全面深化改革、全面依法治国的有机统一。《监察法》分为九章共六十九条，包括总则、监察机关及其职责、监察范围和管辖、监察权限、监察程序、反腐败国际合作、对监察机关和监察人员的监督、法律责任和附则。主要内容有：

（一）明确监察工作的指导思想和领导体制

为坚持和加强党对反腐败工作的集中统一领导，《监察法》第二条规定："坚持中国共产党对国家监察工作的领导，以马克思列宁主义、毛泽东思想、邓小平理论、'三个代表'重要思想、科学发展观、习近平新时代中国特色社会主义思想为指导，构建集中统一、权威高效的中国特色国家监察体制。"

（二）明确监察工作的原则和方针

关于监察工作的原则，《监察法》第四条规定："监察委员会依照法律规定独立行使监察权，不受行政机关、社会团体和个人的干涉。监察机关办理职务违法和职务犯罪案件，应当与审判机关、检察机关、执法部门互相配合，互相制约。监察机关在工作中需要协助的，有关机关和单位应当根据监察机关的要求依法予以协助。"第五条规定："国家监察工作严格遵照宪法和法律，以事实为根据，以法律为准绳；在适用法律上一律平等，保障当事人的合法权益；权责对等，从严监督；惩戒与教育相结合，宽严相济。"

关于监察工作的方针。《监察法》第六条规定："国家监察工作坚持标本兼治、综合治理,强化监督问责,严厉惩治腐败;深化改革、健全法治,有效制约和监督权力;加强法治教育和道德教育,弘扬中华优秀传统文化,构建不敢腐、不能腐、不想腐的长效机制。"

（三）明确监察委员会的产生和职责

关于监察委员会的产生,《监察法》第八条第一款至第三款规定:"国家监察委员会由全国人民代表大会产生,负责全国监察工作。国家监察委员会由主任、副主任若干人、委员若干人组成,主任由全国人民代表大会选举,副主任、委员由国家监察委员会主任提请全国人民代表大会常务委员会任免。国家监察委员会主任每届任期同全国人民代表大会每届任期相同,连续任职不得超过两届。"第九条第一款至第三款规定:"地方各级监察委员会由本级人民代表大会产生,负责本行政区域内的监察工作。地方各级监察委员会由主任、副主任若干人、委员若干人组成,主任由本级人民代表大会选举,副主任、委员由监察委员会主任提请本级人民代表大会常务委员会任免。地方各级监察委员会主任每届任期同本级人民代表大会每届任期相同。"

关于监察委员会的职责,《监察法》第十一条规定:"监察委员会依照本法和有关法律规定履行监督、调查、处置职责:(一)对公职人员开展廉政教育,对其依法履职、秉公用权、廉洁从政从业以及道德操守情况进行监督检查;(二)对涉嫌贪污贿赂、滥用职权、玩忽职守、权力寻租、利益输送、徇私舞弊以及浪费国家资财等职务违法和职务犯罪进行调查;(三)对违法的公职人员依法作出政务处分决定;对履行职责不力、失职失责的领导人员进行问责;对涉嫌职务犯罪的,将调查结果移送人民检察院依法审查、提起公诉;向监察对象所在单位提出监察建议。"

（四）实现对所有行使公权力的公职人员监察全覆盖

按照深化国家监察体制改革关于实现对所有行使公权力的公职人员监察全覆盖的要求,《监察法》第十五条规定:"监察机关对下列公职人员和有关人员进行监察：（一）中国共产党机关、人民代表大会及其常务委员会机关、人民政府、监察委员会、人民法院、人民检察院、中国人民政治协商会议各级委员会机关、民主党派机关和工商业联合会机关的公务员，以及参照《中华人民共和国公务员法》管理的人员；（二）法律、法规授权或者受国家机关依法委托管理公共事务的组织中从事公务的人员；（三）国有企业管理人员；（四）公办的教育、科研、文化、医疗卫生、体育等单位中从事管理的人员；（五）基层群众性自治组织中从事管理的人员；（六）其他依法履行公职的人员。"

（五）赋予监察机关必要的权限

为保证监察机关有效履行监察职能，《监察法》第十九条至第三十条赋予监察机关必要的权限。一是规定监察机关在调查职务违法和职务犯罪时，可以采取谈话、讯问、询问、查询、冻结、搜查、调取、查封、扣押、勘验检查、鉴定等措施。二是被调查人涉嫌贪污贿赂、失职渎职等严重职务违法或者职务犯罪，监察机关已经掌握其部分违法犯罪事实及证据，仍有重要问题需要进一步调查，并有涉及案情重大、复杂，可能逃跑、自杀，可能串供或者伪造、隐匿、毁灭证据等情形之一的，经监察机关依法审批，可以将其留置在特定场所；留置场所的设置和管理依照国家有关规定执行。三是监察机关需要采取技术调查、通缉、限制出境措施的，经过严格的批准手续，按照规定交有关机关执行。

（六）严格规范监察程序

为保证监察机关正确行使权力，在监察程序一章中，对监督、调查、处置工作程序作出严格规定，具体体现在《监察法》第三十五条至第四十二条及第四十六条中，包括报案或者举报的处理；问题线索的管理和处置；决定立案调查；搜查、查封、扣押等程序；要求对讯问和重要取证工作全程录音录像；严格涉案财物处理等。

关于留置措施的程序，为了严格规范留置的程序，保护被调查人的合法权益,《监察法》第四十三条和第四十四条规定,设区的市级以下监察机关采取留置措施,应当报上一级监察机关批准;省级监察机关采取留置措施,应当报国家监察委员会备案。留置时间不得超过三个月,特殊情况下经上一级监察机关批准可延长一次,延长时间不得超过三个月。监察机关发现采取留置措施不当的,应当及时解除。采取留置措施后,除有碍调查的,应当在二十四小时以内,通知被留置人员所在单位和家属。同时,应当保障被留置人员的饮食、休息和安全,提供医疗服务。

（七）加强对监察机关和监察人员的监督

按照"打铁必须自身硬"的要求,《监察法》从以下几个方面加强对监察机关和监察人员的监督:一是接受人大监督。《监察法》第五十三条规定,各级监察机关应当接受本级人民代表大会及其常务委员会的监督;各级人民代表大会常务委员会听取和审议本级监察委员会的专项工作报告,组织执法检查;人民代表大会代表或者常务委员会组成人员在本级人民代表大会及其常务委员会举行会议时,可以依照法律规定的程序,就监察工作中的有关问题提出询问或者质询。二是强化自我监督。《监察法》与党的纪律检查机关监督执纪工作规则相衔接,将实践中行之有效的做法上升为法律规范。《监察法》第五十七条至第六十一条规定了对于存在打听案情、过问案件、说情干预等情况的监察人员,应当及时报告和登记备案;对于监察人员的回避,脱密期管理和对监察人员辞职、退休后从业限制等制度也作出规定;同时,规定了对监察机关及其工作人员不当行为的申诉和责任追究制度。《监察法》第五十四条还明确规定:"监察机关应当依法公开监察工作信息,接受民主监督、社会监督、舆论监督。"三是明确监察机关与审判机关、检察机关、执法部门互相配合、互相制约的机制。《监察法》第四十七条第三、四款规定,对监察机关移送的案件,人民检察院经审查,认为需要补充核实的,应当退回监察机关补充调查,必要时可以自行补充侦查。对于有刑事诉讼法规定的不起诉的情形的,经上一级人民检察院批准，依法作出不起诉的决定。同时，第三十三条第二款规定："监察机关在收集、固定、审查、运用证据时，应当与刑事审判关于证据的要求和标准相一致。"四是明确监察机关及其工作人员的法律责任。《监察法》在第八章法律责任的第六十五条中规定，监察机关及其工作人员有违反规定发生办案安全事故，或者发生安全事故后隐瞒不报、报告失实、处置不当等九种行为之一的，对负有责任的领导人员和直接责任人员依法给予处理。《监察法》第六十七条还规定："监察机关及其工作人员行使职权，侵犯公民、法人和其他组织的合法权益造成损害的，依法给予国家赔偿。"①

第四节　深化国家监察体制改革的重要法治举措

2018 年 3 月 19 日，十三届全国人大一次会议第六次会议选举杨晓渡为国家监察委员会主任，并进行宪法宣誓。2018 年 3 月 23 日，中华人民共和国国家监察委员会在北京揭牌，并举行新任国家监察委员会副主任、委员宪法宣誓仪式。至此，国家、省、市、县四级监察委员会全部组建产生，这标志着中国特色国家监察体制已经形成，在党和国家机构建设史和纪检监察史上具有里程碑意义，监察体制改革也由试点迈入全面深化新阶段。习近平总书记指出："坚持目标导向，坚持问题导向，继续把纪检监察体制改革推向前进"，并提出五点要求，即"改革目标不能偏、工作职能要跟上、各项规则要跟上、配套法规要跟上、协调机制要跟上"。②其中，

---

① 参见李建国：《关于〈中华人民共和国监察法（草案）〉的说明——2018 年 3 月 13 日在第十三届全国人民代表大会第一次会议上》，载《中华人民共和国全国人民代表大会常务委员会公报》2018 年第 2 期。

② 习近平：《在新的起点上深化国家监察体制改革》，载《求是》2019 年第 5 期。

"配套法规要跟上"要求"制定同监察法配套的法律法规,将监察法中原则性、概括性的规定具体化,形成系统完备、科学规范、运行有效的法规体系",对深化国家监察体制改革确保于法有据提出了具体要求。

一、配套法律的修改

(一)2018 年 10 月 26 日,第十三届全国人民代表大会常务委员会第六次会议通过《关于修改〈中华人民共和国刑事诉讼法〉的决定》。其中,涉及监察的条款有:(1)删去原《刑事诉讼法》第十八条规定的由人民检察院管辖的"贪污贿赂犯罪、国家工作人员的渎职犯罪",转隶为监察委员会管辖。(2)强制措施、审查起诉的衔接。增加一条,作为第一百七十条:"人民检察院对于监察机关移送起诉的案件,依照本法和监察法的有关规定进行审查。人民检察院经审查,认为需要补充核实的,应当退回监察机关补充调查,必要时可以自行补充侦查。对于监察机关移送起诉的已采取留置措施的案件,人民检察院应当对犯罪嫌疑人先行拘留,留置措施自动解除。人民检察院应当在对犯罪嫌疑人拘留后的十日以内作出是否逮捕、取保候审或者监视居住的决定。在特殊情况下,决定的时间可以延长一日至四日。人民检察院决定采取强制措施的期间不计入审查起诉期限。"将第一百六十九条改为第一百七十二条,第一款修改为:"人民检察院对于监察机关、公安机关移送起诉的案件,应当在一个月以内作出决定,重大、复杂的案件,可以延长十五日;犯罪嫌疑人认罪认罚,符合速裁程序适用条件的,应当在十日以内作出决定,对可能判处的有期徒刑超过一年的,可以延长至十五日。"(3)关于涉案财产的处置。将第一百七十三条改为第一百七十七条,第三款修改为:"人民检察院决定不起诉的案件,应当同时对侦查中查封、扣押、冻结的财物解除查封、扣押、冻结。对被不起诉人需要给予行政处罚、处分或者需要没收其违法所得的,人民检察院应当提出检察意见,移送有关主管机关处理。有关主管机关应当将处理结果及时通知人民检察院。"(4)证据的运用和要求的衔接。增加第二百九十一条："对于贪污贿赂犯罪案件，以及需要及时进行审判，经最高人民检察院核准的严重危害国家安全犯罪、恐怖活动犯罪案件，犯罪嫌疑人、被告人在境外，监察机关、公安机关移送起诉，人民检察院认为犯罪事实已经查清，证据确实、充分，依法应当追究刑事责任的，可以向人民法院提起公诉。人民法院进行审查后，对于起诉书中有明确的指控犯罪事实，符合缺席审判程序适用条件的，应当决定开庭审判。"

（二）2018 年 10 月 26 日，第十三届全国人民代表大会常务委员会第六次会议通过修订后的《中华人民共和国人民检察院组织法》。将《人民检察院组织法》第五条第二项规定的"对于直接受理的刑事案件，进行侦查"，修改为第二十条第一项"依照法律规定对有关刑事案件行使侦查权"。人民检察院行使侦查权的具体情形，应当"依照法律规定"，主要指依照《刑事诉讼法》《监察法》的规定。

（三）2019 年 4 月 26 日，第十三届全国人民代表大会常务委员会第十次会议通过修订后的《中华人民共和国检察官法》。将《检察官法》第六条第三项规定的"对法律规定由人民检察院直接受理的犯罪案件进行侦查"，修改为第七条第一项"对法律规定由人民检察院直接受理的刑事案件进行侦查"。

（四）2021 年 3 月 11 日，第十三届全国人民代表大会第四次会议通过《全国人民代表大会关于修改〈中华人民共和国全国人民代表大会组织法〉的决定》《全国人民代表大会关于修改〈中华人民共和国全国人民代表大会议事规则〉的决定》，主要修改了监察委员会的设立和与同级人大的关系等相关条款。

（五）《监察法》第六十七条规定："监察机关及其工作人员行使职权，侵犯公民、法人和其他组织的合法权益造成损害的，依法给予国家赔偿。"目前《中华人民共和国国家赔偿法》还没有增加监察机关国家赔偿责任的相关内容。此外,2022 年 3 月 11 日,第十三届全国人大第五次会议通过《关于修改〈地方各级人民代表大会和地方各级人民政府组织法〉的决定》,明确地方各级人大常委会监督本级监察委员会的工作;明确对监察委员会主任的罢免制度和对监察委员会的质询制度;明确地方各级监察委员会组成人员的提名和选举任免、辞职等程序。

二、制定《中华人民共和国政务处分法》

《监察法》第十一条第三项规定,监察委员会"对违法的公职人员依法作出政务处分决定"。2020 年 6 月 20 日,第十三届全国人民代表大会常务委员会第十九次会议通过《公职人员政务处分法》(以下简称《政务处分法》)。《政务处分法》分为七章共六十六条,包括总则,政务处分种类和适用,违法行为及其适用的政务处分,政务处分的程序,复审、复核,法律责任和附则。主要内容有:

(一)明确政务处分主体和基本原则

《政务处分法》规定,处分决定机关、单位包括任免机关、单位和监察机关,明确两类主体在政务处分工作中的作用和责任;明确了党管干部,依法依规,实事求是,民主集中制,惩前毖后、治病救人等五项政务处分原则。

(二)明确政务处分种类和适用规则

《政务处分法》参照《公务员法》等法律法规确立的处分种类,设定了警告至开除六种政务处分和相应的处分期间。《政务处分法》对处分的合并适用,共同违法的处分适用,已免除领导职务人员和退休、死亡等公职人员的处分适用,从重、从轻和减轻处分以及免予处分的适用,违法利益的处理,以及处分期满解除制度等规则作了具体规定。《政务处分法》针对不同类型的公职人员,分别规定了处分后果,力求真正发挥政务处分的惩戒作用。考虑到未担任公务员、事业单位人员或者国有企业人员职务的其他依法履行公职的人员存在无职可撤、无级可降的情况，《政务处分法》规定这些人员有违法行为的，可以给予警告、记过、记大过处分；情节严重的，由所在单位直接给予或者监察机关建议有关机关、单位给予调整薪酬待遇、调离岗位、取消当选资格或者担任相应职务资格、依法罢免、解除劳动人事关系等处理。

（三）明确公职人员违法行为及其适用的处分

为体现政务处分事由法定的原则，《政务处分法》第三章系统梳理现有关于处分的法律法规，从《公务员法》《法官法》《检察官法》和《行政机关公务员处分条例》等规定的违法情形中，概括出适用政务处分的违法情形，参考党纪处分条例的处分幅度，根据行为的轻重程度规定了相应的处分档次，并分别针对职务违法行为和一般违法行为，规定了兜底条款。

（四）严格规范政务处分的程序

为明确作出政务处分的程序，《政务处分法》第四章对处分主体的立案、调查、处分、宣布等程序作了规定。考虑到有的公职人员在任免、管理上的特殊性，《政务处分法》规定，对各级人大（政协）或者其常委会选举或者任命的人员给予撤职、开除政务处分的，先由人大（政协）或者其常委会依法依章程罢免、撤销或者免去其职务，再由处分决定机关、单位依法作出处分决定。

（五）明确被处分人员的救济途径

为充分保障被处分人员的合法权利，《政务处分法》第五章专章规定了复审、复核、申诉途径，还规定了处分决定机关、单位和人员违反规定处置问题线索、不依法受理和处理公职人员复审、复核、申诉等违法行使职权行为的法律责任。

（六）关于配套规定

为保障《政务处分法》的规定得到落实，增强政务处分的可操作性和实效性,《政务处分法》对制定具体规定作了授权,规定国务院、国家监察委员会或者相关主管部门可以根据本法,制定具体规定。①

三、制定《中华人民共和国监察官法》

《监察法》第十四条规定:"国家实行监察官制度,依法确定监察官的等级设置、任免、考评和晋升等制度。"2021 年 8 月 20 日,第十三届全国人民代表大会常务委员会第三十次会议通过《监察官法》。《监察官法》分为九章共六十八条,包括总则,监察官的职责、义务和权利,监察官的条件和选用,监察官的任免,监察官的管理,监察官的考核和奖励,监察官的监督和惩戒,监察官的职业保障以及附则。主要内容有:

（一）关于监察官的范围和基本要求

将各级监察委员会机关和派驻派出机构的监察人员统一纳入监察官范围,这是按照《监察法》第三条的规定实现监督全覆盖的需要。为突出对监察官的严格要求,《监察官法》第四条和第五条规定监察官应当忠诚坚定、担当尽责、清正廉洁,密切联系群众,以事实为根据,以法律为准绳,客观公正地履行职责。

（二）关于监察官职责、义务和权利

依据《监察法》第九条的规定,明确了监察官的六项职责。根据监察工作特点和要求,第十条列明了监察官应当履行的九项义务,要求监察官自觉坚持中国共产党领导,模范遵守宪法和法律,忠于职守,勤勉尽责,提高工作质量和效率,依法保障监察对象及有关人员的合法权益等。同时,第十一条还规定了监察官应当享有的权利。

（三）关于监察官的条件和选用

着眼于建设高素质专业化的监察官队伍,《监察官法》第十二条明确

---

① 　参见吴玉良:《关于〈中华人民共和国政务处分法（草案）〉的说明》,载《中华人民共和国全国人民代表大会常务委员会公报》2020 年第 3 期。

监察官的任职条件，规定监察官应当具有中华人民共和国国籍，具有良好的政治素质、道德品行和廉洁作风，熟悉法律、法规、政策，具有履行监督、调查、处置等等职责的专业知识和能力，具备高等学校本科及以上学历。同时，第十三条在任职限制方面作了严格规定。第十四条和第十五条规定监察官的选用坚持德才兼备、以德为先，坚持五湖四海、任人唯贤，初任监察官采用考试、考核的办法，从符合监察官条件的人员中择优选用。

（四）关于监察官的任免

根据《宪法》和《监察法》相关规定，《监察官法》第十九条以列举方式明确了国家监察委员会、地方各级监察委员会、新疆生产建设兵团各级监察委员会主任、副主任、委员的任免方式，并规定其他监察官的任免，按照管理权限和规定的程序办理。第二十三条规定与干部选拔任用相关规定衔接，规定监察官不得在本人成长地担任县级监察委员会主任，一般不得在本人成长地担任设区的市级监察委员会主任。

（五）关于监察官的管理、考核和奖励

《监察官法》第五章、第六章规定了监察官的等级设置、培训交流、考核奖励等制度。具体体现在《监察官法》第二十五条至第二十七条在等级设置上主要参考了《法官法》《检察官法》和《人民警察警衔条例》的规定，同时明确监察官等级的确定，以职务职级、德才表现、业务水平、工作实绩和工作年限等为依据。在考核方面，《监察官法》第三十七条规定全面考核监察官的德、能、勤、绩、廉，重点考核政治素质、工作实绩和廉洁自律情况。另外，第四十条和第四十一条还针对监察官承担的职责任务设定了奖励情形。

（六）关于监察官的监督和惩戒

强化对监察官的严格监督，是制定本法的重中之重。《监察官法》第七章专章规定"监察官的监督和惩戒"，第四十一条至第四十五条系统梳理党内法规、国家法律中对纪检监察干部的监督要求，并吸收纪检监察体制改革成功经验,强调监察官应当坚持中国共产党的领导、管理和监督,依法接受人民代表大会及其常务委员会的监督,接受民主监督、社会监督、舆论监督;强调监察机关应当加强内部监督制约机制建设,依法处理对监察官的检举控告,及时调查处理执法机关、司法机关等发现的监察官违纪违法履行职责的问题线索,充分发挥特约监察员的监督作用。第四十六条至第五十一条明确了打听案情和说情干预登记备案、工作回避、保密、离任回避、规范亲属从业等具体监督措施。第五十四条明确责任追究制度,并对追责豁免情形进行了规定。同时,第五十二条还针对监察工作特点,具体规定了监察官违纪违法应当承担的法律责任。

（七）关于监察官的职业保障

参考《公务员法》《法官法》《检察官法》的做法,《监察官法》第八章规定了监察官的职业保障,明确了履职保障、人身保护、对诬告陷害的澄清正名、工资福利待遇、权利救济等内容。

（八）关于配套规定

为保障本法的规定得到落实,增强可操作性,《监察官法》第二十八条和第六十条规定对监察官等级设置,确定和升降的具体办法,工资及等级津贴制度,由国家另行规定。第十六条规定初任监察官考试、考核的具体办法,由国家监察委员会会同有关部门制定。第十二条第二款规定本法施行前的监察人员不具备规定的学历条件的,应当接受培训和考核,具体办法由国家监察委员会制定。①

四、赋予监察法规的权限、制定监察法规和监察规范性文件

《监察法》出台后,中央纪委、国家监委持续为纪法贯通铺设制度轨

---

① 参见吴玉良:《关于〈中华人民共和国监察官法（草案）〉的说明——2020 年 12 月 22 日在第十三届全国人民代表大会常务委员会第二十四次会议上》,载《中华人民共和国全国人民代表大会常务委员会公报》2021 年第 6 期。

道，为各级纪检监察机关依规依纪依法履行职责提供重要制度保障，连续发布多部监察规范性法律文件。例如，中央纪委、国家监察委 2018 年 4 月 16 日发布的《公职人员政务处分暂行规定》、2018 年 4 月 17 日发布的《国家监察委员会管辖规定（试行）》、2018 年 8 月 24 日发布的《国家监察委员会特约监察员工作办法》等，其中涉及公职人员、被调查人、特约监察员等主体的多方面权利义务，并明确监察对象范围和管辖的职务犯罪罪名。

2019 年 10 月 26 日，第十三届全国人民代表大会常务委员会第十四次会议通过《关于国家监察委员会制定监察法规的决定》。决定称："为了贯彻实施《中华人民共和国宪法》和《中华人民共和国监察法》，保障国家监察委员会依法履行最高监察机关职责，根据监察工作实际需要，第十三届全国人民代表大会常务委员会第十四次会议决定：一、国家监察委员会根据宪法和法律，制定监察法规。监察法规可以就下列事项作出规定：（一）为执行法律的规定需要制定监察法规的事项；（二）为履行领导地方各级监察委员会工作的职责需要制定监察法规的事项。监察法规不得与宪法、法律相抵触。二、监察法规应当经国家监察委员会全体会议决定，由国家监察委员会发布公告予以公布。三、监察法规应当在公布后的三十日内报全国人民代表大会常务委员会备案。全国人民代表大会常务委员会有权撤销同宪法和法律相抵触的监察法规。四、本决定自 2019 年 10 月 27 日起施行。"2021 年 9 月 20 日，国家监察委员会发布公告《监察法实施条例》（以下简称《条例》）开始施行。这是国家监察委员会根据《关于国家监察委员会制定监察法规的决定》制定的第一部监察法规。

《条例》分为总则、监察机关及其职责、监察范围和管辖、监察权限、监察程序、反腐败国际合作、对监察机关和监察人员的监督、法律责任和附则等九章，共二百八十七条，与《监察法》各章相对应。《条例》在《监察法》相关规定的基础上，进一步廓清公职人员外延，对《监察法》规定的 6 类监察对象逐项进行细化，以明文列举的方式作出规定，明确监察全覆盖的对象范围。

《条例》明确监察机关调查范围，分别对监察机关调查违法和犯罪职责作出规定，列出了职务违法的客观行为类型，列举了监察机关有权管辖的101个职务犯罪罪名。这101个罪名既是监察机关调查职务犯罪的责任清单，也是对公职人员特别是领导干部履行职责的最底线要求和负面清单，是公权力行使的制度笼子，有利于教育警示公职人员特别是领导干部敬畏纪法、尊崇纪法，做到依法用权、秉公用权、廉洁用权。

《条例》按照职权法定的原则，进一步明晰监察职责边界和措施使用规范，推进监察机关依法充分履行监督调查处置职责。紧盯监察措施使用中的关键点和风险点，对15项监察措施的适用条件、工作要求、文书手续以及告知义务等事项作出详细规定，并对监察证据种类、证据审查、证据规则等作了规定，确保监察机关依法正确采取措施。

《条例》将监察法规定的监察程序分解为线索处置、初步核实、立案、调查、审理、处置、移送审查起诉7个具体环节，在各环节中贯通落实法治原则和从严要求，形成执纪执法贯通、有效衔接司法，权责清晰、流程规范、制约有效的程序体系。同时，强调监察机关对于线索处置、立案调查、处置执行等重要事项严格按照权限履行请示报告程序，采取监察措施要按照规定的审批权限履行报批手续。

《条例》专章规定了对监察机关和监察人员的监督，完善接受各方面监督的体制机制，健全内部监督制约制度，构建系统化全方位的监督机制。《条例》的公布施行，充分彰显了纪检监察机关接受最严格的约束和监督的坚定决心，有利于纪检监察机关严格按照法定权限、规则、程序开展工作，更好发挥监督保障执行、促进完善发展作用，推动新时代纪检监察工作高质量发展。[1]

---

① 《国家监委制定第一部监察法规〈中华人民共和国监察法实施条例〉公布施行》，载《人民日报》2021年9月21日，第4版。

　　按照党中央"有件必备、有备必审、有错必纠"的总体要求，对监察法规进行审查应注意四个方面：首先，应要求其向全国人大常委会备案；其次，备案后的审查主要采取事后审查方式（与审查行政法规类似），着重审查是否存在突破《宪法》《立法法》《监察法》规定的制定权限、突破其他上位法规定、擅自增加部门权力或减损公民权利、与中央精神或改革方向不一致等情形；再次，审查后如发现上述情形，全国人大常委会可以要求其自行撤销或修改，也有权自行撤销，以维护社会主义法制的统一和尊严；最后，鉴于监察委员会与党的纪律检查委员会合署办公的体制，还需要与中央有关部门建立与党内法规及其规范性文件备案审查体系相联系的常态化衔接联动机制。①

---

　　① 参见马岭：《监察法规应纳入合宪性审查之范围》，载《清风》2019 年第 9 期。

第六章　立法体制改革的法治实践

　　良法为善治之前提。立法体制是一国立法机关及其权限划分和立法权运行的各种制度的总称。构建符合国情、科学有效的立法体制,是建设法治中国、实现良法善治之必需。新中国成立以来,我国逐步探索创立了比较完善的符合中国国情和实际的立法体制。2000 年颁布实施的《立法法》确立了我国"统一而又分层次的立法体制"。《立法法》注重发挥中央和地方两方面的积极性,对全国人大与国务院、中央与地方的立法权限作了划分,对立法程序、法的适用规则、立法监督等作了规定,形成了比较完备和成熟的立法体制。随着国家经济社会快速发展、改革开放深入推进,法治建设实践对立法工作提出了新的要求、产生了新的需要,立法实践中出现了很多新情况、新问题,需要对立法体制进行改革和完善。立法体制改革的重大意义有两个方面:一方面,要维护国家法治统一和权威,为形成完备的法律规范体系、建设中国特色社会主义法治体系,从立法体制上提供制度性保障,另一方面,要处理好改革与法治、宪法与立法法、中央与地方立法权限、全国人大与国务院及其组成部门立法权限等之间的辩证关系,发挥人大主导作用,提高立法质量和治理效能。

第一节　我国立法体制的历史沿革

新中国成立以来，我国立法体制经历了从创立、形成、改革到不断完善的历史发展过程，分别为以下五个发展阶段。[1]

一、1949 年新中国成立到 1954 年宪法颁布前

新中国成立初期，我国立法权主体呈现分散化的特点，中国人民政治协商会议全体会议、中央人民政府委员会和政务院享有立法权，地方各级人民政府也可行使立法权。

在中央层面，1949 年 9 月，中国人民政治协商会议第一届全体会议通过的《共同纲领》第十三条第二款规定："在普选的全国人民代表大会召开以前，由中国人民政治协商会议的全体会议执行全国人民代表大会的职权，制定中华人民共和国中央人民政府组织法，选举中华人民共和国中央人民政府委员会，并付之以行使国家权力的职权。"该次会议上通过的《中央人民政府组织法》对中央人民政府的立法权限规定为：中央人民政府委员会制定并解释国家的法律，颁布法令，并监督法律、法令的执行；废除或者修改政务院与国家的法律、法令相抵触的决议和命令；制定中央人民政府委员会组织条例；制定或者批准政务院及政务院各委、部、会、院、署、行、厅的组织条例。政务院颁布决议和命令，并审查决议和命令的执行；废除或者修改各委、部、会、院、署、行和各级地方政府与国家法律、法

---

① 《大智立法》一书将这段历史分为四个阶段，本章分为五个阶段。参见沈春耀、许安标主编：《大智立法：新中国成立 70 年立法历程》，法律出版社 2019 年版。其他的划分方法，可参考张春生：《立法体制三步走》，载《人民法院报》2014 年 9 月 27 日，第 6 版；刘风景：《中国立法体制的调整与完善》，载《学术交流》2015 年第 10 期；周尚君：《中国立法体制的组织生成与制度逻辑》，载《学术月刊》2020 年第 11 期。

令和政务院决议、命令相抵触的决议和命令。

在地方层面,1949 年 12 月 16 日政务院通过《大行政区人民政府委员会组织通则》,规定大行政区人民政府委员会有权"拟定与地方政务有关的暂行法令条例,报政务院批准或备案"。1950 年 1 月 6 日通过的《省人民政府组织通则》《市人民政府组织通则》《县人民政府组织通则》规定,省、市、县人民政府有权"拟定与省、市、县政务有关的暂行法令、条例或单行法规,报上级人民政府批准或备案"。

在民族区域自治地方,1952 年 8 月中央人民政府委员会第十八次会议批准了《民族区域自治实施纲要》。该纲要第二十三条规定:"各民族自治区自治机关在中央人民政府和上级人民政府法令所规定的范围内,依其自治权限,得制定本自治区单行法规,层报上两级人民政府核准。凡经各级地方人民政府核准的各民族自治区单行法规,均须层报中央人民政府政务院备案。"

二、1954 年《宪法》颁布到 1978 年

1954 年《宪法》颁布后,我国立法权集中于全国人民代表大会,即全国人民代表大会是中央层面唯一的立法机关,至 1955 年 7 月后全国人大常委会代行部分立法权,而地方层面只有民族区域自治地方享有立法权。

1954 年《宪法》第二十二条规定,全国人民代表大会是行使国家立法权的唯一机关,第二十七条规定,全国人民代表大会有权修改宪法和制定法律,第三十一条规定,全国人大常委会有权解释法律和制定法令。"虽然全国人大常委会可以制定法令,但'法令'与'法律'不同,属于国家机关在职务范围内规定的带有规范性、法律性的个别文书,1982 年《宪法》颁布时删去了'法令'一词。"①为了适应国家治理的需要,针对全国人民代

---

① 沈春耀、许安标主编:《大智立法:新中国成立 70 年立法历程》,法律出版社 2019 年版,第 29—130 页。

表大会会期有限、开会次数有限的情况，1955 年 7 月 30 日，第一届全国人民代表大会第二次会议通过《关于授权常务委员会制定单行法规的决议》，决议规定："随着社会主义建设和社会主义改造事业的进展，国家急需制定各项法律，以适应国家建设和国家工作的要求。在全国人民代表大会闭会期间，有些部分性质的法律，不可避免地急需常务委员会通过施行。为此，特依照《中华人民共和国宪法》第三十一条第十九项的规定，授权常务委员会依照宪法的精神、根据实际的需要，适时地制定部分性质的法律，即单行法规。"1959 年 4 月 28 日，第二届全国人民代表大会第一次会议通过的《关于全国人民代表大会常务委员会工作报告的决议》中规定："大会授权常务委员会，在全国人民代表大会闭会期间，根据情况的发展和工作的需要，对现行法律中一些已经不适用的条文，适时地加以修改，作出新的规定。"基于上述规定所确立的立法体制，1954 年 9 月至 1957 年上半年，全国人大及其常委会共通过 80 多件法律、法令和有关法律问题的决定。1957 年下半年法治建设走向停滞，全国人大常委会自 1954 年 9 月之后没有制定法律。

三、1978 年到 2000 年《立法法》颁布前

1978 年党的十一届三中全会以来，我国社会主义法治建设进入历史新时期，我国立法体制发展也进入了新的阶段。

1982 年《宪法》对我国立法体制作了重要改革。其中，第八十九条赋予国务院制定行政法规的权力，第九十条赋予国务院各部、各委员会发布规章的权力，在第一百条中规定了省、直辖市的人大及其常委会制定地方性法规的权力，在第一百一十六条中确认了民族自治地方的人民代表大会有制定自治条例和单行条例的权力。

关于省、直辖市的人大及其常委会制定地方性法规的权力，首先是由 1979 年 7 月五届全国人大二次会议通过的《地方组织法》加以规定的。

该法赋予了省、自治区、直辖市人民代表大会及其常务委员会制定和颁布地方性法规的权力,允许其"在和国家宪法、法律、政策、法令、政令不抵触的前提下,可以制定和颁布地方性法规,并报全国人民代表大会常务委员会和国务院备案"。1982年12月,五届全国人大五次会议通过《关于修改〈中华人民共和国地方各级人民代表大会和地方各级人民政府组织法〉的若干规定的决议》,规定"省、自治区、直辖市以及省、自治区的人民政府所在地的市和经国务院批准的较大的市的人民政府,还可以根据法律和国务院的行政法规,制定规章"。至1986年修改《地方组织法》时,又在第七条第二款和第三十八条第二款中,分别赋予省、自治区的人民政府所在地的市和经国务院批准的较大的市的人民代表大会及其常务委员会制定地方性法规的权力,但需要"报省、自治区的人民代表大会常务委员会批准后施行,并由省、自治区的人民代表大会常务委员会报全国人民代表大会常务委员会和国务院备案"。1995年2月再次修改《地方组织法》时,在第六十条中进一步规范了地方政府制定规章的行为,即明确"省、自治区、直辖市的人民政府可以根据法律、行政法规和本省、自治区、直辖市的地方性法规,制定规章,报国务院和本级人民代表大会常务委员会备案。省、自治区的人民政府所在地的市和经国务院批准的较大的市的人民政府,可以根据法律、行政法规和本省、自治区的地方性法规,制定规章,报国务院和省、自治区的人民代表大会常务委员会、人民政府以及本级人民代表大会常务委员会备案"。

为了服务经济建设,在经济特区立法方面,1981年、1988年、1992年、1994年和1996年,全国人大及其常委会先后授权广东省、福建省、海南省、深圳市、厦门市、汕头市、珠海市人大及其常委会制定所属经济特区法规的权力。根据"一国两制"方针,《香港特别行政区基本法》和《澳门特别行政区基本法》规定,香港和澳门两个特别行政区的立法会有权制定法律,报全国人大常委会备案。

四、2000 年《立法法》颁布到 2015 年《立法法》修改前

2000 年,《立法法》颁布实施。基于宪法的规定,《立法法》确立了我国统一而又分层次的立法体制。其主要内容包括:

(1) 根据《宪法》和立法法等法律规定,全国人大及其常委会行使国家立法权。其中,规定了十种只能制定法律的事项,即国家主权的事项,各级人民代表大会、人民政府、人民法院和人民检察院的产生、组织和职权,民族区域自治制度、特别行政区制度、基层群众自治制度,犯罪和刑罚,对公民政治权利的剥夺、限制人身自由的强制措施和处罚,对非国有财产的征收,民事基本制度,基本经济制度以及财政、税收、海关、金融和外贸的基本制度,诉讼和仲裁制度,必须由全国人民代表大会及其常务委员会制定法律的其他事项;

(2) 国务院根据宪法和法律,制定行政法规;

(3) 省、自治区、直辖市和较大的市的人大及其常委会可以制定地方性法规;

(4) 自治区、自治州、自治县的人民代表大会有权依照当地民族的政治、经济和文化的特点,制定自治条例和单行条例并经批准生效;

(5) 经济特区所在地的省、市的人大及其常委会根据全国人民代表大会的授权决定,可以制定经济特区法规,在经济特区范围内实施;

(6) 国务院各部、委员会、中国人民银行、审计署和具有行政管理职能的直属机构,可以根据法律和国务院的行政法规、决定、命令,在本部门的权限范围内,制定规章。

五、2015 年《立法法》修改至 2023 年《立法法》修改

2015 年 3 月 15 日第十二届全国人民代表大会第三次会议通过了《关于修改〈中华人民共和国立法法〉的决定》。本次《立法法》修改,共修

改了 35 条规定,增加了 11 条规定,主要从设区的市地方立法权的赋予、授权立法制度的完善、税收法定原则的落实、规章权限的规范等方面,对我国现行立法体制进行了完善。2023 年《立法法》在 2015 年修改基础上作了进一步修改,具体在下文第三节予以详细讨论。

第二节　立法体制改革的动因

2015 年《立法法》修改对我国立法体制的改革完善,其主要动因有以下几个方面:

一、全面深化改革和全面依法治国的需要

改革开放是坚持和发展中国特色社会主义道路的必由之路,改革必须在法治的轨道上加以推进。习近平总书记指出:"要让全面深化改革、全面推进依法治国如鸟之两翼、车之双轮。"[1]科学立法是全面依法治国的前提,要完善立法体制改革,坚持科学立法、民主立法、依法立法是提高立法质量的根本途径。其中,进行立法体制改革,是坚持和做到重大改革于法有据的重要举措。在确保法治系统整体性的前提下,全国人大常委会按照法定程序作出授权决定,为特定领域或者局部地区先行先试提供法律依据[2],在不影响法治系统和国家治理体系的稳定性和合法性的前提下,能够通过局部试验推动法律制度创新和法治系统优化。

二、明确立法权力边界

避免和解决法治建设中部门利益导致的争权诿责、地方保护主义等

---

[1]　《国家主席习近平发表二〇一五年新年贺词》,载新华网,http://www.xinhuanet.com/politics/2014-12/31/c_1113846581.htm,访问时间:2020 年 2 月 20 日。

[2]　参见信春鹰:《改革开放 40 年全国人大及其常委会的立法工作》,载《求是》2019 年第 4 期。

问题，提升法治改革的整体效应，是立法体制改革的重要目标之一。全面依法治国，要求在立法层面维护法制统一性，破解立法中的部门利益本位问题。在推进全面依法治国的进程中，要不断完善立法体制，加强党对立法工作的领导，完善人大主导立法工作的体制机制，注重发挥政府在立法工作中的重要作用，拓宽社会各方有序参与立法的途径和方式。除上述方面外，还要明确立法权力边界，从体制机制和工作程序上有效防止部门利益和地方保护主义法律化。[①]

三、调动中央和地方两个积极性

充分发挥中央和地方两个积极性是我国国家治理的重要经验。如何健全中央和地方法治运行的体制机制，是法治运行各环节都需要着力解决的问题。就立法环节而言，调动有立法权的地方发挥积极性和创造性，做好地方立法工作，是法治中国建设的地方层面的重要体现。地方立法的质量，也直接关系到地方治理水平和法治建设质量，直接关系到人民群众的幸福感获得感。地方立法中存在的越权立法、重复立法、盲目立法，直接损害到人民群众的切实利益。因此，既要加强地方立法工作，调动地方通过立法来推动法治建设、提升治理水平的积极性，也要规范地方立法工作，保障地方立法的质量水平，维护法制的统一性。

四、国家治理现代化的需要

立法体制的改革完善，归根结底是国家治理现代化的需要。"立善法于天下，则天下治；立善法于一国，则一国治。"[②]坚持在法治轨道上推进国家治理体系和治理能力现代化，必须以高质量的立法工作为前提和基

---

① 参见《法治中国建设规划（2020—2025年）》，载新华网，http://www.xinhuanet.com/2021-01/10/c_1126966552.htm，访问时间：2022年1月30日。
② （北宋）王安石：《临川先生文集》，中华书局1959年版，第678页。

础。完善立法体制是科学立法的体制机制保障，既是社会主义民主政治的生动实践，也是国家治理体系和治理能力的重要载体。纵观新中国成立以来的立法体制演进过程，体现了立法机关与行政机关、中央和地方、立法守正与立法创新之间的各种关系维度。只有处理好这些国家治理实践中的复杂关系，才能够建设一个法治强国，实现国家治理体系和治理能力的现代化。

第三节　立法体制改革的内容

一、2015 年《立法法》修改的主要内容

（一）依法赋予所有设区的市、自治州和四个不设区的地级市地方立法权

修改后的《立法法》第七十二条第二款规定："设区的市的人民代表大会及其常务委员会根据本市的具体情况和实际需要，在不同宪法、法律、行政法规和本省、自治区的地方性法规相抵触的前提下，可以对城乡建设与管理、环境保护、历史文化保护等方面的事项制定地方性法规，法律对设区的市制定地方性法规的事项另有规定的，从其规定。设区的市的地方性法规须报省、自治区的人民代表大会常务委员会批准后施行。"第七十二、七十三、七十八、七十九、八十、九十八条等围绕赋予设区的市立法权作了相应规定。《全国人民代表大会关于修改〈中华人民共和国立法法〉的决定》还规定，广东省东莞市和中山市、甘肃省嘉峪关市、海南省三沙市，比照适用本决定有关赋予设区的市地方立法权的规定。

修改后的《立法法》第八十二条第一款规定："省、自治区、直辖市和设区的市、自治州的人民政府，可以根据法律、行政法规和本省、自治区、直

辖市的地方性法规，制定规章。"第八十二、八十五、八十六、八十九条等围绕设区的市人民政府制定规章的权力作了相应规定。

2018年《宪法修正案》确认了设区的市制定地方性法规的权力，《宪法》在第一百条中增加了一款规定："设区的市的人民代表大会和它们的常务委员会，在不同宪法、法律、行政法规和本省、自治区的地方性法规相抵触的前提下，可以依照法律规定制定地方性法规，报本省、自治区人民代表大会常务委员会批准后施行。"

（二）落实税收法定原则

2000年《立法法》中规定的十种只能制定法律的事项中，第八项为"基本经济制度以及财政、税收、海关、金融和外贸的基本制度"。2015年修改后的《立法法》第八条，将只能制定法律的事项增加为十一种，将原第八项内容改为"税种的设立、税率的确定和税收征收管理等税收基本制度"。

（三）进一步健全授权立法制度

为了做到"重大改革于法有据"，修改后的《立法法》第十三条规定："全国人民代表大会及其常务委员会可以根据改革发展的需要，决定就行政管理等领域的特定事项授权在一定期限内在部分地方暂时调整或者暂时停止适用法律的部分规定。"同时，针对授权立法在时间、期限范围等方面的规定不够细致明确的问题，修改后的《立法法》第十条规定："授权决定应当明确授权的目的、事项、范围、期限以及被授权机关实施授权决定应当遵循的原则等。授权的期限不得超过五年，但是授权决定另有规定的除外。被授权机关应当在授权期限届满的六个月以前，向授权机关报告授权决定实施的情况，并提出是否需要制定有关法律的意见；需要继续授权的，可以提出相关意见，由全国人民代表大会及其常务委员会决定。"针对授权立法的后续转化和退出问题，第十一条规定："授权立法事项，经过实践检验，制定法律的条件成熟时，由全国人民代表大会及其常务委员会及时制定法律。法律制定后,相应立法事项的授权终止。"

（四）规范部门规章和政府规章

修改后的《立法法》第八十条第二款规定:"部门规章规定的事项应当属于执行法律或者国务院的行政法规、决定、命令的事项。没有法律或者国务院的行政法规、决定、命令的依据,部门规章不得设定减损公民、法人和其他组织权利或者增加其义务的规范,不得增加本部门的权力或者减少本部门的法定职责。"第八十二条第五款规定:"应当制定地方性法规但条件尚不成熟的,因行政管理迫切需要,可以先制定地方政府规章。规章实施满两年需要继续实施规章所规定的行政措施的,应当提请本级人民代表大会或者其常务委员会制定地方性法规。"

二、2023 年《立法法》修改的主要内容

2023 年《立法法》进一步修改。其中,对重大改革于法有据和地方立法如何贯彻宪法实施,有多处规定:(1)"增加规定:有关国家机关认为行政法规、地方性法规、自治条例和单行条例存在合宪性、合法性问题的,可以向全国人大常委会书面提出进行审查的要求;对存在合宪性、合法性问题的,规定了处理的主体和程序";(2)"将现行立法法中的'法律委员会'修改为'宪法和法律委员会'";(3)"对现行立法法第十三条关于授权决定的规定作出完善,明确全国人大及其常委会可以根据改革发展的需要,决定就'特定事项'授权在'规定期限和范围'内暂时调整或者暂时停止适用法律的部分规定;同时增加规定:暂时调整或者暂时停止适用法律的部分规定的事项,对实践证明可行的,由全国人大及其常委会及时修改有关法律;修改法律的条件尚不成熟时,可以延长授权的期限,或者恢复施行有关法律规定";(4)"国务院可以根据改革发展的需要,决定就行政管理等领域的特定事项,在规定期限和范围内暂时调整或者暂时停止适用行政法规的部分规定";(5)"对地方性法规、规章的立法权限和程序作出修改

完善,关于设区的市可以行使地方立法权的事项,将'环境保护'修改为'生态文明建设',并增加规定'基层治理'";(6)"增加规定:省、自治区、直辖市和设区的市、自治州的人大及其常委会根据区域协调发展的需要,可以协同制定地方性法规,在本行政区域或者有关区域内实施;省、自治区、直辖市和设区的市、自治州可以建立区域协同立法工作机制"。①

第四节　立法体制改革的实施状况及完善

一、立法体制改革实施的成绩

（一）地方立法情况

2015 年《立法法》修改后,地方立法的主体增加了 273 个。2015 年《立法法》修改之前,地方立法的主体为 31 个省区市加上 49 个较大的市,共有 80 个。截至 2020 年 8 月,我国享有地方立法权的设区的市、自治州共 322 个,包括 289 个设区的市、30 个自治州和 3 个不设区的地级市;除西藏那曲市外,其余全部 321 个设区的市已制定地方性法规。据统计,自 2015 年 3 月至 2020 年 2 月,省级人大常委会共批准设区的市制定地方性法规 1869 件,修改 913 件,废止 314 件。设区的市地方立法条例制定工作基本完成。②

（二）税收法定情况

2015 年《立法法》修改后,先后制定了《环境保护税法》《船舶吨税法》

---

① 王晨:《关于〈中华人民共和国立法法(修正草案)〉的说明》,载《人民日报》2023 年 3 月 6 日,第 7 版。

② 参见闫然:《立法法修改五周年设区的市地方立法实施情况回顾与展望》,载《中国法律评论》2020 年第 6 期。

《烟叶税法》《耕地占用税法》《城市维护建设税法》《契税法》《印花税法》，修订了《个人所得税法》《预算法》《企业所得税法》，积极审慎推进房地产税改革。

（三）授权立法情况

根据《立法法》第十三条的规定，授权立法工作成为"重大改革于法有据"的重要实践路径。本书对改革开放以来，特别是党的十八大以来授权立法工作作了整体性的梳理，在土地制度改革、房地产税改革、计量制度改革、证券制度改革、国家监察体制改革、立法体制改革、行政体制改革、公务员体制改革、司法体制改革、生育制度改革、公益诉讼改革、军官制度改革、中国人民武装警察部队改革等方面开展了授权立法或暂时调整法律适用，也包括在自由贸易试验区开展授权立法或暂时调整法律适用。

二、立法体制改革现状分析和发展趋势

党的十九届五中全会提出国家治理现代化的重要要求之一就是法制统一。法制统一是国家统一、政令统一和市场统一的重要保障，也是全面依法治国的必然要求。立法体制改革，需要在保障法制统一的前提和基础上，调动中央和地方两个积极性，为提升立法质量、建设完备的法律规范体系提供体制机制保障。《法治中国建设规划（2020—2025 年）》对"十四五"时期和下一阶段立法体制改革作出规划部署，提出："建设法治中国，必须加强和改进立法工作，深入推进科学立法、民主立法、依法立法，不断提高立法质量和效率，以高质量立法保障高质量发展、推动全面深化改革、维护社会大局稳定。"①《法治中国建设规划（2020—2025 年）》还从完善立法工作格局、坚持立改废释并举、健全立法工作机制、加强地方立法工作等方面作了具体的部署和要求。

---

①　《法治中国建设规划（2020—2025 年）》，载新华网，http://www.xinhuanet.com/2021-01/10/c_1126966552.htm，访问时间：2022 年 1 月 30 日。

针对 2015 年和 2023 年《立法法》修改关于立法体制改革的规定和实施情况，立法体制改革需要进一步深入推进的方面主要有：

（一）地方立法质量有待提升

随着具备立法权的地方主体范围的扩大，地方立法质量的问题也更加突出。地方立法重复、与上位法冲突甚至违反上位法等问题仍然存在，①同时，地方立法在以下方面还存在缺陷和问题：一是地方立法的性质定位需要进一步明确，针对《立法法》规定的城乡建设与管理、生态文明建设、历史文化保护、基层治理四类事项的性质需要准确定位，特别是此四类事项之下的次一级的事项，需要结合该事项的性质来确定是否应当行使和如何行使地方立法权。二是地方立法的具体范围需要进一步明确，虽然《立法法》在表述时，在城乡建设与管理、生态文明建设、历史文化保护、基层治理四类事项后增加了"等"字，但是，对于四类事项之外哪些事项可由设区的市制定地方性法规还需要明确。三是地方立法的实效需要考察评估和监督，避免地方立法权的滥用、防止未能发挥预期效果的情况发生。四是地方立法的程序需要进一步完善，特别是设区的市与省级人大常委会的关系、设区的市和市人民政府及其组成部门之间的关系等需要规范，设区的市与相邻行政区划之间的立法协同问题也需要完善。

（二）授权立法制度

授权立法在推进法治创新方面具有重要作用，对于特定区域经济社会发展亦具有重要的制度保障作用。但同时也存在一些问题：一是授权立法的范围需要进一步明确，需要形成一个相对稳定的关于授权立法范围的法律规定。二是授权立法的程序需要进一步规范，把现有主要依赖于行政程序和中央部委与地方政府间协同的授权立法操作模式，逐步转变为中央与地方之间具备合法性基础、规范高效的协商机制的授权立法

---

① 参见梁鹰：《备案审查视角下地方立法"放水"问题探讨》，载《地方立法研究》2021 年第 6 期。

模式。三是授权立法的退出和转化机制需要明确,授权立法在临近授权期时,应当强化立法效果检验和转化方式评估,对于不适宜的授权立法要建立完善的退出机制。四是强化配套措施。授权立法意味着国务院及其组成部门和地方要围绕授权立法事项进行系统化的制度建设,不仅要重视新制度即"新规"的制定实施,还要处理大量的现有制度的修改或废止的问题。

(三)法律与行政法规、规章之间的关系需进一步完善和规范

在立法体制建立、发展和改革的过程中,规章的特殊角色和作用尚未得到充分重视。国务院的部门规章、地方政府规章的形式效力,与其实际效力、公众对该类规章之效力的心理认同相比,存在着很大差别。例如,在实践中,我国法院系统和律师,并未充分重视国家食品药品监管领域的规章,未充分认识到规章的法律效力。但规章是《立法法》确立的一个正式的法律形式,①相比于法律和行政法规,国务院部门规章和地方政府规章在应对制度供给需求上更加灵敏和快捷,立法资源也相对丰富。从完善立法体制、提高立法质量的角度看,规章的制定需要进一步完善。2015年《立法法》修改后规定,"没有法律或者国务院的行政法规、决定、命令的依据,部门规章不得设定减损公民、法人和其他组织权利或者增加其义务的规范,不得增加本部门的权力或者减少本部门的法定职责"。该规定不仅对2015年《立法法》修改后的规章制定提出了限制性要求,同时也意味,应当对现行的规章中存在的"减损公民、法人和其他组织权利或者增加其义务的规范"和"增加本部门的权力或者减少本部门的法定职责"的情形进行清理,方能切实保障公民的权利和义务,有效制约政府权力特别是制定规章权力的滥用。

---

① 刘作翔:《建立"标准"是法治的一项紧迫任务》,载《北京日报》2016年2月29日,第13版。

第七章　我国合宪性审查制度的特点

　　我国 1954 年《宪法》规定全国人大有权"监督宪法的实施",1975年《宪法》对该职权没有涉及,1978 年《宪法》规定全国人大有权"监督宪法和法律的实施",1982 年《宪法》规定全国人大及其常委会均有权"监督宪法的实施",四部宪法对监督宪法实施的规定大体上是有序推进、渐次完善的,其中以 1982 年《宪法》的规定较为全面。宪法的实施通常由议会通过立法来完成,依宪立法之后才有政府的依法行政、法院的依法判案等。宪法实施后才有监督宪法实施的必要,监督宪法实施的含义应是对议会立法权的监督,这在国外表现为违宪审查制度,即由司法机关或专门机关对议会立法进行审查。通常地,学界将我国的"宪法监督体制"理解为对各级各类规范性法律文件的改变或者撤销,但这其实是法制监督,而非宪法监督。2017 年党的十九大报告第一次正式提出了"合宪性审查"概念,并将"加强宪法实施和监督"与"推进合宪性审查工作"联系起来,表明"宪法实施和监督"的具体形式是"合宪性审查工作"。本章对我国"合宪性审查"制度的有关问题进行理论和实践层面的探讨。

第一节　我国合宪性审查制度的历史演进：
从"监督宪法的实施"到"合宪性审查"

我国 1954 年《宪法》第二十七条第三项规定全国人大有权"监督宪法的实施"，首次提出了"监督宪法实施"的问题；1975 年《宪法》对该职权没有涉及；1978 年《宪法》第二十二条第三项规定全国人大有权"监督宪法和法律的实施"，提出了"宪法和法律的实施"这一概念；1982 年《宪法》第六十二条第二项规定全国人大有权"监督宪法的实施"，第六十七条第一项规定全国人大常委会有权"解释宪法，监督宪法的实施"，即全国人大开会时由其"监督宪法的实施"，闭会时由其常委会"监督宪法的实施"，开始赋予全国人大常委会在"监督宪法实施"方面以重要职责，同时将"解释宪法"和"监督宪法的实施"并列，表明二者之间具有密切关联性。总体上看，我国宪法对监督宪法实施的修改是有序推进、渐次完善的，其中 1982 年《宪法》的规定较为全面。

宪法实施之后，才有监督宪法实施的必要，没有实施也就无所谓监督。[①]因此"监督宪法的实施"其含义应是对立法权的监督，是宪法监督的一种制度设计，这在国外表现为违宪审查制度，即由司法机关或专门机关对议会立法进行审查。我国宪法学界在 20 世纪 80 和 90 年代通常将我国的"宪法监督体制"表述为：全国人大有权改变或者撤销全国人大常委会不适当的决定；全国人大常委会有权"撤销国务院制定的同宪法、法律相抵触的行政法规、决定和命令；撤销省、自治区、直辖市国家

---

① "宪法监督"应是一个特定的法律概念，而不是广义上所指的党的监督、群众的监督、媒体的监督。

权力机关制定的同宪法、法律和行政法规相抵触的地方性法规和决议"；国务院有权"改变或者撤销各部、各委员会发布的不适当的命令、指示和规章；改变或者撤销地方各级国家行政机关的不适当的决定和命令"；县级以上的地方各级人大有权改变或者撤销本级人大常委会不适当的决定；县级以上的地方各级人大常委会有权撤销本级人民政府的不适当的决定和命令，撤销下一级人大的不适当的决议；县级以上的地方各级政府有权改变或者撤销所属各工作部门和下级人民政府的不适当的决定；民族自治地方的人大有权依照当地民族的政治、经济和文化特点，制定自治条例和单行条例。①构建一个针对所有国家机关规范性法律文件的审查网络是应该的、必须的，但这种监督体制与其说是宪法监督，不如说是法制监督，其中与宪法直接相关的只有全国人大"改变或者撤销全国人大常委会不适当的决定"，可能属于"合宪性审查"的范畴，其余的有的属于"合法性审查"，如全国人大常委会"撤销国务院制定的同宪法、法律相抵触的行政法规、决定和命令；撤销省、自治区、直辖市国家权力机关制定的同宪法、法律和行政法规相抵触的地方性法规和决议"；有的属于"合规性审查"，如国务院改变或者撤销各部、各委员会发布的不适当的命令、指示和规章；改变或者撤销地方各级国家行政机关的不适当的决定和命令等。②

　　"监督宪法的实施"在我国一直是个模糊的概念，其含义学界众说纷纭，相比之下"违宪审查"是比较具体的制度性监督，有确定的含义和现实可操作性，因此，近二十年来我国宪法学界对"监督宪法实施"概念已较少提及，使用更多的是"违宪审查"概念，较多学者都将"违宪审查"等同于"监督宪法的实施"。

---

　　①　参见我国的各种宪法学教材。
　　②　撤销的理由可能是其存在合法性问题或合理性问题。

2017年党的十九大报告第一次正式提出了"合宪性审查"概念,"加强宪法实施和监督,推进合宪性审查工作,维护宪法权威"。在"加强宪法实施和监督"之后紧接着提到"推进合宪性审查工作",首次将"宪法实施和监督"与"合宪性审查工作"联系起来,可以理解为"宪法实施和监督"的具体形式就是"合宪性审查工作"。"合宪性审查"的概念比"监督宪法实施"要具体、明确,更具有制度上的可操作性,也更具有专业术语的学术性。2018年《宪法修正案》第四十四条将第七十条第一款中的"全国人大法律委员会"改为"全国人大宪法和法律委员会",这是我国人大专门委员会的名称上第一次出现"宪法"一词,是为实施合宪性审查而采取的重要措施。

第二节　理论探讨:"合宪性审查"与"违宪审查"的区别

在研究"合宪性审查"问题的过程中,有一个重要的理论问题需要厘清,即"合宪性审查"与"违宪审查"是什么关系?这个问题学界还少有论及。一些人认为,"合宪性审查"与"违宪审查"二者似乎可以画等号。我们认为需要对两者加以区分。从"合宪性审查"的含义来看,"合宪性审查"与"违宪审查"并不能画等号,二者的区别主要表现在三个方面:

首先,从目的上看,违宪审查的目的主要是控制国家最高立法权,是分权制衡政体的产物。而合宪性审查是在人民代表大会制度之下运作的,其最高权力模式不是环形状而是宝塔形,即最高权力机关只有一个,处于顶尖位置,没有哪个国家机关能够与它平行,更不能超越其上、对它进行监督制约,其理论基础是维护人民主权的最高地位,因此,国家最高立法机关(即国家最高权力机关)不太可能受合宪性审查。

其次，从主体上看，违宪审查的审查主体是由独立的非立法机构通过专门程序对法律进行审查。而我国的合宪性审查主体是最高国家立法机关，主要是全国人大常委会，特定情况下也可能是全国人大。①

最后，从形式上看，违宪审查的形式主要是改变或撤销议会的法律，而合宪性审查的形式，主要是通过内部沟通促使其自行更正或撤销。全国人大常委会法制工作委员会负责人在 2017 年"两会"期间举行的记者招待会上回答记者提问时讲到，目前还没有"公开撤销"的案例，纠正的手段主要是"通过沟通协商、督促制宪机关纠正"；②2019 年十三届全国人大常委会第四十四次委员长会议通过的《法规、司法解释备案审查工作办法》对规范性文件发现问题后的处理，规定了沟通、约谈、函询、发书面研究意见等方式，通过这些方式，对制定机关形成有效的约束作用，督促制定机关对这些规范性文件及时做出处理。③在实践中，这种"内部沟通"机制早已存在，三十多年来已形成惯例，《法规、司法解释备案审查工作办法》的颁布施行使之进一步制度化，在全国人大常委会法制工作委员会主任沈春耀所作的《全国人民代表大会常务委员会法制工作委员会关于2021 年备案审查工作情况的报告》中，仍然多次使用"经沟通"这一措辞，"对存在不符合宪法法律规定、明显不适当等问题的，督促制定机关予以改正"，④这种纠错形式不仅适用于目前展开的备案审查，也可能适用于今后的合宪性审查。

①　《宪法》第六十二条规定，全国人大有权"改变或者撤销全国人民代表大会常务委员会不适当的决定"，即全国人大有权"改变或者撤销"全国人大常委会作出的合宪性审查决定。

②　参见胡锦光：《论设立"宪法和法律委员会"的意义》，载《政法论丛》2018 年第 3 期。

③　参见梁鹰：《备案审查工作的现状、挑战与展望——以贯彻执行〈法规、司法解释备案审查工作办法〉为中心》，载《地方立法研究》2020 年第 6 期；参见《法规、司法解释备案审查工作办法》第四十一、四十五条。

④　沈春耀：《全国人民代表大会常务委员会法制工作委员会关于 2021 年备案审查工作情况的报告》，载中国人大网，http://www.npc.gov.cn/npc/c2/c30834/202301/t20230113_423339.html，访问时间：2022 年 1 月 17 日。

第三节　对"合宪性审查"有关问题的思考

一、"合宪性审查"与"合法性审查"不宜混淆

目前全国人大常委会对行政法规、地方性法规和司法解释的审查均是审查其是否与法律一致，而不是审查其是否与宪法一致，因为这些行政法规、地方性法规和司法解释是直接根据法律而不是根据宪法制定的，所以对其审查的直接依据是法律而非宪法。我国目前的体制决定了全国人大常委会对规范性法律文件的审查，在性质上必然以"合法性审查"为主，"合宪性审查"的空间很小，在此不应将"合宪性审查"与"合法性审查"混为一谈。

全国人民代表大会常务委员会法制工作委员会在备案审查工作报告中提出，"有的地方性法规规定，各级各类民族学校应当使用本民族语言文字或者本民族通用的语言文字进行教学；有的规定，经本地教育行政部门同意，有条件的民族学校部分课程可以用汉语言文字授课。我们审查认为，上述规定与《宪法》第十九条第五款关于国家推广全国通用的普通话的规定和《国家通用语言文字法》《教育法》等有关法律的规定不一致，已要求制定机关作出修改。"[①]这些地方性法规的规定，一方面与《宪法》第十九条第五款关于国家推广全国通用的普通话的规定不一致，另一方面也和《国家通用语言文字法》《教育法》等有关法律的规定不一致，而地方性法规的直接上位法是法律而非宪法，当地方性法规既违反具体的法律规范又违反抽象的宪法条文时，应判断为违法而非违宪（直接违法、间

---

① 沈春耀：《全国人民代表大会常务委员会法制工作委员会关于 2020 年备案审查工作情况的报告》，载中国人大网，http://www.npc.gov.cn/npc/c2/c30834/202301/t20230113_423340.html，访问时间：2022 年 1 月 17 日。

接违宪），因此，应属于合法性审查。

法工委在作备案审查工作时提出，"最高人民法院司法解释规定，人身损害赔偿案件中，对城镇居民和农村居民分别以城镇居民人均可支配收入和农村居民人均纯收入为标准计算残疾赔偿金和死亡赔偿金。有公民对此提出合宪性审查建议，认为因计算标准不一致导致司法审判实践中出现不公平现象，与宪法有关精神不一致。我们审查认为，随着社会发展进步，国家提出城乡融合发展，城乡发展差距和居民生活水平差距将逐步缩小，城乡居民人身损害赔偿计算标准的差异也应当随之取消。2019年9月，最高人民法院授权各省、自治区、直辖市高级人民法院、新疆生产建设兵团分院开展统一城乡人身损害赔偿标准试点工作。我们与最高人民法院沟通，建议在总结试点经验的基础上，适时修改完善人身损害赔偿制度，统一城乡居民人身损害赔偿标准。"[1]在此不能因为公民认为提出的是合宪性审查建议，就确定为是合宪性审查，是否属于"合宪性审查"应由审查机关决定，而不是由提出审查者决定。提出审查者可以是也应该包括普通公民、企事业组织、国家机关等，这种提出者的广泛性意在调动利害相关人对法律的敏感性，进而在其自身利益受侵害时维护宪法和法律，但"判断"法律、法规等规范性法律文件是否符合宪法和法律，以及在法律体系的位阶中属于何种性质的审查，则只有接受过专门法律训练和长期专业学习与实践的法律专家们才能胜任，其审查究竟属于合宪性审查还是合法性审查、合规性审查，最终要由行使国家权力的审查机关作出裁断。其中涉及对最高人民法院司法解释的审查，在性质上仍然是合法性审查，因为最高人民法院的司法解释是对法律的解释，而不是对《宪法》的解释，如最高人民法院2003年《关于审理人身损害赔偿案件适用法律

---

① 沈春耀：《全国人民代表大会常务委员会法制工作委员会关于2020年备案审查工作情况的报告》，载中国人大网，http://www.npc.gov.cn/npc/c2/c30834/202301/t20230113_423340.html，访问时间：2022年1月17日。

若干问题的解释》是对原《民法通则》《民事诉讼法》等有关法律规定、结合审判实践作出的适用法律方面的解释，对该司法解释的审查应审查其是否符合当时的《民法通则》和《民事诉讼法》（如是否符合这些法律中的公平原则、平等原则等），而不应（也不必）越过这些法律去审查其是否符合宪法的有关精神。

在《全国人民代表大会常务委员会法制工作委员会关于 2021 年备案审查工作情况的报告》中，删除了 2020 年备案审查工作情况报告中的"处理合宪性、涉宪性问题"部分，只提及"收到 1 件国务院有关部门提出的合宪性审查建议"。在该报告的"坚持'有错必纠'，切实维护国家法治统一"部分，对此简要地作了介绍："国务院有关主管部门对有的民族自治地方民族教育条例等法规提出合宪性审查建议，认为条例中的有关规定存在合宪性问题，不利于促进民族交往交流交融。我们审查认为，宪法和有关法律已对推广普及国家通用语言文字作出明确规定，包括民族地区在内的全国各地区应当全面推行国家通用语言文字教育教学，有关法规中的相关内容应予纠正。经沟通，制定机关已废止有关法规。"①这一介绍显然太过简单，有些内容不够清晰，如"国务院有关主管部门"是教育部还是宗教事务局？"民族自治地方民族教育条例等法规"是自治区还是自治州制定的？"条例中的有关规定"是什么？我们认为法工委的这一审查和前一年对某些地方性法规规定的各级各类民族学校应当使用本民族语言文字或者本民族通用的语言文字进行教学的审查类似，审查的直接依据都是《国家通用语言文字法》《教育法》等有关法律，②而不是《宪法》第十九

---

① 沈春耀：《全国人民代表大会常务委员会法制工作委员会关于 2021 年备案审查工作情况的报告》，载中国人大网，http://www.npc.gov.cn/npc/c2/c30834/202301/t20230113_423339.html，访问时间：2022 年 1 月 17 日。

② 《中华人民共和国教育法》第十二条规定："国家通用语言文字为学校及其他教育机构的基本教育教学语言文字，学校及其他教育机构应当使用国家通用语言文字进行教育教学。民族自治地方以少数民族学生为主的学校及其他教育机构，从实际出发，使用国家通用语言文字和本民族或者当地民族通用的语言文字实施双语教育。国家采取措施，为少数民族学生为主的学校及其他教育机构实施双语教育提供条件和支持。"

条第五款关于国家推广全国通用的普通话的规定,仍然属于"合法性审查"的范畴(若是自治州制定的条例则属于更低一级的"合规性审查"),如果审查的是《教育法》第十二条是否符合《宪法》第十九条,才是"合宪性审查"。

如果说上述例子都不属于合宪性审查,那么它们是否属于"涉宪性问题"呢?"涉宪性问题"是一个新概念,其含义是什么尚不明确。从文字解释来看,只要涉及宪法就可以划为"涉宪性问题",如提出审查者认为违反宪法,或引用了宪法的有关条文等。但如前所述,审查建议者的认定不能作为最终判定,他们在建议中固然可以"引用"宪法条文,审查者在审查结论中也同样可以援引宪法,但这些引用都是为自己的请求或判断寻找依据,以加强其说理的分量,而不是直接依据宪法作出判断(直接判断的依据是法律)。笔者认为,"合宪性审查"是党的十九大报告正式提出的新概念,其含义、实施都还在探索之中,有待进一步阐释,目前应围绕这一概念展开研究和实践,尽量避免再提出新的类似概念,以免产生歧义,节外生枝。①

二、合宪性审查的对象应当是"法律"而非"法律草案"

全国人大宪法和法律委员会成立后,有观点认为,合宪性审查与过去人大备案审查的重要区别之一,是其开始审查法律,并认为这和国外的违宪审查已相差无几,如把宪法和法律委员会对两院组织法修改草案的审查视为对立法活动进行的合宪性审查,"2018 年 10 月 26 日全国人民代表大会宪法和法律委员会关于《人民法院组织法(修订草案)》审议结果的

_____

① 在全国人大常委会法工委 2021 年备案审查工作情况的报告中,似乎淡化了"涉宪性"的提法,报告只在最后一部分"六、2022 年工作初步安排"中提到 2022 年要"深入推进备案审查工作,积极稳妥处理合宪性、涉宪性问题"。参见沈春耀:《全国人民代表大会常务委员会法制工作委员会关于 2021 年备案审查工作情况的报告》,载中国人大网,http://www.npc.gov.cn/npc/c2/c30834/202301/t20230113_423339.html,访问时间:2022 年 1 月 17 日。

报告中指出,按照宪法规定,全国人大常委会对全国人民代表大会制定的法律,可以进行部分补充和修改,但是不得同该法律的基本原则相抵触。经认真研究后认为,这次修法没有改变我国人民法院的性质、地位、职权、基本组织体系、基本活动准则等,修改的内容都是属于补充、完善、调整、优化性质的,与《人民法院组织法》的基本原则不存在相抵触的情形。因此,该法修订草案由全国人大常委会审议通过是可行的,符合宪法的有关规定。这是宪法和法律委员会对立法活动进行合宪性审查的一次最新实践"。①有的还将其与法国模式的事先审查相提并论,这是令人难以认同的。因为对两院组织法修改草案的审查实际上是审查法律"草案",而法国的事先审查是在法律由议会通过后、总统签署生效前,立法机关之外的机关(宪法委员会)对法律(而非草案)作出的审查,二者有明显差异。②

对法律草案的审查应属于立法体制的功能,在所有国家的立法环节中都存在,而立法体制与合宪性审查体制是两个系统,二者应是并列而非从属的关系。立法机关对法律草案的审查包括审查其合宪性、合理性,与其他法律是否协调,逻辑结构、文字表达是否恰当等。如果审查法律草案是否符合宪法属于合宪性审查制度,将导致合宪性审查制度与立法制度相重叠,进而将合宪性审查变成立法环节的一部分,从而降低其意义,这在理论上和实践中都将会引起极大的混乱。

三、合宪性审查不应是对法律的废立改

合宪性审查不应包括立法机关对自己通过的法律进行的废立改,如最高立法机关对于自己通过的法律,在若干年后进行审查,依据宪法或形

---

① 参见梁鹰:《推进合宪性审查的原则和方式》,载《学习时报》2018 年 12 月 24 日。

② 应当强调的是,法国所谓事先审查不是法律通过前(法律在议会已经通过),而是法律生效前(总统未签署即未生效)的审查。

势的需要对其进行修改或废止，这种对法律（而非草案）的审查也不应属于合宪性审查，而仍然属于立法系统内部的自我调节机制，仍然是立法机关立法工作的一部分。如 2018 年对《刑事诉讼法》的修改，是在修宪（在国家机构体系中增加监察机关）后根据宪法修正案对该法律的修正，使之符合修改后的宪法相关条文，但这并不属于合宪性审查的范畴。各国立法机关均有权对自己通过的法律进行废立改，它们都未把这种职权视作合宪性审查，而是将其视为立法制度的一部分。

四、合宪性审查不应是全面审查

合宪性审查只是对法律"合宪"与否进行审查，而不是对其作全面审查，因此不应包括合理性、正当性审查，以及对文字、格式、逻辑关系等方面的审查。在这里，合宪性审查主体的审查权也应该是有边际的，在审查中要尊重对方的法定权限，国外的违宪审查要求对立法机关保持基本的尊重，不能侵害立法权的自由裁量，我国的合宪性审查也有类似的问题，不能没有限制地进行监督制约，如有学者认为应先作合宪性审查，再作合法性审查，最后作合理性审查，等等，过分审查的结果很可能是监督对象的权力被控制住了，但也导致难以发挥其应有的作用，严重的可能导致权力体制瘫痪。不论是纵向还是横向的监督关系，各自的权力都是有范围、有界限的，不论什么权力都应有"适可而止"的边界。

第四节　我国现行体制下合宪性审查的空间

在立法机关监督宪法实施的体制下，合宪性审查的空间较小，审查的对象如果是法律，就会存在自己审查自己的悖论，但在我国目前的情况下，授权立法、行政法规、地方性法规，在一定条件下有可能成为合宪性审查的对象。

一、对全国人大制定的法律是否与宪法相抵触的审查：没有空间

我国《宪法》第六十二条第三项规定："全国人民代表大会制定和修改刑事、民事、国家机构的和其他的基本法律。"全国人大在整个国家机构中处于最高的地位，其制定的基本法律具有仅次于宪法的法律效力，对这些法律是否违反宪法的审查，只能依赖于全国人大，由它对自己制定的法律进行修改（如这一届全国人大修改过去某一届全国人大制定的法律），修改原有法律的理由可能有多种，不排除因为其有违宪嫌疑而作修改的可能性，但如上所述，这种立法机关对自己颁布的法律进行的废立改，不应属于合宪性审查的范畴。

二、对全国人大常委会制定的法律是否与宪法相抵触的审查：空间很小

2018 年《宪法》第六十七条第二项规定全国人大常委会有权"制定和修改除应当由全国人民代表大会制定的法律以外的其他法律"，《宪法》第六十二条第十二项明确规定全国人民代表大会有权"改变或者撤销全国人民代表大会常务委员会不适当的决定"，其中的"不适当"应包括与宪法相抵触。由于全国人大及其常委会都属于国家最高权力机关，因此全国人大对其常委会立法的审查虽有可能性，但空间很小。这种审查属于立法体制内的废立改还是属于合宪性审查，也还值得进一步探讨。

三、对国务院的授权立法是否与宪法相抵触的审查：有一定空间

国务院的授权立法是国务院在得到最高权力机关授权后进行的专门立法行为，它超出了宪法为行政机关规定的一般性行政立法的范围，是在相应法律缺位的情况下制定的，我国《立法法》第七十二条第三款规定：

"应当由全国人民代表大会及其常务委员会制定法律的事项，国务院根据全国人民代表大会及其常务委员会的授权决定先制定的行政法规，经过实践检验，制定法律的条件成熟时，国务院应当及时提请全国人民代表大会及其常务委员会制定法律。"此类授权立法制定时，其根据的不是相应的法律（相应的法律尚未产生）而是授权决定，在内容上可能是宪法相关条款的具体化，因此具有合宪性审查的空间。

四、对国务院的行政法规是否与宪法相抵触的审查：有一定空间

《宪法》第八十九条第一项规定国务院有权"根据宪法和法律，规定行政措施，制定行政法规，发布决定和命令"。其中"行政法规"一般是根据法律制定的，但在法律缺位的情况下，也可能直接根据宪法制定，此时就存在与宪法相抵触的可能，因而可以对其进行合宪性审查。如宪法规定了结社自由、宗教信仰自由，但全国人大及其常委会至今还没有出台相应的结社法、宗教法，这方面的管理目前主要依赖于相关的行政法规和规章，因此如果对其进行审查只能直接依据宪法进行，即合宪性审查。由于我国法律体系已经相对完善，无法（法律）可依而只能依规（法规）治理的空间已经较小，因而对国务院的行政法规是否与宪法相抵触的审查空间较小。

五、对地方性法规是否与宪法相抵触的审查：有一定空间，可作为合宪性审查的切入口

《宪法》第一百条第一款规定："省、直辖市的人民代表大会和它们的常务委员会，在不同宪法、法律、行政法规相抵触的前提下，可以制定地方性法规，报全国人民代表大会常务委员会备案。"其中包含三层含义：一是地方性法规依据行政法规制定，因而对其进行的审查应是合规性审查（看其是否与相应的行政法规相抵触）；二是在没有相应的行政法规时，地方

性法规直接依据法律制定,对其的审查应属于合法性审查(看其是否与相关法律相抵触);三是在法律和行政法规都没有出台的情况下,地方性法规可能直接依据宪法制定,对其的审查属于"合宪性审查"(看其是否与宪法相抵触)。

　　我国的地方性立法一般包括实施性立法、自主性立法和先行性立法,由于自主性立法和先行性立法都可能没有法律和行政法规作为制定的直接依据,所以对这些地方立法的审查可能需要直接依据宪法进行,但它们在整个地方立法中数量较少,大量的地方立法基本上都属于实施性立法。

　　虽然自主性立法和先行性立法不是我国地方性法规的主要方式,却可能成为我国合宪性审查的切入口,在人大审查自己的立法存在悖论、对国务院的授权立法和行政法规进行审查亦有较大难度的情况下,从地方性法规入手,对其进行合宪性审查是相对可行的,比较具有可操作性。现在的问题是,在对大量的地方性法规进行"合法性审查"时,如何找到(发现)个别属于"合宪性审查"的例子。这既需要有关部门准确的辨别力,也需要实践发展提供的"机遇"。

第八章　我国宪法解释制度的设计

我国 1954 年《宪法》第三十一条规定全国人大常委会职权时，只赋予其"解释法律"的权力，未涉及宪法解释权；1975 年《宪法》第十八条规定全国人大常委会职权时，同样只规定了其有权"解释法律"而未涉及宪法解释；1978 年《宪法》第二十五条在全国人大常委会职权中首次提出其有"解释宪法和法律"的权力；1982 年《宪法》第六十七条规定全国人大常委会职权，第一项为"解释宪法，监督宪法的实施"，第四项为"解释法律"，明确了"解释宪法"位于全国人大常委会二十一项权力首位。

但四十多年来全国人大常委会并没有行使过"解释宪法"的权力。2014 年党的十八届四中全会通过《关于全面推进依法治国若干重大问题的决定》，提出要"完善全国人大及其常委会宪法监督制度，健全宪法解释程序机制"；①2019 年党的十九届四中全会通过《关于坚持和完善中国特色社会主义制度、推进国家治理体系和治理能力现代化若干重大问题的决定》，重申要"加强宪法实施和监督，落实宪法解释程序机制"。②

---

① 《中共中央关于全面推进依法治国若干重大问题的决定》，2014 年 10 月 23 日中国共产党第十八届中央委员会第四次全体会议通过。

② 《中共中央关于坚持和完善中国特色社会主义制度　推进国家治理体系和治理能力现代化若干重大问题的决定》，2019 年 10 月 31 日中国共产党第十九届中央委员会第四次全体会议通过。

宪法解释机制一直是我国宪法学界的热门话题，2009年一些宪法学专家起草了《中华人民共和国宪法解释程序法（专家建议稿）》（以下简称《专家建议稿》），①对宪法解释的程序进行了全面、细致的研究。要启动宪法解释程序机制，首先应制定《宪法解释法》，鉴于宪法已经明确规定宪法解释权属于全国人大常委会，因此该法应由全国人大（而非常委会）制定，以避免自我立法的情形。

第一节　宪法解释的主体

我国《宪法》第六十七条规定解释宪法的权力属于全国人大常委会，属于立法机关解释体制，这与大多数国家的司法机关解释体制（普通法院解释）、专门机关解释体制（宪法法院解释）有明显不同。由于我国的立法机关既有立法权，又有宪法和法律解释权，使得宪法解释权和法律解释权不再具有制约立法权的功能，而主要起着"补充"立法的作用。

我国《宪法》第六十二条规定，全国人大有权"改变或者撤销全国人民代表大会常务委员会不适当的决定"，因此，对于全国人大常委会的宪法解释，全国人大也应有权"改变或者撤销"。其中"撤销"是对全国人大常委会的解释行使否决权，但自己并不作解释，在这种情况下，全国人大常委会可以对同一条文再作解释，解释权仍然属于全国人大常委会。"改变"则是全国人大对全国人大常委会的解释直接作出修改，在这种情况下，全国人大也有宪法解释权。因此，我国宪法解释权的主体有两个层次，一个是全国人大常委会，一个是全国人大，前者是常态性的，后者是特定性的。全国人大对全国人大常委会的解释是"改变"还是"撤销"，由全

---

① 参见《中华人民共和国宪法解释程序法（专家建议稿）》，载中国法学网，http://iolaw.cssn.cn/flfg_99/mjjyg/201203/t20120327_4616193.shtml。

国人大定夺。由于全国人大常委会的组成人员数量较少，人员相对精干，专业素质较高，因此它应当比全国人大拥有较强的宪法解释能力，因此全国人大宜尽量采用"撤销权"，少用"改变权"。

第二节　宪法解释的范围

一、宪法解释在我国宪法实施"主"渠道中的作用

实施宪法的"主"渠道是立法机关的立法，即把原则的宪法条文具体化；实施宪法的"次"渠道，是对立法机关的立法是否符合宪法进行监督、审查，以保障立法的合宪性（其中可能涉及宪法解释）。从一些国家的违宪审查体制看，其背后的治理是：既然立法机关已经占据了实施宪法的"主"渠道，那么实施宪法的"次"渠道就应该是立法机关以外的其他国家机关（如普通法院或宪法法院），而我国的体制是把实施宪法的"主"渠道和"次"渠道都交给立法机关，这样就产生了自我监督的问题。

如果在法律实践中发现宪法的规定需要进一步明确具体含义，或者法律实施中出现新的情况，需要明确适用宪法依据时，立法机关一般会采取制定新的法律、修改原有法律、对法律进行解释等方式，其中宪法解释的空间很小，法律很难对全国人大常委会采取何种方式（制定还是修改法律、进行法律解释还是宪法解释）作出严格的规定。一方面是因为全国人大常委会自己就是立法机关，即使是全国人大针对常委会行使职权的有关立法，但二者体制上的一体性也很难产生真正的制衡；另一方面也因为立法机关非执行机关或司法机关，如果对立法机关的约束过度恐怕有违其权力属性。

首先，立法机关实施宪法的主要途径是制定或修改法律，而不是解释

宪法。例如，我国《宪法》第五十三条规定公民必须"保守国家秘密"，什么是"国家秘密"需要立法机关明确其含义。立法机关通常会通过立法而非宪法解释的方式对此加以规定，如 2024 年全国人大常委会通过的《保守国家秘密法》第十三条规定了"国家秘密"的范围（列举了七个方面），第十四条规定了"国家秘密"的密级（绝密、机密、秘密三级）等。其次，有关国家机关在"制定规范性文件"时可能有解释宪法的需求，在此有两个方面需要加以区别，一是立法机关在制定"法律"时提出宪法解释，这一方面可能性较小，因为全国人大及其常委会的立法本身在很大程度上就是在解释宪法，是通过立法对宪法进行解释（具体化）；二是有关机关在制定法规、规章及条例时可能提出宪法解释，在这些情况下，全国人大常委会解释宪法有一定的必要性和可能性，但这些国家机关在制定这些规范性法律文件时，更需要的是全国人大常委会作法律解释而非宪法解释。如 1988 年浙江省人大常委会制定村民委员会选举实施细则时，其办公厅请示全国人大常委会法制工作委员会关于村民委员会的差额直接选举问题："村委会主任、副主任和委员都分别由村民直接选举产生，还是可以由村民直接选出村委会组成人员，然后再由村委会组成人员推举出村委会主任、副主任？"对此，全国人大常委会法制工作委员会对《村民委员会组织法（试行）》规定的"村民委员会主任、副主任和委员，由村民直接选举产生"作了解释："依照这一规定，村民委员会的主任、副主任和委员都要分别由村民直接选举产生。不能先选举村民委员会组成人员，再由村民委员会组成人员推选出主任、副主任。"①实践中，上述机关在制定法规、规章及条例时，对法律解释的需求远多于宪法解释。1983 年至 1988 年，全国人大常委会法制工作委员会批复了 229 件来自各省、自治区、直辖市人大常委会及最高人民法院、最高人民检察院、司法部等部门在实际工作中

---

① 　王汉斌：《王汉斌访谈录——亲历新时期社会主义民主法制建设》，中国民主法制出版社 2012 年版，第 313 页。

提出的法律询问，这些批复基本都是法律解释或工作指导，并不涉及宪法解释。

二、宪法解释在我国宪法实施"次"渠道中的作用

当宪法条文在具体化为法律后，出现了空白或有争议时，大多数国家是由司法机关或专门机关来处理这一问题的（即合宪性审查及宪法解释）。如果由立法机关来处理，一般会采取制定新法律或修改旧法律的方式，不会采取宪法解释的方式。

首先，在立法机关解释的体制下，当立法出现空白或不当时，立法机关一般会修改补充法律，而不会解释宪法。例如，我国 2004 年修正《选举法》时，在候选人介绍环节，增加规定了"选举委员会可以组织代表候选人与选民见面，回答选民的问题"。此前《选举法》只规定选举委员会或者人大主席团"应当向选民或者代表介绍代表候选人的情况"，推荐者"可以在选民小组或者代表小组会议上介绍所推荐的代表候选人的情况"，即选民与代表候选人通常是不见面的，这显然不能满足选民了解候选人的正当要求。2004 年通过修改《选举法》的方式，增加了"选民与代表候选人见面"的环节，使候选人能够当面"回答选民的问题"。在此，全国人大常委会采取修改法律，而不是解释宪法的方式，既回应了现实生活的需要，也在落实宪法规定的公民选举权方面有明显的改进。

其次，在立法机关解释的体制下，立法机关行使的法律解释权远多于宪法解释权。立法机关除了修改有关法律外，还可以通过对原有法律作出解释的方式回应社会发展的需要。例如，1984 年广西壮族自治区人大常委会办公厅曾请求全国人大常委会法制工作委员会对《地方组织法》的有关规定作出解释："《地方组织法》第 28 条规定的'在本级人民代表大会闭会期间'人大常委会可以决定本级政府副职的个别任免，是指两次大会之间，还是整个一届大会之间？"法制工作委员会的回复是："地方组织法规定的

'在本级人民代表大会闭会期间',是指两次人大会议之间。"①即使在法律解释的过程中对于如何解释某条文才更符合宪法出现争议,立法机关内部也不太可能提出解释宪法的请求,因为解释宪法的机关就是全国人大常委会本身。如果在法律解释作出后,对该解释出现争议,其争议也主要涉及该法律解释是否符合法律而不涉及是否符合宪法的问题,这是一种合法性审查,即常委会对自己作出的法律解释是否符合自己制定的法律,以及是否符合全国人大制定的基本法律作出审查。如果前任常委会作出的有关法律解释实施多年后,逐渐暴露出一些问题,后任的常委会希望加以更正,可以通过修改或废除原法律解释的途径来实现,也可以通过启动新的法律解释机制的途径加以替代。例如,1984 年西藏自治区人大常委会办公厅曾请示全国人大常委会法制工作委员会:"地方组织法规定,县人大常委会可以'个别任免'副县长,是指一次会议可以任免几个?拉萨市某县拟一次会议任命两名副县长,但占了该县副县长名额的50%,是否可以?"对此,法制工作委员会的解释是:"地方组织法规定的'个别任免'是指任免几个,法律没有具体规定。在一般情况下,一次任免一两名副县长,可以认为属于个别任免。"②1988 年湖南省人大常委会办公厅又提出同样的问题,法制工作委员会建议市人大常委会一次会议任命的副市长以"一名"为好,"如果委员们同意,一次会议任命两名副市长也可以"。③法工委两次对同一问题所作的解释其实是有差别的——1984年认为一次会议上的"个别任免"一般是任免一两人,1988 年认为一次会议上的"个别任免"应是任免一人(任免两人应为例外——需"委员们同意")。根据后法优于前法的原则,应以 1988 年的回复为准,但这应属于

---

① 王汉斌:《王汉斌访谈录——亲历新时期社会主义民主法制建设》,中国民主法制出版社 2012 年版,第 266 页。

② 同上书,第 274、275 页。

③ 同上书,第 322 页。

法律解释与法律解释之间的关系问题，并不涉及宪法解释。

从实践来看，全国人大常委会在遇到法律实践问题后，较多启动的是法律修改权，较少行使法律解释权，从未行使过宪法解释权。在1996—2014年的近20年间，全国人大常委会仅作了16个法律解释，[①]而同一时期全国人大常委会制定的法律有230多部。[②]如果说全国人大常委会对于法律修改权和法律解释权的区别运用已积累了一些经验的话，那么对于法律修改权和宪法解释权的界限，则至今仍然是空白。全国人大常委会至今从未行使过宪法解释权，这固然与常委会的工作力度不够有关，但也与其制度设计有关，当常委会同时拥有法律的制定权和修改权、法律解释权、宪法解释权时，自然会更倾向于行使立法权，因为相较而言行使立法权比行使法律解释权效果更好。在目前的体制下，法律解释的功能难以实现，宪法解释的功能更难以发挥，毕竟作为立法机关，对法律进行废立改是最常用也最基本的工作。

最后，我国可能涉及宪法解释的途径有两个方面：一是对法律的审查。在现行体制下，审查法律是否与宪法相抵触时，需要宪法解释的空间较小，法律对宪法的有关内容已经有了（或应该有）具体而详尽的规定，如果有关主体认为这些法律对宪法的具体化不符合宪法的本意，进而要求全国人大常委会对宪法的本意作出解释，这实际上是合宪性审查而不是宪法解释；由于我国采用立法机关解释体制，所以宪法解释运用空间较小；二是对法规、规章的审查。如前所述，这主要是合法性审查而非合宪性审查，是全国人大常委会对下位阶规范的审查，因而具有制度意义。由

---

① 这16个法律解释可分为三类：一是关于国籍法在香港澳门的适用；二是关于香港澳门基本法规定的含义；三是关于刑法的解释（9个）。《新闻背景：全国人大常委会立法解释》，载中央政府门户网站，http://www.gov.cn/xinwen/2014-04/21/content_2663850.htm。

② 全国人大常委会法工委立法规划室编：《中华人民共和国立法统计》（2013年版），中国民主法制出版社2013年版，第211—215页；《2014年制定的法律》，载《北京晨报》2014年4月18日。

于"行政法规、地方性法规、自治条例和单行条例、规章等规范性法律文件"大多数是直接根据法律（甚至是根据法规、规章）而不是根据宪法制定的，因此不太可能直接"与宪法相抵触"，更可能直接"与法律、法规相抵触"，在这种合法性（非合宪性）审查中更需要的是法律解释，而非宪法解释。例如，在孙志刚案件中，《收容遣送办法》作为国务院制定的行政法规主要与当时的《立法法》和《行政处罚法》相抵触，很难判断与《宪法》第三十七条是否直接冲突，即根据《宪法》第三十七条的原则规定，我们无法判断《收容遣送办法》的有关内容是否违反宪法，但根据《立法法》第八条和《行政处罚法》第九条的具体规定，《收容遣送办法》违反法律是一目了然的。[①]对国务院越权制定的限制公民人身自由内容的行政法规，全国人大常委会有权撤销，对此全国人大常委会可以行使合法性审查权，并在此过程中作出法律解释。

三、我国现行体制下宪法解释的空间

尽管在立法机关解释的体制下，不论是宪法实施的主渠道还是次渠道，宪法解释的空间都不大，但我们不能完全排除宪法解释的可能性。

（一）立法或修宪的时机不成熟时，宪法解释有一定空间

有些宪法规范自身需要细化，可以用立法也可以用修宪的方式进一步明确，但立法或修宪的时机都不成熟时，可以先进行宪法解释。例如，《宪法》第六十七条规定全国人大常委会有权"在全国人民代表大会闭会期间，对全国人民代表大会制定的法律进行部分补充和修改，但是不得同该法律的基本原则相抵触"。其中"部分"补充和修改的具体标准是什么？

---

① 《宪法》第三十七条规定："禁止非法拘禁和以其他方法非法剥夺或者限制公民的人身自由，禁止非法搜查公民的身体。"《立法法》第八条规定，只有法律才能规定"对公民政治权利的剥夺、限制人身自由的强制措施和处罚"；《行政处罚法》第九条规定："限制人身自由的行政处罚，只能由法律规定。"

在实践中已经出现过修改率超过 50％ 的情况，为此有必要明确全国人大常委会"部分"补充和修改基本法律的具体标准，但全国人大常委会很难通过制定法律的途径来弥补，因为专门为此制定一部新法律的难度较大，通过修改或补充全国人大常委会《议事规则》的方式来改进也较困难，《议事规则》只能规定常委会会议的召开、议案的提出和审议、听取和审议工作报告、询问和质询、发言和表决等程序性问题，而不宜对全国人大常委会修改基本法律的幅度这样实质性的权力作出规定。因此，解决这一问题的第一种方案是全国人大常委会通过宪法解释对"部分补充和修改"基本法律的范围作出限定，是在目前体制下较为可行的方案，至少是方案之一。例如，把对基本法律的"部分"补充和修改解释成可以修改该法律的 30％ 或 40％。第二种方案是由全国人大修改、补充《立法法》。《立法法》是全国人大制定的，全国人大有权对全国人大常委会"部分"补充和修改基本法律提出限制，虽然《立法法》主要规定的是立法程序问题，但其中也涉及立法权的分工和范围的界定，因此，对全国人大常委会修改基本法律的幅度这样实质性的权力，全国人大是可以通过修改《立法法》作出补充规定的。第三种方案是待将来修宪的时机成熟后，通过修宪程序由宪法加以规范，形成全国人大对其常委会"部分补充和修改"基本法律权的约束。因此，在这一问题上宪法解释虽不是唯一的方案，但至少是方案之一，可以成为修宪或修法前的铺垫（在这三条路径中，这也是唯一属于全国人大常委会的职权，其余两项都只有全国人大才能启动）。

（二）行政机关、地方机关在制定规范性法律文件时可能有宪法解释的需求

虽然行政机关、地方机关在制定规范性法律文件时，可能有法律解释的需求，但也不能完全排除提出宪法解释的可能性。例如，2004 年《宪法修正案》第二十四条规定："国家尊重和保障人权。"其中，人权和《宪法》上

规定的一系列公民权是什么关系？全国人大及其常委会不一定要专门立法作出规定，而有些散见在各法律文本中的相关条文也不一定能回应现实中的诸多问题。因此，有关国家机关在"制定"行政法规、地方性法规、自治条例和单行条例、规章等规范性文件时，认为这些宪法条文本身需要进一步解释，就可以向全国人大常委会提出宪法解释的请求，全国人大常委会也应该合理满足这些请求，作出相应的宪法解释。①

（三）在立法有空白或不完善的情况下，宪法解释也可能有一定空间

《宪法》第六十七条第九项规定全国人大常委会有权"在全国人民代表大会闭会期间，根据国务院总理的提名，决定部长、委员会主任、审计长、秘书长的人选"，其中是否包括决定接受部长、委员会主任、审计长、秘书长的辞职？1984 年全国人大常委会法制工作委员会在回答劳动人事部干部局的有关询问时，对该宪法条款实际上作了扩大解释："关于国务院组成人员的辞职问题，法律没有规定。《宪法》第六十七条第九项规定，全国人大常委会'在全国人民代表大会闭会期间，根据国务院总理的提名，决定部长、委员会主任、审计长、秘书长的人选'。根据这一规定的精神，国家科学技术委员会主任辞职，似可由国务院总理接受辞职，提请全国人大常委会决定。"②这等于将"辞职"纳入《宪法》第六十七条第九项的规定之中，实际上对该宪法条款作了某种程度的扩大解释，今后修改《国务院组织法》时可以将此内容纳入其中，作为该法的一部分。笔者认为，对此类问题，应优先考虑采用修改或解释法律的方式，在穷尽这些方式后才宜启动宪法解释机制。

此外，在有些领域目前还没有相关立法的情况下，宪法解释也有一定的空间。例如，在新闻、宗教管理方面，我国目前只有行政法规和规章，立

---

① 当然这些问题也可以通过制定或修改法律等途径加以解决。

② 王汉斌：《王汉斌访谈录——亲历新时期社会主义民主法制建设》，中国民主法制出版社 2012 年版，第 271 页。

法机关的法律还没有出台。还有些领域地方立法先行，中央立法还是空白，这些都可能使执法机关或司法机关，以及有关当事人对宪法的有关规定出现理解上的歧义，此时也不能排除宪法解释的可能性。如《宪法》第三十六条第三款规定"国家保护正常的宗教活动。任何人不得利用宗教进行破坏社会秩序、损害公民身体健康、妨碍国家教育制度的活动。"其中"正常的宗教活动"的标准是什么？什么样的宗教活动是"破坏社会秩序、损害公民身体健康、妨碍国家教育制度的活动"？这本应由立法机关制定《宗教法》作出具体规定，但在该法出台之前，如果有相关组织或个人依法提出宪法解释的请求，全国人大常委会也可以先作出解释，或对国务院制定的《宗教事务条例》等行政法规进行合宪性审查（由于目前没有宗教方面的法律因而难以进行合法性审查，因此只能直接进行合宪性审查），在审查过程中也可能需要作宪法解释。

但这类宪法解释似乎都难以直接解决问题，最终还是需要立法机关尽快制定相关法律，使法律体系得以完善，或者修改宪法来加以解决。

第三节　宪法解释的程序

一、宪法解释的提起

在理论上，宪法解释提起人的范围不一定比法律解释提起人的范围更宽泛，但因为我国《立法法》规定的法律解释提起人的范围过于狭窄，所以将来《立法法》规定的法律解释提起人的范围是否会拓宽也成为了一个问题。本章重点讨论的是在我国目前体制下，宪法解释提起人的应然范围。

我们认为,宪法解释的提起人除了《立法法》第四十九条规定的提出法律解释的主体——国务院、中央军事委员会、国家监察委员会、最高人民法院、最高人民检察院和全国人民代表大会各专门委员会以及省、自治区、直辖市的人民代表大会常务委员会之外,还应包括其他主体,如抽象审查性解释的请求主体还应有一定数量的全国人大代表或代表团、较大的市的人大及其常委会,具体审查性解释的请求主体还应包括最高人民法院和最高人民检察院,以及穷尽所有法律途径仍得不到救济的当事人。如果"地方各级人民法院、专门人民法院(或法官)在审理案件过程中,认为所适用的法律、行政法规、地方性法规、自治条例和单行条例、规章等规范性文件同宪法相抵触的,应裁定中止诉讼程序,提请最高人民法院,由最高人民法院决定是否向全国人民代表大会常务委员会提出解释宪法的要求"。①地方法院的请求要经过最高人民法院"审核"这一程序,如果最高人民法院认为不必提出宪法解释(如可以通过司法解释等途径解决),就无需启动提起宪法解释的程序。

二、宪法解释请求的受理

《立法法》只规定了立法程序而没有规定法律解释的受理程序,《专家建议稿》专门设计了宪法解释的受理程序,其第十三条规定:"宪法解释的请求由全国人民代表大会常务委员会法制工作委员会接收。收到解释请求后,法制工作委员会应予以登记、送达回执,并对申请人是否具有提请资格、宪法解释请求书是否符合要求作出初步审查。法制工作委员会应于10日内将符合要求的宪法解释请求书转交全国人民代表大会法律委员会;对于不符合要求的,法制工作委员会作出不予受理的决定并书面说明理由。"②对此笔者表示基本赞同。全国人大常委会法制工作委员会的

---

① 《中华人民共和国宪法解释程序法(专家建议稿)》第十条第一款。
② 引文中的"法律委员会"在 2018 年的宪法修正案中改为"宪法和法律委员会"。

初步审查应限于形式要件的审查，如对申请人是否具有提请资格、宪法解释请求书是否符合形式要求等要件进行审查。

此外，《立法法》和《全国人大常委会议事规则》等都没有关于立法、法律解释提出后，专门委员会审查的期限规定，《专家建议稿》第十四条规定："全国人民代表大会法律委员会接受解释宪法的请求后，应在 60 日内就是否需要解释宪法提出意见。需要延长时日的，经委员长会议批准，可延迟 30 日。"笔者认为 60 日的规定似乎过于宽松，因为该条规定的只是专门委员会对"是否需要解释"提出意见的期限，而非常委会作出解释的期限。从全国人大常委会几次解释香港基本法的情况来看，从提出释法到解释出台的时间都在 60 天之内；从国外的情况来看，《法国宪法》第六十一条第三款明确规定宪法委员会对法律的合宪性审查"必须在一个月的期限内作出裁决。但根据政府的要求，如有紧急情况，此项期限缩短为八日。"①在实际操作中，违宪审查及其宪法解释的时间短则几天、二十几天，长则数月，②且这些都是作出解释，不是"就是否需要解释宪法提出意见"。

三、宪法解释的起草

既然我国是立法机关解释体制，那么宪法解释的程序也就类似于法律解释的程序。关于法律解释的起草者，《立法法》第五十条规定："常务委员会工作机构研究拟订法律解释草案，由委员长会议决定列入常务委员会会议议程。"这基本上是一种行政工作的模式——工作机构（拟订）＋委员长会议（审查），委员们对起草工作的参与明显不够。宪法解释的起草是应当遵循这一程序，还是应当在此基础上有所改进，又该如何改进，

---

① 韩大元、莫纪宏主编：《外国宪法判例》，中国人民大学出版社 2005 年版，第 274—275 页。

② 同上书，第 340—341 页。

都需进一步研究。

四、宪法解释的讨论

《立法法》第五十一条规定："法律解释草案经常务委员会会议审议，由宪法和法律委员会根据常务委员会组成人员的审议意见进行审议、修改，提出法律解释草案表决稿。"此条基本可以为宪法解释讨论时所借鉴。在此是否需要具体规定讨论期限？从我国法律解释的实践和国外的经验来看，可以考虑规定宪法解释的审议期限为六个月。

五、宪法解释的表决

《立法法》第五十二条规定，"法律解释草案表决稿由常务委员会全体组成人员的过半数通过"，由于宪法解释具有比法律解释更重要的地位，因此宪法解释如果也过半数通过，与法律解释就不存在区别，因此应由全国人大常委会全体委员三分之二以上的多数通过，以体现宪法解释高于法律解释的地位。同时更严格的表决程序也能促使全国人大常委会在实际操作中优先选择修改法律或进行法律解释等方式来解决相关问题，穷尽相关方式后再启动宪法解释机制。

六、宪法解释的公布

《立法法》第五十二条规定法律解释草案表决稿过半数通过后，"由常务委员会发布公告予以公布"；第六十二条第二、三款规定："法律签署公布后，法律文本以及法律草案的说明、审议结果报告等，应当及时在全国人民代表大会常务委员会公报和中国人大网以及在全国范围内发行的报纸上刊载。在常务委员会公报上刊登的法律文本为标准文本。"这些规定应同样适用于宪法解释。

第四节　宪法解释的效力

一、宪法解释的效力应在宪法的效力之下

《立法法》第五十三条规定："全国人民代表大会常务委员会的法律解释同法律具有同等效力。"但宪法解释却不宜拥有与宪法同等的效力，宪法解释不能平行于宪法，这是宪法解释与宪法修正案的区别。修正案具有与宪法同等的地位，修正案可以修改宪法，而宪法解释只能阐释、说明宪法而不能改变宪法。

二、宪法解释的效力应等同于基本法律的效力

根据《宪法》第六十七条第三项的规定，全国人大常委会有权"在全国人民代表大会闭会期间，对全国人民代表大会制定的法律进行部分补充和修改，但是不得同该法律的基本原则相抵触。"既然全国人大常委会有权修改基本法律，其修改条文具有与基本法律同等的效力，那么全国人大常委会通过的宪法解释也应具有与基本法律同等的效力。

如果宪法解释与基本法律相冲突，宜采用"后法优于前法"的原则，宪法解释若在后，应以宪法解释为准，相当于全国人大常委会以宪法解释的形式修改了全国人大基本法律的个别条文；若基本法律在后，应以基本法律为准，相当于全国人大以基本法律的形式否定或修正了全国人大常委会的宪法解释。

三、宪法解释的效力应高于普通法律的效力

全国人大常委会既有立法权，也有宪法解释权，二者虽同属全国人大

常委会的权力，但其宪法性的效力应高于其法律性的效力。《宪法》第六十七条规定全国人大常委会的第一项职权是解释宪法，第二项职权是立法，第三项职权是修改基本法律，第四项是解释法律，从中可以推断其解释宪法权优于其立法权，当然也优于全国人大常委会自己的解释法律权。

四、各宪法解释之间的效力

全国人大常委会作出的宪法解释如果前后存在矛盾，应以后面作出的解释为准，在这里同样适用"后法优于前法"的原则，即全国人大常委会如果认为自己过去对宪法的解释不符合宪法文本的规定或精神，可以通过重新解释加以改变。

第九章　法规备案审查制度的法治实践

　　经过半个世纪的探索，新中国备案审查制度在 21 世纪初最终确立并逐步完善。党的十八大以来，全国人大及其常委会通过修改《立法法》、明确宪法和法律委员会职责、明确对监察法规备案与监督等举措，进一步完善和加强备案审查制度和能力建设。按照中央"有件必备、有备必审、有错必纠"要求，全国人大常委会法制工作委员会先后制定《对提出审查建议的公民、组织进行反馈的工作办法》和《法规、司法解释备案审查工作规程（试行）》，中央办公厅出台工作指导性文件提出，建立法规、规章和规范性文件备案审查衔接联动机制，全国人大常委会委员长会议通过《法规、司法解释备案审查工作办法》，确保备案审查具体工作制度于法有据。近年来，法制工作委员会加大审查纠错工作力度，积极参与建立并完善备案审查衔接联动机制，建立向全国人大常委会报告备案审查工作制度，着力加强备案审查信息化建设，加强地方人大常委会备案审查工作，增强了备案审查工作实效和工作合力。

第一节 新中国备案审查制度的历史发展

一、备案审查制度的早期探索(1949—1954 年)

对下位法的备案审查制度伴随着新中国地方立法而产生。《中国人民政治协商会议共同纲领》第十六条规定:"中央人民政府与地方人民政府间职权的划分,应按照各项事务的性质,由中央人民政府委员会以法令加以规定,使之既利于国家统一,又利于因地制宜。"《中央人民政府组织法》第七条规定:"中央人民政府委员会,依据中国人民政治协商会议全体会议制定的共同纲领,行使下列的职权……三、废除或修改政务院与国家的法律、法令相抵触的决议和命令。"第十五条规定:"政务院根据并为执行中国人民政治协商会议共同纲领、国家的法律、法令和中央人民政府委员会规定的施政方针,行使下列职权……二、废除或修改各委、部、会、院、署、行和各级政府与国家的法律、法令和政务院的决议,命令相抵触的决议和命令。"以上规定可以认为是我国规范性文件审查制度的制定源头。

1949 年 12 月,政务院通过《大行政区人民政府委员会组织通则》,规定大行政区人民政府委员会有权"拟定与地方政务有关之暂行法令条例,报政务院批准或备案"。随后,1950 年 1 月,政务院又通过《省人民政府组织通则》《市人民政府组织通则》《县人民政府组织通则》,相继赋予省人民政府委员会"拟定与省政有关的暂行法令条例,报告主管大行政区人民政府转请中央人民政府政务院批准或备案",市人民政府委员会"拟定与市政有关的暂行法令条例,报告上级人民政府批准施行",县人民政府委员会"拟定与县政有关的单行法规送请省人民政府批准或备案"。1952

年 2 月经政务院通过、8 月由中央人民政府委员会批准的《民族区域自治实施纲要》第二十三条规定:"各民族自治区自治机关在中央人民政府和上级人民政府法令所规定的范围内,依其自治权限,得制定本自治区单行法规,层报上两级人民政府核准。凡经各级地方人民政府核准的各民族自治区单行法规,均须层报中央人民政府政务院备案。"①尽管如此,随着全国局势逐渐稳定,备案审查制度也随着政治形势的变迁而发生变化。

二、违宪违法监督制度的初建(1954—1978 年)

按照 1954 年《宪法》的规定,全国人民代表大会有权修改宪法、制定法律、监督宪法的实施,其常委会有权解释法律、制定法令,有权撤销国务院同宪法、法律和法令相抵触的决议和命令,有权改变或者撤销省级国家权力机关的不适当决议。国务院有权改变或者撤销其部门首长不适当的命令和指示,有权改变或者撤销地方各级行政机关不适当的决议和命令。地方各级人大有权改变或者撤销本级人民委员会不适当的决议和命令。县级以上人大有权改变或者撤销下一级人大不适当的决议和下一级人民委员会不适当的决议和命令。县级以上人民委员会有权停止下一级人大不适当的决议的执行,有权改变或者撤销所属工作部门不适当的命令、指示和下级人民委员会不适当的决议和命令。自治区、自治州、自治县的自治机关可以制定自治条例和单行条例,报请全国人大常委会批准。1954年《地方各级人民代表大会和地方各级人民委员会组织法》还规定了乡镇人大有权改变或者撤销本级人民委员会不适当的决议和命令。

1975 年《宪法》是"文革"时期制定的,仅有 30 条,反映了当时很多错误的观点,抛弃了 1954 年宪法很多正确的东西。例如,仅规定了全国人民代表大会的职权是修改宪法、制定法律,其常委会解释法律、制定法令,

---

① 参见侯宇:《地方立法双重备案审查机制研究》,知识产权出版社 2021 年版,第 2—3 页。

国务院发布决议和命令；对于其他立法权和监督权均未作规定，例如，地方人大及政府制定决议、命令的权力，自治地方制定自治条例和单行条例的权力，以及全国人大监督宪法实施、有关监督的各项改变或者撤销权。

与 1954 年《宪法》相比，1978 年《宪法》在立法监督权方面增加了全国人民代表大会监督"法律的实施"的权力，明确规定了全国人大常委会有权解释宪法和法律、制定法令、改变或者撤销省级国家权力机关不适当的决议。由于当时历史条件的限制，对 1954 年宪法规定的全国人大、国务院、地方人大有权改变或者撤销事项，大部分没有恢复。①

三、立法监督制度的形成（1978—2000 年）

1979 年《地方组织法》首次确立了省级国家权力机关的立法权，同时确立了地方立法监督的基本内容。省级人大及其常委会可以制定地方性法规，报全国人大常委会和国务院备案。县级以上地方人大有权改变或者撤销本级政府、下一级人大和政府的决议、命令。县级以上地方人大常委会有权改变或者撤销下一级人大不适当的决议。公社、镇人大有权通过和发布决议，有权改变或者撤销人民公社管委会、镇政府不适当的决议和命令。县级以上地方政府有权发布决议和命令，有权改变或者撤销所属各工作部门不适当的命令、指示和下级政府不适当的决议、命令。

1982 年《宪法》确定了统一分层次的立法体制和立法监督制度，形成了宪法、法律、行政法规、地方性法规、自治条例和单行条例、规章等不同等级效力法律文件组成的立法体系，为规范性法律文件备案审查制度的建立提供了宪法依据和制度前提。

其一，对立法制度作了重大改革。一是规定全国人大常委会有权制定法律。全国人民代表大会修改宪法，制定和修改刑事、民事、国家机构

---

① 参见全国人大常委会法制工作委员会法规备案审查室：《规范性文件备案审查理论与实务》，中国民主法制出版社 2020 年版，第 10—11 页。

和其他基本法律。全国人大常委会制定全国人大立法以外的法律，对全国人大立法进行部分补充和修改。二是规定国务院有权制定行政法规，发布决定和命令，国务院部门有权制定规章，发布命令、指示。赋予了国务院行政法规制定权和国务院部门规章制定权。三是规定省、自治区、直辖市地方人大及其常委会可以制定地方性法规，报全国人大常委会备案。四是规定了县级以上地方人民政府有权发布决定和命令。五是规定了民族自治地方立法权。民族自治地方人大有权制定自治条例和单行条例。

其二，规定了对立法的监督。一是规定宪法具有最高的法律效力，一切法律、行政法规和地方性法规都不得同宪法相抵触。二是规定全国人大及其常委会监督宪法的实施，全国人大有权改变或者撤销它的常委会不适当的决定；全国人大常委会有权解释宪法和法律，有权撤销国务院制定的同宪法和法律相抵触的行政法规、决定和命令，有权撤销省级国家权力机关制定的同宪法、法律和行政法规相抵触的地方性法规和决议。三是规定国务院有权改变或者撤销其部门不适当的命令、指示和规章，有权改变或者撤销地方各级国家行政机关不适当的决定和命令。四是规定县级以上地方人大有权改变或者撤销本级人大常委会不适当的决定；县级以上地方人大常委会有权撤销本级政府不适当的决定和命令，撤销下一级人大不适当的决议。五是规定县级以上地方政府有权改变或者撤销所属工作部门和下级政府不适当的决定。六是规定民族自治地方的自治立法须报经批准。自治区自治条例和单行条例，报全国人大常委会批准后生效。自治州、自治县的自治条例和单行条例，报省或自治区人大常委会批准后生效，并报全国人大常委会备案。

1979年地方组织法颁布以后，于1982年12月、1986年12月、1995年2月、2004年10月、2015年8月和2022年3月作过六次修改。前三次修改对于地方立法制度以及立法监督都作了新规定：1982年，增加规定较大的市的人大常委会拟订地方性法规草案，提请省、自治区人大常委会审议制定,并报全国人大常委会和国务院备案;增加规定省级政府和较大的市的政府可以制定规章。1986 年,修改规定较大的市的人大及其常委会可以制定地方性法规,报省、自治区人大常委会批准,并由省、自治区人大常委会报全国人大常委会和国务院备案;修改规定县级以上人大有权改变或者撤销本级人大常委会不适当的决议,县级以上人大常委会有权撤销本级政府不适当的决定和命令。1995 年,修改完善了省级政府和较大的市的政府制定规章的程序、备案制度;规定省级政府制定规章报国务院和本级人大常委会备案,较大的市的政府制定规章报国务院和省、自治区人大常委会、政府以及本级人大常委会备案。可以说,1995 年地方组织法的修改颁布,使得我国中央与地方立法制度和立法监督制度基本形成,进一步奠定了规范性法律文件备案审查制度的基础。①

四、备案审查制度的确立与完善(2000—2015 年)

2000 年通过的《立法法》对立法制度与立法监督制度作了较为完备的规定。在立法制度方面,《立法法》第二章对全国人大及其常委会的立法权作了规定,包括专属立法权、授权立法、立法程序、法律解释(权限、范围和程序)、法律询问答复和立法技术问题;第三章规定了国务院的立法权,包括制定行政法规的事项、授权立法以及立法程序;第四章规定了地方人大、民族自治地方、国务院部门与地方政府的立法权,包括制定地方性法规的事项、权限范围,地方性法规、自治条例和单行条例的批准,立法程序与公布的问题,还专节规定了部门规章与地方政府规章,规定了制定规章的事项以及制定程序等;第六章附则特别规定了军事法规与军事规章的制定。

在立法监督方面,《立法法》作出了突破性规定:(1)在第五章"适用与

---

① 参见全国人大常委会法制工作委员会法规备案审查室:《规范性文件备案审查理论与实务》,中国民主法制出版社 2020 年版,第 11—13 页。

备案"中对监督的原则和程序作出了一系列明确具体的规定。一是规定了法律和各类规范性法律文件的等级效力。确定了基本原则：第一，上位法的效力高于下位法。第二，同位法中，特别规定与一般规定不一致适用特别规定，新规定与旧规定不一致适用新规定。第三，不能根据效力高低确定如何适用时，如新的一般规定与旧的特别规定不一致、地方性法规与部门规章不一致等，由有关机关裁决。二是对行使改变或者撤销权的条件和权限作了系统、完整的规定，首次规定全国人大对其常委会制定的法律的撤销权，以及授权立法方面的撤销权。三是系统完整地规定了备案制度。四是明确规定赋予国家机关、社会团体、企事业单位和公民对行政法规、地方性法规、自治条例和单行条例提出审查要求或者审查建议的权力。五是规定了全国人大的备案审查程序。对于其他国家机关的备案审查程序作了授权规定。（2）规定了省、自治区人大常委会对较大的市制定的地方性法规进行合法性审查，不与宪法、法律、行政法规及省级地方性法规相抵触的原则，以及四个月的批准期限。《立法法》的出台标志着我国规范性法律文件备案审查制度正式确立。

2006年通过的《各级人民代表大会常务委员会监督法》第五章对"规范性文件备案审查"作了规定，是对立法权监督制度的进一步完善：一是规定了《立法法》规定以外，地方国家机关制定的决议、决定、命令等规范性文件的备案审查。授权省级人大常委会参照《立法法》作出具体规定，并规定了地方人大常委会的审查撤销权及撤销的条件。二是规定了对司法解释的备案审查。规定最高人民法院和最高人民检察院的司法解释报全国人大常委会备案，并规定了国家机关、社会团体、企事业单位和公民对于司法解释提出审查要求或者审查建议的权利。同时，规定了司法解释备案审查的程序。可以说，《监督法》的颁布实施，标志着一个涵盖了不同层级、不同性质法律规范，包括行政法规、地方性法规、自治条例和单行条例、规章，以及司法解释等在内的规范性法律文件的备案审查制度比较完整地建立起来。①

第二节　党的十八大以来备案审查制度的新发展

党的十八大以来，以习近平同志为核心的党中央高度重视宪法实施和监督，对健全宪法实施监督制度提出了一系列要求。党的十八届四中全会通过的《中共中央关于全面推进依法治国若干重大问题的决定》指出："加强备案审查制度和能力建设，把所有规范性文件纳入备案审查范围，依法撤销和纠正违宪违法的规范性文件，禁止地方制发带有立法性质的文件。"②贯彻落实党中央的决策部署，备案审查制度也有了新的长足发展。

一、修改《立法法》，进一步完善立法体制和立法监督制度

为适应新时代完善中国特色社会主义法律体系、推进国家治理体系和治理能力现代化、推进全面依法治国、建设社会主义法治国家的要求，2015 年 3 月第十二届全国人大第三次会议对《立法法》进行首次修改，在立法体制和备案审查方面进行补充增加。主要内容有：

一是赋予所有设区的市地方立法权。规定设区的市的人大及其常委会，以及东莞市、中山市、嘉峪关市、三沙市等四个不设区的地级市人大及其常委会在不同宪法、法律、行政法规和本省、自治区的地方性法规相抵触的前提下，可以对城乡建设与管理、环境保护、历史文化保护等方面的事项制定地方性法规，设区的市的地方性法规须报省、自治区的人大常委

---

① 参见全国人大常委会法制工作委员会法规备案审查室：《规范性文件备案审查理论与实务》，中国民主法制出版社 2020 年版，第 13—16 页。

② 《中共中央关于全面推进依法治国若干重大问题的决定》，载《人民日报》2014 年 10 月 29 日，第 1 版。

会批准后施行。省、自治区的人大常委会对报请批准的地方性法规应当进行合法性审查。省、自治区人大常委会对报请批准的地方性法规进行审查时，发现其同本省、自治区人民政府规章相抵触的，应当作出处理。

二是将地方政府规章的制定主体扩大到所有设区的市、自治州，以及东莞市、中山市、嘉峪关市、三沙市等四个不设区的地级市人民政府，并对规章制定权作出限制。规定设区的市、自治州人民政府制定地方政府规章，限于城乡建设与管理、环境保护、历史文化保护等方面；应当制定地方性法规但条件尚不成熟的，因行政管理迫切需要，可以先制定地方政府规章；规章实施两年需要继续实施规章所规定的行政措施的，应当提请本级人民代表大会及其常委会制定地方性法规；没有法律、行政法规、地方性法规的依据规章不得设定减损公民、法人和其他组织权利或者增加其义务。

三是进一步补充完善了备案审查程序。增加规定经济特区法规报送备案时，应当说明对法律、行政法规、地方性法规变通的情况；专门委员会和常委会工作机构对报送备案的规范性文件进行主动审查；专门委员会和常委会工作机构审查研究认为行政法规、地方性法规、自治条例和单行条例同宪法或者法律相抵触的，可以向制定机关提出书面审查、研究意见；书面审查研究意见提出后，制定机关对同宪法或者法律相抵触的法规不予修改的，专门委员会和常委会工作机构应当向委员长会议提出予以撤销的议案、建议。

四是进一步健全了向审查建议人反馈的机制。明确规定全国人大有关专门委员会和常委会工作机构应当按照规定要求，将审查、研究情况向提出审查建议的国家机关、社会团体、企业事业组织以及公民反馈，并可以向社会公开。

二、明确宪法和法律委员会职责

2018 年 3 月，第十三届全国人大第一次会议修改宪法，将第七十条中的"法律委员会"更改为"宪法和法律委员会"。同年 6 月,第十三届全国人大常委会第三次会议通过《关于全国人民代表大会宪法和法律委员会职责问题的决定》,明确规定宪法和法律委员会在继续承担统一审议法律草案等工作的基础上,增加推动宪法实施、开展宪法解释、推进合宪性审查、加强宪法监督、配合宪法宣传等工作职责。

三、授权国家监察委员会制定监察法规

2018 年 3 月,第十三届全国人大第一次会议修改宪法,确认国家监察体制改革成果,明确规定设立国家监察委员会和地方各级监察委员会;国家监察委员会对全国人大及其常委会负责,地方各级监察委员会对产生它的国家权力机关和上一级监察委员会负责。

2019 年 10 月,第十三届全国人大常委会第十四次会议通过了《关于国家监察委员会制定监察法规的决定》,明确规定监察法规不得与宪法、法律相抵触,监察法规应当在公布三十日内报全国人大常委会备案,全国人大常委会有权撤销同宪法和法律相抵触的监察法规。①

第三节　通过立法确保备案审查具体工作制度的有关内容

一、改革开放后至党的十八大前细化审案审查具体工作制度的有关情况

自 1979 年《地方组织法》开始形成立法监督制度后,直至 1987 年国务院办公厅颁布《关于地方政府和国务院各部门规章备案工作的通知》,

---

① 参见全国人大常委会法制工作委员会法规备案审查室:《规范性文件备案审查理论与实务》,中国民主法制出版社 2020 年版,第 17—19 页。

同年全国人大常委会办公厅、国务院办公厅联合发出《关于地方性法规备案审查工作的通知》,才对地方性法规、自治条例和单行条例,以及规章报备的时间、内容、方式作出了细化规定。1990年国务院还颁布了《法规规章备案规定》,国务院办公厅专门下发《关于贯彻实施〈法规规章备案规定〉的通知》,敦促各部委及地方切实贯彻法规规章备案,纠正容易出现的问题。

2000年《立法法》通过后,为依法行使立法监督职权,更加规范有效地开展备案审查工作,第九届全国人大常委会第三十四次委员长会议于2000年10月16日通过《行政法规、地方性法规、自治条例和单行条例、经济特区法规备案审查工作程序》(以下简称"《工作程序》"),进一步对备案审查程序进行了细化,使之更具有可操作性。例如,第五条规定:"报送备案的法规由全国人大常委会办公厅秘书局负责接收、登记、存档。常委会办公厅秘书局按照全国人大各专门委员会的职责分工,将报送备案的法规分送有关的专门委员会。"第七条规定:"国务院、中央军事委员会、最高人民法院、最高人民检察院和各省、自治区、直辖市的人大常委会认为法规同宪法或者法律相抵触,向全国人大常委会书面提出审查要求的,由常委会办公厅报秘书长批转有关的专门委员会对法规进行审查。上述机关之外的其他国家机关和社会团体、企业事业组织以及公民认为法规同宪法或者法律相抵触,向全国人大常委会书面提出审查建议的,由常委会工作机构先行组织有关人员进行研究。需要审查的,由常委会办公厅报秘书长批准后,送有关的专门委员会对法规进行审查。被审查的法规的内容涉及两个或者两个以上专门委员会的,应同时分送有关的专门委员会进行审查。"

为践行《立法法》中法规规章备案的规定,2001年12月,国务院对1990年颁布实施的《法规规章备案规定》进行修订后,制定颁布了《法规规章备案条例》,首次明确法规规章的备案即意味着审查。其中,第二十一条规定:"省、自治区、直辖市人民政府应当依法加强对下级行政机关发布的规章和其他具有普遍约束力的行政决定、命令的监督,依照本条例的有关规定,建立相关的备案审查制度,维护社会主义法制的统一,保证法律、法规的正确实施。"由此,备案审查制度开始受到各界关注,并以自上而下的方式由中央到地方逐渐建立起来。2000 年第九届全国人大常委会第三十四次委员长会议制定了《工作程序》,2003 年 8 月,第十届全国人大常委会第六次委员长会议对《工作程序》作了第一次修订;2005 年 12 月,第十届全国人大常委会第四十次委员长会议对《工作程序》作了第二次修订,同时审议通过了《司法解释备案审查工作程序》,这不仅将司法解释纳入备案审查范畴中,还将主动审查程序予以明确。专门委员会认为备案的法规同宪法或者法律相抵触的,可以主动进行审查,会同法制工作委员会提出书面审查意见;法制工作委员会认为备案的法规同宪法或者法律相抵触,需要主动进行审查的,可以提出书面建议,报秘书长同意后,送有关专门委员会进行审查。这两个工作程序的制定,明确了全国人大常委会备案审查的对象范围,规定了全国人大专门委员会和常委会工作机构的职责分工,确定了备案审查的方式、内容、工作流程和对违宪违法的法规、司法解释的纠正机制,为法规、司法解释备案审查工作的开展提供了更具可操作性的依据,对于规范和推动备案审查工作发挥了重要作用。[1]

此外,2006 年中央办公厅、国务院办公厅发布的《关于预防和化解行政争议健全行政争议解决机制的意见》明确要求"县级以上地方人民政府都要建立规范性文件备案制度",且"有件必备、有备必审、有错必纠",实行"四级备案、三级审查"。随后,国务院发布的《关于加强市县政府依法行政的决定》进一步要求市、县一级政府建立和完善规范性文件备案审查制度。[2]

---

[1]　参见全国人大常委会法制工作委员会法规备案审查室:《规范性文件备案审查理论与实务》,中国民主法制出版社 2020 年版,第 20 页。

[2]　参见侯宇:《地方立法双重备案审查机制研究》,知识产权出版社 2021 年版,第 11—12 页。

二、党的十八大以来细化审案审查具体工作制度的有关情况

全国人大常委会法制工作委员会先后于 2014 年 9 月、2016 年 12 月制定了《对提出审查建议的公民、组织进行反馈的工作办法》和《法规、司法解释备案审查工作规程（试行）》，对审查建议的接收登记与移交、审查研究、处理与反馈等作出具体规定。2015 年，中央办公厅颁布了《关于建立法规、规章和规范性文件备案审查衔接联动机制的意见》，提出建立党委、人大、政府和军队系统之间的规范性文件备案审查衔接联动机制，实现"有件必备、有备必审、有错必纠"。

为适应新时代对备案审查工作提出的新任务新要求，及时总结党的十八大以来备案审查工作积累的新实践新做法，进一步加强备案审查制度建设，全国人大常委会法制工作委员会自 2017 年起，着手研究修改委员长会议通过的两个备案审查工作程序，起草统一的备案审查制度规范。2019 年 12 月，第十三届全国人大常委会第四十四次委员长会议通过了《法规、司法解释备案审查工作办法》，该办法的出台使全国人大常委会的备案审查工作更加制度化、规范化，同时为地方人大常委会开展备案审查工作提供了具体指导和参考依据。该办法对原来两个工作程序作了全面修订，补充增加了大量新的内容：

一是进一步明确了备案审查的对象范围。在规定法规、司法解释适用该工作办法的基础上，进一步明确对国务院的决定、命令，省、自治区、直辖市人大及其常委会的决议，以及最高人民法院、最高人民检察院制定的司法解释以外的其他规范性文件进行的审查，参照适用该工作办法；地方各级人大常委会参照该工作办法对依法接受本级人大常委会监督的地方政府、监察委员会、人民法院、人民检察院等地方国家机关制定的有关规范性文件进行备案审查。此外，还规定对香港特别行政区、澳门特别行政区依法报全国人大常委会备案的法律的备案审查，参照适用该工作

办法。

二是确定了备案审查工作的目标任务和指导原则。规定全国人大常委会依法开展备案审查工作的目标是保证党中央令行禁止,保障宪法法律实施,保护公民合法权益,维护国家法制统一,促进制定机关提高法规、司法解释制定水平。规定开展备案审查工作应当依照法定权限和程序,坚持"有件必备、有备必审、有错必纠"的原则。

三是提出审查信息化建设要求。规定加强备案审查信息化建设,建立健全覆盖全国、互联互通、功能完备、操作便捷的备案审查信息平台,提高备案审查工作信息化水平。

四是明确了内部责任分工和外部衔接联动机制。规定常委会办公厅负责备案审查工作,专门委员会和法制工作委员会负责审查研究工作,规定常委会工作机构通过备案审查衔接联动机制,加强与中央办公厅、司法部、中央军委办公厅等有关方面的联系和协作。

五是完善了备案审查工作程序。增加规定电子备案方式,完善对备案文件进行形式审查的要求,对报送工作的监督检查机制以及向社会公布备案的法规、司法解释目录的内容。

六是明确了专门委员会和常委会工作机构的审查职责、审查方式,完善了审查工作程序。

七是明确了合宪性、政治性、合法性、适当性的审查标准。

八是纠正了处理流程,增强了纠正程序的刚性。

九是建立向全国人大常委会报告备案审查工作制度,规定法制工作委员会应当每年向全国人大常委会专项报告开展备案审查工作的情况,由常委会会议审议实施。

十是规定备案审查工作情况的反馈和公开。①

---

① 　参见全国人大常委会法制工作委员会法规备案审查室:《规范性文件备案审查理论与实务》,中国民主法制出版社 2020 年版,第 22—23 页。

第四节　改革开放后备案审查工作的具体实践

一、改革开放后至党的十八大前开展备案审查工作的有关情况

1979 年《地方组织法》通过后，全国人大常委会实施《地方组织法》，依法行使对法规的监督职权，开始开展法规的备案工作。备案范围限于地方性法规、自治条例和单行条例。当时这项工作由常委会办公厅政法室承担，主要任务是对报备的法规、自治条例和单行条例进行登记，并对其进行违宪违法审查。1982 年 8 月，全国人大常委会有关部门对自 1979 年 11 月起至 1982 年 6 月底收到的地方性法规进行统计，并将审查发现的问题和意见印发第五届全国人大常委会第二十四次会议。再由全国人大专门委员会对近百件法规进行审查，并将意见反馈给制定机关，有的地方作了答复，大部分通过制定机关自行修改解决。国务院和有立法权的地方也开展过法规清理工作，这些尝试对于探索开展备案审查工作提供了经验。1993 年至 1999 年，全国人大常委会有关部门每年都对地方性法规进行审查，对有问题的地方性法规作出相应处置。

为了加强备案审查工作，2004 年 5 月，全国人大常委会在法制工作委员会内设立法规备案审查室，专门承担对法规、司法解释的备案审查具体工作职责。从成立备案审查室起，法制工作委员会在全国人大常委会的领导下，积极稳妥地开展法规、司法解释备案审查工作，对公民、组织审查建议逐件进行接收登记，认真审查研究，作出妥善处理；适度有重点的开展主动审查，从 2006 年起对当年新制定的司法解释全部进行主动审查，从 2010 年起对当年新制定的行政法规全部进行主动审查，对地方性法规以依申请审查即受动审查为主，有重点地进行主动审查。2004 年至

2011 年期间,共收到公民、组织审查建议 900 多件。在受动审查方面,2005 年根据公民审查建议对国务院发布的《投机倒把行政处罚暂行条例》进行了审查研究,将研究意见送国务院法制办研究,推动废止该行政法规;2009 年根据北京大学五位学者的审查建议,对国务院发布的《城市房屋拆迁管理条例》进行审查研究,向国务院有关部门通报了研究意见,推动了该行政法规的修改工作。在主动审查方面,2005 年 3 月,对 31 个省、自治区、直辖市的地方性法规中,关于乡镇人大主席团的规定进行了审查研究,发现 11 件地方性法规关于乡镇职权和任期的规定不符合地方组织法规定,采取在全国人大常委会议期间,由全国人大常委会领导向列席的地方人大常委会负责同志通报的方式,督促地方自行纠正;2008 年对地方新修改的有关监督工作地方性法规进行了逐件审查,并根据常委会领导指示,与法规存在问题的地方人大常委会进行了沟通,促使地方修改、废止了与监督法或者其他法律不一致的地方性法规。

2011 年 4 月起,法制工作委员会按照第十一届全国人大常委会工作部署和要求,开始督促指导最高人民法院、最高人民检察院开展对现行司法解释和司法解释性质文件的集中清理工作。经过近两年的清理,最高法、最高检共分三批废止 817 件、确定修改 187 件司法解释或司法解释性质文件。2013 年 4 月,法制工作委员会在第十二届全国人大常委会第二次会议上作了关于司法解释集中清理工作情况的报告,提出抓紧修改有关司法解释和司法解释性质文件,进一步规范司法解释制定工作。①

二、党的十八大以来开展备案审查工作的有关情况

（一）加大审查纠错工作力度,增强备案审查工作实效

党的十八大以来,法制工作委员会围绕保证党中央决策部署和宪法

---

① 参见全国人大常委会法制工作委员会法规备案审查室:《规范性文件备案审查理论与实务》,中国民主法制出版社 2020 年版,第 19—22 页。

法律贯彻实施，综合运用依申请审查、依职权审查、移送审查、专项审查等多种方式开展审查工作，工作力度不断加强，成效愈加显著。2012年至今，收到公民、组织审查建议3000多件，认真开展依申请审查工作，法制工作委员会根据公民组织的审查建议对有关法规、司法解释进行审查研究，纠正处理了有关地方性法规中增设"扣留非机动车并拖运回原籍"的行政强制规定、关于政府投资和以政府投资为主的建设项目以审计结果作为工程竣工结算依据的规定、著名商标制度的规定、"超生即辞退"的规定等。督促推动最高人民法院修改完善了《关于适用〈中华人民共和国婚姻法〉若干问题的解释（二）》第二十四条关于夫妻共同债务承担的规定，督促推动纠正了最高人民检察院有关司法解释性文件中"附条件逮捕"的规定等。

为贯彻党中央重大决策部署，配合重要法律修改，落实全国人大常委会监督工作计划，回应社会关注热点，法制工作委员会积极开展主动审查和专项审查。例如，2017年6月，在党中央通报甘肃祁连山自然保护区存在的突出问题并开展深刻教育后，对专门规定自然保护区的49件地方性法规集中进行专项审查研究，并于9月致函各省、自治区、直辖市人大常委会，要求对涉及自然保护区环境保护和生态文明建设的地方性法规进行全面自查和清理，杜绝故意放水、降低标准、管控不严的问题。2018年，为落实全国人大常委会决议精神，常委会办公厅向有关方面发函，要求做好生态环境保护法规、规章、司法解释等规范性文件的全面清理工作。法制工作委员会向各省、自治区、直辖市人大常委会发出《关于加强加快大气污染防治和生态环境保护地方立法工作的意见》，督促各省（区、市）抓紧制定完善大气污染防治方面的地方性法规。2019年持续督促各方面开展生态环保领域法规、司法解释等规范性文件的清理。经过一年半的持续监督，生态环保领域法规全面清理工作任务基本完成，各方面共修改814件，废止127件地方性法规，修改、废止或重新制定37件部门规章、456 件地方政府规章、2 件司法解释及 1.1 万余件其他规范性文件。2018 年、2019 年有重点地对交通安全管理领域的地方性法规开展专项审查,纠正了与上位法相抵触、与实际情况不适应等一些问题。

在备案审查工作中,注意把握维护国家法治统一与鼓励地方立法探索之间的关系,鼓励地方根据实践需要和法治原则进行立法探索。例如,2019年对有的地方适应新情况新需要,在不违背上位法立法精神和原则的前提下,在地方食品安全法规中创设行政处罚的规定,予以支持和肯定。

(二)积极参与、建立并完善备案审查衔接联动机制,增强备案审查工作合力

2015 年,按照党中央文件要求,建立与中央办公厅、国务院法制工作机构、中央军委办公厅之间的备案审查衔接联动机制,积极运用这一机制,增强工作协同。在移交审查建议、共商研究意见、共享工作信息、共同培训研讨、协调解决问题等方面逐步建立起常态化工作机制。2018 年、2019 年向有关方面转送审查建议共 100 余件。同时,积极探索建立与最高人民法院、最高人民检察院、地方人大常委会之间的备案审查工作联系机制,充分有效运用备案审查衔接联动机制,通过座谈会、共同调研等方式推动纠正存在问题的规范性文件。督促有关方面加强对规章、行政规范性文件以及地方法院、检察院规范性文件进行监督,确保实现规范性文件备案审查全覆盖。2019 年,法制工作委员会对司法部移送的 200 件地方性法规进行审查研究,区分情况提出研究处理意见。

(三)建立向全国人大常委会报告备案审查工作制度

2017 年 12 月 24 日,法制工作委员会主任沈春耀在第十二届全国人大常委会第三十一次会议上作了关于十二届全国人大以来暨 2017 年备案审查工作情况的报告,全国人大常委会分组审议了工作报告。报告指出,十二届全国人大以来,截至 2017 年 12 月上旬,常委会办公厅共接收报送备案的规范性文件 4778 件,其中行政法规 60 件,省级地方性法规

2543 件，设区的市地方性法规 1647 件，自治条例 15 件，单行条例 248 件，经济特区法规 137 件，司法解释 128 件。2017 年，常委会办公厅共接收报送备案的规范性文件 889 件，其中行政法规 18 件，省级地方性法规 358 件，设区的市地方性法规 444 件，自治条例 1 件，单行条例 24 件，经济特区法规 24 件，司法解释 20 件。①这是备案审查制度建立以来全国人大常委会首次听取备案审查工作报告，是全国人大常委会依法行使宪法监督职权的重要体现，是推进备案审查工作的重要举措，实现了备案审查工作在全国人大常委会层面的显性化。建立备案审查工作报告制度，对进一步加强备案审查工作，更好地发挥备案审查制度功能具有深远意义。此后，在 2018 年 12 月、2019 年 12 月、2021 年 1 月、2021 年 12 月、2022 年 12 月、2023 年 12 月，法制工作委员会又连续向全国人大常委会专项报告年度备案审查工作情况，取得良好的政治效果、法律效果、社会效果。

在 2018 年备案审查工作情况的报告中提到，2018 年 7 月全国人大常委会审议通过《关于全面加强生态环境保护依法推动打好污染防治攻坚战的决议》后，常委会办公厅向有关方面发函，要求做好生态环境保护法规、规章、司法解释等规范性文件的全面清理工作。法制工作委员会向各省（区、市）人大常委会发出《关于加强加快大气污染防治和生态环境保护地方立法工作的意见》，督促抓紧制定完善大气污染防治方面的地方性法规。"经过一年多持续努力，各地清理发现存在与上位法规定不一致等问题需要研究处理的法规共 1029 件，目前已总共修改 514 件、废止 83 件，还有 432 件已列入立法工作计划，拟抓紧修改或者废止。同时，各地严格按照全国人大常委会执法检查报告要求，大力开展大气污染防治条

---

① 参见沈春耀：《全国人民代表大会常务委员会法制工作委员会关于十二届全国人大以来暨 2017 年备案审查工作情况的报告》，载《中华人民共和国全国人民代表大会常务委员会公报》2018 年第 1 号。

例的制定、修改工作,目前 28 个省(区、市)人大常委会已经完成大气污染防治地方性法规制定、修改工作,其中新制定大气污染防治条例 15 件、修改 13 件,其余 3 个地方拟于 12 月底前完成相关立法任务。"法制委员会对 22 件公民、组织审查建议书面反馈了研究情况和处理结果,其中有不少是针对道路交通管理的地方性法规和规章提出的,涉及对车辆采取限行、限号措施以及将处理违章作为机动车年检前提条件等方面的规定。法制工作委员会集中开展了对道路交通管理地方性法规、部门规章的审查研究,重点审查研究其中有关道路交通管理措施和行政处罚、行政强制的规定是否符合上位法,是否不当限制公民权利或者增加公民义务,在此基础上与一些地方人大常委会及公安部、生态环境部作了沟通。此外,有全国政协委员提出提案,建议对收容教育制度进行合宪性审查,法制工作委员会会同有关部门开展了联合调研,了解收容教育制度实施情况,召开座谈会听取相关单位和部分人大代表、政协委员和专家学者的意见,并书面征求了有关单位的意见,建议有关方面适时提出相关议案,废止收容教育制度。①

在 2019 年备案审查工作情况的报告中提到,法制工作委员会在开展审查方面有以下方面的工作,分别是督促制定机关纠正与宪法法律规定有抵触、不符合的规范性文件,督促制定机关根据上位法变化对法规及时修改完善,推动对不适应现实情况的规定作出废止或调整,允许和鼓励制定机关根据实践需要和法治原则进行立法探索,对通过衔接联动机制移送的地方性法规进行审查研究。法制工作委员会还根据党和国家工作大局,结合常委会监督工作部署和要求,有重点地开展规范性文件集中清理和专项审查工作。一是持续开展生态环保领域法规、司法解释等规范性

---

① 参见沈春耀:《全国人民代表大会常务委员会法制工作委员会关于 2018 年备案审查工作情况的报告——2018 年 12 月 24 日在第十三届全国人民代表大会常务委员会第七次会议上》,载《中华人民共和国全国人民代表大会常务委员会公报》2019 年第 1 号。

文件集中清理工作。贯彻全国人大常委会有关决议精神，在去年督促地方修改 514 件、废止 83 件地方性法规的基础上，今年又督促地方修改 300 件、废止 44 件。同时，推动制定机关对集中清理过程中发现的 37 件部门规章、456 件地方政府规章、2 件司法解释以及 11000 余件各类规范性文件及时修改、废止或者重新制定。二是根据党中央有关精神组织开展食品药品安全领域地方性法规专项清理。督促地方对不符合加强食品药品安全监管要求、与党中央有关精神不符合、与上位法有关规定不符合的地方性法规及时予以修改或者废止，重点解决地方性法规与新修改的有关法律不一致、不配套的问题，以更好发挥法律体系整体功效。此外，"法制工作委员会具体承担对两个特别行政区法律的备案审查工作职责，并建立健全征询香港、澳门两个基本法委员会意见的工作机制。香港、澳门两个基本法委员会定期或者不定期开会，评估和研究两个特别行政区本地有关法律的制定、修改等情况。十三届全国人大以来，香港特别行政区报送备案的本地法律 43 件，澳门特别行政区报送备案的本地法律 36 件。经初步审查，没有发现需要将有关法律发回的情形"。①

　　在 2020 年备案审查工作情况的报告中提到，2020 年 2 月 26 日全国人大常委会作出《关于全面禁止非法野生动物交易、革除滥食野生动物陋习、切实保障人民群众生命健康安全的决定》后，立即开展野生动物保护领域法规、规章、司法解释及其他规范性文件专项审查和集中清理工作。根据国务院办公厅和地方人大常委会反馈的情况，清理中发现需要根据全国人大常委会决定精神修改或者废止的规范性文件共 419 件，其中行政法规 3 件，国务院规范性文件 4 件，部门规章和规范性文件 30 件，省级地方性法规 69 件，设区的市地方性法规 9 件，单行条例 22 件，经济特区

---

① 　参见沈春耀：《全国人民代表大会常务委员会法制工作委员会关于 2019 年备案审查工作情况的报告——2019 年 12 月 25 日在第十三届全国人民代表大会常务委员会第十五次会议上》，载《中华人民共和国全国人民代表大会常务委员会公报》2020 年第 1 号。

法规 1 件,地方政府规章和规范性文件 281 件。有关方面已经修改 30 件、废止 55 件。2020 年 5 月 28 日十三届全国人民代表大会第三次会议审议通过了《中华人民共和国民法典》后,为配合民法典的贯彻实施,开展了民法典涉及法规、规章、司法解释及其他规范性文件专项审查和集中清理工作。清理中发现需要修改或者废止的规范性文件共 2850 件,其中行政法规 31 件,国务院规范性文件 5 件,部门规章和规范性文件 164 件,地方性法规 543 件,地方政府规章和规范性文件 1874 件,司法解释 233 件。有关方面已经修改 257 件、废止 449 件。①

在 2021 年备案审查工作情况的报告中提到,一年来,"按照全国人大常委会工作部署,围绕贯彻党中央重大决策部署和推动保障重要法律实施,组织开展了三个方面法规、规章、规范性文件的集中清理,并有重点地开展专项审查。"这三个方面分别是长江流域保护、行政处罚法内容、计划生育内容。"我们组织开展了涉及长江流域保护的法规、规章、规范性文件专项清理工作。清理发现需要修改或者废止的规范性文件 322 件,其中行政法规 3 件,部门规章和规范性文件 14 件,省级地方性法规 107 件,自治条例 5 件,单行条例 15 件,地方政府规章和规范性文件 178 件。目前有关方面已修改 18 件、废止 41 件。""为保障新修订的行政处罚法贯彻实施,我们组织开展了涉及行政处罚内容的法规、规章和其他规范性文件专项清理工作。清理发现需要修改或者废止的规范性文件共 4012 件,其中行政法规 13 件,国务院规范性文件 7 件,部门规章和规范性文件 610 件,地方性法规 725 件,单行条例 82 件,经济特区法规 5 件,地方政府规章和规范性文件 2570 件。目前有关方面已修改 31 件、废止 286 件。""我们组织开展了涉及计划生育内容的法规、规章、规范性文件专项清理工

---

①　参见沈春耀:《全国人民代表大会常务委员会法制工作委员会关于 2020 年备案审查工作情况的报告——2021 年 1 月 20 日在第十三届全国人民代表大会常务委员会第二十五次会议上》,载《中华人民共和国全国人民代表大会常务委员会公报》2021 年第 2 号。

作，推动有关方面取消社会抚养费征收规定，废止计划生育相关处罚、处分规定，以及将个人生育情况与入学、入户、入职等相挂钩的有关规定。清理发现需要修改或者废止的规范性文件共 3632 件，其中行政法规 3 件，国务院规范性文件 2 件，部门规章和规范性文件 43 件，地方性法规 57 件，自治条例 35 件，单行条例 11 件，地方人大及其常委会决定、决议 44 件，地方政府规章和规范性文件 3437 件。目前有关方面已修改 42 件，废止 428 件。我们还建议有关方面适时组织开展涉及计划生育内容的党内法规、规范性文件集中清理。"①

在关于十三届全国人大以来暨 2022 年备案审查工作情况的报告中提到，"五年来，全国人大常委会接收报送备案的行政法规、监察法规、地方性法规、自治条例和单行条例、经济特区法规、司法解释以及香港、澳门两个特别行政区本地法律共 7261 件，其中，行政法规 157 件，监察法规 1 件，省级地方性法规 2935 件，设区的市级地方性法规 2977 件，自治条例和单行条例 372 件，经济特区法规 242 件，司法解释 346 件，香港、澳门特别行政区法律 231 件"。在实现"有件必备"的目标要求的基础上，"公民、组织提出审查建议 17769 件，其中 2018 年 1229 件，2019 年 226 件，2020 年 5146 件，2021 年 6339 件，2022 年 4829 件"，"对各类规范性文件，基本实现'有备必审'、'应审尽审'，做到备案审查监督全覆盖"，并"按照'有错必纠'原则督促推动制定机关纠错改正"，"累计督促推动制定机关修改完善或者废止各类规范性文件约 2.5 万件"。②

在 2023 年备案审查工作情况的报告中提到，"2023 年，全国人大常委会办公厅收到报送备案的法规、司法解释等规范性文件共 1319 件。其

---

① 沈春耀：《全国人民代表大会常务委员会法制工作委员会关于 2021 年备案审查工作情况的报告——2021 年 12 月 21 日在第十三届全国人民代表大会常务委员会第三十二次会议上》，载《中华人民共和国全国人民代表大会常务委员会公报》2022 年第 1 号。

② 沈春耀：《全国人民代表大会常务委员会法制工作委员会关于十三届全国人大以来暨 2022 年备案审查工作情况的报告》，载《中华人民共和国全国人民代表大会常务委员会公报》2023 年第 1 号。

中,行政法规 24 件,省、自治区、直辖市地方性法规 422 件,设区的市、自治州地方性法规 664 件,自治条例和单行条例 100 件,经济特区法规 41 件,浦东新区法规 3 件,海南自由贸易港法规 8 件,司法解释 10 件,特别行政区本地法律 47 件","组织开展涉及黄河保护的法规、规章、规范性文件集中清理工作。经清理,发现需要修改、废止的法规、规章、规范性文件共 154 件,其中行政法规 5 件,地方性法规 67 件,单行条例 7 件,部门规章和规范性文件 6 件,地方政府规章和规范性文件 69 件。目前有关方面已修改 6 件,废止 20 件,有关修法工作正在推进中","及时组织开展涉及青藏高原生态保护的法规、规章、规范性文件集中清理工作。经清理,发现需要修改、废止的法规、规章、规范性文件共 49 件,其中行政法规 1 件,地方性法规 11 件,单行条例 3 件,地方政府规章和规范性文件 34 件;已经修改、废止地方政府规章和规范性文件 6 件。拟出台配套规定 10 件,其中 4 件地方性法规,5 件地方政府规章,1 件国务院部门文件;已出台 1 件地方政府文件"。①

在健全自身报告机制的同时,2019 年法制工作委员会推动各省级人大常委会听取和审议备案审查工作报告,并要求各省、自治区人大常委会在年内指导至少一至两个设区的市、自治州的人大常委会开展听取备案审查工作报告的探索,使省级人大常委会听取和审议备案审查工作报告的做法常态化制度化,并逐渐扩展至设区的市、自治州一级。据统计,至 2019 年年底,32 个省级人大常委会都已实现听取专项备案审查工作报告,15 个省、自治区的 85 个设区的市、自治州的人大常委会也在年内听取了备案审查工作报告,其中广东等地已经实现所有设区的市全覆盖。多地通过修改法规或者制发文件等形式,明确向常委会报告备案审查工

---

① 沈春耀:《全国人民代表大会常务委员会法制工作委员会关于十三届全国人大以来暨 2023 年备案审查工作情况的报告》,载《中华人民共和国全国人民代表大会常务委员会公报》2024 年第 1 号。

作的责任单位、形式、时间等，建立健全向常委会报告备案审查工作的有关制度。①特别需要指出的是，2023 年 12 月 29 日第十四届全国人民代表大会常务委员会第七次会议通过《全国人民代表大会常务委员会关于完善和加强备案审查制度的决定》，共 22 条，主要内容包括：一是明确备案审查工作的指导思想、原则和目标；二是坚持有件必备，加强备案工作；三是坚持有备必审，完善审查方式和机制，明确审查重点内容；四是坚持有错必纠，增强备案审查制度刚性；五是完善和加强备案审查相关制度机制；六是对地方人大备案审查工作提出要求。②从此，备案审查制度由过去"鸭子凫水"的状态，开始了乘风破浪的新征程。

（四）着力加强备案审查信息化建设，全面提升工作能力和水平

为适应备案审查工作新形势新任务，以信息化建设提升备案审查工作能力和水平，根据全国人大常委会工作部署，2016 年 7 月法制工作委员会与常委会办公厅秘书局信息中心组成联合工作组，扎实推进备案审查信息平台建设。经过三年努力，至 2019 年 12 月底，全国统一的备案审查信息平台基本建成。并延伸到所有有立法权的主体，有的地方还延伸到县乡。2019 年底完成审查平台和审查建议在线提交功能的开发，实现审查工作全过程电子化，公民、组织可以通过中国人大网在线提出审查建议，并在线查询受理和反馈情况。同时，与司法部统一了地方性法规电子报备，实现地方性法规在全国人大信息平台一次报备即可自动推送至国务院信息平台。在开展备案审查信息平台建设的同时，法制工作委员会会同常委办公厅有关部门，积极推进国家法律法规数据库建设。在司法部，最高人民法院，最高人民检察院以及地方人大的支持配合下，国家法

---

① 参见全国人大常委会法制工作委员会法规备案审查室：《规范性文件备案审查理论与实务》，中国民主法制出版社 2020 年版，第 26 页。

② 张勇：《关于〈全国人民代表大会常务委员会关于完善和加强备案审查制度的决定（草案）〉的说明——2023 年 12 月 25 日在第十四届全国人民代表大会常务委员会第七次会议上》，载《中华人民共和国全国人民代表大会常务委员会公报》2024 年第 1 号。

律法规数据库初步建成,宪法、法律、行政法规、司法解释、地方性法规数据已全部审核入库,并于 2021 年 2 月 24 日对社会发布,供公众使用。备案审查信息化建设,为全面提升备案审查能力打下了坚实基础。

近年来,为实现备案审查全覆盖,切实做到"有件必备、有备必审、有错必纠",更好地发挥备案审查制度作用,全国人大常委会多措并举提升备案审查工作能力和水平。一是加强对地方人大开展备案审查工作的指导,除通过举办培训班,召开座谈会、研讨会,组织调研等方式加强联系、交流经验外,还在全国范围内开展备案审查案例交流会。2019 年,法制工作委员会收集汇总全国 25 个省级人大常委会提供的 257 个案例,覆盖省、市、县三级人大的备案审查工作,结合全国人大常委会近年来处理纠正的备案审查案例,编发备案审查案例交流材料,陆续印发各地开展交流,推动相互间学习借鉴。二是加强备案审查理论建设,组织专家系列讲座,举办专题理论研讨会,总结备案审查实践规律,开展理论研究,构建中国特色社会主义备案审查理论体系框架。积极推动法学界关注和研究备案审查理论问题,形成一批有分量的理论研究成果。三是积极宣传备案审查制度和工作,借助媒体讲好备案审查故事,使社会各方了解备案审查情况,认识备案审查作用,支持备案审查工作,从而扩大备案审查制度影响。这些综合举措的实施,对提高备案审查工作整体能力,增强备案审查制度整体效能发挥了重要作用。[1]

（五）加强地方人大常委会备案审查工作

党的十八大以来,地方各级人大常委会积极加强备案审查工作,在机制创新、制度建设、机构队伍建设,以及信息平台建设等方面,都取得了不同程度的新进展、新成效。

一是制定有关的方性法规或者工作程序,为具体开展备案审查工作

---

[1]　参见全国人大常委会法制工作委员会法规备案审查室:《规范性文件备案审查理论与实务》,中国民主法制出版社 2020 年版,第 24—27 页。

提供可操作的依据。若干地方在 2015 年《立法法》修改后，制定或者修改了有关备案审查的地方性法规，进一步健全工作机制，明确备案审查范围，规范工作流程，加大纠错力度，增强制度刚性。

二是设立机构，配备人员。县级以上地方各级人大常委会根据开展备案审查工作的要求相继设立机构。省、自治区、直辖市人大常委会都已设立专门的备案审查工作机构，设区的市人大常委会绝大多数已经设立专门工作机构从事备案审查工作，没有设立专门机构的，也都确定相关机构配备专人负责备案审查工作，大部分县市区人大也都设立了工作机构，配备了专职或兼职工作人员。

三是根据地方特点开展规范性文件备案审查工作。各地方基本都将地方政府规章纳入备案审查范围，多数省、自治区、直辖市人大常委会将地方人民法院、人民检察院制发的规范性文件纳入备案审查范围。有个别省人大常委会将地方"两院"的规范性文件纳入依申请审查的范围，有一些省人大常委会将地方监察委员会制发的规范性文件纳入备案审查范围。有的地方探索建立定期向常委会或者主任会议专项报告备案审查工作制度。有的地方探索建立备案审查情况通报制度。有的地方探索提前介入工作制度，针对市县人大立法力量相对薄弱的现状，提前介入个别市县人大常委会决议、决定的审查工作。若干地方人大建立了与党委政府之间衔接联动和相互协作制度。有的地方人大常委会法工委备案审查处在工作职责中，就明确了承担对党内规范性文件进行合法性审查的任务。有的地方人大常委会法工委加强了与省委办公厅、省政府办公厅和省政府法制办备案审查工作机构之间的联系协作，通过相互邀请参加工作会议的做法研究解决备案审查工作中的问题。在人大内部备案审查工作的分工方面，多数地方坚持统专结合，统筹法制工作机构，备案审查工作机构和专委会其他工作机构协同开展工作。同时，充分发挥代表、专家和社会的作用。有的地方注重备案审查工作队伍建设，通过配备高素质人员、召开研讨会、举办培训班、跟班学习等方式,不断提升工作队伍的能力水平。各地方积极推进备案审查信息平台建设,借助现代技术手段提高备案审查能力和工作效率。目前,除个别偏远地方,地方人大备案审查信息平台已延伸到所有设区的市、自治州、自治县,广东、宁夏等地还延伸到所有县乡,基本实现了立法主体全覆盖。有的地方已实现备案审查全过程、各环节的信息化,例如,上海市人大规范性文件备案审查系统已于 2018 年 9 月启动运行,这套系统以"互联网+政务服务"理念为引领,以技术手段细化审查流程,将审查标准逐项落实,以技术手段提高审查工作质量,依托技术手段做到审查比对留痕。落实专人专办,专人负责。与"一府一委两院"作网上资料交换分享,对行政审判、检察监督中发现存在问题的行政规范性文件及其相关资料,对市政府有关行政规范性文件的制定、清理等资料作网上交换,努力实现备案审查全过程、全环节的信息化管理,等等。①

---

① 参见全国人大常委会法制工作委员会法规备案审查室:《规范性文件备案审查理论与实务》,中国民主法制出版社 2020 年版,第 27—29 页。

第十章　司法解释备案审查制度的法治实践

在我国，司法解释是一个由来已久的做法，主要是为了克服立法供给不足（主要表现为立法缺位或者过于简约，即所谓的"宜粗不宜细"）的现实困境。在早期司法实践中，司法解释的功能主要由最高人民法院负责实施。直到 1981 年五届全国人大十九次常委会通过的《关于加强法律解释工作的决议》（以下简称《决议》）确立了审判解释和检察解释的二元司法解释体制才有所改变，该《决议》第二条中规定："凡属于法院审判工作中具体应用法律、法令的问题，由最高人民法院进行解释。凡属于检察院检察工作中具体应用法律、法令的问题，由最高人民检察院进行解释。"

上述立法意旨很快反映在 1983 年修订的《人民法院组织法》中，该法第三十三条规定："最高人民法院对于在审判过程中如何具体应用法律、法令的问题，进行解释。"但有意思的是，《人民检察院组织法》历经 1983 年和 1986 年两次修订，却始终没有就检察解释权问题作出规定，直到 2018 年修订，才在第二十三条中规定："最高人民检察院可以对属于检察工作中具体应用法律的问题进行解释。"

从权力属性来看，司法机构在规范适用过程中，对规范文本的具体含义与适用逻辑作出解释，本身是司法权的应有之义。[①]不过，由最高人民法

[①] 聂友伦：《司法解释场域的"央地矛盾"及其纾解——以"地方释法"为中心的分析》，载《法律科学》2021 年第 1 期。

院和最高人民检察院这样的权力机构,负责作出对全国司法系统具有普遍拘束力的一般性解释,则难免会在实践中产生权力过于膨胀之忧。因此有必要对其进行相应的合法性控制,这也是司法解释备案审查制度的由来。

第一节　司法解释备案审查制度的历史发展

从合法性控制的角度来看,全国人大常委会作为国家最高权力机关的执行机构,自然应当承担统一法律解释的合法性控制功能。①1981年《决议》第一条即规定:"凡关于法律、法令条文本身需要进一步明确界限或作补充规定的,由全国人民代表大会常务委员会进行解释或用法令加以规定。"全国人大常委会的合法性控制功能还表现在当审判解释和检察解释发生分歧或冲突时,《决议》第二条中规定,最高人民法院和最高人民检察院的解释如果有原则性的分歧,应当由全国人民代表大会常务委员会负责作出最终解释或决定。

不过,全国人大常委会的合法性控制功能,直到21世纪初才具体落实为相关职能部门的职权,并且通过相应的规范化程序机制予以保障。2004年,全国人大常委会在法制工作委员会内部设立了法规审查备案室作为专门的职能部门。2005年底,全国人大常委会委员长会议通过了《司法解释备案审查工作程序》,其程序机制主要包括以下三个方面内容:其一,对备案机制作出规定,最高人民法院和最高人民检察院应当在相关司法解释公布之日起30日内报送全国人大常委会备案;其二,对审查建议权作出规定,国务院等国家机关、社会团体、企事业单位和公民均可就司法解释的违宪、违法问题向全国人大常委会提出书面审查要求或建议;

---

① 王锴:《习近平法治思想有关备案审查的重要论述及其在实践中的展开》,载《地方立法研究》2021年第3期。

其三,对审查工作的具体落实作出规定,包括司法解释的接收、审查工作的分工负责、主动审查和依申请审查,以及对存在违宪、违法问题司法解释的纠正程序等。

党的十八大以来,以习近平同志为核心的党中央高度重视宪法法律统一和立法监督。随着全面依法治国方略的深入推进,备案审查制度也面临进一步深化完善的挑战。2013 年 11 月,党的十八届三中全会提出要健全完善各类规范性文件的备案审查制度;2014 年 10 月,党的十八届四中全会提出要完善全国人大及其常委会宪法监督制度,加强备案审查制度能力建设;2017 年 10 月,党的十九大提出要加强宪法实施和监督,扎实推进合宪性审查;2018 年 1 月 19 日,习近平总书记在第十九届二中全会第二次全体会议上的重要讲话指出,"健全规范性文件备案审查制度,把各类法规、规章、司法解释和各类规范性文件纳入备案审查范围,建立健全党委、人大、政府、军队间备案审查衔接联动机制,加强备案审查制度和能力建设,实行有件必备、有备必审、有错必纠。"2019 年 10 月,党的十九届四中全会再次对加强备案审查制度能力建设提出要求。[①]2019 年 12 月 16 日,第十三届全国人大常委会第四十四次委员长会议通过《法规、司法解释备案审查工作办法》,将行政法规、地方性法规、司法解释等各类规范性文件一并纳入全国人大常委会备案审查范围,同时在审查方式上也更加多元,从主动、被动两种审查方式发展出了依职权审查、依申请审查、专项审查和移送审查四种审查方式,这对于提升备案审查能力和增强审查纠错力度具有积极意义。2023 年 12 月 29 日第十四届全国人民代表大会常务委员会《关于完善和加强备案审查制度的决定》,更是明确提出"实行有件必备、有备必审、有错必纠"的指导思想和原则。

---

① 参见梁鹰:《备案审查工作的现状、挑战与展望——以贯彻执行〈法规、司法解释备案审查工作办法〉为中心》,载《地方立法研究》2020 年第 6 期。

第二节　司法解释备案审查制度实施情况及存在问题

司法解释备案审查制度在实践中发挥的积极作用无疑是值得肯定的。比如,2017 年两会期间,全国人大常委会法工委相关领导在接受记者采访时介绍说,法规审查备案室自成立以来,通过沟通协商、督促制定机关纠正的法规、司法解释共计达上百件之多。[①]当然,良性的制度运行除了要看结果意义上的统计数据,还要认真审视其实施过程。基于过程视角,司法解释备案审查制度的实施仍然有值得反思之处:

其一,备案审查倾向于体制内部相关职能部门的内部协商,公共沟通的理性能力不足。比如,2003 年发生的孙志刚事件,有三位学者就《城市流浪乞讨人员收容遣送办法》的合法性问题向全国人大常委会法制工作委员会提出审查建议;2007 年,69 名教授向全国人大常委会以及国务院法制部门提出《关于启动违宪审查程序、废除劳动教养制度的公民建议书》,均未得到有效答复。[②]而少数个案虽然从结果上看作出了回复,但审查过程依然更侧重于"暗中使劲",缺乏说理、互动和各方立场之间必要的理性交锋,不利于取得社会效果最大化。比如,2011 年 1 月 16 日,有学者就"天价过路费案"中作为裁判依据的一条司法解释,向全国人大常委会提出审查建议。时隔两年,审查建议人才于 2013 年 6 月 3 日收到全国人大常委会法制工作委员会的回复函:"你提出的对最高人民法院《关于审理非法生产、买卖武装部队车辆号牌等刑事案件具体应用法律若干问题的解释》进行违法审查的建议收悉。按照全国人大常委会的工作部署,最高人民法院进行了司法解释集中清理工作,你建议审查的司

———

① 转引自杨敬之:《论司法解释的合法性控制》,载《政法论坛》2021 年第 2 期。

② 参见王杏飞:《司法解释附带审查制度论》,载《河南财经政法大学学报》2021 年第 5 期。

法解释已废止。"①当然，在中央的重视推动下，随着程序规范机制的日趋完善，相关职能部门对公民审查建议已经在形式上健全完善了相应的答复机制，但在实质互动的公共理性能力层面仍有较大提升空间。

其二，司法解释作为对法律规范的操作性解释，往往只有在"事实/规范"的具体运用过程中才能发现司法解释潜在的问题。②而备案审查作为一种抽象规范审查，往往缺乏对实践语境的具体审视，既难以发现实质性问题，也缺乏有效机制，在司法解释的个案适用过程中及时实现合法性控制或矫正。③一方面，当事人权利义务关系的实现受到司法解释的影响最为直接，他们也能最直接感受到司法解释的合法性问题，但即使他们在司法程序中提出对司法解释的合法性质疑，也基本不可能动摇司法解释的适用效力。另一方面，法官作为司法解释的适用主体，即使意识到司法解释存在合法性问题，但在目前的司法运行体制下，往往也只能根据现行解释作出裁判，难以实现司法解释适用过程中的合法性矫正。

其三，《法规、司法解释备案审查工作办法》体现的是"把所有规范性文件纳入备案审查范围"的中央精神，④这对职能部门的审查能力提出了较高要求。根据全国人大常委会法工委备案审查工作报告，2018 年、2019 年和 2020 年分别报送各类规范性文件 1238 件、1485 件和 1310 件。但职能部门有没有能力对所有规范性文件都展开精细审查是存在疑问的。比如，根据 2017 年备案审查工作报告，"常委会办公厅共接收报送备案的规范性文件 889 件，其中行政法规 18 件，省级地方性法规 358 件，设区的市地方性法规 444 件，自治条例 1 件，单行条例 24 件，经济特区法规

---

① 参见杨敬之：《论司法解释的合法性控制》，载《政法论坛》2021 年第 2 期。
② 刘松山：《宪法监督与司法改革》，知识产权出版社 2015 年版，第 233 页。
③ 参见刘松山：《备案审查、合宪性审查和宪法监督需要研究解决的若干重要问题》，载《中国法律评论》2018 年第 4 期。
④ 《中共中央关于全面推进依法治国若干重大问题的决定》，2014 年 10 月 23 日中国共产党第十八届中央委员会第四次全体会议通过。

24 件,司法解释 20 件"。但相关职能部门只能对其中的一小部分开展主动审查工作,根据该工作报告,"目前,已经完成对 14 件行政法规、17 件司法解释、150 余件地方性法规的主动审查研究工作"。[①]而 2018 和 2019 年的备案审查工作报告则均未提及主动审查情况。[②]这一情况在 2020 年备案审查工作报告中得到彻底"改观",按照该报告的说法,法工委着力加强主动审查工作力度,逐件开展对报送备案法规、司法解释的主动审查,及时提出审查研究报告,实现"有备必审"。[③]但在职能部门工作人员并未大幅扩编的情况下,这种全面实现主动审查的精细程度实际上是值得推敲的。如果这种主动审查只具备形式外观而无法实现实质功能,就可能会产生潜在的合法性风险。因为备案审查实际上相当于司法解释的合法性背书,通过备案审查的事实对司法解释的合法性意味着存在效力补强的推定,这反而可能进一步削弱了司法解释在适用过程中实现合法性矫正的可能性。

其四,审查对象存在"灰色地带"。司法实践中还有一种出于释法目的而制定的司法解释性质文件,其在表现形式上主要以"意见""纪要""通知""指示""复函""答复""解答"等文本载体存在,司法解释性质文件虽然并不具备司法解释的效力,但由于文件制定主体在司法机构条块关系中的特定权威地位,其依然在司法实践中具有相当的事实性权威。[④]而此类文件在规范层面并无强制备案审查的要求,游离在备案审查制度的模糊

---

① 沈春耀:《全国人民代表大会常务委员会法制工作委员会关于十二届全国人大以来暨 2017 年备案审查工作情况的报告》,载中国人大网,http://www.npc.gov.cn/c2/c12435/201905/t20190521_275542.html。

② 参见梁鹰:《全国人大常委会 2018 年备案审查工作报告述评》,载《中国法律评论》2019 年第 1 期;郑磊、王翔:《2020 年备案审查工作报告评述》,载《中国法律评论》2021 年第 4 期。

③ 参见沈春耀:《全国人民代表大会常务委员会法制工作委员会关于 2020 年备案审查工作情况的报告》,载中国人大网,http://www.npc.gov.cn/npc/c2/c30834/202301/t20230113_423340.html。

④ 参见聂友伦:《司法解释性质文件的法源地位、规范效果与法治调控》,载《法制与社会发展》2020 年第 4 期。

地带。比如，最高人民法院发布的《全国法院民商事审判工作会议纪要》就非常典型，在最高人民法院关于印发纪要的通知中明确说明，纪要不是司法解释，不能直接作为裁判依据，但裁判文书在"本院认为"部分可以根据纪要的相关规定具体阐释法律适用理由。

第三节　司法解释备案审查制度的反思和展望

作为司法解释合法性控制机制的备案审查制度，主要是以事后监督的方式运作，这种对规范性文件进行静态抽象审查的方式有其固有的局限性，现有的研究大多基于司法解释的制定、实施和监督的过程提出反思。比如，王杏飞教授认为，可以考虑在个案中由当事人针对司法解释是否具有合法性和适当性提出附带审查申请，受诉法院发现司法解释确有合法性缺陷的，可以逐级上报至最高人民法院，为最高人民法院发现问题提供新的渠道。[1]还有学者认为，可以通过司法解释制定过程中的预防违法、实施过程中的避免适用违法，以及监督过程中的消除违法，基于各种参与主体之间的相互沟通和对话，使司法解释在流动的功能系统内实现合法性。[2]当然，这些设想本身也应当以"于法有据"的方式展开探索，在事先、事中与事后，以及内部与外部多重维度上构建一个全方位的、对各类规范性文件进行备案审查的体系化、系统化的制度框架，[3]不断完善司法解释备案审查及其周边制度。

---

[1]　参见王杏飞：《司法解释附带审查制度论》，载《河南财经政法大学学报》2021年第5期。
[2]　参见杨敬之：《论司法解释的合法性控制》，载《政法论坛》2021年第2期。
[3]　参见刘作翔：《论建立分种类、多层级的社会规范备案审查制度》，载《中国法学》2021年第5期。

第十一章　我国选举制度改革的法治实践

人大代表选举是体现国家一切权力属于人民的基本形式之一。改革开放以来，为适应社会主义市场经济发展和社会主义民主政治发展的需要，我国人大代表选举制度进行了一系列重大改革和完善。依法治国、建设社会主义法治国家的基本方略为我国选举制度的改革完善提供了制度根基和方向指引。党的十八大以来，以习近平同志为核心的党中央从坚持和完善中国特色社会主义制度、推进国家治理体系和治理能力现代化的战略高度，推动人大代表选举制度朝着民主化、法治化方向不断迈出新的重要步伐。

第一节　新中国成立至党的十八大前我国选举制度的法治化改革实践

一、我国选举制度的建立与实施

1953 年 2 月，中央人民政府委员会第二十二次会议通过 1953 年《选举法》，这标志着中国人大代表选举制度正式确立。这部《选举法》是新中国第一部人大代表选举法律，在其指导下，我国第一届人民代表大会选举活动顺利进行，为日后选举留下了一整套适合中国的选举机制和工作方法，也培养了相关人才。

1953 年《选举法》由十章共六十六条构成，包括总则、地方各级人民代表大会代表名额、全国人民代表大会代表名额、各少数民族的选举、选举委员会、选民登记、代表候选人的提出、选举程序、对破坏选举的制裁和附则。它奠定了中国选举制度的基本框架：一是确立普遍选举权原则。选举法规定除依法尚未改变成分的地主阶级分子、依法被剥夺政治权利的反革命分子、精神病患者和其他依法被剥夺政治权利者外，凡年满 18 周岁的公民均有选举权和被选举权；二是确立了平等选举权原则。选举法规定民族和种族、性别、职业、社会出身、宗教信仰、教育程度、财产状况和居住期限，均有选举权和被选举权，尤其强调了保障妇女和少数民族的选举权；三是确立了真实选举权原则。选举法不仅规定中国选民选举权与被选举权的统一，而且规定选举经费由国库开支，为普通民众真正行使选举权与被选举权创造了便利条件；四是确立了直接选举与间接选举相结合的原则。这一原则既适应了当时锻炼选民民主能力、节省选举经费和资源、有序开展选举活动的要求，也为直接选举范围的扩展预留了制度空间。1954 年 9 月，《中华人民共和国宪法》第一次以国家根本大法的形式规定我国实行人民代表大会制度，重申了选举法的基本原则，从此，民主选举同国家根本政治制度和根本大法紧密相连。

在《宪法》和 1953 年《选举法》的指导下，我国选举制度进入制度的实施阶段，1976 年前共进行了三次全国人大代表的选举。在这一过程中，并没有对选举制度进行大规模的调整，仅是对各级人大代表的选举时间、全国人民代表大会的召开时间、各级人大代表的名额调整，以及部分特殊群体的选举权利问题进行了相应的规定、解答和调整。"文革"期间，由于党和政府各级机构、各级人大与政协组织、公检法等机关处于非正常状态，从而使选举制度无法有效运转。以 1975 年 1 月召开的第四届全国人民代表大会第一次会议为例,其代表并非经过选举产生,而是通过"全国经过广泛的民主协商,反复讨论,共选出代表2885名,出席这次大会的代表共2864人。工农兵代表占72％,妇女占22％以上……"。①这种由非选举方式产生的代表及失衡的代表结构无法真正代表民众行使民主权利,也使我国选举制度的实施遇到了较大阻力。

二、我国选举制度的恢复与调整

在党的十一届三中全会提出发展社会主义民主,健全社会主义法制的有利形势下,我国以民主与法治建设为重点,强化立法机关作用为方向,进行了一系列政治体制改革,我国新的《选举法》在这种背景下得以出台。1979年第五届全国人大第二次会议分别通过《地方组织法》和《选举法》;1981年6月,中国第一部军队选举法《中国人民解放军选举全国人民代表大会和县级以上地方各级人民代表大会代表的办法》通过,这三部法律和文件构成了恢复时期中国选举制度的基本框架。以1979年《选举法》和《地方组织法》为核心所设立的制度原则和规定奠定了未来选举制度发展基础。

1982年宪法通过后,为适应新宪法和解决首次县级人大代表直接选举中出现的新问题,总结有益经验并使之法制化,1982年12月第五届全国人大通过《选举法》和《地方组织法》修法决定,分别对1979年《选举法》和《地方组织法》作出7处和9处修改。同年我国还通过《全国人民代表大会组织法》《关于第六届全国人民代表大会代表名额和选举问题的决议》。1983年3月第五届全国人大第二十六次会议通过《关于县级以下人民代表大会代表直接选举的若干规定》;5月,全国人大常委会发布《关于地区和市合并后市人民代表大会提前换届问题的决定》;9月,第六届全国人大常委会第二次会议通过《关于县、乡两级人民代表大会代表选举时间

---

① 《中华人民共和国第四届全国人民代表大会第一次会议新闻公报》,载中华人民共和国中央人民政府官网,https://www.gov.cn/test/2008-03/10/content_915331.htm。

的决定》。上述制度构成了调整时期我国人大代表选举制度的基本体系。

根据 1982 年《选举法》的修改及《关于县级以下人民代表大会代表直接选举的若干规定》的规定,我国选举制度在华侨代表和少数民族代表名额的明确,基层选举组织的规范,城乡代表所代表人口比例的调整、选取划分,特殊群体选举权利的保障,特殊群体选举权利保障,代表候选人宣传方式,代表当选条件,以及代表补选制度的完善等方面作出了调整,这一时期选举制度的基本路径是根据国家制度变迁、国家发展战略调整、社会形势变化,以及选举实践发展作出积极调整。选举制度建设的基本方向是加强选举制度和相关法律的可操作性。

三、我国选举制度的发展与完善

《选举法》修改后,第二次全国县乡直接选举于 1983 年至 1984 年底进行。为防止再次出现第一次全国县乡直选过程中的违背社会主义民主发展的现象,发展时期的选举制度设计更加关注制度的可操作性和选举行为的有序性,因而存在一些具体的制度设计并不完全适应新时期民主发展需要的情况,如代表候选人介绍方式由过去规定的以各种方式介绍候选人,修改为在选民小组会议上介绍候选人;再如,"在选举中,一些地方出现不让选民和代表提名,不让介绍候选人,大搞等额选举等做法,大大打击了选举热情"。①鉴于上述问题,我国于 1986 年 12 月对《选举法》进一步作出 16 处修改,在减少代表名额、简化登记手续、保障选民权利、落实差额选举、完善选举制度等方面作出多项重要改革,实现了选举程序的重大突破,使我国选举制度更加完善,较多具体制度也成为我国选举制度未来发展的基石。

此外,《全国人民代表大会和地方各级人民代表大会代表法》(以下简称《代表法》)的出台也促使了选举制度的进步,这是中国第一部关于人大

---

① 蔡定剑主编:《中国选举状况的报告》,法律出版社 2002 年版,第 17 页。

代表的法律,在此之前有关人大代表工作的规定散见于宪法和有关法律中。《代表法》是一部保障和规范各级人大代表工作的专门的、基本的、重要的法律,"这部法律细化了宪法和有关法律的有关规定,总结了此前多年开展代表工作积累的大量成熟经验和做法,根据实践的需要系统地从法律上规定了保障和规范代表执行职务的问题,使代表工作走上有法可依的轨道。这对于保证全国和地方各级人大代表依法行使代表的职权,履行代表义务,发挥代表作用,坚持和完善人民代表大会制度,具有重要意义"。①

1992 年 10 月,中共十四大决定调整地方党委的任期时限,把县级党委的任期由 3 年改为 5 年,并规定县级以上各级党代会的时限也为 5 年。1993 年 3 月,宪法修正案通过后,《宪法》第 98 条规定"省、直辖市、县、市、市辖区的人民代表大会每届任期五年。乡、民族乡、镇的人民代表大会每届任期三年。"这也成为选举法修改的重要背景。1995 年 2 月,第八届全国人民代表大会常务委员会第十二次会议在总结近十年全国和地方选举经验的基础上,对选举法进行修改,将条款由 44 条增加到 53 条;同时也对 1986 年《地方组织法》进行相应修改,把县级人民代表大会和政府的任期由 3 年调整为 5 年,乡级人民代表大会和政府的 3 年任期不变。

2004 年 10 月,针对选举过于频繁及选举实践中出现的其他问题,第十届全国人大常委会第十二次会议对两法进行了局部调整。《选举法》就地方人大代表人数、预选程序、候选人介绍方式、乡级人大任期、人大代表罢免条件、选举违法制裁等问题进行了 5 处修改;《地方组织法》针对乡级人大和政府任期、地方人大常委会组成人员名额、人大专门委员会领导任免条件等进行了 4 处修正。总体来看,2004 年对于两法的修正基本上是在 1995 年的基础上就个别问题进行的微调,两者之间的变化并未呈现出阶段性特征。本书将 1995 年到 2010 年两法修改的这段时期称为中国选

---

① 李伯钧:《谈谈代表法》,载中国人大网,http://www.npc.gov.cn/npc/c2/c189/c220/201905/t20190522_94728.html,访问时间:2021 年 11 月 13 日。

举制度的完善时期。

四、我国选举制度的提升阶段

随着中国城市化进程的加快,农村人口不断向城市转移,居住在城镇的人口占全国总人口的比例不断增长,到 2010 年底,城乡人口居民人数占比基本上持平,我国城乡人口的比重变化使得调整人大代表的城乡人口比例势在必行。2010 年 3 月,选举法进行了第五次修改,这次修法的重点是实现城乡按相同人口比例选举人大代表,法律的修改更好地体现了人人平等、地区平等和民族平等原则,再一次明确了中国选举制度扩大人民民主、保证人民当家作主的基本目的,使中国选举制度更加完善。除了选举法的修改之外,我国在同年 10 月还对代表法进行了 28 处修正。代表法的修正进一步明确了人大代表的权利和义务,细化了人大代表的履职规范,加强了对人大代表履职的保障,强化了对人大代表的监督。此次修改不仅完善了人民代表大会制度,也从多方面健全了中国选举制度,使选举更具实效性。上述两部法律的修改使中国选举制度得到全方位完善。

第二节　党的十八大以来我国选举制度的法治化改革思路与主要内容

一、党的十八大以来我国选举制度的法治化改革思路

1. 坚持党对选举制度建设的领导

人民代表大会制度是坚持党的领导、人民当家作主、依法治国有机统一的根本政治制度安排,人大代表选举制度建设是人民代表大会制度建设的基础性工程。坚持党的领导是人大代表选举制度不断发展和完善的

基本前提和根本保证。

坚持党对选举制度建设的领导，最主要体现在选举法规及政策的制定和修改方面。党的十八大以来，党中央和党的有关部门多次研究选举制度建设的有关问题，根据形势的发展、实践的要求和人民的愿望，提出修改选举法律的建议及意见，批转下发有关选举工作的请示、意见和通知等，使党的主张通过法定程序成为国家意志。此外，选举法历次修改涉及的重要问题，都以全国人大常委会党组的名义向中央请示报告，是在党中央的领导下进行的，充分体现并发挥了党在选举制度建设中的重要领导作用。

2. 坚持社会主义法治原则

"法律是治国之重器，法治是国家治理体系和治理能力的重要依托。"坚持社会主义法治原则，践行社会主义法治理念，是发展和完善人大代表选举制度的基本要求，是实现人民当家作主的重要保障。

我国始终坚持法治思维和法治方式，在法治轨道上推进人大代表选举制度建设，保证选举制度体现人民群众的意愿，增强人民群众当家作主的主人翁感。一是在选举法制定及其修改、表决的过程中，恪守宪法的基本原则和精神，依据法定权限、遵循法定程序进行，经过充分的审议，最后变成国家意志。二是在组织和开展人大代表选举工作中，包括选区划分、选民登记、代表候选人提名推荐、正式代表候选人确定、投票选举等各个环节，严格遵守宪法和法律的规定，依法按照法律程序办事，对扰乱、破坏选举的行为依法严惩，保证人大代表选举结果的公平性和有效性。三是对人大代表选举制度进行积极探索和创新的过程，是在我国宪法和现行法律允许范围内进行，没有超越宪法和法律规定，并通过国家立法和地方立法的方式总结实践经验。

3. 坚持与时俱进和循序渐进

人大代表选举制度是政治制度的重要内容，属于上层建筑的范畴，随着社会经济政治的发展而不断发展和完善。改革开放以来，为适应新形势新任务新要求,我国始终坚持与时俱进,与社会经济政治发展同步推进人大代表选举制度建设,把党和人民在实践中取得的成果上升为法律规定,这已经成为我国加强人大代表选举制度建设的重要经验。同时,在推进人大代表选举制度建设中,我国始终坚持循序渐进、逐步推进的原则,紧密结合我国的国情和实际,充分考虑到我国社会经济发展的阶段和民主法治的进程,分阶段分步骤有针对性进行修改,一项一项地推进。如果条件成熟、认识一致,便作统一的规定;如果尚不具备解决条件或认识不一致,则继续探索,暂不作规定。

伴随着全面深化改革的伟大历程,我国人大代表选举制度在实践中不断完善和发展,日益展现出巨大的优越性,推动了人民代表大会制度与时俱进。党的十八大以来,在以习近平同志为核心的党中央领导下,依纪依法严肃查处严重破坏人大代表选举制度的重大案件,统筹修改选举法、地方组织法等法律,强化选举监督,使选举制度更加健全和完善。

4. 坚持人民当家作主的政治价值观

人民当家作主是社会主义民主政治的本质要求和核心价值,选举是人民当家作主、参与管理国家社会事务的主要渠道和途径,选举制度是实现和保证人民当家作主的重要制度。

自改革开放至今,我国对选举制度的发展和完善,始终把实现和保证人民当家作主作为价值目标和实践追求。这一点在选举法的制定和修改过程中得到了充分体现:一是在选举法及修改草案的调研起草过程中,通过网络、论证会、座谈会等方式,广泛征求社会各方面的意见和建议,充分了解、吸收和体现人民的意愿和要求。二是在草案的审议和表决过程中,严格遵守民主集中制原则,依照法定程序,集体讨论、集体决定,在充分审议的基础上,按照少数服从多数的原则进行表决。三是选举法的具体内容体现了人民当家作主的价值原则,如县级人大实行直接选举、一律实行无记名投票等方面的规定,保证了人民行使当家作主的权利。

二、党的十八大以来我国选举制度法治化改革的主要内容

党的十八大以来,我国选举制度法治化改革内容主要集中于 2015 年和 2020 年两次选举法的修改之中。

1. 2015 年选举法修改内容及其必要性

党的十八大以来,中共中央对加强新形势下的人民代表大会制度建设,特别是县乡人大工作提出一系列新要求,重点之一是将加强人大代表素质建设作为选举工作的重要内容,而要贯彻落实这一任务,须有法律提供制度支撑,亦即对相关法律作出补充,2015 年我国选举法和代表法的修改便是在此背景下展开。2015 年 8 月,第十二届全国人大常委会第十六会议对选举法进行了修改,新变化主要体现为增加了"两条两款"的内容:一是关于公民参加选举有关事项。规定公民参加选举,不得直接或者间接接受境外机构、组织、个人提供的与选举有关的任何形式的资助。二是关于代表资格审查委员会的职责。规定代表资格审查委员会依法对当选代表是否符合宪法、法律规定的代表的基本条件,选举是否符合法律规定的程序,以及是否存在破坏选举和其他当选无效的违法行为进行审查。

较之 2010 年的选举法,本次修改幅度不大,重点是把好人大代表"入口关"和"审查关",提升人大代表的整体政治素质。

2. 2020 年选举法修改内容及其必要性

党的十九届四中全会决定提出,健全人大选举制度,适当增加基层人大代表数量。县乡人大是基层国家权力机关,是我国地方国家政权的重要基础,是实现基层民主的有效形式。县乡两级人大代表由选民直接选举产生,约占我国五级人大代表总数的 95％,是党和国家联系广大人民群众的桥梁纽带。适当增加基层人大代表数量,有利于更好反映人民意愿、代表人民意志,加强与人民群众联系,充分保障人民当家作主权利;有利于加强地方人大建设,结合地方实际,创造性地做好各项工作;有利于

更好地坚持和完善人民代表大会制度，不断健全和发展社会主义民主，有力支撑国家治理体系和治理能力现代化。

故为贯彻落实党中央的部署要求，针对各地基层行政区划撤乡并镇改设街道、基层人大代表数量逐届减少的实际情况，在 2020 年 10 月对选举法进行修改，修改内容如下：

第一，适当增加县乡两级人大代表数量。将第十一条改为第十二条，第一款第三项修改为："（三）不设区的市、市辖区、县、自治县的代表名额基数为一百四十名，每五千人可以增加一名代表；人口超过一百五十五万的，代表总名额不得超过四百五十名；人口不足五万的，代表总名额可以少于一百四十名。"第一款第四项修改为："（四）乡、民族乡、镇的代表名额基数为四十五名，每一千五百人可以增加一名代表；但是，代表总名额不得超过一百六十名；人口不足二千的，代表总名额可以少于四十五名。"

第二，坚持党对选举工作的领导。增加一条，作为第二条："全国人民代表大会和地方各级人民代表大会代表的选举工作，坚持中国共产党的领导，坚持充分发扬民主，坚持严格依法办事。"

第三，完善重新确定代表名额的报备工作。将第十三条改为第十四条，增加一款，作为第二款："依照前款规定重新确定代表名额的，省、自治区、直辖市的人民代表大会常务委员会应当在三十日内将重新确定代表名额的情况报全国人民代表大会常务委员会备案。"

第四，加强对破坏选举行为的法律追责。将第五十七条改为第五十八条，第二款修改为："国家工作人员有前款所列行为的，还应当由监察机关给予政务处分或者由所在机关、单位给予处分。"

第三节　我国选举制度法治化改革的未来展望

我国选举制度的完善可以着重从候选人提名制度、选举程序、选区划分制度、选举机构和直接选举范围等方面展开。

一、完善候选人提名制度

在村民委员会主任和委员、居民委员会主任和委员、人大代表和国家机关领导人员选举中，可考虑建立选举登记制度，凡是有意参与竞争这些职位的公民，都可以向选举机构提出登记申请，由选举机构审查决定是否予以登记。选举机构在截止登记后的法定期限内，汇总公布已登记人员名单，明确规定或者提倡提名人在已登记的人员中提名，尊重公民个人意愿。此外，在建立选举登记制度的同时，可考虑选举权和被选举权适当分离，对担任各种职务的条件作出明确规定，以便公民根据自己的实际情况决定是否进行登记。

二、优化选举程序

首先，修改选举法中一些弹性较大的表述，如"大体相等""较多数选民""较为一致意见"等，代之以确定的比例，增强法律刚性。其次，修改人大代表直接选举中正式候选人的确定程序，规定正式候选人从预选中产生，把协商作为预选的一种辅助程序。当提出的候选人超过应选名额的一定倍数时，可就预选名单进行协商。此外，对协商程序作出具体规定，避免协商走过场，防止少数人通过协商操纵选举。再次，完善投票站工作程序，对投票站的场所设置和工作流程作出具有操作性的规定。解决投票站设置不合理和投票站工作不规范的问题，最大限度地保障选民和代表根据自己的意愿投票，最大限度地消除投票站工作人员指选和诱选的情况发生。最后，制定和完善流动票箱使用程序，在总结各地实践经验的基础上，在法律中对流动票箱的使用程序作出统一规定。

三、改革和完善选区划分制度

一方面，可以简化选区划分标准，明确规定按居住状况划分选区，废除按生产单位、事业单位、工作单位划分的规定。若公民有意竞争工作单位所在地行政区域的代表职务，在履行选民资格转移手续后，应允许其参与竞争。进而大幅降低选民登记工作难度，避免重登和漏登，维护选举的严肃性；另一方面，可规定选区划分中的人口差距标准。以人口数除以代表总名额所得平均数为标准，控制人口差距浮动比例，以确保选区划分的公平性。

四、改革选举机构

完善选举机构的职权制度对保证选举工作顺利进行，保障选举公平公正具有重要意义。选举机构改革应兼顾公平与效率的关系，既要从实际出发，满足选举及相关工作的实际需要，保证选举公平、公正，又要提高选举效率，避免人浮于事。在选举机构设置上，可采用常设机构与临时机构相结合的思路进行。具体的改革思路是恢复中央选举委员会设置，设立中央选举委员会为常设机构，由全国人民代表大会选举产生，其主要职责是主持中央国家机关选举，领导全国选举工作并进行业务指导，受理、调查和处理选举投诉和选举争议，从事选举事务调研；县级以上各级选举委员会为常设机构，由各该级人民代表大会选举产生，其主要职责是主持本级国家机关选举，受上一级选举委员会委托，主持选举本行政区域出席上一级人民代表大会的代表，领导下级选举委员会的选举工作并进行业务指导，调查和处理选举申诉、选举投诉和选举争议。乡镇选举委员会为临时机构，由县级人大常委会任命，其主要职责是主持本级国家机关选举。在选举期间，受理、调查和处理选举申诉、选举投诉和选举争议；村民选举委员会和居民选举委员会为临时机构，由村民和居民投票选举产生或者由村民代表会议选举产生，其主要职责是主持村民和居民委员会选举，受理、调查和处理选举申诉、选举投诉和选举争议。选举结束后，关于乡镇、村民委员会和居民委员会选举的投诉，由县级选举委员会受理、调查和处理。

第十二章　综合行政执法体制改革的法治实践

　　法治政府建设是全面依法治国系统工程的主体工程，也是国家治理现代化不可或缺的重要一环。2013 年 11 月，党的十八届三中全会通过的《中共中央关于全面深化改革若干重大问题的决定》提出，"使市场在资源配置中起决定性作用和更好发挥政府作用"。推动有效市场和有为政府更好结合，应当按照"法无授权不可为，法定职责必须为"的原则，明确行政机关的法定职权和法定责任，不断提升行政执法体制的综合化、系统化、现代化水平，全面推进严格规范公正文明执法，增强法治政府的治理能力和治理效能。《法治中国建设规划（2020—2025 年）》提出"构建权责清晰的执法司法责任体系"。《法治政府建设实施纲要（2021—2025 年）》提出要"基本形成边界清晰、分工合理、权责一致、运行高效、法治保障的政府机构职能体系"，继续深化综合行政执法体制改革。该项改革涉及行政机构设置、行政职权衔接、上级政府与下级政府关系、跨部门行政执法协作、行政执法与刑事司法衔接和行政执法信息化、标准化建设等诸多问题。由于此项改革涉及面广，触动的利益结构复杂，必须依照"重大改革于法有据"的原则，注重强化改革的合法性、权威性，支撑并推动综合行政执法体制改革持续向纵深推进。

第一节　综合行政执法体制的历史发展

行政执法体制既是行政体制的重要组成部分，又是法律实施的关键环节。综合行政执法体制改革是建设法治政府的重要方面，也是关系人民群众切身利益的重要法治实施环节。自 1996 年《行政处罚法》制定以来，我国综合行政执法体制经历了三个发展阶段[①]，每个阶段都有自己的时代特色和功能作用。

一、1996 年至 2002 年

1996 年 3 月 17 日第八届全国人民代表大会第四次会议审议通过了《行政处罚法》，该法第十六条规定：“国务院或者经国务院授权的省、自治区、直辖市人民政府可以决定一个行政机关行使有关行政机关的行政处罚权，但限制人身自由的行政处罚权只能由公安机关行使。”上述规定，确立了相对集中行使行政处罚权的制度，为在城市管理领域实施综合行政执法体制改革提供了法律依据。1996 年 4 月 15 日国务院发出的《关于贯彻实施〈中华人民共和国行政处罚法〉的通知》规定，“各省、自治区、直辖市人民政府要认真做好相对集中行政处罚权的试点工作，结合本地区实际提出调整行政处罚权的意见，报国务院批准后施行；国务院各部门要认真研究适应社会主义市场经济要求的行政执法体制，支持省、自治区、直辖市人民政府做好相对集中行政处罚权工作”。1999 年 11 月 8 日国务院发布的《关于全面推进依法行政的决定》再次强调，“要依照行政处罚法的规定，实行罚款‘罚缴分离’制度，继续积极推进相对集中行政处罚权

---

① 参见程琥：《综合行政执法体制改革的价值冲突与整合》，载《行政法学研究》2021 年第 2 期。

的试点工作,并在总结试点经验的基础上,扩大试点范围"。2000 年 9 月
8 日国务院办公厅发出了《关于继续做好相对集中行政处罚权试点工作
的通知》,随后全国有 82 个城市经批准开展了相对集中行政处罚权试点
工作。

在实践中,为了保障相对集中行使行政处罚权的有效实施,一些地方
通过地方性法规、地方政府规章的方式,把一些行政执法权也授予城市管
理执法机构,例如行政检查、行政强制等。2002 年 8 月 22 日,国务院发
布《关于进一步推进相对集中行政处罚权工作的决定》,进一步授权省、自
治区、直辖市人民政府可以决定在本行政区域内有计划、有步骤地开展相
对集中行政处罚权工作。到 2002 年 8 月,全国有 3 个直辖市和 23 个省、
自治区的 79 个城市经批准进行了相对集中行政处罚权试点工作。

二、2002 年至 2012 年

2002 年 10 月 11 日,国务院办公厅转发《中央编办关于清理整顿行
政执法队伍实行综合行政执法试点工作意见的通知》。该意见的目的是
"从体制上、源头上改革和创新行政执法体制,推动行政管理体制改革",
并决定在广东省、重庆市开展清理整顿行政执法队伍、实行综合行政执法
试点工作,其他省、自治区、直辖市各选择 1—2 个具备条件的市(地)、县
(市)进行试点。该意见的推出,一方面,是要解决在前期行政执法改革中
存在的"不同程度地存在多层执法、多头执法、执法扰民、重权轻责、以权
谋私等问题",另一方面,是从体制机制创新上来解决上述问题,"为了深
入、系统、全面地改革和创新行政执法体制,必须从行政管理体制上解决
行政执法中存在的问题"。相应地,行政执法体制的改革也就从行政处罚
领域扩展到行政执法的各个领域,从而不局限于城市管理领域。

2003 年,中编办、国务院法制办联合下发《关于推进相对集中行政处
罚权和综合行政执法试点工作有关问题的通知》,目的是对"相对集中行

政处罚权"与"综合行政执法试点"之间的衔接进行安排。该通知要求："已经进行了相对集中行政处罚权试点的地方,要按照清理整顿行政执法队伍、实行综合行政执法的原则和要求,进一步完善和规范。准备开展相对集中行政处罚权工作的地方,要把相对集中处罚权工作同综合行政执法试点工作一并考虑,并按照清理整顿行政执法队伍、实行综合行政执法的原则和要求进行安排和部署。已经确定实行综合行政执法试点的地方,不再单独进行相对集中行政处罚权工作。"这意味着,"相对集中行政处罚权"与"综合行政执法"两个概念,或者说两种制度之间仍然存在着混淆和模糊不清的问题,上述通知强调两种制度之间的一致性,要求做好两种制度之间的转换和衔接工作。

三、2012 年以来

党的十八大以来,行政执法体制改革继续深入推进,主要的改革举措和进展如下:

2013 年 9 月,中共中央、国务院印发的《关于地方政府职能转变和机构改革的意见》指出,清理整顿和整合行政执法队伍,推进跨部门、跨行业综合行政执法,不能多层、多头执法。2013 年 11 月,党的十八届三中全会通过的《中共中央关于全面深化改革若干重大问题的决定》提出:"深化行政执法体制改革。整合执法主体,相对集中执法权,推进综合执法,着力解决权责交叉、多头执法问题,建立权责统一、权威高效的行政执法体制。减少行政执法层级,加强食品药品、安全生产、环境保护、劳动保障、海域海岛等重点领域基层执法力量。理顺城管执法体制,提高执法和服务水平。"

2014 年 6 月,国务院印发的《关于促进市场公平竞争维护市场正常秩序的若干意见》指出,一个部门设有多支执法队伍的,业务相近的应当整合一支队伍;不同部门下设的职责任务相近或相似的执法队伍,逐步整合为一支队伍。

2014 年 10 月，党的十八届四中全会通过的《中共中央关于全面推进依法治国若干重大问题的决定》提出："深化行政执法体制改革。根据不同层级政府的事权和职能，按照减少层次、整合队伍、提高效率的原则，合理配置执法力量。推进综合执法，大幅减少市县两级政府执法队伍种类，重点在食品药品安全、工商质检、公共卫生、安全生产、文化旅游、资源环境、农林水利、交通运输、城乡建设、海洋渔业等领域内推行综合执法，有条件的领域可以推行跨部门综合执法。完善市县两级政府行政执法管理，加强统一领导和协调。理顺行政强制执行体制。理顺城管执法体制，加强城市管理综合执法机构建设，提高执法和服务水平。"

2015 年 4 月，中央编办印发《中央编办关于开展综合行政执法体制改革试点工作的意见》，确定在全国 22 个省（自治区、直辖市）的 138 个试点城市开展综合行政执法体制改革试点，试点目的是按照十八届三中、四中全会关于推进综合执法、建立权责统一权威高效的行政执法体制的要求，探索整合政府部门间相同相近的执法职能，归并执法机构，统一执法力量，减少执法部门，探索建立适应我国国情和经济社会发展要求的行政执法体制。要求试点地区在继续推进减少执法层级、明确各级政府执法职责的同时，重点从探索行政执法职能和机构整合的有效方式、探索理顺综合执法机构与政府职能部门职责关系、创新执法方式和管理机制、加强执法队伍建设四个方面推进试点。

2015 年 12 月，中共中央、国务院印发《法治政府建设实施纲要（2015—2020 年）》再次把深化行政执法体制改革、推进综合执法列为法治政府建设重点。

2017 年 10 月，党的十九大报告就深化机构和行政体制改革作出重要部署，明确提出："赋予省级及以下政府更多自主权。在省市县对职能相近的党政机关探索合并设立或合署办公。"

2018年2月28日，党的十九届三中全会通过《中共中央关于深化党和国家机构改革的决定》《深化党和国家机构改革方案》，其中，《深化党和国家机构改革方案》明确要求组建农业、市场监管、生态环境保护、文化市场和交通运输五支综合执法队伍；2018年3月，十三届全国人大一次会议表决通过了《宪法修正案》和《关于国务院机构改革方案的决定》；2018年5月，中央全面深化改革委员会第二次会议审议通过《关于地方机构改革有关问题的指导意见》。

2021年1月，中共中央印发了《法治中国建设规划（2020—2025年)》，规定："深化行政执法体制改革，统筹配置行政执法职能和执法资源，最大限度减少不必要的行政执法事项。进一步整合行政执法队伍，继续探索实行跨领域跨部门综合执法。推动执法重心向市县两级政府下移，加大执法人员、经费、资源、装备等向基层倾斜力度。健全事前事中事后监管有效衔接、信息互联互通共享、协同配合工作机制。完善行政执法权限协调机制。"

2021年8月，中共中央、国务院印发《法治政府建设实施纲要（2021—2025年)》，规定："深化行政执法体制改革。完善权责清晰、运转顺畅、保障有力、廉洁高效的行政执法体制机制，大力提高执法执行力和公信力。继续深化综合行政执法体制改革，坚持省（自治区）原则上不设行政执法队伍，设区市与市辖区原则上只设一个行政执法层级，县（市、区、旗）一般实行'局队合一'体制，乡镇（街道）逐步实现'一支队伍管执法'的改革原则和要求。加强综合执法、联合执法、协作执法的组织指挥和统筹协调。在行政许可权、行政处罚权改革中，健全审批、监管、处罚衔接机制，防止相互脱节。稳步将基层管理迫切需要且能有效承接的行政执法事项下放给基层，坚持依法下放、试点先行，坚持权随事转、编随事转、钱随事转，确保放得下、接得住、管得好、有监督。建立健全乡镇（街道）与上一级相关部门行政执法案件移送及协调协作机制。大力推进跨领域跨部门联合执法,实现违法线索互联、执法标准互通、处理结果互认。完善行政执法与刑事司法衔接机制,加强'两法衔接'信息平台建设,推进信息共享机制化、案件移送标准和程序规范化。加快制定不同层级行政执法装备配备标准。"

第二节　综合行政执法体制改革的动因

一、解决执法分散化的问题

综合是分散的反义词,综合行政执法体制改革是带着强烈问题意识而来的。从计划经济到市场经济的转型,对外开放特别是加入世贸组织,都使得政府职能发生深刻转变。新事物、新现象的不断涌现,带来了具体行政权力的新设和分散,也带来了行政机构的膨胀和政出多门,行政主体呈现碎片化。[①]"综合行政执法是相对于分散执法而言的,重在解决因行政执法分工过细、职能分散、权责交叉、部门林立、机构重叠等现象导致的执法缺位、越位、错位问题。"[②]分散执法的情况,不符合改革开放实践的需求,有悖于党的十八届三中全会所确立的实现国家治理体系和治理能力现代化的改革目标。综合行政执法体制改革,是要改革行政执法领域条款分割、效率低下的情况,破除行政执法体制中那些影响社会经济发展和保障人民权利的障碍。

二、提升执法效率

党的十九届四中全会提出要把我国制度优势更好转化为国家治理效

[①]　参见王敬波:《面向整体政府的改革与行政主体理论的重塑》,载《中国社会科学》2020年第7期。

[②]　程琥:《综合行政执法体制改革的价值冲突与整合》,载《行政法学研究》2021年第2期。

能，行政执法效率是国家治理效能的重要方面和直接体现。在影响行政执法效率的各种因素中，分散执法的弊端尤为突出，尤其体现在营商环境方面。例如，市场主体的设立涉及多个部门的行政许可和证照办理，如果涉及部门繁多、环节冗长、标准不透明，会严重影响市场活力和社会创造力，不利于经济社会发展。综合行政执法体制改革的一个基本目标，就是提升执法的效率，特别是改变行政执法中多部门权力职责互相冲突、循环嵌入、集体诿责的现象。提升行政执法的效率，意味着要协调处理好属地管辖与业务指导、中央与地方、综合与专业、整体与部分等方面的关系①，强化行政执法体制的整体性、系统性和协同性。

三、改革行政体制

综合行政执法体制改革，其根本是国家治理体系的改革，体现在行政体制领域，就是要改革国家行政体制、提升制度化水平。综合行政执法体制改革是行政体制改革的一部分，其任务和改革途径主要体现在两方面：一方面，是延续上文提及的系统化、整体化、协同化的思路，将同类权力综合于一类权力主体，对不同权力主体之间的责权边界给予更加清晰的划分；另一方面，是进一步理清政府与市场的边界，按照党的十八届三中全会提出的"使市场在资源配置中起决定性作用和更好发挥政府作用"，在综合行政执法体制改革中，界分政府权责、社会主体权责和市场主体权责②，推动行政体制从"无限政府"向"有限政府"、从管制型理念向治理型理念转型。

---

① 参见朱光磊：《全面深化改革进程中的中国新治理观》，载《中国社会科学》2017 年第 4 期。
② 参见王敬波：《面向整体政府的改革与行政主体理论的重塑》，载《中国社会科学》2020 年第 7 期。

第三节　综合行政执法体制改革的内容

一、综合行政执法体制改革的具体举措

政府机构改革是综合行政执法体制的基础,也是其在权力主体(执法主体)综合方面的改革路径。执法机构的改革,又与政府职能转变、人员编制调整等联系在一起。改革的主要举措有:

(一)中央层面

2018 年 3 月,中共中央印发《深化党和国家机构改革方案》,十三届全国人大一次会议表决通过《关于国务院机构改革方案的决定》。本次国务院机构改革,"贯彻落实党的十九大和十九届三中全会精神,落实坚持和加强党的全面领导的要求,适应新时代我国社会主要矛盾变化,聚焦发展所需、基层所盼、民心所向,按照优化协同高效的原则,既立足当前也着眼长远,优化了国务院机构设置和职能配置,理顺了职责关系。改革后,国务院正部级机构减少 8 个,副部级机构减少 7 个"。[①]党和国家机构改革的主要时间节点为:2018 年 6 月 20 日前,各部门"定职责、定机构、定编制"的三定规定将报批印发;2018 年 9 月 30 日前落实"三定"规定;2018 年年底前机构改革落实到位。

(二)地方层面

2018 年 5 月,中央全面深化改革委员会第二次会议审议通过《关于地方机构改革有关问题的指导意见》。2018 年,中共中央办公厅、国务院办公厅先后印发了《关于深化文化市场综合行政执法改革的指导意见》

---

① 王勇:《关于国务院机构改革方案的说明——2018 年 3 月 13 日在第十三届全国人民代表大会第一次会议上》,载《中华人民共和国全国人民代表大会常务委员会公报》2018 年第 2 期。

《关于深化市场监管综合行政执法改革的指导意见》《关于深化交通运输综合行政执法改革的指导意见》《关于深化生态环境保护综合行政执法改革的指导意见》4 个综合行政执法改革指导意见。地方机构改革主要时间节点为：省级党政机构改革方案要在 2018 年 9 月底前报党中央审批，2018 年底前机构调整基本到位；省以下党政机构改革由省级党委统一领导，在 2018 年底前报党中央备案；地方党政机构改革全部任务在 2019 年 3 月底前基本完成。

（三）主要举措①

1. 整合归并执法队伍，切实解决多头执法、多层执法和重复执法问题。《深化党和国家机构改革方案》《关于地方机构改革有关问题的指导意见》提出，要按照减少层次、整合队伍、提高效率的原则，大幅减少执法队伍种类，合理配置执法力量；一个部门设有多支执法队伍的，原则上整合为一支队伍；推动整合同一领域或相近领域执法队伍，实行综合设置；对整合组建市场监管等 5 支综合执法队伍作出具体部署。在整合组建 5 个领域综合执法队伍的基础上，有条件的可以实行更大范围的综合执法。继续深入推动城市管理等其他跨领域跨部门综合执法。

2. 加强对行政处罚、行政强制事项的源头治理，切实解决违规执法、执法扰民问题。《深化党和国家机构改革方案》《关于地方机构改革有关问题的指导意见》要求，完善执法程序，严格执法责任，做到严格规范公正文明执法。按照机构改革协调小组办公室要求，地方机构专题组会同司法部对市场监管等 5 个部门梳理形成的综合执法事项指导目录进行集中审核，并征求了中央有关部门和 31 个省（自治区、直辖市）意见。通过全面梳理执法事项，要大力清理取消没有法律法规规章依据的、长期未发生且无实施必要的、交叉重复的执法事项，切实防止执法扰民。

---

① 中央编办三局：《扎实推进综合行政执法改革》，载《中国机构改革与管理》2019 年第 2 期。

3. 探索建立体现综合行政执法特点的编制管理方式，切实解决综合执法队伍管理不规范的问题。《关于地方机构改革有关问题的指导意见》提出，要按照统一规范管理的方向，探索建立体现综合行政执法特点的编制管理方式，逐步规范综合执法队伍人员编制管理。

二、法律的制定和修改

1.《第十二届全国人民代表大会第一次会议关于国务院机构改革和职能转变方案的决定》（2013 年 3 月 14 日第十二届全国人民代表大会第一次会议通过）。

2.《中华人民共和国宪法修正案》（2018 年 3 月 11 日第十三届全国人民代表大会第一次会议通过）。

3.《第十三届全国人民代表大会第一次会议关于国务院机构改革方案的决定》（2018 年 3 月 17 日第十三届全国人民代表大会第一次会议通过）。

4.《全国人民代表大会常务委员会关于国务院机构改革涉及法律规定的行政机关职责调整问题的决定》（2018 年 4 月 27 日第十三届全国人民代表大会常务委员会第二次会议通过）。

5.《全国人民代表大会常务委员会关于国务院机构改革涉及法律规定的行政机关职责调整问题的决定》（2018 年 4 月 27 日第十三届全国人民代表大会常务委员会第二次会议通过）。

6.《全国人民代表大会常务委员会关于中国海警局行使海上维权执法职权的决定》（2018 年 6 月 22 日第十三届全国人民代表大会常务委员会第三次会议通过）。

7.《全国人民代表大会常务委员会关于授权国务院在广东省暂时调整部分法律规定的行政审批的决定》（2012 年 12 月 28 日第十一届全国人民代表大会常务委员会第三十次会议通过）。

8.《全国人民代表大会常务委员会关于授权国务院在广东省暂时调整部分法律规定的行政审批试行期届满后有关问题的决定》（2015 年 12 月 27 日第十二届全国人民代表大会常务委员会第十八次会议通过）。

9.《全国人民代表大会常务委员会关于授权国务院在部分地方开展药品上市许可持有人制度试点和有关问题的决定》（2015 年 11 月 4 日第十二届全国人民代表大会常务委员会第十七次会议通过）。

10.《全国人民代表大会常务委员会关于延长授权国务院在部分地方开展药品上市许可持有人制度试点期限的决定》（2018 年 10 月 26 日第十三届全国人民代表大会常务委员会第六次会议通过）。

11.《中华人民共和国行政许可法》（根据 2019 年 4 月 23 日第十三届全国人民代表大会常务委员会第十次会议《关于修改〈中华人民共和国建筑法〉等八部法律的决定》修正）。

12.《全国人民代表大会常务委员会关于授权国务院在粤港澳大湾区内地九市开展香港法律执业者和澳门执业律师取得内地执业资质和从事律师职业试点工作的决定》（2020 年 8 月 11 日第十三届全国人民代表大会常务委员会第二十一次会议通过）。

13.《中华人民共和国行政处罚法》（1996 年 3 月 17 日第八届全国人民代表大会第四次会议通过。根据 2009 年 8 月 27 日第十一届全国人民代表大会常务委员会第十次会议《关于修改部分法律的决定》第一次修正。根据 2017 年 9 月 1 日第十二届全国人民代表大会常务委员会第二十九次会议《关于修改〈中华人民共和国法官法〉等八部法律的决定》第二次修正。2021 年 1 月 22 日第十三届全国人民代表大会常务委员会第二十五次会议修订）。

三、《行政处罚法》修改的主要内容

2020 年《行政处罚法》的修改，为进一步深化综合行政执法体制改革

提供了法律依据,尤其对行政执法领域的行政程序完善具有重要意义。[1]
本次《行政处罚法》修改的主要内容有[2]:

（一）关于行政处罚的定义和种类

一是增加行政处罚的定义,明确行政处罚是指行政机关在行政管理
过程中,对违反行政管理秩序的公民、法人或者其他组织,以依法减损权
利或者增加义务的方式予以惩戒的行为。二是将现行单行法律、法规中
已经明确规定,行政执法实践中常用的行政处罚种类纳入本法,增加规定
通报批评、降低资质等级、不得申请行政许可、限制开展生产经营活动、限
制从业、责令停止行为、责令作出行为等行政处罚种类。

（二）关于地方性法规设定行政处罚的权限

为充分发挥地方性法规在地方治理中的作用,增加规定地方性法规
为实施法律、行政法规,对法律、行政法规未规定的违法行为可以补充设
定行政处罚。地方性法规拟补充设定行政处罚的,应当通过听证会、论证
会等形式听取意见,并向制定机关作出说明。

（三）关于行政处罚实施主体

根据党和国家机构改革和行政执法体制改革要求,明确综合行政执
法的法律地位,增加规定国家在城市管理、市场监管、生态环境、文化市
场、交通运输、农业等领域实行综合行政执法,相对集中行政处罚权,由一
个行政机关统一实施相关领域的行政处罚。同时,根据基层整合审批服
务执法力量改革要求,推进行政执法权限和力量向基层延伸和下沉,增加
规定省、自治区、直辖市根据当地实际情况,可以决定符合条件的乡镇人

---

① 参见应松年、张晓莹:《〈行政处罚法〉二十四年:回望与前瞻》,载《国家检察官学院学
报》2020 年第 5 期。关于行政程序法,参见姜明安:《21 世纪中外行政程序法发展述评》,载《比较
法研究》2019 年第 6 期。

② 参见许安标:《关于〈中华人民共和国行政处罚法(修订草案)〉的说明——2020 年 6 月
28 日在第十三届全国人民代表大会常务委员会第二十次会议上》,载《中华人民共和国全国人民
代表大会常务委员会公报》2021 年第 2 期。

民政府、街道办事处对其管辖区域内的违法行为行使有关县级人民政府部门的部分行政处罚权。

（四）关于行政处罚的适用

一是明确行政机关实施行政处罚时，有违法所得的，应当予以没收。二是规范行政处罚自由裁量权行使，完善从轻、减轻的法定情形，增加规定当事人有证据证明没有主观过错的，不予行政处罚，法律、行政法规有特别规定的，依照其规定；行政机关可以依法制定行政处罚裁量基准。三是加大重点领域执法力度，涉及公民生命健康安全的违法行为的追责期限由两年延长至五年。四是增加"从旧兼从轻"适用规则，行政处罚的依据适用违法行为发生时的法律、法规和规章的规定，但是新的法律、法规和规章的规定更有利于当事人的，适用新的法律、法规和规章的规定。五是完善行政处罚决定无效制度，行政处罚没有法定依据或者实施主体不具有行政主体资格的，行政处罚无效；不遵守法定程序构成重大且明显违法的，行政处罚无效。六是明确行政处罚证据种类和适用规则，规定证据必须经查证属实，方可作为认定案件事实的根据；以非法手段取得的证据，不得作为认定案件事实的根据。七是进一步明确适用范围，外国人、无国籍人、外国组织在中华人民共和国领域内有违法行为，应当给予行政处罚的，适用本法，法律另有规定的除外。

（五）关于行政处罚的程序

一是明确公示要求，增加规定行政处罚的实施机关、立案依据、实施程序和救济渠道等信息应当公示；行政处罚决定应当依法公开。二是体现全程记录，增加规定行政机关应当依法以文字、音像等形式，对行政处罚的启动、调查取证、审核、决定、送达、执行等进行全过程记录，归档保存。三是细化法制审核程序，列明适用情形，明确未经法制审核或者审核未通过的不得作出行政处罚决定。四是规范非现场执法，增加规定行政机关依照法律、行政法规规定利用电子技术监控设备收集、固定违法事实的,应当经过法制和技术审核,确保设置合理、标准合格、标志明显,设置地点应当向社会公布,并对记录内容和方便当事人查询作出相应规定。五是进一步完善回避制度,细化回避情形,明确对回避申请应当依法审查,但不停止调查或者实施行政处罚。六是增加规定发生重大传染病疫情等突发事件,为了控制、减轻和消除突发事件引起的社会危害,行政机关对违反突发事件应对措施的行为,依法从重处罚,并可以简化程序。七是适应行政执法实际需要,将适用简易程序的罚款数额由五十元以下和一千元以下,分别提高至二百元以下和三千元以下。八是增加立案程序,除当场作出的行政处罚外,行政机关认为符合立案标准的,应当立案。九是完善听证程序,扩大适用范围,适当延长申请期限,明确行政机关应当结合听证笔录作出决定。

（六）关于行政处罚的执行

一是适应行政执法实际需要,将行政机关当场收缴的罚款数额由二十元以下提高至一百元以下。二是与行政强制法相衔接,完善行政处罚的强制执行程序,规定当事人逾期不履行行政处罚决定的,行政机关可以根据法律规定实施行政强制执行。三是明确行政机关批准延期、分期缴纳罚款的,申请人民法院强制执行的期限,自暂缓或者分期缴纳罚款期限结束之日起计算。四是明确当事人申请行政复议或者提起行政诉讼的,加处罚款的数额在行政复议或者行政诉讼期间不予计算。

（七）关于执法监督

一是增加规定罚款、没收违法所得或者没收非法财物拍卖的款项,不得同作出行政处罚决定的行政机关及其工作人员的考核、考评直接或者变相挂钩。二是增加规定县级以上人民政府应当定期组织开展行政执法评议、考核,加强对行政处罚的监督检查,规范和保障行政处罚的实施。

此外,对管辖、行政执法协助、行政执法资格等规定也作了补充完善。

第四节　综合行政执法改革实施状况和发展趋势

一、综合行政执法改革实施情况分析

按照 2018 年党和国家机构改革方案的部署，根据 2020 年修改的《行政处罚法》，国家在城市管理、生态环境、文化市场、交通运输、农业等领域实行综合行政执法。据此，国务院及其相关部委、地方政府在上述领域持续深入推进综合行政执法改革。

除了上文所涉及的政策措施，具体还有：

在城市管理领域，各地设立了独立的城市管理执法局或者城市管理局，整合城市管理职能和进行人财物方面的匹配调整，逐步推动形成大城管大执法体系。

在生态环境领域，国家和各地方制定了《生态环境保护综合行政执法事项指导目录》，生态环境部印发了《关于加强生态环境保护综合行政执法队伍建设的实施意见》，该实施意见对规范生态环境保护执法机构职能、优化人员结构、完善培训体系、推进执法队伍管理制度化建设、推进保障体系建设等方面作出了部署和规定。

在文化市场领域，国家和各地方制定了《文化市场综合行政执法事项指导目录》，文化和旅游部制定了《文化和旅游市场信用管理规定》，印发了《文化市场综合执法行政处罚裁量权适用办法》。

在交通运输领域，2018 年年初，在中央和行政机构改革中，将公路、运管、港航等事业单位承担的行政职能归还给交通运输主管部门，2018 年年底，在具体推进综合执法改革中，组建综合执法队伍，把交通运输主

管部门行政职能中的行政处罚以及与行政处罚相关的行政检查、行政强制两项职能集中,交由综合执法队伍行使。[1]交通运输部和各地方制定了《交通运输综合行政执法事项指导目录》,也对执法队伍建设等事项予以规范。

在农业领域,截至 2019 年 6 月 25 日,已有 25 省(区、市)印发了全省(区、市)综合执法改革实施意见,23 个省(区、市)明确了省级农业综合行政执法工作机构,38 个市(州)印发了全市(州)综合执法改革实施意见,占地市总数的 40%, 595 个县(区)明确了农业综合行政执法机构。在深化农业综合行政执法改革中,农业农村部主要侧重四个方面的工作:一是全面整合队伍,构建执法体系。除沿海、大江大湖、边境交界等水域原有的渔政执法机构可继续保持相对独立设置外,农业农村系统的其他行政执法队伍都要整合进农业综合行政执法队伍,由其集中行使所有农业行政执法职能,以农业农村部门名义统一执法。二是健全规章制度,规范执法行为。农业农村部于 2020 年 1 月、2021 年 12 月两次修订《农业行政处罚程序规定》,印发《农业综合行政执法人员依法履职管理规定》《规范农业行政处罚自由裁量权办法》,省市县相应制定细则和建立相关制度。三是落实支持政策,强化执法保障。按照事权与支出责任相适应原则,将农业综合执法运行经费、执法装备建设经费、罚没有毒有害物品处置经费等纳入同级财政预算,由各级财政加强相关经费保障,确保满足执法工作需要。四是加强队伍建设,提升执法素质。积极协调编制部门根据农业执法职责范围、辖区内人口数量、农业生产规模和监管对象等因素,合理核定本级农业综合行政执法机构人员的编制底数。

从上述五个领域的具体进展来看,在实践中,中央和地方在规章制度建设、机构整合重组、职能边界划分、人员队伍建设、保障体系建设等方面

---

[1]　参见巫雪梅、刘海旭、刘星材:《交通运输综合行政执法改革探索》,载《综合运输》2021 年第 6 期;范冠峰:《关于交通运输综合行政执法改革的思考》,载《中国公路》2021 年第 2 期。

采取了一系列具体措施，以推进综合行政执法改革。

二、存在问题和发展趋势

深化综合行政执法体制改革，其目标和路径是完善行政执法体制、完善行政执法程序、创新行政执法方式、严格行政执法人员管理制度、加强行政执法经费财政保障、全面落实行政执法责任制。综合理论和实践上的讨论，深化综合行政执法体制改革，还需要在以下方面进一步探索和研究：

（一）国家治理体系中的整体性改革

深化综合行政执法体制改革是国家治理体系现代化的一部分。因此，必须把深化综合行政执法体制改革放置于国家治理体系和治理能力现代化的整体性视角来看待和继续推进。当前，综合行政执法体制改革在城市管理、市场监管、生态环境、文化市场、交通运输、农业等领域重点推进，同时在其他领域持续推进。上述六个领域在综合行政执法体制改革上取得的经验，将逐步推广到其他行政执法领域。更为重要的是，在深化综合行政执法体制改革中所暴露出来的深层次问题，需要在国家治理体系和治理能力现代化中加以解决。党的十八大以来，综合行政执法体制改革就是在此背景下加以推进的。未来，应当在全面深化改革、全面依法治国、国家治理体系和治理能力现代化的语境下，强化对深化综合行政执法体制改革的顶层设计和统筹，在行政执法的理念、体制、程序、技术、经费、人员等方面系统推进。当前正在大力推进的中央地方间事权财权划分、权力清单制度、国家政务平台、信用管理制度、大数据平台等，都是系统推进综合行政执法体制改革的有力支撑和举措。

（二）价值治理和价值整合

综合行政执法体制改革，在实践中虽然具体体现为机构的综合、职能的转变、人财物的重新配置等，但根本上是治理理念的转变，是对不同行政执法主体的一场治理理念的变革。既要使权力受到制度性制约，又要使权力高效运行，需要在不同层次、不同领域、不同类型的执法主体间统一价值理念，对这些不同执法主体的不同利益诉求背后的价值主张进行治理①，将其统一到国家治理现代化以人民为中心的治理理念和价值主张中。新时代全面依法治国辩证法中所涉及的政治与法治、改革与法治、发展与安全、活力与秩序、效率与公正等辩证关系，就与综合行政执法体制改革的诸多深层次问题相关，包括但不限于党政关系、发展目标、执法理念、执法依据等，需要在理论和实践中针对综合行政执法体制改革的突出问题，作更加深入的思考和探索。

（三）处理好改革与法治的关系，坚持"重大改革于法有据"

改革开放是坚持和发展中国特色社会主义道路的必由之路，改革必须在法治的轨道上推进。习近平总书记指出："全面深化改革、全面推进依法治国如鸟之两翼、车之双轮。"②法治在全面深化改革中起着引领、推动和规范作用，重大改革于法有据是改革的重要原则。"改革与法治同步推进，增强改革的穿透力"，法治为改革的合法性、可持续性提供制度性支撑，保障改革能够应对化解可能的风险和挑战。③综合行政执法体制改革，必须处理好改革与法治的关系。从改革举措的演进来看，相对集中行使行政处罚权来自 1996 年《行政处罚法》的规定，2020 年《行政处罚法》的修改为相对集中行使行政处罚权的深化改革，进一步提供了法律依据。在综合行政执法体制改革的过程中，"重大改革于法有据"是其改革措施和创新举措的法律基石，指导着国务院的试点授权和地方的有益探索。从法律效力位阶来看，综合行政执法体制改革所取得的成功经验，最终将

---

① 参见周尚君：《地方政府的价值治理及其制度效能》，载《中国社会科学》2021 年第 5 期。

② 《国家主席习近平发表二〇一五年新年贺词》，载新华网，http://www.xinhuanet.com/politics/2014-12/31/c_1113846581.htm，访问时间：2020 年 2 月 20 日。

③ 参见信春鹰：《改革开放 40 年全国人大及其常委会的立法工作》，载《求是》2019 年第4 期。

转化为法律规定并在全国范围内推广，行政法规、规章和政策文件所要探索的创新举措需要经过法律修改从而具备法律依据，这是由我国法律效力位阶决定的，也只有这样才能更好地保障人民权利和改革行稳致远。从实践中的操作方式来看，要处理好法律与政策关系。当前，很多改革措施以政策文件的方式来启动和推进，这就要求处理好法律依据和法律授权范围下政策文件空间的关系，政策文件的法律依据应当论证和阐述得更为充分，政策文件和法律法规规定之间的衔接应当更为有效，等等。

第十三章 公务员体制改革的法治实践

公务员队伍作为国家治理的担纲者,对于实现良治善政具有重要作用。因此,建立和培养贤能的公务员队伍对于我国国家治理和长治久安、维护中华民族根本利益和实现中华民族伟大复兴意义重大。

我国的公务员制度是随着改革开放逐步建立和完善的。公务员体制的改革始终遵循以下路径:在法治轨道上推行和实施公务员改革,同时总结公务员改革中好的做法、经验并上升为法律法规、党内法规以及相关制度,并根据改革情况,制定、修改法律、党内法规以及相关制度。总体上而言,我国公务员体制改革以三部法律的颁布实施为标志,可以分为四个阶段。①随着我国国家治理体制的改革,公务员体制不断优化和完善,构成了我国国家治理体系和治理能力现代化的有益组成部分。

第一节 公务员体制改革的历史发展、改革动因和内容

中国共产党从创立以来就高度重视干部工作。“早在新民主主义革

---

① 参见胡晓东:《我国公务员制度的“双螺旋”演进逻辑研究》,载《学术界》2020 年第 9 期。

命时期，中国共产党就在革命斗争中逐步形成了党的干部路线、干部政策和干部制度。"①在中华人民共和国成立初期，公务员制度实施之前无论在机关还是在企业单位、事业单位，所有为国家工作的人员都被称为"国家干部"，并采用统一性的管理制度进行管理，并由统一部门进行管理。

一、从改革开放到 1993 年《国家公务员暂行条例》颁布出台期间

改革开放后，干部制度改革也是国家体制机制改革的重要内容。当时，对国家干部制度改革的主要动因有：一是没有根据工作性质将国家机关工作人员和企业、事业单位人员进行区分。就工作性质而言，国家机关工作人员不同于企业、事业单位的人员，但是当时并没有对二者进行区分，而是进行统一管理。二是管理机制尚不完善。主要体现在没有统一的录用标准，干部来源多样化，在选拔、任用、交流和调配等方面还没有形成比较完备的机制。

针对干部管理中存在的上述问题，在《国家公务员暂行条例》出台前，中央层面制定出台了一些管理制度措施。一是 1987 年 10 月，党的十三大提出，改变对国家干部的单一管理的方式。明确将"国家干部"分为党政、企业和事业单位干部，不再由党委统一进行管理，也不再以管理党政干部的方法统一管理所有国家干部。二是出台了一些关于国家机关工作人员的奖惩制度，如 1980 年国务院颁布了《关于国家行政机关工作人员的奖惩暂行规定》，1982 年颁布了《国家行政机关工作人员升级奖励试行办法》，劳动人事部也颁布了相关的奖惩办法。三是 1987 年 10 月党的十三大正式提出，我国要建立并推行国家公务员制度。②

应当说，从改革开放到 1993 年《国家公务员暂行条例》颁布出台之

---

① 参见吴江、张敏：《我国公务员制度的发展历程与改革》，载《中国人事科学》2018 年第1—2 期合刊。

② 参见胡晓东：《我国公务员制度的"双螺旋"演进逻辑研究》，载《学术界》2020 年第 9 期。

前,党和政府对公务员制度的改革进行了有益的探索,为国家公务员制度的正式建立和推进提供了良好的制度和实践基础。

二、1993 年《国家公务员暂行条例》的实施

1993 年 8 月,时任国务院总理李鹏签署并公布《国家公务员暂行条例》,同年 10 月,国务院下发《国家公务员制度实施方案》,从此开启了我国推行国家公务员制度的历史进程。该条例及人事部颁布的 36 个与之相关的配套制度,构成了我国公务员管理制度体系,这些制度的颁布标志着我国公务员制度的正式确立。

《国家公务员暂行条例》明确了公务员的义务和权利、职位分类、录用、考核、奖励、纪律、职务升降、职务任免、培训、交流、回避、工资保险福利、辞职辞退、退休、申诉控告、管理监督等制度,并明确由人事部门主管公务员工作。主要制度有:一是使公务员队伍从传统的国家干部队伍中独立出来,成为独立管理的专业的行政管理队伍。二是规定了"凡进必考"的招录制度。自该条例颁布之日起,无论中央还是地方,所有公务员都必须经过考试,录用后方可进入公务员队伍,杜绝了之前广泛存在的"顶替工"现象,也杜绝了"关系户",有利于优秀人才进入公务员队伍。三是实行了竞争机制。通过对公务员实施考核、奖惩等措施,建立了优胜劣汰的竞争机制,有利于公务员能者上、庸者下、劣者汰。四是规定了工资制度。公务员实施新的职级工资制,包括职务、级别、基础和工龄四个部分。

《国家公务员暂行条例》实施以来,也产生了一些问题,需要在制度上予以解决。一是公务员覆盖范围不全的问题。该条例仅将国家行政机关工作人员纳入条例调整范围,而对同样从事公务的党的机关、人大机关、政协机关、民主党派机关的人员只是规定参照适用,窄化了公务员的适用范围。二是公务员分类管理的问题。该条例将公务员分为领导职务和非

领导职务两类,没有考虑到实践中公务员还存在行政执法类、专业技术类等,尤其是在晋升通道上没有为后者提供专门通道,对这类公务员产生了消极影响。三是条例实施后十多年内产生了若干新经验新成果需要修法。该条例自 1993 年实施后,在公务员管理实践中,新经验层出不穷,需要制定新的法律予以制度化,并在全国推广实施。四是需要加强公务员伦理道德建设。条例对公务员的伦理道德建设的规定付诸阙如,在管理实践中,公务员的伦理道德建设日益成为一个突出问题。不加强伦理道德建设,仅依靠法律制度约束是不足以管理好公务员队伍的。五是条例立法层级较低需要提高。该条例属于行政法规,如果要将党的机关、人大、政协等工作人员纳入法律制度进行管理,就需要提高立法层级,即通过制定法律实现前述目标。对于条例出台之后产生的新问题,党和国家也制定了相关法规、政策加以解决,这些法规、政策中的好的做法、制度措施也需要通过制定法律加以整合。

三、2006 年《中华人民共和国公务员法》的实施

2005 年 4 月 27 日第十届全国人民代表大会常务委员会第十五次会议通过《公务员法》,标志着新中国公务员制度以法律形式确立。新的公务员法将依法履行公职、纳入国家编制、由国家财政负担工资福利的工作人员,包括党的机关、人大机关、政协机关、民主党派机关人员、审判机关以及检察机关人员均纳入公务员的序列。自此开始,我国公务员制度开始形成以公务员法为主体,由大量单项法规、实施细则,以及相关规范性文件构成的规范体系。

公务员法规定了公务员的条件、权利与义务、职务与级别、录用、考核、职务任免、职务升降、奖励、惩戒、培训、交流与回避、工资福利保险、辞职辞退、退休、申诉控告、职位聘任和法律责任,包括了公务员管理的所有环节。由此,我国公务员管理必须依据公务员法的规定,公务

员管理制度的改变也需要在修改法律或者获得法律授权的前提下方可进行。

四、2019年新《中华人民共和国公务员法》的实施

随着中国特色社会主义进入新时代，对公务员队伍的建设和管理提出了若干新要求，公务员法的规定也出现了不符合新形势、新要求的内容，需要根据新形势、新要求予以修订完善，主要有以下几个方面：一是贯彻习近平新时代中国特色社会主义思想和党的组织路线的要求。习近平新时代中国特色社会主义思想明确了新时代党的组织路线，对公务员管理提出了一系列新思想和新要求。具体内容包括：提出了从严治党和从严监督管理干部的要求，提出了"信念坚定、为民服务、勤政务实、敢于担当、清正廉洁"的好干部标准，提出了建设"忠诚、干净、担当"的高素质专业化干部队伍要求，提出了强化党委和组织部门在干部选拔中的责任担当、防止"带病提拔"等一系列新思想、新要求。①这些新思想和新要求通过修订体现在立法层面。二是落实职务与职级并行的重大决策部署的需要。党的十八届三中全会明确提出要推行公务员职务与职级并行制度，这一制度是党中央的重大决策部署，与公务员制度息息相关，需要对公务员法相关条文进行修订。在一定意义上，推行该制度是修改公务员法的直接动因。三是贯彻落实党管干部和对党的十八大以来公务员法管理创新成果制度化的需要。党的十八大以来，党中央和习近平总书记对加强党对公务员的集中统一领导提出了新的要求，需要将坚持党对公务员工作的领导、党管干部的原则落实到公务员法的修订中。同时，党的十八大以来也形成了若干公务员管理的新经验和新成果，需要在修法中予以体现。

---

① 参见郝玉明：《新公务员法基本特征与制度展望》，载《新视野》2020年第2期。

　　2018 年 12 月 29 日第十三届全国人民代表大会常务委员会第七次会议通过了修订的《公务员法》,于 2019 年 6 月 1 日起施行。此次修改有以下几个方面的核心内容:一是完善了职务与职级并行制度。这次修订,改变了原公务员法将公务员分为领导职务和非领导职务的管理模式,将厅局级以下所有公务员群体全部纳入职务与职级并行的范围。这一制度的核心就是取消原公务员法中的非领导职务,将之转化为职级,领导职务直接转化为职级。与此相应,中共中央办公厅颁布了《公务员职务与职级并行规定》,明确了基本制度以及专业技术类、行政执法类公务员职级设置办法。二是完善了公务员分类管理制度。1993 年的公务员暂行条例和 2005 年的公务员法均对公务员分类管理制度作了规定。2016 年中央批准的《专业技术类公务员管理规定(试行)》和《行政执法类公务员管理规定》,终结了单一综合管理类的管理模式,完善了分类管理规定,并明确将这两类公务员也统一纳入职务与职级并行的制度。三是完善了从严管理的规定。新公务员法将从严管理贯穿于干部队伍建设管理全过程。新公务员法、监察法和中国共产党纪律处分条例等相互衔接,扎牢了从严治理的"笼子",主要措施有:将"惩戒"一章修改为"监督与惩戒",并对相关条款进行了修改完善;修改完善了纪律约束的内容,完善了任职回避、地域回避和离职后从业限制等重点监督措施;完善了责令辞职的规定等。四是完善了公务员激励制度。新修订的公务员法还完善了正向激励、关心关爱的内容,主要内容有:健全了考核评价机制,新增了考核方式,强化了考核结果运用;规定将定期奖励和及时奖励结合,突出奖励的时效性,增加"勇于担当"为奖励情形;完善权益保障机制,对公务员加班补休补助和保险规定作了完善;完善了公务员申诉控告的内容,增加了对诬告、陷害他人的法律责任的规定,等等。

第二节　不同时期公务员制度的实施状况①

一、1993 年《国家公务员暂行条例》实施效果

1993 年《国家公务员暂行条例》及其相关配套制度颁布实施后,各级行政机关按照时任总书记江泽民在党的十四大上提出的"尽快推行国家公务员制度"的要求,采取整体推进、重点突破、自上而下和稳步实施的方法,使公务员制度推进工作取得了显著成效。②主要体现在以下几个方面:

一是职位分类制度有效实施。职位分类制度是公务员制度的首要环节,也是各项管理制度的重要基础。条例实施以来,中央和地方行政机关均按照"三定"规定,建立起结构合理、职责明确的公务员职务、等级序列。

二是考试录用制度有效实施。从 1994 年开始,考试录用制度在全国全面推行。该制度的有效实施,形成了主任科员以下必须经过考试才可进入的良好局面,有利于优秀人员进入公务员队伍。

三是考核制度有效实施。各地各部门都结合自身实际制定了具体实施办法,将定性和定量相结合、平时与定期相结合,并将考核结果作为增加工资、晋升职务职级、交流轮岗和辞职辞退等的重要依据。考核制度的推行极大提高了公务员的积极性,提升了公务员管理的科学性、有效性。

四是轮岗回避制度有效实施。1996 年,人事部出台《国家公务员职

---

① 2019 年新《公务员法》自 2019 年 6 月 1 日起实施,其实施时间较短,实施效果尚有待研究。

② 参见丁向阳:《国家公务员制度基本建立》,载《中国人才》1997 年第 10 期。

位轮换(轮岗)暂行办法》,对轮岗工作进行了规范,并召开会议进行专门部署,推动了从中央到地方直至乡镇的轮岗。1996年全国共有52000多名公务员进行了轮岗。①轮岗制度的实施,增强了公务员的综合素质,优化了人员结构,有力激发了机关活力,也对党风廉政建设起到了积极作用。

五是竞争上岗制度有效实施。一些地方在公务员职务晋升过程中,推行了竞争上岗的方式。一些单位,通过公布空缺职位、人选条件、报名推荐、笔试、演讲、答辩等公开竞争的程序决定人选。该制度在当时拓宽了人才选用任用的渠道,使一些优秀人才脱颖而出。

六是辞职辞退制度有效实施。该条例实施4年以来,全国共辞退公务员5500多人,辞职的公务员共有16000多人。②该制度的有效实施,改变了公务员队伍能进不能出的局面,形成了可进可出的新机制,有利于提升公务员队伍的活力和整体素质。

二、2006年《公务员法》的实施效果

以公务员法为主体的制度体系,在完善公务员管理,建设高素质公务员队伍方面取得积极成效,在提升国家治理能力方面起到了积极作用。其一,公务员管理基本实现了有法可依、有章可循。以公务员法为主体,先后制定了涵盖公务员录用、考核、职务任免和升降、奖励、惩戒、回避、培训、调任、辞职、辞退、申诉和聘任等30多个配套法规政策,形成了较为完备的制度体系,公务员的进入退出、教育培训、考核评价和激励约束机制不断完善。其二,极大促进了公务员结构优化。公务员考录制度坚持"凡进必考"的原则,从源头上确保了公务员队伍的高素质,公务员的来源、经历、专业、学历结构等得到极大优化。其三,公务员素质能力得到提升。③

---

① ② 参见丁向阳:《国家公务员制度基本建立》,载《中国人才》1997年第10期。
③ 《中国人大》记者:《中国公务员制度的重大改革和完善》,载《中国人大》2019年第3期。

随着我国公务员管理的实际需要,部分制度在个别地方探索试点,部分制度根据实践检验也进行了相关调整、变革和完善,主要内容如下:

一是对职位分类制度的试点。2006 年《公务员法》第十四条规定,"国家实行公务员职位分类制度。公务员职位类别按照公务员职位的性质、特点和管理需要,划分为综合管理类、专业技术类和行政执法类等类别"。国务院可以增设其他职位类别。①2010 年,深圳进行了职位类别试点,将行政执法类非领导职务序列分为一到七级执法员。该试点为公务员职位分类制度积累了有效经验,但是尚不具备向全国推广的可能,需要进一步在实践中完善。

二是对竞争上岗制度的调整。一些规定制度经过实践检验后,根据实施效果需要对原来规定的制度进行调整完善。其中,公务员竞争上岗制度就是一个典型的例子。2006 年《公务员法》第四十五条第一款规定:"机关内设机构厅局级正职以下领导职务出现空缺时,可以在本机关或者本系统内通过竞争上岗的方式,产生任职人选。"②之后,2010 年出台的《2010—2020 年深化干部人事制度改革规划纲要》进一步强调"完善公开选拔、竞争上岗制度,积极探索多种形式竞争性选拔干部办法",并规定"到 2015 年,每年新提拔厅局级以下委任制党政领导干部中,通过竞争性选拔方式产生的,应不少于三分之一"。实践中,中央国家机关和地方纷纷推动竞争性选拔干部的做法。虽然竞争性选拔的初衷是为了打破论资排辈现象,使优秀人才脱颖而出,但是在实际操作中暴露出一些问题:首先,一些单位和部门将此作为唯一的选拔方式,将常规性选拔弃而不用。这事实上构成了对公务员法的违反。其次,选拔唯分、唯票取人,导致对实际工作能力、工作业绩的忽视。尤其是在打分、投票环节出现了拉票等不正当行为。最后,通过竞争性选拔的一些干部,素质不高,干部群众反

---

① 《中华人民共和国公务员法》第十四条。
② 《中华人民共和国公务员法》第四十五条第一款。

应强烈。针对上述弊端，党的十八届三中全会通过的《中共中央关于全面深化改革若干重大问题的决定》对此进行了纠偏，提出改进竞争性选拔干部办法，改进年轻干部培养选拔机制，区分选任制和委任制选拔方式，克服唯票、唯分取人现象。因此，竞争性上岗方式基本被叫停。

三是对干部任职制度的调整。在实践中，公务员"能上不能下"成为饱受人们诟病的问题。2006 年公务员法规定降职的条款只有一条，2006年即《公务员法》第四十七条："公务员在定期考核中被确定为不称职的，按照规定程序降低一个职务层次任职。"[1]同时，《党政领导干部选拔任用工作条例》等党内法规也只是规定了"能上"的规范，对于"能下"则未有规定。由于制度的不完善，领导干部"不能下"的问题成为公务员管理中的顽疾。直到 2015 年 7 月，中共中央办公厅《推进领导干部能上能下若干规定（试行）》颁布后，才从制度上系统地对领导干部能下的具体情形和程序作了明确规定，有利于形成良好的用人导向，为从制度上解决"为官不正、为官不为、为官乱为"的问题提供了制度保障。

四是对干部交流制度的完善。2006 年《公务员法》第六十三条规定，公务员可以在队伍内部进行交流，也可以与国有企业、事业单位、人民团体和群众团体从事公务的人员交流，方式主要包括调任、选任和挂职锻炼。这一制度在实践中逐步得到完善。在基层与上级机关交流方面，主要有公开遴选和公开选调的方式。前者是指市（地）以上机关从下级机关公开择优选择内设机构公务员，后者是指从党政群团机构选任国有企业事业单位人员。同时，国家也注重选派公务员到基层、到艰苦地区、到国有企业事业单位锻炼，国有企业人员也可以到党政机关进行锻炼。可以说，目前公务员和国有企业事业单位人员交流的渠道畅通，干部交流制度也起到了锻炼干部才干的积极作用。

---

① 《中华人民共和国公务员法》第四十七条。

五是对激励与约束制度的完善。在公务员制度中,坚持奖罚分明的原则,既有奖励的规定,也有惩戒的规定。在奖励方面,2008 年出台了《公务员奖励规定(试行)》,2015 年中央出台了《关于县以下机关建立公务员职务与职级并行制度的意见》等。这些制度的实施,提高了公务员积极性,畅通了县级以下公务员的上升通道。在惩戒方面,2009 年出台的《关于实行党政领导干部问责的暂行规定》、2010 年中共中央组织部出台的《关于进一步做好领导干部报告个人有关事项工作的通知》、2014 年修订的《党政领导干部选拔任用工作条例》,均对领导约束和惩戒制度作了完善,强化了对领导干部的监督和约束。

第三节　完善公务员制度的建议

一、增加工人农民等人民群众在各级人大中的比例

党的十八大报告提出:"提高基层人大代表特别是一线工人、农民、知识分子代表比例。"①只有提高工人农民在全国人大代表中的比例,才能够提高他们在全国各级人大的话语权,真正形成有效保障工人农民群体利益的制度体系,有效维护作为中国共产党执政基础的广大工人农民群众的利益,才能有效维护我国宪法规定的"工人阶级领导的、以工农联盟为基础的人民民主专政的社会主义国家"的国体稳固不变。

二、所有公务员均由中央统一考试选拔任用并进行考评

为保障公务员对国家利益、中华民族根本利益和中国人民利益的绝

---

① 《人民日报重要报道汇编》编辑组编:《认真学习党的十八大精神　人民日报重要报道汇编》,人民日报出版社 2012 年版,第 27 页。

对忠诚，消除地方因素对公务员选拔的影响，建议所有公务员均由中央进行考试选拔并由中央或者其设在地方的考评机构进行考评。这样将使干部在身份上消除地方的痕迹，强化其国家意识和全局意识，有助于促使干部从中央、全国和中华民族、中国人民根本利益的立场和视角履职尽责，不被地方利益和地方集团束缚。

三、对县市主要领导和领导班子进行政绩投票

可以考虑在县和县级市主要领导和领导班子任职届满时，由当地居民开展政绩投票评价，并将其作为干部考核评价工作的重要内容。这里的主要领导是指党政一把手，领导班子主要指党委常委班子。评价的内容主要是过去几年的政绩，一般需要被评价者任职二年以上。这一评价由上级组织部门实施，评价结果由上级组织部门掌握，并斟酌是否公布，对被评价者具有实质影响。这一建议将为干部选拔和晋升提供科学的决策依据，也有利于党对干部的领导和人民当家作主的充分发挥，有助于社会主义民主政治建设。

四、对公务员实施供给制

可以考虑对公务员住房待遇采取供给制方式。在国有企业和党政机关恢复公房制度，给予本单位成员子女不可继承的，至夫妻双方去世为止的居住权。这个措施将有利于解决新进公务员购买住房的后顾之忧，这个制度也可以适用于已有住房的公务员，前提是必须合理退出其原有政策住房。其他方面的待遇也可以考虑实施供给制而非货币分配制，消除公务员的不合理的贫富差距。这一制度的实施，将有助于减轻公务员住房购买和实现其他方面需求满足的压力，使公务员获得体面干净的生活，有助于队伍的稳定、廉洁。

五、要加强公务员的理想信念、道德教育和德性培养

实践证明，"建国君民，教学为先"，深刻说明了道德和德性教育的重要性。从一些公务员腐败案例的因素分析，体制机制的不健全是产生腐败的社会原因，是外因；而公务员和领导者理想信念的缺失、自身私欲的膨胀和腐朽的道德观是腐败产生的思想原因，是内因。内因是事物发展变化的根源和第一位的原因，是事物存在的深刻基础。因此，要根除腐败，就需要提高公务员的理想信念、道德素质和责任观念，培养领导者的美德和德性，真正贯彻落实"德才兼备、以德为先"的人才选拔标准，同时要在国民教育和公务员教育中强化理想信念、道德教育和德性修养，加强公务员的理想信念和道德教育、德性修养，为我国国家治理和民族复兴提供一直道德素质和业务素质过硬的公务员队伍。

第十四章　基层治理制度改革的法治实践

我国的基层治理制度包括城市居民委员会组织制度与村民委员会组织制度,两者在近年来都有较大发展。随着城市发展和乡村治理程度的提高,基层治理制度未来还有更广阔的发展空间。

第一节　城市居民委员会组织制度

一、城市居民委员会组织制度的历史发展

《城市居民委员会组织法》于 1989 年 12 月 26 日由第七届全国人民代表大会常务委员会第十一次会议通过,1989 年 12 月 26 日中华人民共和国主席令第二十一号公布,自 1990 年 1 月 1 日起施行。1954 年 12 月 31 日全国人民代表大会常务委员会通过的《城市居民委员会组织条例》同时废止。

2018 年 12 月,第十三届全国人大常委会第七次会议表决通过关于修改村民委员会组织法的决定,修改的主要内容为:村民委员会每届任期五年,届满应当及时举行换届选举;村民委员会成员可以连选连任。同时,十三届全国人大常委会第七次会议表决通过修改城市居民委员会组

织法的决定,规定居民委员会每届任期五年,其成员可以连选连任。

2021 年 8 月,民政部发布《城市社区居民委员会组织法(修订草案征求意见稿)》。

二、城市居民委员会组织制度的改革方向

修改城市居民委员会组织法纳入了十三届全国人大常委会立法规划第二类项目。关于此次修改的内容,全国人大代表曾提出立法改革的方向:

第一,建议制定《社区应急管理法》。社区在应对突发公共事件中存在管理水平较低、规范缺失等短板,物业管理运行与社区服务保障之间存在不协调的问题。建议制定《社区应急管理法》,明确社区应急管理的启动条件和管理措施,建立社区与物业临时应急状态下管理与被管理的机制,明确对物业公司应急状态下投入的人力物力资源予以补偿或奖励。民政部表示,将在修改《城市居民委员会组织法》中增加居民委员会在应急管理工作中的职责等内容。

第二,将"城市居民委员会"改为"城市社区居民委员会",明确社区居委会的法人地位,设立居委会独立的资金账户,进一步厘清居委会职能、规范运行机制、强化保障机制等。进一步明确"社区"的法律概念,明确划分政府与居委会的职能范围,实现政社分开;根据社区面积、人口规模等综合因素合理设置居委会;加强社区社会治安防控体系建设。

第三,为加强和完善城乡社区治理,建议制定《城乡社区治理促进法》,明确城乡社区的定义和治理基本原则,建立城乡社区治理体系,明确基层党组织、政府、群众自治组织以及社会组织和驻区单位的职责作用,规范城乡社区服务,规定城乡社区工作者的职责权利等。[1]

---

[1] 《全国人民代表大会社会建设委员会关于第十三届全国人民代表大会第三次会主席团交付审议的代表提出的议案审议结果的报告》,载中国人大网,http://www.npc.gov.cn/npc/c30834/202010/5915bc94f5734a738595b897827a7752.shtml。

在具体的立法过程中，主要有以下几个方面的特点。

第一，推动全过程人民民主在基层落地。"全过程人民民主"理念与形态，是对中国式民主在实践中所形成的新理念新形态的一种高度概括与抽象，丰富了关于民主的认识。在我国基层民主实践中，各地围绕这些环节推出了诸多创新举措。例如，在民主选举环节，随着城市居民委员会组织法与村民委员会组织法的颁布实施，村（居）委会选举成为中国基层政治参与的重要形式。不少地方在村（居）换届选举中，基于当地实际探索推出了"公推直选""两推一选""竞选承诺""负面清单"等做法，成为基层民主政治建设的重要创新；在民主决策环节，一些地方推出的"村级重大事项决策制度"，规定重大事项必须执行村级"两会制"，确保了决策事项、决策过程和决策结果的全面公开；在民主管理方面，有些地方推出了"民情恳谈会""网格议事委员会""乡贤治理委员会"等多种民主管理形式。全过程人民民主，是一种动态的、不断创新完善的民主，正是这种改革创新赋予了基层民主应有的活力。①

第二，积极推进基层社会治理城乡一体化。适应和推动村委会与农村集体经济组织"政社分离""政经分离"的改革，让政治的归政治、经济的归经济，剥离村民自治组织原来负有的农村集体经济组织的权能，使村民会议、村民代表会议、村委会和村民小组会议等成为与农村集体经济组织同时并存但有区别的村民自治组织。统一居委会和村委会换届选举的程序和方法，从选民登记、候选人产生到投票选举均适用城乡无差别的同一规范。选民登记原则上以经常居住地为选民登记地。消除社区民主决策、民主管理和民主监督规范形式的城乡差别。取消户代表组成的村民会议形式，城乡都实行 18 周岁以上未剥夺政治权利的村（居）民参加的村（居）民会议的形式。②

---

① 《推动全过程人民民主在基层落地》，载中国人大网，http://www.npc.gov.cn/npc/c30834/202108/c021470248394673878cdb3358f87fa1.shtml。

② 参见唐鸣、杨婷：《基层社会治理现代化、城乡一体化与"两委"组织法的修订》，载《江汉论坛》2021 年第 6 期。

三、改革中尚存的现实问题

1. 居民委员会缺乏全面的民事能力

居民委员会组织法中规定其主要职责是加强宪法、法律、法规和国家政策的宣传与贯彻,组织基层居民加强精神文明建设,打造和谐美好的生活环境,为社区建设做好公共服务事务和公益事业,调解基层居民纠纷,向属地政府或它的派出机构反映居民的意见、要求和提出建议。这些职能中未直接明确居民委员会的诉讼主体资格。《民法典》第一百零一条中规定,村民委员会在未设立村集体经济组织的情况下,可以依据法律规定代行村集体经济组织的相关法定职能。但是,居民委员会没有被授予此项职能,无法直接参与集体经济活动,更不能因为参加经济活动而直接参与司法诉讼活动。民法典中没有规定居民委员会的法定代表人,城市居民委员会组织法也没有相关规定,因此居民委员会相关民事能力无法全部参照法人,在社会治理中,使得居民委员会不能与居民形成平等主体,不利于构建共建的格局,使得基层社会治理存在自治不足。

2. 居民委员会的自治功能属性不清

社区是城市居民的自治组织,其治理的结果影响到市域社会治理的效果。但是从实地调研情况来看,自治功能发挥不够明显,主要是法律规定不健全。民法典规定法人、非法人组织必须依照法律或者章程规定,按照既定的议事方式和表决程序作出的决议具有法律效力。居民委员会组织法规定了居民委员会的选举、组成人员,以及少数服从多数的议事原则,但并未详细规定居民委员会在从事相关职能工作时的职权事项、决议程序出席人数、决议通过要求及决议效力,没有统一的决议,在进行自治的过程中就难以形成共识,容易形成居民委员会的单方行为,不能充分吸取居民的建议或意见,严重削弱居民委员会的自治功能。

3. 居民委员会存在民事行政属性的混同

社会治理与社会管理有重大区别,社会治理不是由政府包揽全部社会事务,而是充分发挥社会主体的治理作用。但是,由于当前居民委员会的人事、经费甚至办公场所都依赖于政府提供,政府通过这些事项,间接影响居民委员会的自治空间,居民委员会主要以执行上级命令为主,街道办事处及相关部门都对居民委员会进行考核,比如,将拆违、安全、交通等各方面的行政管理事务转交给居民委员会,社区在开展这些工作就自然会略显浓厚的行政色彩。虽然居民委员会组织法中规定居民委员会要协助政府履行相关职能,但是履行这些行政性质的事务就会严重挤压居民委员会的自治空间。[①]

第二节　村民委员会组织制度

现行村民委员会组织法是 2018 年 12 月 29 日第十三届全国人民代表大会常务委员会第七次会议通过的《关于修改〈中华人民共和国村民委员会组织法〉〈中华人民共和国城市居民委员会组织法〉的决定》修正后的立法。

在现有立法的基础上,我国的立法规划主要包括:

第一,修改《村民委员会组织法》纳入了十三届全国人大常委会立法规划第二类项目,由国务院提请审议,社会委负责联系。目前已完成第一步修改,即"法定任期由 3 年改为 5 年"。

第二,关于制定《城乡社区治理促进法》的议案 1 件(通过修改《村民委员会组织法》吸收议案内容,解决所提问题)。

---

① 参见陈秀平、吴雅晴:《依法完善居民委员会市域社会治理主体功能探析》,载《齐齐哈尔大学学报(哲学社会科学版)》2021 年第 8 期。

关于此次修改的内容,全国人大代表提出了立法改革的方向:

第一,修改《村民委员会组织法》,完善村民会议会期制度、健全罢免村委会成员相关规定、完善选举登记有关要求、建立工资报酬保障机制等。

第二,为加强和完善城乡社区治理,建议制定《城乡社区治理促进法》,明确城乡社区的定义和治理基本原则,建立城乡社区治理体系,明确基层党组织、政府、群众自治组织以及社会组织和驻区单位的职费作用,规范城乡社区服务,规定城乡社区工作者的职责权利等。[①]

根据立法规划,学界主要讨论了两个方面的问题:

第一,村民委员会行政性强,效率低下。因我国城乡基层行政机关人员有限,城乡基层行政事务长期以来委托相关社会组织代为行使,尤其在城乡分别设立了居民委员会和村民委员会后更是如此,二者遂具有了行政化特性。早在村民委员会设立之初,因村民委员会日常经费往往由村民自己承担。

第二,主要农村组织的重构。部分农村社区设立的具体承担行政事务的社区工作站,可以解决村民委员会长期具有行政化特性的弊端。同时,农村现实中已经出现了各类农村组织,且具体承担了本村庄内的部分农村公共事务管理职能,此种现实无疑与村民委员会所承担的农村公共事务管理职能相重复。为此,在借鉴城市社区建设的有益经验后,农村社区建设试点工作中往往构建了包括社区居民和社区内所有组织代表(即驻区单位代表)的社区委员会,替代了村民委员会职能,因此种实践经验有力避免了村民委员会多年来所存在的弊端,未来立法应当予以采纳。[②]

---

① 《全国人民代表大会社会建设委员会关于第十三届全国人民代表大会第三次会主席团交付审议的代表提出的议案审议结果的报告》,载中国人大网,http://www.npc.gov.cn/npc/c30834/202010/5915bc94f5734a738595b897827a7752.shtml。

② 参见冯乐坤:《村民委员会的反思与重构——以城乡社区建设实践经验为基础》,载《海峡法学》2021年第2期。

第三节　物业管理制度

现行《物业管理条例》是根据 2018 年 3 月 19 日《国务院关于修改和废止部分行政法规的决定》第三次修订。

关于现有立法，我国学界讨论了以下两个方面：

第一，完善立法。《物业管理条例》侧重于规定对物业服务企业违反法律强制性规定的行政处罚，对平等主体之间的民事责任问题规定不明确。涉及第三人侵权时，对物业服务企业是否应当承担民事责任以及应当承担何种责任的规定比较欠缺。我国应提高立法水平，尽快制定专门的物业管理法。在立法上应侧重于反映物业服务管理关系的民事性质，确定物业服务企业安全保障。从长远来看，不仅要颁布物业管理法，还应建立一套完善的物业法律法规体系，结合我国的综合国情、社会经济的发展，各地区建立适应市场需求的地方性法规。

第二，物业服务企业加强自身监管。物业服务企业要加强细节工作，如全面履行安全保障义务，首先要有健全的消防管理制度，配备相关消防技能的专业员工，并定期开展消防培训，制定消防计划，确保消防通道和小区出口畅通，在道路上标明消防通道。禁止小区业主车辆乱停乱放，禁止杂物堵塞楼道。应用明显的标志标明消防设施，定期检查、更换和维护消防设施。在发生火灾时，除及时报警外，还应有效地协助相关部门疏散、救援人员。[1]

物业管理条例暂时没有立法规划。现在存在的问题主要有以下两个方面：

---

[1]　孙殿铭：《第三人侵权情形下小区物业服务企业的安全保障义务》，载《黑龙江人力资源和社会保障》2021 年第 14 期。

第一,成立业主委员会的比例低。例如,2021 年杭州市住宅小区成立业主委员会的比例不到 50％,尤其是大量老旧小区没有成立业主大会和选举产生业主委员会。业主参与和配合管理意识淡薄,业主大会和业主委员会成立难、作用发挥难,业主自治缺乏操作性规程。在尚未成立业主大会、业主委员会运作失灵、业主委员会换届选举、老旧小区推行物业管理等情形下,物业管理难以有效进行。

第二,物业管理规范不清。一是监管体制机制尚待理顺,镇办和社区监管断层。二是行政部门的物业管理职责不清晰,管理、执法难进社区。三是老旧小区水、电、暖等专业设施归口管理责任不清。①

---

① 王春:《〈杭州市物业管理条例〉适应新形势再修订制度创新打通物业管理堵点》,载北青网,https://t.ynet.cn/baijia/31732521.html。

第十五章　人民法院、检察院机构改革的法治实践

党的十八大以来，以习近平同志为核心的党中央从全面推进依法治国、建设有中国特色社会主义法治道路的全局视角，就深化司法体制改革、完善周边配套制度作出了一系列周密的部署安排，以提升司法公正和司法公信力，改进制约司法能力的机制性障碍。人民法院、检察院机构改革由此提上议事日程。

第一节　人民法院机构改革

长期以来，我国的法院系统一直按照行政机关的科层制模式进行设置并开展运作，行政职能和审判职能混同，司法行政化倾向明显，[①]主要表现为组织体系和决策机制的科层化，自上而下按照院长—副院长—庭长—副庭长—科员的组织架构，就各自职能范围的司法事务按照向上负责的科层制逻辑层层落实职务责任，导致司法行政管理权与审判权相互交织渗透、互相影响建构。

---

① 参见金蕾：《探求法院内设机构改革的帕累托最优——扁平化与专业化的衡平之道》，载《山东法官培训学院学报》2019 年第 2 期。

为了优化司法权力运行机制，提升审判专业化水平，中央机构编制委员会办公室、最高人民法院《关于积极推进省以下人民法院内设机构改革工作的通知》（以下简称《法院内设机构改革通知》）提出扁平化管理和专业化审判组织建设两大改革方向：其一，要坚持优化协同高效原则，在理顺职能、优化分工的基础上，精干设置内设机构……实行扁平化管理，减少管理层级，优化工作流程，提高运行质效；其二，各级人民法院可以根据审判工作需要设置审判业务机构……深入推进审判权运行机制改革，落实法官、合议庭办案主体地位，提高办案质量效率……有条件的基层人民法院可在规定的内设机构总数内，根据案件数量、案件类型、办案法官、人员配备等实际情况，探索专业化审判组织的设置形式。本章结合现有的实践探讨法院的机构改革。

一、法院内设机构扁平化管理实践探索

从已有的实践来看，目前法院内设机构扁平化管理实践探索主要有以下三种典型模式：

1. 北京市第四中级人民法院的"平台"模式

北京四中院探索扁平化管理的主要路径是对原有管理部门进行功能整合和资源优化配置，形成以四大工作平台为基础的内设机构管理模式，即分别依托法官委员会、审判委员会、司法服务办公室和综合行政办公室，分别构建法官自治管理平台、审判业务综合管理平台、内外司法服务综合管理平台和审判保障服务平台。①

2. 成都市中级人民法院的"大部制"模式

成都中院的大部制改革主要是以调整中层管理平台为切入点，贯彻业务下沉、管理上收的精神，按照业务管理平台、行政事务管理平台及综

---

① 参见叶爱英、张奇：《偏离与回归：审判中心视角下法院内设机构改革路径研究——以诉讼时间轴与内部权力的四元分为基础》，载《中国应用法学》2017 年第 6 期。

合管理平台三种类型进行机构整合。在业务管理平台层面，按照商事、民事、刑事、行政设四大审判部门，将原设十余个审判业务庭归并入这四个内设单位，虚化传统审判庭管理职能，同时建设专业化审判团队，并使之成为一级管理主体。①在"大部制"模式下，以往"院长—分管领导—庭长—副庭长—审判团队"的五级管理结构就可以简化为更为扁平化的"院—审判部门—审判团队"三级管理模式。②

3. 珠海市横琴区人民法院取消审判庭模式

珠海市横琴区人民法院在内设机构改革方面更为大胆的做法是取消了传统审判庭的设置，取消院长、庭长审批制，以专职法官为中心建立审判团队。与此类似，深圳市前海合作区人民法院同样取消审判业务庭的行政建制，以作为审判团队长的法官名字命名建立专业化审判团队。③

由上可知，针对长期以来司法行政化的弊病，根据《法院内设机构改革通知》的精神要旨，法院内设机构改革的主要方向在于合理调整机构设置（包括合并、裁撤、新增等各种合理化调整）、科学划分机构职能、明确管理岗位职责、审判职权的放权与控权、审判团队建设，以及职能部门的管理与服从等。④

二、专业化审判组织建设实践探索

法院机构改革的重中之重在于探索建立符合现代法治需求的专业化审判组织，法院内设机构改革的目标也在于更好地服务以审判为中心的司法权力运行机制。最高人民法院发布《人民法院第四个五年改革纲要

---

① 参见龙宗智：《法院内设机构改革的矛盾及其应对》，载《法学杂志》2019 年第 1 期。
② 参见张静、易凌波：《司法改革背景下基层法院内设机构的整合与重构——基于 S 省 C 市法院"大部制"改革的实证分析》，载《法律适用》2018 年第 5 期。
③ 参见陈雅凌：《法院内设机构的"扁垂双轨"改革》，载《人民司法》2019 年第 13 期。
④ 成都市中级人民法院课题组：《回归审判独立的理性界址：现行法院内设机构运行的问题与思考——以 C 市两级法院为样本》，载《中国应用法学》2017 年第 6 期。

（2014—2018）》（以下简称四五改革纲要），对专业化审判的内在维度有过详细描述：其一，确保庭审在保护诉权、认定证据、查明事实、公正裁判中发挥决定性作用；其二，落实审判责任制，做到让审理者裁判，由裁判者负责。另外，根据最高人民法院《关于进一步推进案件繁简分流优化司法资源配置的若干意见》，推广专业化审判的关键在于根据案件的不同类型确定审理类型化案件的专业审判组织。这在实践中主要表现为两种层次的专业化审判组织形态：

1. 专业化审判团队

现代社会纠纷类型纷繁复杂，相对应的部门法和审理逻辑也往往不同。比如，家事纠纷涉及当事人的隐私性、伦理性；环境纠纷则涉及复杂的公共利益和政策权衡，同时还带有跨区域性和跨部门管辖的问题；涉及未成年人的相关案件需要在未成年人保护和相关法益之间进行综合评判；而金融纠纷则同时涉及当事人权益和国家金融秩序，等等。根据《法院内设机构改革通知》中规定，专业化审判组织建设应根据案件数量、案件类型、办案法官、人员配备等实际情况，探索专业化审判组织的设置形式。在实践中，常规法院内部已经初步形成了包括专业化合议庭和专业化法庭等各种形式的专业化审判团队。比如，少年法庭、家事法庭①、金融法庭②等等。与此同时，以专业化合议庭的方式组建专业化审判团队也是重要的实践方向。比如，深圳市福田区人民法院以固定合议庭为基础，组建以主审法官为核心的新型审判团队。③

另外，在特定案件规模和重要性较为突出的类型案件中，根据实践需要，设置相应的专门法院也成为当前实践的一大特点。

---

① 参见程新文：《家事审判改革试点工作回顾与前瞻》，载《中国妇女报》2017 年 10 月 18 日，第 B01 版。

② 参见肖波：《深圳金融法庭敲响第一锤》，载《人民法院报》2018 年 1 月 17 日。

③ 参见叶爱英、张奇：《偏离与回归：审判中心视角下法院内设机构改革路径研究——以诉讼时间轴与内部权力的四元划分为基础》，载《中国应用法学》2017 年第 6 期。

2. 专门法院

专门法院在我国的司法建制中并非新生事物，不过，传统上我国专门法院的设置并不是按照专业化分工的司法逻辑展开的，而是按照行政化"条块"划分的逻辑加以建构的。随着国家治理机制的转型，除了少数具有自身独特存在价值（如军事法院）或者能够顺应专业化发展方向的专门法院（如海事法院）得以留存外，这种按照"条块"划分的专门法院建制渐渐退出了历史舞台，如森林法院、农垦法院、油田法院、水上运输法院、铁路运输法院，等等。取而代之的是各种以专业化分工为前提的专门法院，其中以知识产权法院、金融法院和互联网法院最具代表性。

如前所述，随着法院内设机构改革和扁平化行政管理举措的推行，法院内部机构精简、领导职数下降，在"案多人少矛盾大"的司法背景下，这对地方法院系统的人力资源储备实际上有一定负面作用。但新建一个专门审判机构不仅意味着岗位编制、干部职数和行政、人力资源配置的增量，还带动审判资源的优化配置，具有积极意义。

专门法院建设在本质上是国家治理架构嵌入司法机构建设的结果，传统的专门法院建设体现的是"条块"化的国家治理架构，而当前的专门法院建设则体现了法治化和专业化特质。比如，为了克服地方保护主义对司法公正的不当侵蚀，党的十八届三中全会提出"探索建立与行政区划适当分离的司法管辖制度"，具有跨区划管辖特点的铁路运输法院就成为撬动司法去地方化改革的一个有力支点，适合被改造为跨行政区划对"民告官"的行政诉讼案件进行集中专门管辖的专业法院；而知识产权法院建设和金融法院建设则与国家专业行业领域的功能分化和地缘特征密不可分。①

---

① 参见吴英姿：《治理能力现代化视阈下的专门法院建设》，载《法治现代化研究》2021 年第 3 期。

第二节　人民检察院机构改革

2016 年 8 月，中央编制办公室和最高人民检察院联合印发《省以下人民检察院内设机构改革试点方案》，正式启动地方检察官内设机构改革的实践探索。改革实践取得了多方面的经验和成就，但也暴露出不少问题，最为关键的问题就是各地改革进度不一，对机构改革的方向和内在逻辑把握不到位，在规范性和操作性层面有待统一。为了更好地对检察院内设机构改革进行统一规范，就要求最高人民检察院从顶层设计层面统一部署，树立典范，推进四级检察院机构改革。[①]

2018 年 12 月 4 日，经中央批准，《最高人民检察院职能配置、内设机构和人员编制规定》施行。最高人民检察院党组立即着手实施改革工作。同年 12 月 24 日，最高人民检察院的检察官、检察辅助人员和司法行政人员全部分类定岗，重新调整分配到第一至第十检察厅及相关职能部门，按照新的检察权运行和检察职能行使机制开展工作。[②]具体包括以下几方面内容：

一、检察权运行机制从"分段式"转向"检察一体"

在权力运行模式上，传统的检察权设置带有明显的"分段式"特质，比如，一个完整的刑事检察权在权力逻辑上被分段切割为侦查权、侦查监督权、公诉权、刑事执行监督权，以及刑事申诉监督权等数段，而这些分段切割的权力类型又各自依托独立建制的部门机构。传统检察权设置在职能

---

① 参见《内设机构改革势在必行恰逢其时》，载《检察日报》2019 年 1 月 7 日。

② 参见姜洪：《最高检组建十个业务机构　突出系统性整体性重构性》，载《检察日报》2019 年 1 月 4 日。

分工上交叉重合,在职能对接上却又各自为政,存在部门壁垒,难以形成制度合力,而内设机构改革的目的就是改革这种"分段式"的权力设置模式,以"检察一体"模式优化职能配置,在权力分工配合上形成制度合力。相应的,每一位检察官也不再只是检察权运行"流水线"上的一枚螺丝钉,而是可以全面负责每一个案件,从提前介入引导侦查到批捕,以及后续的公诉直至刑事申诉环节。①

二、职能机构设置从"刑事独大"转向"功能均衡"

在"分段式"的检察权运行机制下,每一项刑事检察权都会对应相应的职能部门,进行相应的人员、编制匹配,这就导致传统的检察权运行在事实上形成"刑事独大"的职能体系,这与检察机关作为国家法律监督部门的功能定位是不相匹配的。2018 年《人民检察院组织法》和《刑事诉讼法》对检察职权作出了系统的调整,形成了"刑事、民事、行政、公益诉讼"四大检察职权并行的检察权运行格局。与此相适应,基于"检察一体"原则,检察机关内设机构分别以"检察一部""检察二部"等命名方式依序号次第展开。检察机关的职能逻辑也从法律监督机关的制度定位,转向刑事检察、民事检察、行政检察、公益诉讼检察的"功能均衡"。

三、办案模式从"各自为政"转向"条块型"专业化办案机制

在检察权"分段式"运行模式下,案件办理往往在不同的职能部门下由不同的检察官分别实施,这会导致一部分功能重叠和重复劳动。而内设机构改革后,一类案件由一个机构、一个办案组、一名检察官负责,统一履行立案监督、侦查监督、审查逮捕、审查起诉、出庭支持公诉、补充侦查、

① 参见王凤涛:《最高人民检察院内设机构改革述评》,载《法治现代化研究》2021 年第 3 期。

审判监督,以及办理相关案件的申诉等职能。①这一改革终结了长期以来关于"捕诉分离"还是"捕诉合一"的争论。主办检察官对承办案件一路负责到底②,一方面,有利于对案件进行分类、建立"条块型"的专业化办案机制;另一方面,也有助于落实司法责任制。在此前"分段式"模式下,各个环节的检察官只负责其中一段,似乎人人有责,但实际上却容易产生相互推诿的问题。而在"检察一体"模式下,责任主体与权力主体之间有着明确的对应关系,有利于真正落实司法责任。

最高人民检察院完成内设机构改革后,检察系统的内设机构改革也按照全国标准统一、上下机构衔接的改革逻辑有序进行。其基本的改革逻辑分为三个层次:其一,最高人民检察院主要起统筹作用,确保中央的改革精神在各地方案中不折不扣地予以执行,做到上下衔接与全国统一;其二,省级检察院起到承上启下的衔接作用,对上研究清楚改革精神,对下负责监督落实;其三,市县级检察院则注重在微观层面的各个业务条线,以归口机构或专业化办案组织协同对接上级职能机构。③

第三节　人民法院、检察院机构改革的问题检讨

一、法院机构改革有待进一步理顺的实践问题

除了新设置的专门法院,当前的法院机构改革主要是通过对原有的组织架构进行调整、整合和优化配置的方式实现的。在扁平化的大方向

---

① 参见史兆琨:《因势而谋继往开来的"全面重塑":最高检恢复重建以来内设机构改革变迁启示录》,载《检察日报》2019 年 1 月 15 日。

② 参见姜洪:《全面贯彻习近平总书记重要讲话精神　推动各项法律监督工作全面协调充分发展》,载《检察日报》2019 年 1 月 18 日。

③ 参见薛江武:《检察机关内设机构改革探究》,载《人民检察》2019 年第 5 期。

下，现有的改革也根据行政条线和审判业务条线两种机构类型不同的管理逻辑作出了区分。行政性质的职能部门大体上仍按照科层制的组织机制进行管理运行，而审判业务条线则更强调减少管理层级，分散决策权，"放权于法官"。①这种变化打破了长期以来形成的组织均衡状态，带来了一系列有待进一步理顺的实践问题：

1. 法官的组织关系定位有待厘清

从单纯优化审判权行使的角度来看，当前法院内设机构改革的总体方向无疑是正确的。但是，法官并不是单纯的审判人，他还是社会人、组织人。法官的角色认同除了考虑司法权的角色特质之外，还需要考虑法官的职业尊荣感和职业成就感。就此而言，传统的司法科层制管理模式虽然具有"司法行政化"的弊端，却可以让法官对外交往的组织关系定位和晋升渠道具有可预期性。②这是因为在官本位的行政管理体制下，法官的职业尊荣感和成就感往往来自行政职级，在涉及与其他党政机关的公务往来和人才流动过程中，法官也可以按照行政职级进行对等有序的考量。③而现在进行的"法官单独序列"改革却尚未充分考虑法官与其他公务员序列之间的关联问题，这不仅对提升法官职业尊荣感和成就感存在不足，更不利于法官向其他党政机关进行职位流通。另外，法院与其他党政机关相比，本来就存在因为职级名额有限而导致晋升空间有限的问题，法院机构改革实施扁平化管理之后，领导岗位职数稀缺，这样一来，法官的晋升空间更是受到压缩。④

---

① 参见金蕾：《探求法院内设机构改革的帕累托最优——扁平化与专业化的衡平之道》，载《山东法官培训学院学报》2019 年第 2 期。

② 参见刘练军：《法院科层化的多米诺效应》，载《法律科学》2015 年第 3 期。

③ 参见林遥、李任舟：《择善与兼容：人民法院组织管理模式的择定逻辑——从科层化与扁平化的伯仲之辨切入》，载《东南司法评论》2019 年第 1 期。

④ 刘忠：《中国法院改革的内部治理转向——基于法官辞职原因的再评析》，载《法商研究》2019 年第 6 期。

2. 法官的权责边界有待明晰

法院机构改革的目的是服务于以审判为中心的司法运行机制，形成"让审理者裁判，由裁判者负责"的权责逻辑。但是，"放权于法官"究竟放到什么程度？法官又能在多大程度上对手头的权力真正负责？会不会出现司法擅断和恣意？这些问题仍有待进一步细化、明晰。

当前，司法责任制的运作逻辑试图以法官终身负责的结果责任，倒逼法官妥善行使手中握有的权力。但从约束权力的角度来看，这种权责逻辑显然是不充分的，"放权于法官"如果意味着法官完全不受监督地享有对当事人生杀予夺的巨大权力，其后果就会造成权力在个人、压力在法院、责任在领导的问题。因此，在"放权于法官"的同时还要加强对权力行使的过程监督。最高人民法院先后印发《关于落实司法责任制完善审判监督管理机制的意见（试行）》《关于进一步全面落实司法责任制的实施意见》《进一步加强最高人民法院审判监督管理工作的意见（试行）》等文件，提出要完善新型审判监督管理机制，并就如何全面落实司法责任制、正确处理有序放权和有效监管的关系提出要求。①

然而，在扁平化管理之后，在法院内部由谁来承担审判监督管理责任却成了一个颇为现实的难题。原因在于，扁平化管理削弱了原来各业务庭庭长对案件的监督管理指导职能，缩减管理层级的直接结果是院级领导将直接面对作为裁判主体的审判团队，任何审判层面的"疑难"问题都可能会不加过滤地放在院领导面前，这仅从工作量角度来看都可能是法院的院级领导层所不可承受之重。这一现实在实践中可能会倒逼出两种权责边界不明的现象：一方面，法院的院级领导层因为精力有限而"管不了"，而业务庭层级的部门领导对"烫手的山芋"则主观上"不愿管"，客观上"不敢管"，导致审判监督管理形同虚设；②另一方面，对于有利益驱动

---

① ②　参见上海市闵行区人民法院课题组：《构建新型审判监督管理制度的路径分析——以法院内设机构改革的典型实践为样本》，载《上海法学研究》2020 年第 3 期。

的案件,上级领导依然可以通过"并非外在性的、暴力化的和违法性的,恰恰相反,更多时候往往是内在性的、自然而然的、合法化的"的隐性权力安排,进入案件实体裁判领域。①

3. 专业化审判组织的周边配套制度有待完善

审判专业化的要旨在于让专业的人干专业的事,这也要求把专业法官从非审判事务中解放出来。但事实上,在科层制的传达、组织逻辑中,为了实现上行下效,有大量的非审判事务需要科层组织成员花费时间和精力去应对。比如,各种重复的学习活动、听取报告和参加组织动员会议。龙宗智教授就发现,中央一个重要的会议精神或领导指示,可能有中央、省、市以及基层四级传达贯彻,而且有党委及政法委、法院不同条线,因此同一文件内容有的可能需要参加四次以上传达贯彻的会议。②

由此可见,建设专业化审判组织并不是在形式上组建多少个审判团队,或者按照专业条线设置相应的专门法院就能达成预定目标。同时,还需要在整个行政组织流程上进行优化,至少避免专业法官在非审判事务上重复投入精力。

二、检察院机构改革有待进一步理顺的实践问题

检察制度在权力运行逻辑上遵行的是上下级之间的领导关系,在检察院内部奉行的是检察长上令下达的"检察一体"制。但同时,检察院又是一个履行法律监督职能的专业法律机构,这就要求检察官必须坚持专业独立判断的职业伦理。因此,衡量检察院内设机构改革合理性的重要指标,就是其是否能够很好地兼顾检察制度的上述运行特质,以此为标

---

① 参见方乐:《审判权内部运行机制改革的制度资源与模式选择》,载《法学》2015 年第 3 期。

② 参见龙宗智:《法院内设机构改革的矛盾及其应对》,载《法学杂志》2019 年第 1 期。

准,检察院机构改革仍有以下有待理顺的实践问题：

1. 集权与分权的逻辑边界

从检察长上令下达的管理视角来看,检察院内设机构改革的一个重要方向就是提升管理绩效,保证检察长作为行使本机关最高行政事务管理权和检察业务指挥权的机关首长,能够有效地对所属检察官进行职能管理。[①]在这一功能视角下,目前的改革举措主要就是通过"检察一体"的权力集中简化逻辑,以最大幅度地提升刑事检察权运行的效率为基础(其中最有代表性的就是"捕诉一体化"改革)。[②]但从司法专业化的角度来看,检察院内设机构改革也始终把"去行政化"当作自身的重要改革目标。比较有代表性的如主办(主任)检察官制度,其目的在于转变过去按照科层制逻辑逐级把关、审批的办案模式,放权给专业检察官,同时落实司法责任制。这样一来,在检察长的检察业务指挥权与主办(主任)检察官的自主专业判断之间就存在一定的内在紧张,有待于实践中更好的磨合并处理好各自的权力逻辑边界。

2. "检察一体"与分工制约之间的逻辑边界

一般认为,传统"分段式"检察权运行机制的一大特点是能够更好地通过内部分工实现权力制约。比如,批捕和公诉分别由侦监部门和公诉部门行使,由两名检察官负责,这被视为"双重监督"的具体形式。[③]这种检察权运行上的内部制约模式有利于防止"以公诉标准拔高批捕标准"或者"批捕'绑架'公诉"等不合理现象。[④]而当前"检察一体"的改革模式无疑大大改变了检察院内部通过职能部门权力分工相互制约的模式,但"检察一体"其实并不必然意味着放弃权力分工制约的基本原则,而是基于司

---

①④　参见万毅：《检察机关内设机构改革的基本理论问题》,载《政法论坛》2018 年第 5 期。

②　参见周新：《检察机关内设机构改革的逻辑与面向——权力属性视角下的实践》,载《当代法学》2020 年第 2 期。

③　参见王凤涛：《最高人民检察院内设机构改革述评》,载《法治现代化研究》2021 年第 3 期。

法效率的要求，既要克服传统模式下因为"捕诉不统一"而导致的内部损耗，同时也要探索权力一体化模式下的过程监督机制，厘清权力运行效率与有效监督之间的逻辑边界。

3. 权力运行效率与权利保障之间的逻辑边界

当前检察院内设机构改革的首要出发点就是通过整合冗余流程、优化资源配置来化解案件积压、案多人少的矛盾。比如，"捕诉合一"就很好地顺应了司法效率的内在追求，通过对捕诉机构的合并，克服了过去批准逮捕与审查起诉环节间的运行障碍，避免检察机关内部的二次重复劳动，有助于提高诉讼效率。[①]这样一来，由于批捕的标准原本就低于公诉的标准，在"捕诉分离"模式下，批捕与提起公诉分别由两位检察官负责，按照各自的判断标准作出独立判断，这种相互独立的判断模式对于当事人而言就可以获得两次重新审查的机会，有利于权利保障。而在"捕诉合一"的模式下，批捕检察官同时就是公诉检察官，这就很容易导致其在主观上形成一种先入为主的判断，一旦出现"批捕绑架公诉"，对于当事人权利保障无疑是极其不利的。

第四节　人民法院、检察院机构改革的未来展望

一、法院机构改革的方向和路径

法院机构改革的基本方向是协调科层制逻辑与司法专业化逻辑之间的内在矛盾，科层制逻辑是在一个庞大的官僚集团中建立起有效组织，进行资源配置的基础逻辑，任何机构设置都不能绕开这个基础逻辑，法院机

---

① 参见周新：《检察机关内设机构改革的逻辑与面向——权力属性视角下的实践》，载《当代法学》2020 年第 2 期。

构设置和改革亦不例外。而司法专业化逻辑则侧重于强调专业化法官的审判自主性及其周边制度的保障。一个良性的改革应该在坚持司法逻辑的前提下，又能保障优质的审判和行政资源能够围绕着专业化审判组织进行优化配置。在具体的实施路径上有以下三个方面值得考虑：

1. 加强法官待遇及资源配置

科层制逻辑通常是根据行政职级的高低进行资源配置，确定相应的待遇。而贯彻以审判为中心的司法运行机制则要求资源配置向审判一线法官倾斜，体现专业化和职业化。目前，法院提高法官职级待遇的主要路径是法官职务序列的等级晋升，并打通法官职务等级与行政职级的对应性通道。①这种做法对于加强保障法官实际待遇固然具有积极意义，但其涉及资源配置的底层逻辑依然是科层化的，在改革推进过程中为了巩固改革成果，稳定法官队伍，这种兼顾是必要。但从长远来看，加强法官待遇和资源配置的终极目的在于提升法官职业尊荣感和成就感，这种待遇和资源就不仅要体现在薪酬、福利等物质性利益方面，还表现在身份待遇和社会声望资源等方面。

2. 落实有序放权和有效监督

从决策的角度来看，法院的司法决策机制是一种高度分散的决策系统，面对若干情况迥异的司法个案，具体承办案件的法官具有显著的信息优势和裁量权力。鉴于这一事实，在"放权于法官"的过程中必须防范法官利用这种信息优势和裁量空间成为个案的"专制者"。因此，落实有序放权和有效监督除了通过裁判者终身负责制进行责任倒逼，还需要进行有效的过程监督。

在审判团队直接面向院级领导层的管理逻辑下，由于人数有限的院级领导层的信息处理能力同样有限，就有可能会出现心有余而力不

---

① 参见龙宗智：《法院内设机构改革的矛盾及其应对》，载《法学杂志》2019 年第 1 期。

足的局面。从落实有效监督的角度来看，有两方面的实践路径值得考虑：一方面，保持一定的监督管理层级，明确监督管理节点，确认监督管理主体及责任。①具体来说，可以通过审判管理主体多元化和民主化路径，做好专门审判管理机构与审判监督指导委员会、法官自主管理团队等新的审判监督管理主体之间的工作衔接和配合。②另一方面，通过智慧法院建设等信息化技术，构建包括法律法规、指导案例、裁判方法、审理技巧、说理语言等在内的审判智能支持系统，从根本上解决标准管理的司法能力的问题。③

3. 通过集约化管理助推专业化建设

审判专业化建设要求的是案件审理、辅助事务和人力资源全方位的集约化管理。案件审理的集约管理可以按照"繁简分流"的思路，通过建立归口分案，简单案件进行类型化处理，分别归入相应的速裁程序等方式实现集约化；辅助事务可以"合并同类项"的方式将填表、写报告、记录、信息录入、送发文书、归档等非审判核心事务从原来的分散性管理转向由专人、专门团队负责的集约化管理；通过智能辅助系统的信息化建设，实现审判工作的智能化、标准化操作以节约人力资源。同时，以司法辅助人员的集约化管理优化人力资源配置。比如，将书记员由传统固定对口某个法官进行点对点分散管理的业务模式，转变为集中管理的人力资源池，根据实际庭审需要，用"派单"的方式进行人员调拨，同时按照标准化的流程对"每单"任务完成情况进行核实、汇总，提升辅助事务管理的治理绩效。④

二、检察院机构改革的方向和路径

检察院内设机构改革是对原有组织结构的重大调整，以原有组织结

---

① 参见龙宗智：《法院内设机构改革的矛盾及其应对》，载《法学杂志》2019 年第 1 期。
②③④ 参见上海市闵行区人民法院课题组：《构建新型审判监督管理制度的路径分析——以法院内设机构改革的典型实践为样本》，载《上海法学研究》2020 年第 3 期。

构为基础的权力运行和监督制约体系也就需要相应作出重大调整。比如，"捕诉合一"之后，原有以部门之间权力分工为组织基础的权力运行相互衔接和制约监督关系也就不复存在了，需要通过新的组织机制加以调适、平衡。具体来说，检察院机构未来的改革方向主要体现在以下几个方面：

1. 办案机制专业化

当前的检察院机构改革按照案件类型区分进行对口机构设置，由专人办专案，固然体现了专业化逻辑。但这种模式将案件类型划分得过窄、过细，使得高度"专业化"的检察官容易出现业务技能单一的问题。而检察业务，尤其是基层实务在相当程度上要求检察官具有综合全面，能够独当一面的办案能力。从专业化的角度来看，检察官作为法律工作者，其核心能力应体现在法律专业上，而当前的专业化逻辑则要求检察官通过办专案的方式，成为某个行业专业领域的专家，这种专业化容易导致检察官在法律实务综合素养方面出现"短板"，值得检视和反思。事实上，从比较法视角来看，检察业务办案机制的专业化是将检察官作为一个法律业务的基础操作平台，同时辅以精通专业领域知识的检察辅助人员（检察事务官）来实现的。[①]这种办案专业化机制值得我们在未来的机构改革进程中进一步探索。

2. 机构设置的差异化

检察机关上下级之间是领导关系，在检察系统的组织架构中，承载上下级关系的主要是上下级之间对口的内设机构，并由此形成一种上下级之间政策下达、责任落实、工作汇报的条线关系。为了保证有效领导，检察院传统内设机构的设置逻辑是"以上定下"，下级检察院按照上级检察院的内设机构一一对应，以保证领导关系的"无缝对接"。但由于不同级

---

① 参见万毅：《检察机关内设机构改革的基本理论问题》，载《政法论坛》2018 年第 5 期。

别的检察机关人员编制规模和业务量有较大差异,这种上下对应的机构设置逻辑越往基层就越可能出现"空心化"的问题。而内设机构改革基于提高机构运行效率、优化资源整合的考虑,必须对冗余机构进行必要的裁减,由此打破了传统上下级检察院内设机构之间上下对口的条线关系。比如,最高人民检察院设置了十个检察厅,而自最高检向下,具体的检察部门数量也随着省检、市检、县检的级别降低而逐渐减少。这就要求检察院机构设置的思路从机构对应型转向职能适应型①,具体有以下两种可能的路径:其一,是可以采用专门办案组的形式,以机构内分设次级机构的形式,在完成第一层级机构调整的前提下,在第二层级机构调整上因地制宜进行业务工作的常态化对接;②其二,是个人负责的形式,如内设机构的负责人对外"打包"负责,接受上级的指令,然后转到机构内部再进行分工,这是机构负责人与主办检察官共同负责的一种工作思路。通过这种差异化路径形成完整统一、相互协调、各司其职的检察机构体系。③

3. 权力监督的多元民主化

基于检察权向上负责的基本权力运行逻辑,在宏观层面应当通过专门的权威机构牵头检察业务的协调、衔接,在权力监督上起主导作用,形成集中监督模式。除了传统上的检委会和检察长,还可以考虑设立类似检察监督指导委员会等综合业务协调监督机构,由分管检察长牵头组织工作,选聘实务经验丰富的检委会成员或内设机构改革中被调整的业务庭管理层等担任委员,负责对案件质效、检察官工作作风等

① 参见徐华兵、黄祖旺:《完善检察机关内设机构改革的路径分析——以安徽省池州市为例》,载《中国检察官》2019 年第 8 期。

② 参见贾永强、简琨益:《司改背景下检察机关内设机构调整路径》,载《人民检察》2017 年第 3 期。

③ 参见邓思清:《检察权内部配置与检察机关内设机构改革》,载《国家检察官学院学报》2013 年第 2 期。

方面加强监督。在中观层面,要做好专门检察业务管理机构与检察监督指导委员会、主办检察官自主管理团队等各类的检察监督管理主体之间的工作衔接和配合。在微观层面则要加强案件主办团队之间的内部监督,同时也要注重引入外部监督机制,比如,可进一步完善人民监督员的监督功能。①

---

① 参见徐华兵、黄祖旺:《完善检察机关内设机构改革的路径分析——以安徽省池州市为例》,载《中国检察官》2019 年第 8 期。

第十六章　司法责任制改革的法治实践

从涉及权力安排和运作的基础政治原理来看,只要有权力的配置就必然有责任的施加。由于司法权力的配置和运行主要是以个案的具体处理为中心,这就决定司法权力的责任承担形式也往往围绕着个案展开。在我国特定的政治体制、文化背景及审判传统下,司法责任制主要表现为一种责任倒逼的惩戒机制,其核心内容就是错案责任。[1]就此而言,从20世纪八九十年代发轫的错案责任追究制可以被看作我国当前司法责任制探索的实践渊源。

第一节　错案责任追究制的历史考察

基于理性人趋利避害的本性,试图通过责任倒逼的方式"保证司法人员依法行使职权、促进司法机关的廉政建设,维护司法公正",也不失为一种符合理性预设的制度路径。但在当时制度实施的实践背景下,司法活动往往带有强烈的政策取向,服务于各种中心工作,有些地方为了完成相

---

① 参见宋远升:《司法责任制的三重逻辑与核心建构要素》,载《环球法律评论》2017年第5期。

应的政策目标,通过下指标、压任务的方式给司法机关施加压力,比如"命案必破"。这种违背司法规律的做法导致司法程序异化、变形,造成社会舆论的强烈反响。错案责任追究制度正是在这样的实践背景下应运而生。[①]

一般认为,错案责任追究制度最早是在 1990 年由河北省秦皇岛市海港区人民法院系统首创,这一地方司法改革的实践后来得到党的十五大报告的肯定,并经由最高人民检察院和最高人民法院先后出台的规范性文件而推广到全国。1998 年 7 月,最高人民检察院发布的《人民检察院错案责任追究条例(试行)》第三条明确规定:"检察官在办理案件中造成错案的,应当追究法律责任、纪律责任";1998 年 8 月,最高人民法院发布的《人民法院审判人员违法审判责任追究办法(试行)》第二条规定:"人民法院审判人员在审判、执行工作中,故意违反与审判工作有关的法律、法规,或者因过失违反与审判工作有关的法律、法规造成严重后果的,应当承担违法审判责任。"另外,1998 年 9 月发布的《人民法院审判纪律处分办法(试行)》也对错案责任追究制度作出规定。

不过,认为只要通过强化责任落实就一定能够达成预期制度目标的想法恐怕是把问题看得过于简单化了。事实上,在错案责任追究制度的实施过程中,一些结构性的矛盾始终掣肘着该制度预期功能的发挥,这些问题在法院的审判实践中表现得尤为典型。

一、权力主体与责任主体不匹配的矛盾

如前所述,有权力的配置就必然有责任的归结,在以个案为中心的错案责任追究制度中,由案件的审理者承担错案责任本应是这一制度的题中之义。然而,问题的矛盾在于,在我国的司法运行机制中,案件

---

① 参见廖丽环:《法官错案责任追究制度的转向——违法审判责任制的规范》,载《东南大学学报(哲学社会科学版)》2015 年第 6 期。

的审理者身处行政化运作的法院控制下，其未必是真正意义上的案件决策者。①审判权力的运行往往受到各种行政权力和长官意志的干涉，尤其是在一些疑难、复杂，或者社会影响较大的司法案件中，名义上的案件审理者难以个人的司法判断作出最终有拘束力的司法裁判。在这种情况下，如果要求名义上的案件审理者最终承担错案的责任后果，显然是不恰当的。

二、选择激励与职业责任不匹配的矛盾

错案追责的责任逻辑除了要求权力主体和责任主体相匹配，从职业选择的理性人视角来看，同时要求选择激励和职业责任相匹配。错案责任追究制度的实施增加了理性人对职业风险的评估。更重要的是，由于通行的法教义学阐释往往无法预设关于法律问题的"唯一正确答案"②，在"事实/规范"涵摄过程中由于各种变量因素以及法官个人认识差异所导致的不确定性，下级法院判决被上级法院发回或改判本来是极其正常的现象，也是合乎二审制度预设的功能目标和内在规律的情况。但在错案责任追究制度的运行实践中，这却被当作衡量错案的一个重要指标。③对法官来说，办案越多，错案概率就越高，这导致职业选择激励和职业责任或者说职业风险之间出现了严重的不匹配④，严重制约了司法职业的人才吸纳能力，而这种内在矛盾客观上又会影响错案责任追究制度的运行实效。

---

① 参见陈卫东：《司法体制综合配套改革若干问题研究》，载《法学》2020 年第 5 期。

② 参见樊传明：《追究法官审判责任的限度——现行责任制体系内的解释学研究》，载《法制与社会发展》2018 年第 1 期。

③ 参见贺日开、贺岩：《错案追究制实际运行状况探析》，载《政法论坛》2004 年第 1 期。

④ 参见吴洪淇：《司法改革转型期的失序困境及其克服——以司法员额制和司法责任制为考察对象》，载《四川大学学报（哲学社会科学版）》2017 年第 3 期。

三、责任机制与周边制度不匹配的矛盾

一个完整的行为调控机制除了运用归责机制的惩戒效应，还应当辅以积极激励的行为引导机制等周边制度，如果责任机制缺乏周边制度的有效匹配，其逆向激励反而可能导致责任主体的行为异化。从错案责任追究制度的运行实效来看，确实也出现了法官为了避免归责而产生审判权力异化的现象，主要表现在以下两个方面：

其一，民事审判"调判失衡"。在正常情况下，民事法官面临当事人之间的利益冲突时往往秉持"能调则调，当判则判"的原则。但当法官面临归责风险时，相应的审判策略就异化成为"以判促调、以判压调"。这主要是因为调解结案是一调终局，当事人没有上诉权，避免了因为判决被上级法院发回重审或者改判而导致的错案风险。调解结案成为法官规避错案追究责任风险的最优策略，正是因为调解比判决更符合法官个人的切身利益，法官就更有动力通过"以判促调、以判压调"来调解偏好，而当事人显然很难对兼具调解者和审判者双重身份的法官说不，其结果反而导致实体法与程序法对法官权力约束的双重软化。①

其二，问题上交。在我国的司法体制下，法官主要有两种方式将问题上交。一种方式是把案件提交审判委员会，苏力教授曾经通过实地调研发现，落实错案追究制度确实导致进入审判委员会讨论的案件数量上升。②由于审判委员会是由一个法院的核心领导层组成（法院院长、副院长和主要业务庭的庭长），其集体决策后果在一般情况下受到错案追究的责任压力自然就大为减轻，但这也导致审理者不裁判，裁判者不审理，大

---

①　参见陈洪杰：《从程序正义到摆平"正义"：法官的多重角色分析》，载《法制与社会发展》2011年第2期。

②　参见苏力：《送法下乡——中国基层司法制度研究》，中国政法大学出版社2000年版，第104页。

大削弱了司法审判的当庭和对席原则；另一种方式是向上级法院请示汇报，而这种方式并不限于正式渠道，当法官根据上级法院作出的批示、答复，或者意见作出裁判结论，自然也就极大程度地规避了被上级法院改判的风险。但也导致当事人两次受理的权利形同虚设，违背了两审终审制的审判监督功能。

总而言之，落实错案责任追究制度的前提在于将办案职权落实到人，相关的责任部门也试图通过持续的制度改进来达成上述改革目标，比如，最高人民检察院办公厅下发了《关于在审查起诉部门全面推行主诉检察官办案责任制的工作方案》，决定从 2000 年 1 月起全面推行主诉检察官办案责任制；2005 年 8 月 24 日，最高人民检察院印发《关于进一步深化检察改革的三年实施意见》，其检察改革的主要任务之一就是"继续深化主诉检察官办案责任制"；①2005 年 10 月 26 日，最高人民法院发布《人民法院第二个五年改革纲要（2004—2008）》，提出要"逐步实现合议庭、独任法官负责制"。但由于这些改革目标缺乏系统的周边制度的配合，没有办法在根本上克服已有的结构性矛盾，导致其运行实效逐步陷入困境。有研究者通过实地调研发现，由于缺乏切实有效的办案责任制，某基层人民法院自 1999 年正式实施错案责任追究制度以来的三年多时间里，真正落实责任追究的案件总数为 15 件，并且呈现出明显的逐年递减趋势。②而检察系统的主办检察官办案责任制，则由于反贪、反渎、侦监、监所等部门办案模式的高度集权，在宣布改革后很快被弃置不用。③这就必然要求通过深化改革来优化、健全司法责任制的实施和配套机制。

---

① 为了实现"优化司法职权配置"的司法改革目标，破除行政化办案模式带来的种种弊端，各地检察机关先后试行过主诉检察官、主办检察官办案责任制和主任检察官制度。参见詹建红：《司法责任制语境下的主任检察官制度改革——以检察官的职权配置为中心》，载《法商研究》2017 年第 4 期。

② 参见贺日开、贺岩：《错案追究制实际运行状况探析》，载《政法论坛》2004 年第 1 期。

③ 参见张智辉：《论司法责任制综合配套改革》，载《中国法学》2018 年第 2 期。

第二节　司法责任制的深化落实

2013 年,党的十八届三中全会通过了《中共中央关于全面深化改革若干重大问题的决定》,决定提出要"健全司法权力运行机制",而司法责任制无疑是其中的核心机制,按照决定的表述,司法责任制的核心要义在于"完善主审法官、合议庭办案责任制,让审理者裁判、由裁判者负责"。根据这一精神,2015 年 8 月 18 日,中央全面深化改革领导小组审议通过了《关于完善人民法院司法责任制的若干意见》(以下简称《法院责任制意见》)和《关于完善人民检察院司法责任制的若干意见》(以下简称《检察院责任制意见》),这标志着司法责任制进入了深化落实和功能优化的新阶段,与员额制改革、司法机关内部管理体系改革等重大举措协同共进,形成合力,全面推进司法体制深化改革。习近平总书记指出,"要紧紧牵住司法责任制这个牛鼻子,凡是进入法官、检察官员额的,要在司法一线办案,对案件质量终身负责。法官、检察官要有审案判案的权力,也要加强对他们的监督制约"。

习近平总书记关于"牛鼻子"的比喻,非常形象地揭示出司法责任制改革与健全司法权力运行机制是牵一发动全身的整体关系,是一个系统性工程,其在深化落实的过程中主要涉及以下几个方面的规律性认识:

一、权责相统一

正如张文显教授指出的:"长期以来,由于司法行政化、官僚化不断加剧,导致审者不判、判者不审,既有悖司法的亲历性,无法保证司法公正和效率，也难以追究错案责任。"①有鉴于此，《人民法院组织法》第八条明确规定："人民法院实行司法责任制，建立健全权责统一的司法权力运行机制。"根据《法院责任制意见》关于目标原则的规定："完善人民法院的司法责任制，必须以严格的审判责任制为核心，以科学的审判权力运行机制为前提，以明晰的审判组织权限和审判人员职责为基础，以有效的审判管理和监督制度为保障，让审理者裁判、由裁判者负责，确保人民法院依法独立公正行使审判权。"《检察院责任制意见》也提出完善人民检察院责任制的目标是"做到谁办案谁负责、谁决定谁负责"。由此可见，司法责任制改革深化落实的核心要义就在于权责相统一，在此目标原则下，司法责任制的深化落实主要朝着优化权力机制和夯实责任机制这两大方向展开。下文主要以法院为中心来阐释司法责任制改革。

二、优化权力机制

习近平总书记指出："司法活动具有特殊的性质和规律，司法权是对案件事实和法律的判断权和裁决权。"②张文显教授据此认为："裁判才是本真意义上的司法。司法责任制改革就是还权于法院和法官，就是建立以审判为中心的诉讼制度和以审判权为核心的司法制度。"③这也意味着，优化权力机制必须以审判权为中心，处理好审判权在司法权力建制中的相对关系问题。

1. 通过员额制改革凸显法官在审判体制中的独特地位

在传统的法院权力建制中，法官编制并不实际对应其具体的工作职能。这就造成很多法院名义上法官数量不少，编制经常满员，但真正能够投入一线审判工作中的实际法官人手却并不充足，导致一线审判人员任

---

①③　张文显：《论司法责任制》，载《中州学刊》2017 年第 1 期。
②　中共中央文献研究室编：《习近平关于全面依法治国论述摘编》，中央文献出版社 2015 年版，第 102 页。

务重、压力大,职业尊荣感和社会认同感却未必强。司法责任制的深化落实必然要求改变这种不合理局面,员额制改革的目的就是通过对司法机构工作人员的分类管理,建立一种精英化、专业化的职业法官队伍,并以法官为中心建立司法辅助团队,形成以审判权为中心的司法运行机制。

2. 通过司法去行政化凸显审判权的平等属性

传统的法院职能分工和职位设置存在着严重的行政化和官僚化倾向,审判人员和行政事务人员统一按照行政化的科层制模式纳入等级化的行政序列中。法官和法官之间经常因为行政级别的差异产生上下级之间领导与被领导的关系,这就为法院内部和外部的行政化干预留下了操作空间,导致审者不判、判者不审、权责不明、责任不清等系列问题。[①]就此而言,司法行政事务管理权与审判权相分离的机制将有助于保障法官的审判主体地位,提升其责任意识。《法院责任制意见》提出,"按照审判权与行政管理权相分离的原则,试点法院可以探索实行人事、经费、政务等行政事务集中管理制度"。

3. 通过司法去地方化凸显司法权作为中央事权的统一性

由于国家治理体系长期以来形成的历史传统,我国地方法院的人事、财政曾经主要依托地方政府提供支持。由此导致地方政府对地方法院具有较强的实际影响力和控制力,这种"块块关系"的基本格局导致地方法院异化成为"地方"的法院。[②]地方保护主义对司法统一和司法权威造成了较大损害,为了实现法制统一、落实司法责任制,必然要求实现司法去地方化。基于司法权属于中央事权的基本性质,《中共中央关于全面深化改革若干重大问题的决定》作出以后,相应的改革举措尝试通过推动省以下地方法院、检察院,人财物统一管理,探索建立与行政区划适

---

①　参见胡仕浩:《关于全面落实司法责任制综合配套改革的若干思考》,载《中国应用法学》2019 年第 4 期。

②　参见刘忠:《条条块块关系下的法院院长产生》,载《环球法律评论》2012 年第 1 期。

当分离的司法管辖制度等方式实现司法去地方化，打破地方保护主义的行政壁垒。

4. 通过加强法官履职保障凸显审判自主性

《法院责任制意见》规定："法官依法审判不受行政机关、社会团体和个人的干涉。任何组织和个人违法干预司法活动、过问和插手具体案件处理的，应当依照规定予以记录、通报和追究责任。领导干部干预司法活动、插手具体案件和司法机关内部人员过问案件的，分别按照《领导干部干预司法活动、插手具体案件处理的记录、通报和责任追究规定》和《司法机关内部人员过问案件的记录和责任追究规定》及其实施办法处理。"这就为法官实现审判自主性，进而落实司法责任制提供了坚实的制度保障。

三、夯实责任机制

《人民法院组织法》第二条中规定："人民法院是国家的审判机关"；第八条规定："人民法院实行司法责任制，建立健全权责统一的司法权力运行机制"；第九条中规定："最高人民法院对全国人民代表大会及其常务委员会负责并报告工作。地方各级人民法院对本级人民代表大会及其常务委员会负责并报告工作。"从以上法律规定来看，各级人民法院是司法责任的机构主体，而当前我国各级法院的司法裁判文书也非常典型地使用这一主体视角，在主语部分通常使用的是"本院"，或者"本院认为"。

当然，从组织机制的角度来看，司法责任制的核心要义在于"让审理者裁判，由裁判者负责"。法院作为抽象的机构主体还必须通过一定的组织进路，将司法责任落实到具体的权力主体。这就涉及在当前的司法权力运行机制中，谁在主体意义上构成作为责任主体的"审理者/裁判者"。按照《人民法院组织法》第二十九条规定："人民法院审理案件，由合议庭或者法官一人独任审理。"由此可见，独任法官和合议庭成员就是常规意义上作为责任主体的"审理者/裁判者"。然而，在我国的审判组织体制中,还有一类特殊的审判主体——审判委员会。《人民法院组织法》第三十六条中规定:"审判委员会由院长、副院长和若干资深法官组成,成员应当为单数。"就审判委员会的职能问题,《人民法院组织法》第三十七条有相关规定,"(二)讨论决定重大、疑难、复杂案件的法律适用;……(四)讨论决定其他有关审判工作的重大问题。"相应的,《法院责任制意见》也对提交审委会讨论的案件的条件和程序作了相关规定。

综上,独任法官、合议庭和审判委员会就构成了当前法院审判组织的多元主体,同时也构成了法院审判活动的责任主体。《法院责任制意见》中规定:"法官应当对其履行审判职责的行为承担责任,在职责范围内对办案质量终身负责。"在审判责任承担问题上,就多元审判主体,《法院责任制意见》也明确了"各行其权、各负其责"的基本原则。①其中独任法官自负责任;合议庭成员在共同责任模式下也需要"根据合议庭成员是否存在违法审判行为、情节、合议庭成员发表意见的情况和过错程度合理确定各自责任";比较复杂的是审委会决定案件的责任归结问题,《法院责任制意见》对这一问题规定"审判委员会讨论案件时,合议庭对其汇报的事实负责,审判委员会委员对其本人发表的意见及最终表决负责"。另外,为了避免审委会决定受到行政权力等级化的不当影响,《法院责任制意见》规定:"审判委员会讨论案件违反民主集中制原则,导致审判委员会决定错误的,主持人应当承担主要责任。"这就基本形成了权力制约、科学决策、权责统一的司法责任机制。

第三节　司法责任制改革的得失检讨

司法责任制改革的持续深化推进,对于完善和优化司法权力运行机

---

① 参见张文显:《论司法责任制》,载《中州学刊》2017 年第 1 期。

制所起到的积极作用是毋庸置疑的。比如，对法院而言，司法责任制明确了权责，改变了法院管理体制内部通过把问题上交，名为集体负责，实为集体不负责的潜规则；对于检察院而言，检察办案模式也开始从"行政化"向"司法化"转型发展。①当然，任何一项牵一发而动全身的改革除了需要优化制度逻辑，还必须让理念深入人心，让制度参与者真正享受改革红利，形成从个体到集体的系统环境优化。就此而言，司法责任制改革显然还有更进一步检讨得失、优化举措的改进空间。

一、责任意识落实到人

司法责任制的制度逻辑显然具有一种责任倒逼的惩戒色彩（如错案责任终身负责），但真正好的责任制度的出发点显然不应是为了实现责任追究而让法官、检察官战战兢兢、如履薄冰，而是让法官、检察官在履职过程中真正具有责任意识。比如，2014 年，网上有一份法院判决书，这份判决书有一个非常特殊之处，就是案件审理者用"我们"这一人称主语取代了法院判决书一贯以来使用的"本院"。有学者认为这是一份伟大的判决，其伟大之处就在于通过第一人称主体视角的代入使得审判者的形象从"本院"所象征的冷冰冰的国家符号暴力回归到有血有肉的人。金泽刚教授认为，"这样的判决书体现了法官应有的勇气与担当，这就是司法责任"。②这样的司法责任才能从外部的制度约束进一步内化为主体内部意识的行动自觉，保证法官能够真正凭借自身的良知和责任担当从事审判活动。

以此观之，检察官的办案主体地位在落实上更是不够彻底。根据《检察院责任制意见》中规定："以人民检察院名义制发的法律文书，由检察长（分管副检察长）签发。"这意味着检察官虽然负责办案，也有权在定案问

---

① 参见王玄玮：《检察机关司法责任制之规范分析》，载《国家检察官学院学报》2017 年第 1 期。

② 金泽刚：《司法改革背景下的司法责任制》，载《东方法学》2015 年第 6 期。

题上独立作决定，但仍无权签发法律文书。这对于充分树立责任意识的目标终究是个缺憾，值得作更进一步的优化完善。

二、职务安全保障贯彻以人为本

《人民法院组织法》《人民检察院组织法》《法院责任制意见》和《检察院责任制意见》虽然都有专章规定法官、检察官的履职保障，但这种保障在性质上明显具有"对事不对人"的特点，主要关注的是如何保障司法权力职责的正常运行。但作为活生生的人毕竟不是永不磨损的螺丝钉，其与任何普通人一样都有人性的弱点和恐惧。责任意识落实到人必然要求具有以人为本的职务安全保障。著名的丹宁勋爵曾经这样写道："所有法官都应该能够完全独立地完成自己的工作，而不需担惊受怕。决不能弄得法官一边用颤抖的手指翻动法书，一边自问，假如我这样做，我要负赔偿损害的责任吗……只要真诚地相信他做的事情是在自己的司法权限之内，他就不应承担法律责任。"[1]这就意味着法官、检察官的履职保障应当包含必要的司法豁免权，而这无疑是当前司法责任制改革所欠缺的，未来有必要通过进一步深化改革，落实完善上述制度意识和保障机制。

三、权力下放与权力监督缺一不可

司法责任制的关键在于权责统一，真正让做决策的权力落实到法官个体。但在当前我国的司法运行环境中，也不乏有质疑的观点，认为权力下放会导致"权力在法官、压力在法院、责任在院长"。检察机关在一定程度上也有类似顾虑，因此试图通过检察长（副检察长）保留法律文书签发权等方式统一把关执法尺度和案件质量。[2]有鉴于此，为了真正贯彻权力

---

① 参见［英］丹宁：《法律的正当程序》，李克强、杨百揆、刘庸安译，法律出版社 2011 年版，第 74—76 页。

② 参见王玄玮：《检察机关司法责任制之规范分析》，载《国家检察官学院学报》2017 年第 1 期。

下放，就必须实现权力监督与有序放权有机统一。①当然，在官僚科层制视角下，现有的司法责任制改革无疑已经有一系列权力制约机制，甚至在技术层面还通过信息化、智能化建设，以"全覆盖"式的信息平台建设对审判流程、裁判文书和执行信息实施全方位监督②，将个案审判结果纳入一种技术监视框架下，"通过信息化实现审判执行全程留痕……加强大数据分析，统一裁判尺度，促进类案同判和量刑规范化"。③但权力体制的内部监督显然不能代替外部制约，这就要求通过司法公开和司法民主夯实权力监督，落实审判责任。最高人民法院印发的《关于深化司法责任制综合配套改革的实施意见》提出："各级人民法院应当深刻把握全面落实司法责任制和严格执行民主集中制的关系，细化完善本院审判权力和责任清单……确保规范有序行权、强化审判监督管理……各级人民法院应当依法依规自觉接受人大监督、民主监督、群众监督、舆论监督和检察机关法律监督，确保审判活动在受监督和约束环境下有序开展。"同样，检察机关也应在党的领导下自觉接受人大、政协、人民群众和新闻媒体等外部监督。④

总而言之，随着司法责任制改革的不断深化落实，新阶段的改革举措在总体思路上已经"从立柱架梁向系统集成转变"⑤，只要始终坚持党的领导，坚持以人民为中心，不断解放思想，加强实践探索和经验探讨，司法责任改革一定能够形成制度优势，保障司法公正，努力让人民群众在每一个司法案件中感受到公平正义。⑥

---

①⑤ 参见李少平：《深化司法责任制综合配套改革 推动审判体系和审判能力现代化》，载《人民法院报》2020年4月23日，第5版。

② 参见陈洪杰：《从技术智慧到交往理性："智慧法院"的主体哲学反思》，载《上海师范大学学报（哲学社会科学版）》2020年第6期。

③ 周强：《最高人民法院工作报告——2016年3月13日在第十二届全国人民代表大会第四次会上》，载《人民日报》2016年3月21日，第2版。

④ 参见任涛、董玉庭：《国家治理现代化视角下的检察司法责任制》，载《行政论坛》2021年第2期。

⑥ 参见中共中央文献研究室编：《习近平关于全面依法治国论述摘编》，中央文献出版社2015年版，第67页。

第十七章　人民陪审员制度改革

自人民司法发展以来,人民陪审员制度就是伸张司法人民性、贯彻党的群众路线、实现司法民主的重要符号象征。不过,在人民司法的历史发展过程中,随着社会变迁和国家治理转型,人民陪审员制度的命运可谓一波三折,颇有几次兴衰往复与制度嬗变。①人民陪审员制度的功能逻辑也在这个兴衰往复和制度嬗变的过程中发生着复杂微妙的实践调适,有必要通过厘清其功能张力和底层实践逻辑为更进一步的制度改革指明方向。

第一节　人民陪审员制度的晚近发展:以 1979 年《中华人民共和国人民法院组织法》为起点

自我国 1978 年改革开放以来,人民陪审员制度在短短数年间就经历了一次"过山车"式的跌宕起伏。首先是 1979 年《人民法院组织法》对陪审制度的功能强化。1979 年《人民法院组织法》第九条规定:"人民法院审判第一审案件实行人民陪审员陪审的制度,但是简单的民事案件、轻微

---

① 参见于晓虹、王翔:《政法传统中的人民陪审:制度变迁与发展逻辑》,载《学术月刊》2021 年第 7 期。

的刑事案件和法律另有规定的案件除外。"但在 1983 年《人民法院组织法》修订中,该条规定被删去,在第十条规定中作了更为灵活的调整,即"人民法院审判第一审案件,由审判员组成合议庭或者由审判员和人民陪审员组成合议庭进行;简单的民事案件、轻微的刑事案件和法律另有规定的案件,可以由审判员一人独任审判"。这就意味着,人民法院审判第一审案件时并不必然需要吸纳陪审员参与组成合议庭,而是可以视具体情况酌情适用。①

人民陪审员制度的再度兴起发生在 20 世纪 90 年代末。1998 年,时任全国人大常委会委员长李鹏重申了人民陪审员制度在审判制度中的重要意义,提出"基层法院审判第一审案件,应当……实行人民陪审员制度"。同年,最高人民法院督促地方各级人民法院"对人民陪审员制度的改革进行积极探索"②,并分别于 2000 年和 2004 年两次提交立法草案,2004 年 8 月,第十届全国人大常委会通过了《关于完善人民陪审员制度的决定》,这对于陪审制度的再度兴起具有里程碑意义。彭小龙认为,陪审制度的复兴"承载了推进司法民主、维护司法公正、强化司法监督、提高司法公信力等多重期望"。③

然而,在总体司法建制朝着专业化、精英化方向发展的大背景下,已经形成了职业法官主导司法场域的基本权力格局,由于我国的人民陪审员制度实行的是参审模式,人民陪审员行使的权力必然是从职业法官手中让渡而来,两者之间存在此长彼消的关系。刘哲玮认为人民陪审员与

---

① 修改的原因在于:"在实践中有许多困难,特别是请有法律知识的陪审员困难很大,严重影响审判工作的进行,要求作比较灵活的规定。"全国人大常委会:《关于修改"人民法院组织法""人民检察院组织法"的决定和"关于严惩严重危害社会治安的犯罪分子的决定"等几个法律案的说明》。

② 参见肖扬:《最高人民法院工作报告(1999 年)》,载中华人民共和国中央人民政府官网,https://www.gov.cn/test/2015-06/11/content_2878001.htm。

③ 彭小龙:《人民陪审员制度的复苏与实践:1998—2010》,载《法学研究》2011 年第 1 期。

职业法官之间的权力分配是一种典型的零和博弈①，这就导致以司法民主作为符号标签的人民陪审员制度实践难免面临象征意义凸显而实际司法功能被架空的困境——在高度专业化和组织化的司法场域中，法院对于人民陪审员的管理从选任、培训、考核等方面展开制度化的培训，使之从异质性的外部监督者转变为具有高度同质性的"编外法官"，人民陪审员人员构成呈现体制化、精英化特质，"陪而不审"现象极其普遍。

为了提升人民陪审员的实质参审功能，人民陪审员制度的进一步改革势在必行。2015年4月，《人民陪审员制度改革试点方案》在中央全面深化改革领导小组第十一次会议上审议通过。为了保障重大改革于法有据，全国人大常委会通过《关于授权在部分地区开展人民陪审员制度改革试点工作的决定》，全国十省市共五十家人民法院获得法律授权，开展为期两年的人民陪审员试点工作。为了保障试点工作顺利开展，最高人民法院和司法部还联合印发了《人民陪审员制度改革试点工作实施办法》，为之提供机制保障。

这次试点改革主要围绕以下三个方面内容展开：一是改革选任方式，从组织化色彩强烈的"推荐制"改为"随机抽选制"，并且通过扩大选任范围、降低学历要求等方式增强人民陪审员的代表性；二是通过"事实/法律"两分的方式改革人民陪审员陪审职权，从传统上人民陪审员与法官同职同权改为陪审员负责事实认定问题，法官负责法律适用问题；三是改革陪审合议庭的组成方式，探索五人以上大合议庭的实践模式。②

这次试点改革的制度成就最终体现为2018年《人民陪审员法》的制定、颁布，这是我国第一部关于人民陪审员制度的单行法律。与此前的制度相较，《人民陪审员法》的制度变革主要体现在审判组织方式和陪审职

---

① 参见刘哲玮：《人民陪审制的现状与未来》，载《中外法学》2008年第3期。
② 参见最高人民法院、司法部《人民陪审员制度改革试点工作实施办法》。

权模式方面，确定了在三人合议庭和七人合议庭两种审判组织形式下，人民陪审员陪审职权模式的功能分化。三人合议庭沿袭的是传统同职同权的参审制模式，即人民陪审员与法官在事实认定和法律适用层面具有完全相同的职权。在七人合议庭组织形式下，人民陪审员与法官共同参与表决事实认定问题，但不参与表决法律适用问题。从中可以看出，三人合议庭的功能定位在于保障制度延续性和兼顾诉讼效率，而七人合议庭则旨在"充分发挥人民陪审员熟悉社情民意，长于事实认定的优势"，①提升人民陪审员基于自然理性的实质参审能力。

在《人民陪审员法》颁行之后，最高人民法院、司法部等职能部门先后制定了一系列规范性文件，作为与《人民陪审员法》配套实施的周边制度，主要包括《人民陪审员选任办法》、《最高人民法院关于适用〈中华人民共和国人民陪审员法〉若干问题的解释》、《人民陪审员培训、考核、奖惩工作办法》、《〈中华人民共和国人民陪审员法〉实施中若干问题的答复》。2022 年 10 月，最高人民法院举行新闻发布会，发布《人民陪审员制度的中国实践》以及人民陪审员参审十大典型案例。②系统阐述改革措施和成效，推进案例指导和示范效应。

第二节　人民陪审员制度改革的问题检讨

从 1979 年《法院组织法》颁行以来，人民陪审员制度兴衰浮沉的历史发展脉络可以看出，在司法专业化、职业化的大背景下，司法场域的主导权已经被职业法官把持，人民陪审员制度仅凭借司法民主的符号象征难

---

① 《保障公民参审权利　有效推进司法民主——最高人民法院政治部负责人就〈中华人民共和国人民陪审员法〉答记者问》，载中华人民共和国最高人民法院官网，https://www.court.gov.cn/zixun/xiangqing/93042.html。
② 《最高法相关负责人就〈人民陪审员制度的中国实践〉与典型案例答记者问》，载中华人民共和国最高人民法院网，https://www.court.gov.cn/zixun/xiangqing/374821.html。

以真正与占据主导地位的职业法官展开有效的权力博弈。对此,主流观点通常认为这是因为人民陪审员与法官同职同权的制度安排超出了人民陪审员的能力范围,导致人民陪审员在实践过程中发生功能异化。[①]通过借鉴判例法国家陪审团和法官"事实/法律"两分的二元权力结构,当前人民陪审员制度改革的总体思路也是试图通过职能分化矫正功能异化,希望人民陪审员能够扬长避短,发挥其在自然理性和社会常识、常情、常理认知方面的经验优势。

实现职能分化最为关键的理论和实践问题就在于如何有效区分事实和法律。对此,当前主要的实践操作模式通过问题清单的方式就事实问题进行明确列举,并且规定如果出现事实问题和法律问题难以区分的情况,推定视为事实问题。这一操作模式给人民陪审员提供了一个发挥能力的空间,较好地实现了人民陪审员与法官的功能互补和职能平衡。不过,已有的研究已经注意到,当前的人民陪审员制度改革在实践逻辑上依然存在诸多问题有待进一步探索解决。

其一,如果说职能分化是矫正功能异化的有效路径,那么在沿用人民陪审员与法官同职同权的三人合议庭组织模式下,又该如何有效提升人民陪审员的实质参审能力呢?[②]

其二,与判例法国家陪审员与法官职能分化模式相较,我国七人合议庭实施的职能分化显然是有所保留的,因为现有的制度改革并未将案件事实的认定职能完全移交给人民陪审员,而是由人民陪审员和法官共同行使,这其实也在一定程度上暗示了对人民陪审员事实认定能力的怀疑。事实上,在判例法国家陪审团制度的长期实践过程中,关于陪审团事实认

[①]　参见廖永安、刘方勇:《社会转型背景下人民陪审员制度改革路径探析》,载《中国法学》2012年第3期。

[②]　参见蒋凤鸣:《建党以来人民陪审制的历史变迁》,载《南华大学学报(社会科学版)》2021年第3期。

定能力的怀疑也是存在已久。在涉及陪审团的研究文献中我们可以经常看到类似的批评意见：在陪审团里，我们拥有的是经验不足的新手，他们无法作为一个群体做好我们在文明生活中，要求社会中的任何一个群体所做的若干活动中的任意一项活动；担任陪审员的公民的教育程度确实低于平均水平；陪审团并不是就证据作判决，而只是决定哪一方的律师更出色；陪审团审判是如此之荒唐，以致没有律师、法官、学者、厨师或是汽车修理厂的机修工会考虑采用这种方式来判断任何一个牵涉自己的情境中的事实。①当我国的人民陪审员制度改革也朝着将人民陪审员认定为事实认定者的方向前进时，上述问题在我国的制度语境下也同样具有了现实意义。②

其三，从现有的制度逻辑来看，当我国的制度建构面对人民陪审员可能不是一个好的事实认定者这个现实问题时，其主要的制度对策是将人民陪审员的事实认定权置入与职业法官互相制约的权力结构中。由于在司法场域，职业法官具有先天的主导性地位和主场优势，这一制度伏笔在实际的权力博弈逻辑演化中极有可能导致人民陪审员再次沦为形同虚设的"橡皮图章"？

第三节　陪审制度改革的问题症结与对策分析

传统观点认为，制约人民陪审员发挥实质参审功能的原因主要在于人民陪审员的专业能力。因此，常见的实践对策往往是加强对人民陪审员的业务培训，但这样一来，反而更加强化了占据专业优势的法官在司法

①　参见［美］伦道夫·乔纳凯特：《美国陪审团制度》，屈文生、宋瑞峰、陆佳译，法律出版社2013年版，第2—7页。
②　参见樊传明：《陪审员是好的事实认定者吗？》，载《华东政法大学学报》2018年第5期。

场域的主导地位,作为培训对象的人民陪审员会因为专业劣势而更加倾向于附和法官的专业意见。从制度比较的视角来看,如果回归到陪审制度作为司法参与机制的公共本性,我们会发现,在判例法国家,陪审团决定相较于法官决定最值得关注的一个特质在于,陪审团就是公众自己,这就是为什么陪审团可以公开持有一种以法官之职业伦理绝对不被允许持有的一种立场:"我不介意什么是法律,这是不正确的以及我不想这么做。"①这是自由公民特有的权力,尽管这种立场可能完全是错误的,但允许自由公民无需借用任何专业法律知识的媒介,就可以充分拥有表达自我的话语权力却恰恰是公共性的精髓所在。

也就是说,发挥人民陪审员实质参审功能的问题症结也许并不在于人民陪审员的专业资格能力,而在于体现主体性的合议庭评议规则和决策结构。就像判例法国家的陪审团制度虽然因为陪审员的外行身份而饱受质疑,但陪审团制度却始终具有强大的合法化功能,奥秘就在于陪审团的评议结构或者说小团体决策模式所具有的价值。②樊传明认为,在我国七人合议庭的组织模式中,应当考虑借鉴具有历史成功经验的小团体评议结构和决策模式,将审理事实问题的人民陪审员制度性地构建为优秀的裁决主体。这包括对表决比例规则、解决裁决僵局的规则、评议程序规则等方面的设计。③未来的人民陪审员制度改革无疑应该加强对这一方向的实践探索,通过程序优化不断提升人民陪审员的实质参审能力。

---

① ［美］伦道夫·乔纳凯特:《美国陪审团制度》,屈文生、陆佳译,法律出版社 2013 年版,第104 页。
② 参见樊传明:《陪审员是好的事实认定者吗?》,载《华东政法大学学报》2018 年第 5 期。
③ 参见樊传明:《人民陪审员评议规则的重构》,载《比较法研究》2019 年第 6 期。

第十八章　刑事案件速裁程序改革

　　刑事案件速裁程序,是相对于普通程序、简易程序而言的概念,是指基层人民法院在第一审程序中审判某些符合法定条件的刑事案件时所适用的,较第一审普通程序和简易程序更为简化的快速审理裁判程序。[①]由于速裁程序不仅比普通程序更加简化,而且比以往的简易程序更加简化,因此有的学者将其称为一种"简上加简"的程序。[②]刑事案件速裁程序的建立,是我国继 1996 年修改的《刑事诉讼法》首次确立简易程序之后,在立法上所正式创设的又一类新型的、单独的简化程序,亦是提高刑事诉讼效率、优化司法资源配置的又一新举措。同时,速裁程序又与认罪认罚从宽制度有着密切的联系,因而两者的试点工作也在较短的时间内相继开展。速裁程序的建立,同样遵循"从授权试点到正式立法"的逻辑,在总结试点经验的基础上,被正式吸纳进 2018 年修改的《刑事诉讼法》之中,成为一项新的刑事诉讼制度。

[①]　参见樊崇义主编:《刑事诉讼法学》(第五版),法律出版社 2020 年版,第 435 页。

[②]　参见叶肖华:《简上加简:我国刑事速裁程序研究》,载《浙江工商大学学报》2016 年第 1 期。

第一节　刑事案件速裁程序的历史发展

通常,简化型的诉讼程序的价值目标,主要在于提升诉讼效率和优化司法资源配置。作为一种当前最为简化的刑事诉讼程序,速裁程序的产生当然不是无源之水,它也是建立在对既有的其他简化型的刑事诉讼程序的经验总结的基础上,进一步探索和发展而来。在我国的刑事诉讼中,简易程序的建立和改革、普通程序简化审的探索,都为速裁程序的产生提供了经验,也促成了新类型的速裁程序的产生。

一、简易程序的创设和沿革

我国 1996 年修改《刑事诉讼法》时首次设置了简易程序,当时的第一百七十四条规定:"人民法院对于下列案件,可以适用简易程序,由审判员一人独任审判:(一)对依法可能判处三年以下有期徒刑、拘役、管制、单处罚金的公诉案件,事实清楚、证据充分,人民检察院建议或者同意适用简易程序的;(二)告诉才处理的案件;(三)被害人起诉的有证据证明的轻微刑事案件。"然而,在修正后的刑事诉讼法实施过程中,由于适用案件范围过窄、被告人诉讼权利缺乏保障等原因,诉讼实践中刑事简易程序的适用率一直很低,难以实现其分流案件、节约司法资源的目的。[①]

由于 1996 年所设立的简易程序的适用范围过窄,导致其制度目标无法很好地实现,因而后续又通过立法的形式对简易程序进行修改。在2012 年再次修改《刑事诉讼法》时,立法机关对简易程序的适用范围进行了扩大。2012 年修改的《刑事诉讼法》不再对可以适用简易程序的实体

---

① 参见樊崇义、刘文化:《我国刑事案件速裁程序的运作》,载《人民司法》2015 年第 11 期。

条件进行限制,而将其改为程序性条件,只要基层人民法院管辖的案件符合第二百零八条所规定的"(一)案件事实清楚、证据充分的;(二)被告人承认自己所犯罪行,对指控的犯罪事实没有异议的;(三)被告人对适用简易程序没有异议的。人民检察院在提起公诉的时候,可以建议人民法院适用简易程序",即可适用简易程序。同时又在第二百零九条规定了不适用简易程序的情形。2012 年《刑事诉讼法》对简易程序的修改在很大程度上拓宽了简易程序的适用范围,有助于更多理应由简化方式审理的案件进入简易程序之中,起到提升诉讼效率,促进案件繁简分流,优化司法资源配置的作用。

即便经过创设和修改,但是改革之后的简易程序适用率并无显著上升,显然没有有效实现立法目的,有必要补充设计更为便捷、适用范围更为广泛的刑事案件速裁程序。[1]作为我国刑事诉讼法中出现的第一类简化型的诉讼程序,简易程序的适用对于实现繁简分流的整体目标仍然具有一定的局限性,其程序的简化程度也达不到提高轻微刑事案件诉讼效率的要求。所以,仍需发展出新的简化型的程序,与简易程序相互补充和配合。

二、普通程序简化审的尝试

除简易程序之外,普通程序简化审是另一类型的简化型诉讼程序的探索,即通过对认罪案件的简化审理,提高诉讼效率。其标志是 2003 年关于适用普通程序审理"被告人认罪案件"的试行,即最高人民法院、最高人民检察院、司法部于 2003 年联合发布的《关于适用普通程序审理"被告人认罪案件"的若干意见(试行)》。司法机关开始运用普通程序的简化审理方式处理不适用简易程序处理的刑事案件,在简易程序之外再进行繁

---

① 参见樊崇义、刘文化:《我国刑事案件速裁程序的运作》,载《人民司法》2015 年第 11 期。

简分流,亦对提高诉讼效率起到了一定作用。

2006 年 12 月,最高人民检察院通过了《关于依法快速办理轻微刑事案件的意见》,在检察办案环节中引入了轻微刑事案件快速办理机制,是一种简化工作流程、缩短办案期限的工作机制。

但是,在认罪制度下普通程序简化审理存在程序定位缺失的问题,普通程序简化审不管是在刑事诉讼法中还是在改革试点文件中都难以找到明确的定位。[①]因此,普通程序简化审的尝试最终也没有获得明显的成果,而作为其依据的规范性司法文件则最终被废止。

三、刑事案件速裁程序的试点工作

2014 年 6 月 27 日,第十二届全国人民代表大会常务委员会第九次会议通过了《关于授权最高人民法院、最高人民检察院在部分地区开展刑事案件速裁程序试点工作的决定》,授权最高人民法院、最高人民检察院在北京等十八个城市开展刑事案件速裁程序试点工作,进一步简化刑事诉讼法规定的相关诉讼程序。试点期限为两年。

为贯彻落实全国人大常委会关于刑事案件速裁程序的授权试点决定,2014 年 8 月,最高人民法院、最高人民检察院、公安部、司法部印发了《关于在部分地区开展刑事案件速裁程序试点工作的办法》的通知,规定了速裁程序试点的具体办法,就刑事案件速裁程序展开了试点工作。

最高人民法院于 2015 年 2 月发布的《关于全面深化人民法院改革的意见——人民法院第四个五年改革纲要（2014—2018）》中提出,“健全轻微刑事案件快速办理机制。在立法机关的授权和监督下,有序推进刑事案件速裁程序改革”。

2015 年 10 月 15 日,最高人民法院、最高人民检察院向全国人大常

---

① 参见周新:《我国刑事诉讼程序类型体系化探究——以认罪认罚从宽制度的改革为切入点》,载《法商研究》2018 年第 1 期。

委会作了《关于刑事案件速裁程序试点情况的中期报告》。该报告认为，试点工作平稳有序，进展顺利。

四、刑事案件速裁程序的正式立法

2018年10月26日，第十三届全国人民代表大会常务委员会第六次会议通过的《关于修改〈中华人民共和国刑事诉讼法〉的决定》中规定在第三编第二章增加一节，作为第四节，即"速裁程序"一节，从而全面建立了刑事案件速裁程序制度。因此，刑事案件速裁程序同样遵循了从授权试点到正式立法的逻辑，通过全国人大常委会的授权试点决定，积累试点经验，最终通过修改《刑事诉讼法》的方式在法律中全面建立刑事案件速裁程序制度，在立法改革过程中体现了"重大改革于法有据"的基本方针。

第二节　刑事案件速裁程序的改革动因

一、司法系统"案多人少"的现实压力

建立刑事案件速裁程序的目标在于提高诉讼效率、优化司法资源配置，而实现这两个目标的最大驱动力在于司法系统"案多人少"的现实压力，这构成了对刑事案件速裁程序探索、试点和立法的客观背景。"案多人少"的现实压力，一方面是"案多"，即大量刑事案件涌入刑事司法系统；另一方面是"人少"，即法院和检察院的办案力量相对不足。由于简易程序适用范围的有限性，且无法体现对轻微刑事案件的快速办理要求，因而司法资源并不能得到很好的优化配置，也降低了轻微刑事案件的诉讼效率。这势必要求建立全新的速裁程序，建立轻微刑事案件的快速办理机

制,以更加有效地实现繁简分流和优化司法资源配置。

1. 大量刑事案件涌入刑事司法系统

近年来,随着刑法的修正,犯罪圈在事实上呈现扩大的趋势,轻微犯罪的罪名数量增加,轻微刑事案件亦快速进入刑事司法系统之中进行处理。最高人民法院年度工作报告显示,2013 年至 2017 年,我国审理一审刑事案件增速保持年增速 7% 以上。刑法立法上犯罪圈急剧拓展,使得司法实践中的刑事案件激增,给原本就资源紧缺的刑事司法带来了沉重负担。①假如案件数量一直保持上述稳定增速,而又不建立有效的繁简分流机制,那么刑事司法系统显然将不堪重负。因此,引入新的速裁程序来快速办理轻微刑事案件,以解决现有简易程序无法较好应对案件数量压力的问题,就成为实务部门的共识,并促成试点工作开展和推动立法。

2. 办案人员的相对缺乏

案件数量的增加是促使速裁程序产生的一个方面,办案人员的相对缺乏也构成了速裁程序产生的推动力。我国近些年推进的员额制改革,在提升法官、检察官的专业性和素质方面起到了一定的作用,但是由于员额的相对确定,也在一定程度上造成了在案件数量不断增多的背景下办案人员相对缺乏的情况。员额制改革使司法机关办案力量趋向精简,但出现了一定程度上的"目标失灵"的现象②,一线办案压力未能得到明显缓解。员额制改革使得人民法院"案多人少"的矛盾凸显,从优化司法资源配置以及贯彻宽严相济的角度出发,扩张适用刑事速裁程序有其内在合理性和必要性。③

因此,"案多人少"的现实压力来自两个方面,即案件数量日趋增多和

---

①③　参见曹波:《全国刑事速裁程序试点宏观状况实证研究》,载《河北法学》2019 年第 4 期。

②　参见宋远升:《精英化与专业化的迷失——法官员额制的困境与出路》,载《政法论坛》2017 年第 3 期。

办案人员的相对缺乏。同时，由于既有的简易程序的局限性无法解决这些问题，特别是无法解决轻微刑事案件的分流和提速问题，因此，设立全新的速裁程序就是一种必要的选择。

二、域外的繁简分流机制为速裁程序的建立提供了借鉴

刑事案件数量的明显增多与司法资源有限之间的矛盾，在世界各法域中是一个常见的问题，因而，通过构建各种类型的繁简分流机制减轻司法系统的压力是诸多法域所采用的常见措施。通常是建立各类认罪案件的快速处理程序来实现繁简分流的目的。各主要国家和地区的刑事案件速裁程序在理论上可以被归纳为三大主要类型：狭义的庭审简化程序、以大陆法系为代表的处罚令程序和以英美法系辩诉交易为代表的被告人认罪程序。刑事案件速裁程序是对域外经验的合理借鉴。①虽然我国的刑事案件速裁程序，更多的是在我国的基本国情和总结试点经验的基础上构建的，但是借鉴世界各法域中反映案件简繁分流的一般司法规律的经验和做法，仍然是有益的。

第三节　刑事案件速裁程序的立法改革内容

一、试点阶段

根据全国人民代表大会常务委员会通过的《关于授权最高人民法院、最高人民检察院在部分地区开展刑事案件速裁程序试点工作的决定》规定，"对事实清楚，证据充分，被告人自愿认罪，当事人对适用法律没有争

---

① 参见樊崇义、刘文化：《我国刑事案件速裁程序的运作》，载《人民司法》2015年第11期。

议的危险驾驶、交通肇事、盗窃、诈骗、抢夺、伤害、寻衅滋事等情节较轻，依法可能判处一年以下有期徒刑、拘役、管制的案件，或者依法单处罚金的案件，进一步简化刑事诉讼法规定的相关诉讼程序"。试点阶段对速裁程序的适用的范围有几个特点：一是对涉及罪名的列举；二是有情节较轻的要求；三是对可能判处的刑罚范围进行了限定。

二、正式立法

2018 年《刑事诉讼法》正式确立了刑事速裁程序，在总结试点经验的基础上，对速裁程序的适用范围等进行了适当调整。同时，修改之后的《刑事诉讼法》也对速裁程序的审判机制和程序进行了具体的规定。

将试点阶段的授权决定和《关于在部分地区开展刑事案件速裁程序试点工作的办法》的规定，以及 2018 年《刑事诉讼法》对速裁程序的正式立法，前后两阶段相关规定对比如下：

表 18-1　《关于在部分地区开展刑事案件速裁程序试点工作的办法》与
2018 年《刑事诉讼法》关于速裁程序部分内容的比较

	试点阶段	正式立法
积极适用范围	对危险驾驶、交通肇事、盗窃、诈骗、抢夺、伤害、寻衅滋事、非法拘禁、毒品犯罪、行贿犯罪、在公共场所实施的扰乱公共秩序犯罪情节较轻、依法可能判处一年以下有期徒刑、拘役、管制的案件，或者依法单处罚金的案件，符合下列条件的，可以适用速裁程序： （一）案件事实清楚、证据充分的； （二）犯罪嫌疑人、被告人承认自己所犯罪行，对指控的犯罪事实没有异议的； （三）当事人对适用法律没有争议，犯罪嫌疑人、被告人同意人民检察院提出的量刑建议的； （四）犯罪嫌疑人、被告人同意适用速裁程序的。	可能判处三年有期徒刑以下刑罚的案件，案件事实清楚，证据确实、充分，被告人认罪认罚并同意适用速裁程序的，可以适用速裁程序。

	试点阶段	正式立法
消极适用范围	具有下列情形之一的，不适用速裁程序： （一）犯罪嫌疑人、被告人是未成年人，盲、聋、哑人，或者是尚未完全丧失辨认或者控制自己行为能力的精神病人的； （二）共同犯罪案件中部分犯罪嫌疑人、被告人对指控事实、罪名、量刑建议有异议的； （三）犯罪嫌疑人、被告人认罪但经审查认为可能不构成犯罪的，或者辩护人作无罪辩护的； （四）被告人对量刑建议没有异议但经审查认为量刑建议不当的； （五）犯罪嫌疑人、被告人与被害人或者其法定代理人、近亲属没有就赔偿损失、恢复原状、赔礼道歉等事项达成调解或者和解协议的； （六）犯罪嫌疑人、被告人违反取保候审、监视居住规定，严重影响刑事诉讼活动正常进行的； （七）犯罪嫌疑人、被告人具有累犯、教唆未成年人犯罪等法定从重情节的； （八）其他不宜适用速裁程序的情形。	有下列情形之一的，不适用速裁程序： （一）被告人是盲、聋、哑人，或者是尚未完全丧失辨认或者控制自己行为能力的精神病人的； （二）被告人是未成年人的； （三）案件有重大社会影响的； （四）共同犯罪案件中部分被告人对指控的犯罪事实、罪名、量刑建议或者适用速裁程序有异议的； （五）被告人与被害人或者其法定代理人没有就附带民事诉讼赔偿等事项达成调解或者和解协议的； （六）其他不宜适用速裁程序审理的。
审理法院及审判组织	审判员一人独任审判	基层人民法院；审判员一人独任审判
法庭审理程序	人民法院适用速裁程序审理案件，送达期限不受刑事诉讼法规定的限制。 人民法院适用速裁程序审理案件，应当当庭询问被告人对被指控的犯罪事实、量刑建议及适用速裁程序的意见，听取公诉人、辩护人、被害人及其诉讼代理人的意见。被告人当庭认罪、同意量刑建议和使用速裁程序的，不再进行法庭调查、法庭辩论。但在判决宣告前应当听取被告人的最后陈述意见。	适用速裁程序审理案件，不受刑事诉讼法规定的送达期限的限制，一般不进行法庭调查、法庭辩论，但在判决宣告前应当听取辩护人的意见和被告人的最后陈述意见。

（续表）

	试点阶段	正式立法
宣判	人民法院适用速裁程序审理的案件,应当当庭宣判,使用格式裁判文书。	适用速裁程序审理案件,应当当庭宣判。
审理期限	一般应当在受理后七个工作日内审结。	适用速裁程序审理案件,人民法院应当在受理后十日以内审结;对可能判处的有期徒刑超过一年的,可以延长至十五日。

第四节 刑事案件速裁程序的实施状况

一、试点阶段实施状况

根据最高人民法院、最高人民检察院于 2015 年向全国人大常委会作的《关于刑事案件速裁程序试点情况的中期报告》可知,自试点开始以来,截至 2015 年 8 月 20 日,共适用速裁程序审结刑事案件 15606 件 16055 人,占试点法院同期判处一年有期徒刑以下刑罚案件的 30.70%,占同期全部刑事案件的 12.82%。其中检察机关建议适用速裁程序的占 65.36%。刑事诉讼效率明显提高。据抽样统计,检察机关审查起诉周期由过去的平均 20 天缩短至 5.7 天;人民法院速裁案件 10 日内审结的占 94.28%,比简易程序高 58.40 个百分点;当庭宣判率达 95.16%,比简易程序高 19.97 个百分点。认罪认罚从宽充分体现。刑事速裁案件被告人被拘留、逮捕的占 52.08%,比简易程序低 13.91 个百分点;适用非监禁刑的占 36.88%,比简易程序高 6.93 个百分点。检察机关抗诉率、附带民事诉讼原告人上诉率为 0,被告人上诉率仅为 2.10%,比简易程序低 2.08 个百分点,比全部刑事案件上诉抗诉率低 9.44 个百分点。[1]可见,最高人民法院、最高人

---

① 《最高人民法院、最高人民检察院关于刑事案件速裁程序试点情况的中期报告》,载中国人大网,http://www.npc.gov.cn/npc/c12491/201511/68182299a95e4a209b0eb41cc5d1afad.shtml,访问时间:2022 年 2 月 15 日。

民检察院认为刑事案件速裁程序的试点进展顺利,其报告的数据显示,试点在刑事诉讼效率的提高、认罪认罚从宽的体现、当事人权利的保障等方面,都达到了较好的效果。

有学者通过实证研究发现,试点期限内,全国范围内单人单罪案件中刑事速裁程序的运行适用比例不高,但呈现递增趋势;适用案件类型有限,但案件类型集中;逮捕率降低不明显,且波动幅度较大;辩护率虽逐年增加,但辩护效果不佳等特征。①也就是说,通过数据分析显示,试点期内的速裁程序呈现出整体向好,有所改进的情况,但是也有一些隐忧。试点期间所存在的问题应当在正式立法之后的制度实施中继续予以改进。

二、正式立法之后的实施状况

正式立法之后,速裁程序的适用范围得以扩大,其诉讼程序也在立法层面得以更加具体的呈现。根据最高人民检察院所披露的数据,认罪认罚从宽制度全面实施以来,检察机关适用该制度办理的案件,起诉到法院后适用速裁程序审理的占 27.6%,适用简易程序审理的占 49.4%,适用普通程序审理的占 23%。与人民法院 80% 以上的案件判处了三年有期徒刑以下刑罚相比,适用速裁程序比例还是比较低的,客观上与我国新时期刑事犯罪结构发生的变化也不相适应,运用速裁程序处理轻罪案件的优势尚未充分体现出来。②

为此,最高人民检察院选编并发布了四个认罪认罚案件适用速裁程序的典型案例,作为检察机关办理适用速裁程序案件的参考,以起到促进速裁程序的适用、提高速裁程序案件办理质量的作用。该系列典型案例

---

① 参见曹波:《全国刑事速裁程序试点宏观状况实证研究》,载《河北法学》2019 年第 4 期。
② 参见史兆琨:《兼顾办案质量与效率 推动落实速裁程序——最高人民检察院第一检察厅厅长苗生明解读认罪认罚案件适用速裁程序典型案例》,载《检察日报》2020 年 10 月 14 日,第 2 版。

的"法律要旨"亦指出,当前适用速裁程序的比例仍然偏低,这一制度所蕴含的效率价值尚未得到充分彰显,有的检察官不愿用、不会用、不善用速裁程序办理案件。①可见,正式立法之后的速裁程序还存在着适用比例偏低,部分检察官不愿意和不善于适用速裁程序办案的问题,这与立法所要实现的提高诉讼效率、促进案件的繁简分流、优化司法资源配置的目标还存在一定的距离。通过最高法、最高检发布典型案例或者指导性案例,发挥案例的指导作用,可以部分地解决实践中存在的问题。除了提高其适用比例之外,未来,还需要着重通过加快审前的诉讼流程、完善侦诉衔接、提高非羁押强制措施的适用和缩短适用期限、规范适用速裁程序案件的量刑指南,以及强调对值班律师提供有效法律帮助的保障等方面进行努力,来提高刑事案件速裁程序的实施质量。

---

①　参见《认罪认罚案件适用速裁程序典型案例》,载《检察日报》2020年10月14日,第2版。

第十九章　刑事案件认罪认罚从宽制度改革

　　刑事案件认罪认罚从宽制度是近年来我国刑事诉讼制度改革发展的一项重要成果，对刑事司法实践具有重要的影响，甚至在很大程度上改变了我国刑事诉讼的固有运作方式。在 2018 年修改《刑事诉讼法》时，认罪认罚从宽制度被正式确立于刑事诉讼法之中，不仅成为我国刑事诉讼中崭新的诉讼制度，而且被确立为新的刑事诉讼基本原则，因而，该制度的建立被视为我国刑事诉讼制度的一项重要变革。认罪认罚从宽制度既体现了现代司法的宽容精神，也是对宽严相济刑事政策的拓展和延伸。[①]从历史脉络来看，认罪认罚从宽制度的建立并非无源之水，而是我国宽严相济刑事司法政策的延续、发展和制度化，同时为我国刑事诉讼制度的未来发展提供了新的展望空间。

---

　　① 参见艾静：《刑事案件速裁程序的改革定位和实证探析——兼论与"认罪认罚从宽制度"的理性衔接》，载《中国刑事法杂志》2016 年第 6 期。

第一节 刑事案件认罪认罚从宽制度的历史发展

一、认罪认罚从宽制度的探索、试点及立法进程

认罪认罚从宽制度建立在犯罪嫌疑人、被告人认罪的基础上,试图通过刑事案件的繁简分流,提升认罪案件的诉讼效率,以实现公正与效率的统一。尽管我国的刑事诉讼法规定有简易程序,但是简易程序的适用范围比较有限,难以适用于各种类型的认罪案件,起到贯穿宽严相济刑事政策和全面提高诉讼效率的作用。因此,司法机关另辟途径开展对认罪案件诉讼机制的探索。在渊源上,认罪认罚从宽制度的早期探索可以追溯到 2003 年关于适用普通程序审理"被告人认罪案件"的试行。2003 年,最高人民法院、最高人民检察院、司法部联合发布《关于适用普通程序审理"被告人认罪案件"的若干意见(试行)》和《关于适用简易程序审理公诉案件的若干意见》,展开了对认罪案件简化审理程序的探索。

2008 年 7 月,最高人民检察院颁布《认罪轻案办理程序实施细则》,并在全国 8 个基层检察院开始试点。[①]这初步建立了在检察机关办案环节对认罪轻案办案程序机制的基础,由于检察机关在认罪案件办理中具有十分重要的"枢纽组作用",这些探索同时也为认罪认罚从宽制度在检察办案环节的构建奠定了基础。

由于量刑从宽是认罪认罚从宽制度在刑罚层面的适用结果,两者密切相关,量刑规范化改革之中也包含了对认罪从宽的探索。从 2009 年开始,最高人民法院在全国法院全面推行量刑规范化改革,相继出台两部关

① 参见贺小军:《改革开放以来我国被追诉人认罪案件处理之图景》,载《中国刑事法杂志》2020 年第 2 期。

于量刑规范性改革的指导性文件，即《人民法院量刑指导意见（试行）》与《关于规范量刑程序若干问题的意见（试行）》，使被告人认罪后的从宽处理得到肯定；2010 年最高人民法院发布《关于贯彻宽严相济刑事政策的若干意见》，从程序上和实体上进一步拓展了认罪从宽制度，并从量刑上明确了从宽的范围；2013 年最高人民法院发布的《关于常见犯罪的量刑指导意见》对自首、坦白、当庭认罪等量刑情节的适用及其从宽比例进行确认。①因此，作为认罪从宽案件的裁判结果，最高人民法院陆续开展的量刑规范化改革包含了对认罪从宽如何进行司法裁判的探索，这为后续开展的认罪认罚从宽制度的构建，尤其是如何建立量刑从宽的适用机制问题，奠定了良好的基础。

二、认罪认罚从宽制度的提出与试点

2014 年《中共中央关于全面推进依法治国若干重大问题的决定》作出了"完善刑事诉讼中认罪认罚从宽制度"的改革部署，这为我国刑事案件认罪认罚从宽的制度化和立法推进指明了方向。由此，认罪认罚从宽制度的立法进程得以加快进行。

2015 年，最高人民法院发布了《关于全面深化人民法院改革的意见——人民法院第四个五年改革纲要（2014—2018）》，其中提出"完善刑事诉讼中认罪认罚从宽制度。明确被告人自愿认罪、自愿接受处罚、积极退赃退赔案件的诉讼程序、处罚标准和处理方式，构建被告人认罪案件和不认罪案件的分流机制，优化配置司法资源"。这是最高人民法院在其五年改革纲要中首次提出完善刑事诉讼中认罪认罚从宽制度。

2016 年 7 月，中央全面深化改革领导小组第二十六次会议审议通过《关于认罪认罚从宽制度改革试点方案》。2016 年 9 月，第十二届全国人

① 参见贺小军：《改革开放以来我国被追诉人认罪案件处理之图景》，载《中国刑事法杂志》2020 年第 2 期。

大常委会第二十二次会议通过了《关于授权最高人民法院、最高人民检察院在部分地区开展刑事案件认罪认罚从宽制度试点工作的决定》，授权最高人民法院、最高人民检察院在北京等 18 个城市开展刑事案件认罪认罚从宽制度试点工作，规定"对犯罪嫌疑人、刑事被告人自愿如实供述自己的罪行，对指控的犯罪事实没有异议，同意人民检察院量刑建议并签署具结书的案件，可以依法从宽处理"。2016 年 11 月，最高人民法院、最高人民检察院、公安部、国家安全部、司法部联合印发了《关于在部分地区开展刑事案件认罪认罚从宽制度试点工作的办法》，这意味着司法机关贯彻落实全国人大常委会关于认罪认罚从宽制度授权试点工作的正式启动。2017 年12 月，最高人民法院、最高人民检察院在第十二届全国人大常委会第三十一次会议上作了《关于在部分地区开展刑事案件认罪认罚从宽制度试点工作情况的中期报告》，报告一年来刑事案件认罪认罚从宽制度试点工作情况。2018 年 5 月，最高人民法院又下发了《关于全面深入推进刑事案件认罪认罚从宽制度试点工作的通知》，要求全面深入推进试点工作。

三、认罪认罚从宽制度的立法和推进

2018 年 10 月 26 日，第十三届全国人民代表大会常务委员会第六次会议通过了《关于修改〈中华人民共和国刑事诉讼法〉的决定》，正式建立了刑事案件认罪认罚从宽制度。修改后的《刑事诉讼法》增加了第十五条："犯罪嫌疑人、被告人自愿如实供述自己的罪行，承认指控的犯罪事实，愿意接受处罚的，可以依法从宽处理。"从而正式将"认罪认罚从宽"作为刑事诉讼的一项重要原则。在侦查程序、审查起诉程序、审判程序等各项程序中全面设立了认罪认罚从宽制度的具体规范，并新设了值班律师制度作为认罪认罚从宽制度的有力配合，为犯罪嫌疑人、被告人提供法律帮助，从而系统性地建立了认罪认罚从宽制度。

2019 年 10 月，最高人民法院、最高人民检察院、公安部、国家安全

部、司法部联合制定了《关于适用认罪认罚从宽制度的指导意见》。以立法规定的制度框架为基础，该指导意见就认罪认罚从宽制度的相关内容进行细化，从而形成了一套较为完备的规则体系。①指导意见共有六十条，分别从基本原则，适用范围和适用条件，认罪认罚后"从宽"的把握，犯罪嫌疑人、被告人辩护权保障，被害方权益保障，强制措施的适用，侦查机关的职责，审查起诉阶段人民检察院的职责，社会调查评估，审判程序和人民法院的职责，认罪认罚的反悔和撤回，未成年人认罪认罚案件的办理和附则等十三部分的内容，较为全面地细化了《刑事诉讼法》中认罪认罚从宽制度的各个方面的内容，并且进一步丰富和发展了各诉讼主体在各个诉讼阶段中的适用规则，对于司法实践有较好的指导作用。2020 年 10月，时任最高人民检察院检察长张军在第十三届全国人大常委会第二十二次会议上作了《关于人民检察院适用认罪认罚从宽制度情况的报告》。2020 年 12 月，最高人民检察院就第十三届全国人大常委会对人民检察院适用认罪认罚从宽制度情况报告的审议意见提出二十八条贯彻落实意见。

从认罪认罚从宽制度的整个探索、试点和立法进程看，该制度经历了司法机关先行探索、中央改革部署、人大授权决定、司法机关试点落实、人大正式修改法律、司法机关制定司法解释（或司法规范性文化）细化完善等过程。其中，中央的改革部署为刑事案件认罪认罚从宽制度的试点和构建提供了强有力的政治保障，人大对最高人民法院、最高人民检察院的授权试点为认罪认罚从宽制度的试点提供了合法性基础，而司法机关的试点和实践则为认罪认罚从宽制度的构建提供了实践经验，并经由人大正式修改《刑事诉讼法》完成了认罪认罚从宽制度的构建，成为我国刑事诉讼制度改革完善的重要组成部分。

---

① 参见吴宏耀：《认罪认罚从宽制度的体系化解读》，载《当代法学》2020 年第 4 期。

第二节　刑事案件认罪认罚从宽制度的改革动因

一、宽严相济刑事政策的制度化

宽严相济的刑事政策是我国一直以来所坚持的一项重要刑事政策，该项刑事政策要求宽与严的有机统一，该宽则宽，当严则严，宽严相济，罚当其罪，对于不同类型的刑事案件的处理予以合理区分，并且实现刑事案件的繁简分流。但是，一方面，宽严相济一直以来主要作为一项刑事政策在实施层面存在，另一方面，制度化主要存在于刑事实体法当中，在刑事程序法方面则缺乏制度化。因而，为了实现宽严相济刑事政策的目标，就不能让刑事程序法持续缺乏制度化，而应当尽量在刑事程序法层面确立能够体现宽严相济刑事政策的制度。

认罪认罚从宽制度无疑是宽严相济刑事政策的体现，反映了宽严相济中对于认罪认罚案件的从宽一面。但是在通过立法正式构建认罪认罚从宽制度之前，我国刑法中早已有了自首、坦白等制度，体现了实体法对于被追诉人自愿认罪认罚予以从宽处理和处罚的精神。《刑法修正案（八）》在《刑法》第六十七条中增加一款作为第三款："犯罪嫌疑人虽不具有前两款规定的自首情节，但是如实供述自己罪行的，可以从轻处罚；因其如实供述自己罪行，避免特别严重后果发生的，可以减轻处罚。"这实际上规定的便是坦白制度及其处罚原则。我国的刑事程序法原先只是在刑事和解、简易程序、不起诉等制度中对认罪认罚从宽的程序性规范有所体现，但尚未形成明确性、体系性的规定。①尽管在刑事实体法中存在认罪

①　参见胡铭等：《认罪认罚从宽制度的实践逻辑》，浙江大学出版社 2020 年版，第 9—10 页。

认罚从宽的相关规定,但是仅依靠刑事实体法,显然无法保障刑事法律制度和刑事政策的实施。在这种情况下,就必须尽快在刑事程序法中形成具有体系性和明确性的认罪认罚从宽制度,即认罪认罚从宽制度在刑事诉讼法中正式构建,以使整个宽严相济刑事政策能够得以制度化。

为实施宽严相济的刑事政策,最高人民法院和最高人民检察院亦发布了相关的司法规范性文件。最高人民检察院于 2007 年印发《关于在检察工作中贯彻宽严相济刑事司法政策的若干意见》,其中提出检察机关"要根据社会治安形势和犯罪分子的不同情况,在依法履行法律监督职能中实行区别对待,注重宽与严的有机统一,该严则严,当宽则宽,宽严互补,宽严有度,对严重犯罪依法从严打击,对轻微犯罪依法从宽处理,对严重犯罪中的从宽情节和轻微犯罪中的从严情节也要依法分别予以宽严体现,对犯罪的实体处理和适用诉讼程序都要体现宽严相济的精神"。该意见也提出要"依法正确适用简易程序和简化审理程序"。可见,最高人民检察院也注意到要从适用诉讼程序上体现宽严相济的精神,并且具体通过简易程序和简化审理程序来实施。最高人民法院于 2010 年印发的《关于贯彻宽严相济刑事政策的若干意见》中提出"完善贯彻宽严相济刑事政策的工作机制",涵盖了包括简易程序在内的若干程序性机制的完善贯彻问题。

"认罪认罚制度与宽严相济的刑事政策紧密相连,但后者以原则化的政策形式存在,唯有将后者的政策内涵具化为法律制度并贯彻适用,方能凸显刑事政策的实践效果。"①最高人民法院、最高人民检察院的司法规范性文件,显然无法独自突破既有制度的框架,只能在既有制度之内对那些可以反映宽严相济刑事政策的机制进行适用潜力上的挖掘,完善其适用机制而已。因此,诸如上述关于贯彻宽严相济刑事政策的司法规范性文件,也仅是在简易程序等制度范围之内进行适用上的完善,这离认罪认

---

① 陈卫东:《认罪认罚从宽制度研究》,载《中国法学》2016 年第 2 期。

罚从宽的制度化和体系化尚远。由于简易程序等既有制度的适用范围无法涵盖各类认罪认罚案件,因此,唯有将认罪认罚从宽制度予以正式的立法,才能完成宽严相济刑事政策所要达到的目标。

二、提高诉讼效率和节约司法资源的考量

在确保司法公正的基础之上,提高诉讼效率始终是刑事诉讼的一个重要目标。所谓诉讼效率,涵盖了诉讼时间的投入与司法资源的投入等因素。办理刑事案件需要一定的成本,由于在一定时段之内,能够投入的司法资源是相对有限的,因而,如果能够提高办理刑事案件的效率,避免不必要的拖延,那么就可以节省更多的司法资源,去办理更多的刑事案件。

近年来,我国轻微刑事案件的数量呈现上升的态势,而且占刑事案件的整体比例也不断上升。由于一定时段之内司法资源的相对有限性,我国的司法系统持续面临着"案多人少"的压力。以《刑法修正案(八)》《刑法修正案(九)》的出台、劳动教养制度被废除等为突出诱因,我国刑事司法领域凸显出犯罪轻型化倾向,有限的司法资源与解决司法纠纷的社会需求之间的矛盾愈发明显。①由于危险驾驶罪等轻罪的确立,且随着系列刑法修正案的颁布产生了若干新的罪名,犯罪圈得以扩大,其中以轻罪的扩张尤为明显。在这种情况下,就必须通过构建新的刑事诉讼制度,实现刑事案件的繁简分流,使有限的司法资源能够应对日益增加的案件数量。

建立认罪认罚从宽制度无疑是有效提高诉讼效率,节省司法资源的有效路径。认罪认罚从宽制度通过将刑事案件分为"认罪认罚"与"非认罪认罚"两大基本类型,分别配以具有显著差异的刑事诉讼机制,促进刑事案件的繁简分流。这不仅对提高轻罪的诉讼效率有显著帮助,而且对于认罪认罚的重罪案件,也可以起到适当提高效率和节省司法资源的作

---

① 陈卫东:《认罪认罚从宽制度研究》,载《中国法学》2016 年第 2 期。

用。因此，出于诉讼效率和节约司法资源的考量，司法机关有足够的动力去进行认罪认罚从宽制度的推动和试点，而立法机关也需要考虑刑事诉讼的实际情况，逐步推进认罪认罚从宽制度的立法。所以，诉讼效率和节约司法资源，也是构建认罪认罚从宽制度的重要考量因素。

三、优化司法资源配置的驱动

如果说在个案意义上，构建认罪认罚从宽制度具有提高个案的诉讼效率，节约认罪认罚案件的司法资源投入的考虑的话，那么，在整个刑事司法体系的宏观运作方面，构建认罪认罚从宽制度的驱动力还在于从整体上优化司法资源配置。所谓优化司法资源的配置，主要是针对整个刑事司法体系的宏观层面而言的，其要求在相对限定的整体司法资源之内，更加合理地将司法资源配置到不同类型的刑事案件之中。一方面，随着案件数量的增加，"案多人少"的压力并没有减少；另一方面，随着员额制改革的推进和员额制的建立，一定时间内相对确定的法官、检察官员额，也使这种"案多人少"的压力有增无减。如前所述，2015 年最高人民法院发布的《关于全面深化人民法院改革的意见——人民法院第四个五年改革纲要（2014—2018）》在提出"完善刑事诉讼中认罪认罚从宽制度"的同时，也在同一条中申明了"优化配置司法资源"的目标。这足以说明，对于司法机关来说，优化配置司法资源是构建认罪认罚从宽制度的重要驱动力。

亦有学者指出，认罪认罚从宽制度的基本价值和功能在于为简易程序和速裁程序的适用提供正当化机制和动力机制，提高其适用率，从而在行动层面优化司法资源配置。[①]对于司法机关来说，将更多的司法资源配置给不认罪认罚的重大、疑难、复杂案件，而简化对认罪认罚案件的资源投入，是其现实的办案需要，这也是司法机关在认罪认罚从宽制度的试点和构建上态度十分积极的重要原因。

---

① 参见魏晓娜：《完善认罪认罚从宽制度：中国语境下的关键词展开》，载《法学研究》2016年第 4 期。

第三节　刑事案件认罪认罚从宽制度的立法改革内容

一、试点阶段

第十二届全国人民代表大会常务委员会第二十二次会议通过了《关于授权最高人民法院、最高人民检察院在部分地区开展刑事案件认罪认罚从宽制度试点工作的决定》，授权最高人民法院、最高人民检察院在北京、天津、上海、重庆、沈阳、大连、南京、杭州、福州、厦门、济南、青岛、郑州、武汉、长沙、广州、深圳、西安开展刑事案件认罪认罚从宽制度试点工作。对犯罪嫌疑人、刑事被告人自愿如实供述自己的罪行，对指控的犯罪事实没有异议，同意人民检察院量刑建议并签署具结书的案件，可以依法从宽处理。为贯彻落实全国人大常委会的授权决定，2016 年 11 月，最高人民法院、最高人民检察院、公安部、国家安全部、司法部联合印发了《关于在部分地区开展刑事案件认罪认罚从宽制度试点工作的办法》。

二、立法阶段

2018 年 10 月 26 日，第十三届全国人民代表大会常务委员会第六次会议通过了《全国人民代表大会常务委员会关于修改〈中华人民共和国刑事诉讼法〉的决定》，正式建立了刑事案件认罪认罚从宽制度。新修改的《刑事诉讼法》在总结认罪认罚从宽制度和速裁程序试点工作经验的基础上，正式确立认罪认罚从宽制度，不仅将其设定为刑事诉讼的一项基本原则，而且在刑事诉讼的侦查、审查起诉、审判阶段以及辩护制度中都予以具体化。

根据《关于在部分地区开展刑事案件认罪认罚从宽制度试点工作的办法》和修改之后的《刑事诉讼法》，有关规定对比如下：

表 19-1 《关于在部分地区开展刑事案件认罪认罚从宽制度试点工作的办法》与 2018 年《刑事诉讼法》关于认罪认罚从宽制度总体内容的比较

	试点阶段	正式立法
含义	犯罪嫌疑人、被告人自愿如实供述自己的罪行,对指控的犯罪事实没有异议,同意量刑建议,签署具结书的,可以依法从宽处理。	犯罪嫌疑人、被告人自愿如实供述自己的罪行,承认指控的犯罪事实,愿意接受处罚的,可以依法从宽处理。
消极适用条件	具有下列情形之一的,不适用认罪认罚从宽制度: (一)犯罪嫌疑人、被告人是尚未完全丧失辨认或者控制自己行为能力的精神病人的; (二)未成年犯罪嫌疑人、被告人的法定代理人、辩护人对未成年人认罪认罚有异议的; (三)犯罪嫌疑人、被告人行为不构成犯罪的; (四)其他不宜适用的情形。	犯罪嫌疑人认罪认罚,有下列情形之一的,不需要签署认罪认罚具结书: (一)犯罪嫌疑人是盲、聋、哑人,或者是尚未完全丧失辨认或者控制自己行为能力的精神病人的; (二)未成年犯罪嫌疑人的法定代理人、辩护人对未成年人认罪认罚有异议的; (三)其他不需要签署认罪认罚具结书的情形。
量刑建议	对于认罪认罚案件,人民法院依法作出判决时,一般应当采纳人民检察院指控的罪名和量刑建议,但具有下列情形的除外: (一)被告人不构成犯罪或者不应当追究刑事责任的; (二)被告人违背意愿认罪认罚的; (三)被告人否认指控的犯罪事实的; (四)起诉指控的罪名与审理认定的罪名不一致的; (五)其他可能影响公正审判的情形。 人民法院经审理认为,人民检察院的量刑建议明显不当,或者被告人、辩护人对量刑建议提出异议的,人民法院可以对建议人民检察院调整量刑建议,人民检察院不同意调整量刑建议或者调整量刑建议后被告人、辩护人仍有异议的,人民法院应当依法作出判决。	对于认罪认罚案件,人民法院依法作出判决时,一般应当采纳人民检察院指控的罪名和量刑建议,但有下列情形的除外: (一)被告人的行为不构成犯罪或者不应当追究其刑事责任的; (二)被告人违背意愿认罪认罚的; (三)被告人否认指控的犯罪事实的; (四)起诉指控的罪名与审理认定的罪名不一致的; (五)其他可能影响公正审判的情形。 人民法院经审理认为量刑建议明显不当,或者被告人、辩护人对量刑建议提出异议的,人民检察院可以调整量刑建议。人民检察院不调整量刑建议或者调整量刑建议后仍然明显不当的,人民法院应当依法作出判决。

表 19-2 《关于在部分地区开展刑事案件认罪认罚从宽制度试点工作的办法》与 2018 年《刑事诉讼法》关于认罪认罚从宽制度诉讼环节的比较

诉讼环节	试点阶段	立法阶段
侦查	在侦查过程中,侦查机关应当告知犯罪嫌疑人享有的诉讼权利和认罪认罚可能导致的法律后果,听取犯罪嫌疑人及其辩护人或者值班律师的意见,犯罪嫌疑人自愿认罪认罚的,记录在案并附卷。犯罪嫌疑人向看守所工作人员或辩护人、值班律师表示愿意认罪认罚的,有关人员应当及时书面告知办案单位。对拟移送审查起诉的案件,侦查机关应当在起诉意见中写明犯罪嫌疑人自愿认罪认罚情况。	侦查人员在讯问犯罪嫌疑人的时候,应当告知犯罪嫌疑人享有的诉讼权利,如实供述自己罪行可以从宽处理和认罪认罚的法律规定。犯罪嫌疑人自愿认罪的,应当记录在案,随案移送,并在起诉意见书中写明有关情况。
审查起诉	在审查起诉过程中,人民检察院应当告知犯罪嫌疑人享有的诉讼权利和认罪认罚可能导致的法律后果,就下列事项听取犯罪嫌疑人及其辩护人或者值班律师的意见,记录在案并附卷: (一) 指控的罪名及适用的法律条款; (二) 从轻、减轻或者免除处罚等从宽处罚的建议; (三) 认罪认罚后案件审查适用的程序; (四) 其他需要听取意见的情形。 犯罪嫌疑人自愿认罪,同意量刑建议和程序适用的,应当在辩护人或者值班律师在场的情况下签署具结书。	犯罪嫌疑人认罪认罚的,人民检察院应当告知其享有的诉讼权利和认罪认罚的法律规定,听取犯罪嫌疑人、辩护人或者值班律师、被害人及其诉讼代理人对下列事项的意见,并记录在案: (一) 涉嫌的犯罪事实、罪名及适用的法律规定; (二) 从轻、减轻或者免除处罚等从宽处罚的建议; (三) 认罪认罚后案件审理适用的程序; (四) 其他需要听取意见的事项。 犯罪嫌疑人自愿认罪,同意量刑建议和程序适用的,应当在辩护人或者值班律师在场的情况下签署认罪认罚具结书。 犯罪嫌疑人认罪认罚的,人民检察院应当就主刑、附加刑、是否适用缓刑等提出量刑建议,并随案移送认罪认罚具结书等材料。
审判	人民法院审理认罪认罚案件,应当告知被告人享有的诉讼权利和认罪认罚可能导致的法律后果,审查认罪认罚的自愿性和认罪认罚具结书内容的真实性、合法性。	被告人认罪认罚的,审判长应当告知被告人享有的诉讼权利和认罪认罚的法律规定,审查认罪认罚的自愿性和认罪认罚具结书内容的真实性、合法性。

《刑事诉讼法》在建立认罪认罚从宽制度的同时，还增设了值班律师制度，使之成为与认罪认罚从宽制度相配套的制度，有助于保障犯罪嫌疑人、被告人认罪认罚的自愿性、真实性、合法性等。因此，认罪认罚从宽制度建立的意义超出了其本身，也带动了诸如值班律师等制度的设立，促进了犯罪嫌疑人、被告人诉讼权利的保障。

2019年10月，最高人民法院、最高人民检察院、公安部、国家安全部、司法部联合制定了《关于适用认罪认罚从宽制度的指导意见》。该指导意见全面细化了《刑事诉讼法》所建立的认罪认罚从宽制度，将该制度在刑事诉讼的各个阶段和环节予以更加充分的具体化。2020年5月，最高人民检察院出台《人民检察院办理认罪认罚案件监督管理办法》，对检察官办案作出进一步的明确规定。

第四节　刑事案件认罪认罚从宽制度的实施状况

一、试点阶段的实施状况

2017年12月，最高人民法院院长周强代表最高人民法院，并受最高人民检察院委托，在第十二届全国人大常委会第三十一次会议上作了《最高人民法院、最高人民检察院关于在部分地区开展刑事案件认罪认罚从宽制度试点工作情况的中期报告》。该报告指出，经过一年的试点探索，认罪认罚从宽制度实施效果逐步显现。各试点法院、检察院通过推动认罪认罚从宽制度改革，办理刑事案件的质量与效率显著提高，在落实宽严相济刑事政策，确保无罪的人不受刑事追究、有罪的人受到公正惩罚，维护当事人合法权益，促进司法公正等方面，均取得显著成效。具体体现为三个方面：一是宽严相济刑事政策得到充分体现，促进了社会和谐稳定；

二是司法资源得到合理配置,促进了刑事诉讼效率明显提升;三是当事人权利得到有效保障,促进了司法公正。报告还引用了中国政法大学课题组对试点情况进行第三方评估,对试点效果总体评价较高,其中律师满意度为 97.3％,被告人满意度为 94.3％。①

二、立法之后的实施状况

2020 年 10 月,最高人民检察院检察长张军在第十三届全国人大常委会第二十二次会议上作了《最高人民检察院关于人民检察院适用认罪认罚从宽制度情况的报告》。根据该适用报告,在认罪认罚从宽制度正式立法之后,该制度的整体适用率得到了明显的提升。2019 年 1 月至 2020 年 8 月,全国检察机关适用认罪认罚从宽制度办结案件 1416417件 1855113 人,人数占同期办结刑事犯罪总数的 61.3％。2019 年 1 月,检察环节认罪认罚从宽制度适用率只有 20.9％,2019 年 6 月仍只有 39％,2019 年 12 月检察机关办理刑事案件适用认罪认罚从宽制度的比例已达 83.1％。

该适用报告指出,检察机关适用认罪认罚从宽制度的成效体现在四个方面:一是有效促进社会和谐稳定。适用这一制度办理的案件中,一审后被告人上诉率为 3.9％,低于其他刑事案件 11.5 个百分点;二是更加及时有效惩治犯罪;三是显著提升刑事诉讼效率。检察机关适用该制度办理的案件,起诉到法院后适用速裁程序审理的占 27.6％;适用简易程序审理的占 49.4％;适用普通程序审理的占 23％,比 2018 年下降 20 个百分点;四是更好保障当事人权利。将是否认罪认罚作为判断社会危险性的重要考量因素,认罪认罚案件不捕率高于整体刑事案件 18.3 个百分点;

---

① 《最高人民法院、最高人民检察院关于在部分地区开展刑事案件认罪认罚从宽制度试点工作情况的中期报告》,载中国人大网,http://www.npc.gov.cn/npc/c30834/201712/5bc067b97b8e49b4a179cecafc54c306.shtml,访问时间:2022 年 2 月 12 日。

法院宣告缓刑案件占 36.2%,高出整体刑事案件 6.9 个百分点。

认罪认罚从宽制度的实践带来了检察机关指控证明犯罪主导责任的强化。在不起诉占比和量刑建议采纳率这两个关键数据上较为突出。在不起诉占比方面,对犯罪嫌疑人认罪认罚,依照法律规定不需要判处刑罚或可能判处免予刑事处罚的轻微刑事案件,依法作出不起诉决定 208754 人,占适用该制度办理案件总人数的 11.3%。在量刑建议采纳率方面,2019 年 1 月至 2020 年 8 月,量刑建议采纳率为 87.7%。①

三、存在的问题——以余某平交通肇事案为例

从最高人民法院、最高人民检察院报告看来,认罪认罚从宽制度实践的整体情况较好。2020 年 12 月,最高人民检察院又以"检察机关适用认罪认罚从宽制度"为主题发布第二十二批指导性案例。但是也存在一些具体的问题尚未解决,需要予以正视并予以完善。作为 2020 年中国十大刑事案件"余某平交通肇事案"最为引人关注,也引起了学术界和实务界的热烈争论。

1. 案情简介

2019 年 6 月 5 日,被告人余某平酒后驾驶白色丰田牌小型普通客车撞到被害人宋某致其死亡,撞人后余某平驾车逃逸。鉴于余某平自愿认罪认罚,门头沟区人民检察院提出了判三缓四的量刑建议。但北京市门头沟区人民法院经过审理,未予采纳量刑建议。法院认为:余某平肇事后逃逸,意图逃避法律追究,主观恶性较大;鉴于自首,初犯,得到谅解,可酌情从轻处罚;判处余某平交通肇事罪有期徒刑 2 年。门头沟区检察院随即抗诉,理由是:检察院提出量刑建议不是属于明显不当,法院应当采纳量刑建议。余某平本人也上诉。二审的北京市一中院认为,案件事实清楚,证据确凿、

① 以上检察机关适用认罪认罚从宽制度的实际情况及其数据,均参见《最高人民检察院关于人民检察院适用认罪认罚从宽制度情况的报告》,载中国人大网,http://www.npc.gov.cn/npc/c30834/202010/ca9ab36773f24f64917f75933b49296b.shtml,访问时间:2022 年 2 月 12 日。

充分，定罪正确，审判程序合法，但认定余某平的行为构成自首并据此对其减轻处罚，以及认定余某平酒后驾驶机动车却并未据此对其从重处罚不当；驳回了检察院的抗诉，余某平的上诉，改判有期徒刑 3 年 6 个月。①

2. 社会争议及学界观点

余某平交通肇事案引起了社会的关注、争议，同时又引发了学术界和实务界的热烈讨论。该案集中反映了认罪认罚从宽制度建立之后的一些不完善之处，同时也反映了我国刑事诉讼法中的诸如上诉不加刑制度存在的问题。在该案中，检察机关虽以一审法院未采纳其量刑建议而提出抗诉，但该抗诉在客观上也属于有利于被告人的抗诉，反映在认罪认罚从宽制度中，既有法院在量刑上如何对待认罪认罚的被告人的问题，又有围绕量刑建议的法检关系问题，还包括二审法院对有利于被告人的抗诉案件是否可以加刑的问题等。

普通民众往往从常情常理出发，支持二审判决。但在法律界，从实务人士到法学理论界，支持二审判决的是极少数，大多数人从"认罪认罚从宽""上诉不加刑"等方面提出了反对意见，但也有少数学者基本支持二审判决。②

以下列举学术界对本案的几个代表性观点：

卢建平教授认为，二审法院选择了加重刑，这是为求个案公正而牺牲了制度公正，得不偿失、弊大于利，是两害相权取其重的做法，殊不可取。关于认罪认罚制度的完善，卢建平认为应进一步完善认罪认罚具结书和量刑建议的形式，变目前的"单方声明"（单方意志）为"双方或多方协议"（合意），即考虑将被告人和被害人之间达成的和解协议、被告人在检察院主导下签署的认罪认罚具结书，以及检察院代表国家作出的量刑承诺与

----

① 《2020 年中国十大刑事案件评选结果公布》，载人民大学刑事法律科学研究中心中国刑事法律网，http://www.criminallaw.com.cn/article/?id=18137，访问时间：2021 年 11 月 10 日。详细案情参见北京市第一中级人民法院刑事判决书(2019)京 01 刑终 628 号。

② 参见张进德：《余金平交通肇事案中的"认罪认罚"与"上诉不加刑"》，载澎湃新闻，https://www.thepaper.cn/newsDetail_forward_7045444，访问时间：2021 年 11 月 10 日。

建议，改造成相互连接、整体的"一揽子协议"，名称可暂定为"认罪认罚案件协议书"，以求用"合意"来化解纷争，同时确认前述"一揽子协议"的法律效力。①

龙宗智教授提出，办案机关尤其是检察机关应当更为谨慎地实施认罪认罚从宽制度，努力避免此项制度实施与证据裁判和实质真实主义的冲突；法院否定量刑建议应当十分慎重，同时对不采纳检察院量刑建议的条件应当进一步完善；建议设立办案机关的风险提示制度；完善否定认罪认罚建议后对被告的救济制度等。②

魏晓娜教授认为，余某平案是认罪认罚从宽制度全面施行之后诸多矛盾与冲突的一次集中爆发，检、法两家激烈地争夺量刑主导权。其原因在于立法没有给控辩协商提供充分的制度空间。她提出了两种方案，一是重新定位认罪认罚从宽制度的性质与功能，使之实现从"案件处理机制"到"案件查明机制"的转型；二是为"协商"施加适用范围上的限制。③

顾永忠教授则认为，不应将对量刑建议的"一般应当采纳"理解为人民法院与人民检察院在认罪认罚从宽制度中分享审判权或者人民法院向人民检察院让渡审判权。无论是人民法院完全采纳了量刑建议，还是人民法院不采纳量刑建议，都是在依法行使审判权。如果人民法院不采纳量刑建议，人民检察院应该理性对待，不能简单地认为不采纳就是"违法"进而提出抗诉。④

针对当前存在的若干争议，有实务界代表建议通过制定司法解释或者发布指导性案例的方式，统一司法尺度。根据媒体报道，全国人大代

---

① 参见卢建平：《余金平交通肇事案事实认定与法律适用争议评析》，载《中国法律评论》2020 年第 3 期。

② 参见龙宗智：《余金平交通肇事案法理重述》，载《中国法律评论》2020 年第 3 期。

③ 参见魏晓娜：《冲突与融合：认罪认罚从宽制度的本土化》，载《中外法学》2020 年第 5 期。

④ 参见顾永忠：《对余金平交通肇事案的几点思考——兼与龙宗智、车浩、门金玲教授交流》，载《中国法律评论》2020 年第 3 期。

表、甘肃省律师协会会长尚伦生拟在两会上提交《关于统一司法尺度，准确执行上诉不加刑原则的建议》，其认为，余某平交通肇事案件引发了媒体的广泛关注和法律人的深度思考，鉴于涉及上诉不加刑原则的案件数量很大，确有必要统一司法尺度。当实践中较少的检察机关抗诉是有利于被告人的情况时，人民法院能否简单或机械地作为加重被告人刑罚的"例外"。为此，他建议，最高人民法院和最高人民检察院制定关于执行上诉不加刑原则的司法解释或通过发布指导性案例的方式，统一司法尺度，准确执行上诉不加刑原则。①

　　余某平交通肇事案反映了认罪认罚从宽制度立法以来所遗漏的若干问题，这造成了某些案件在司法实践中的办理困境。当然，作为一项新的刑事诉讼制度，立法之后存在某些问题也是很正常的现象，通过司法实践发现问题之后，应当及时通过一定的路径予以解决。鉴于余某平交通肇事案所反映出来的围绕着量刑建议所产生的法检关系问题、有利于被告人的抗诉是否适用"上诉不加刑"例外情况的问题，都需要加以解决。可以考虑通过以下两种途径加以解决，以完善认罪认罚从宽制度：其一，通过全国人大常委会行使立法解释权，对涉及认罪认罚从宽制度的某些条文的含义进行解释，明确其含义；其二，由最高人民法院和最高人民检察官联合发布司法解释，对人民法院和人民检察院在认罪认罚从宽制度适用中的某些关系问题和被告人权利保障问题进行规范。

---

① 　参见王选辉：《全国人大代表尚伦生：建议统一尺度，准确执行上诉不加刑原则》，载澎湃新闻，https://www.thepaper.cn/newsDetail_forward_7461884，访问时间：2021 年 11 月 10 日。

第二十章　民事公益诉讼制度改革

民事公益诉讼的出现与发展,是 21 世纪以来我国民事诉讼制度史上的重大事件。它与现代性诉讼有共同的发生背景,但是在理念、担当主体与运作机制方面还有一定差异。十余年间,我国的民事公益诉讼经历了实践摸索、理论证成、制度形成的不平凡历程。目前,我国民事公益诉讼制度已经较为完善,这一制度形成过程是科学立法的典型范例。

第一节　民事公益诉讼制度的历史发展

我国民事公益诉讼制度早在新民主主义革命时期就已经初具雏形,其最初形态就是检察公益诉讼。1939 年 4 月,《陕甘宁边区高等法院组织条例》中即规定,检察员的职权之一是作为"诉讼当事人,或公益代表人"。1949 年《中央人民政府最高人民检察署试行组织条例》赋予最高人民检察署参与民事案件的职权"对于全国社会与劳动人民利益有关之民事案件及一切行政诉讼,均得代表国家公益参与之"。1954 年 9 月通过的《人民检察院组织法》也明确规定了人民检察院有权对有关国家和人民利益的重要民事案件提起诉讼或者参加诉讼。直到 1978 年重建人民检察院,检察机关有权提起公益诉讼的规定才在其后颁布的人民检察院组织法与民事诉讼法中被取消。[①]1997 年,河南省南阳市方城县人民检察院成功办理了全国第一起民事公诉案件。[②]这也是改革开放后全国第一起民事公益诉讼案件。自 1997 年河南省方城县第一例民事公益诉讼成功之后,黑龙江、山东、河北、河南、陕西、贵州、浙江、上海、江西、福建、重庆等省市都积极开展了相关的实践探索,至 2004 年检察机关提起和参与了数百例公益诉讼案件。[③]在此过程中,2000 年,最高人民检察院发出了《关于强化检察职能、依法保护国有资产的通知》,该通知要求检察机关应充分发挥检察职能,对侵害国家利益、社会公共利益的民事违法行为提起诉讼。2004 年 6 月 17 日最高人民法院作出《关于恩施市人民检察院诉张苏文返还国有资产一案的复函》。在此复函中,最高人民法院给湖北省高级人民法院明确答复,"你院《关于恩施市人民检察院诉张苏文返还国有资产一案的请示》收悉。经研究,同意你院倾向性意见。检察机关以保护国有资产和公共利益为由,以原告身份代表国家提起民事诉讼,没有法律依据,此案件不应受理,如已受理,应当驳回起诉"。该复函附载三个评析观点:观点一,检察机关以保护国有资产和公共利益为由,以原告身份代表国家提起民事诉讼没有法律依据,也不符合现行民事诉讼法的规定;观点二,我国民事诉讼立法应确立公益诉讼制度,基于保护国有资产和公共利益等考虑,赋予检察机关提起民事、行政诉讼的权利;观点三,为保持司法统一,人民法院必须严格依法受理案件,以免引起司法秩序混乱。这一复函明确地表示了人民法院对此前的检察公益诉讼实践的立场。如何看待实践中检察机关以原告身份提起的环境民事公益

[①]　参见蔡泳曦:《检察机关提起民事公益诉讼再思考》,载《人民司法》2008 年第 15 期。

[②]　参见田凯、杨柯一:《公益诉讼制度的理性思辨——2007 年中原民事行政检察论坛综述》,载《中国检察官》2007 年第 12 期。

[③]　参见"检察机关参与公益诉讼研究"课题组:《检察机关提起公益诉讼的法律地位和方式比较研究》,载《政治与法律》2004 年第 2 期。

诉讼，也存在很大争议。①同时，也有学者对检察机关提起公益诉讼的正当性提出质疑。②因为在基本法律层面法律根据不明、学理上的正当性存疑，检察民事公益诉讼在轰轰烈烈地"摸索"数年后渐趋式微。在 2012 年以前，中华环保联合会、"自然之友"等社会组织为维护公共利益也提起过一些具有公益诉讼性质的民事诉讼，但这些社会组织提起的公益诉讼也没有形成规模效应。

通过 2012 年的民事诉讼法修正，我国正式确立了民事公益诉讼制度。修正后的《民事诉讼法》第五十五条规定，"对污染环境、侵害众多消费者合法权益等损害社会公共利益的行为，法律规定的机关和有关组织可以向人民法院提起诉讼"。立法机关认为，从我国现行管理体制和减少滥诉风险的角度看，为了公益诉讼制度能在我国适度开展、有序进行，目前提起公益诉讼的主体不宜过宽。行政主管部门等有关机关作为公共利益的主要维护者和公共事务的管理者，作为诉讼主体较为合适，既可以促使其依法积极行政，也可以利用诉讼救济的方式弥补其行政手段的不足。考虑到我国的机关较多，为了避免认定混乱，本条规定"法律规定的机关"可以提起诉讼。也就是说，可以提起公益诉讼的机关，要有明确的法律依据。对可以提起公益诉讼的组织也应作一定的条件限制，例如，由特别法对设立时间、设立宗旨、组织结构、经费情况等作一定限制，并要求经过特定机关的专门许可。这种限制既可利用现有社会资源有效保护公共利益，也可通过这些组织的筛选和前置性工作有效控制"滥诉"和"恶意诉讼"。③从《民事诉讼法》第五十五条来看，人民检察院仍然不是民事公益诉讼的适格主体。总体上看，从坚持法制统一的角度观之，在当时的法律

---

① 参见别涛、王灿发等：《检察机关能否提起环境民事公益诉讼》，载《人民检察》2009 年第 7 期。

② 参见杨秀清：《我国检察机关提起公益诉讼的正当性质疑》，载《南京师大学报（社会科学版）》2006 年第 6 期。

③ 全国人大常委会法制工作委员会民法室：《〈中华人民共和国民事诉讼法〉释解与适用》，人民法院出版社 2012 年版，第 77 页。

制度框架内,检察院以直接起诉的方式维护公共利益缺乏明确、直接的法律依据,也很难通过法律解释的方法使这种"司法实验"具有合法性。如果要实现检察院提起公益诉讼,需要修改《民事诉讼法》中的检察监督规定、案件受理条件规定,也需要修改《人民检察院组织法》中的检察院职责规定。新增的《民事诉讼法》第五十五条是一个概括性、指引性规定,也是一个开放性、宣示性规定。该条将公益诉讼的原告范围指向其他法律,实际上为我国民事公益诉讼确立了"基本法 + 单行法"的制度模式。①2013年 10 月 25 日第十二届全国人民代表大会常务委员会第五次会议通过《关于修改〈中华人民共和国消费者权益保护法〉的决定》,修正后的《中华人民共和国消费者权益保护法》增加第四十七条。这一新增法条规定了消费者协会的诉权,对侵害众多消费者合法权益的行为,中国消费者协会以及在省、自治区、直辖市设立的消费者协会,可以向人民法院提起诉讼。2014 年 4 月 24 日第十二届全国人民代表大会常务委员会第八次会议修订通过《中华人民共和国环境保护法》(以下简称《环境保护法》)。修订后的《环境保护法》新增第五十八条,明确规定:"对污染环境、破坏生态,损害社会公共利益的行为,符合下列条件的社会组织可以向人民法院提起诉讼:(一)依法在设区的市级以上人民政府民政部门登记;(二)专门从事环境保护公益活动连续五年以上且无违法记录。符合前款规定的社会组织向人民法院提起诉讼,人民法院应当依法受理。提起诉讼的社会组织不得通过诉讼牟取经济利益。"至此,起诉主体要件相对完整的民事公益诉讼制度正式形成。

第二节　民事公益诉讼制度的改革动因

《民事诉讼法》虽然确立了公益诉讼制度,但公益诉讼并没有进入一

---

① 参见韩波:《公益诉讼制度的力量组合》,载《当代法学》2013 年第 1 期。

个社会公众期待的"飞跃期"。2013 年下半年,有学者通过实证研究发现,在新《民事诉讼法》施行一段时间后,我国环境公益诉讼并没有出现人们所担心的"滥诉"等失控现象,甚至部分环保法庭为了环境公益诉讼的破冰而不得不多方奔走。该学者提出这样的问题,原本旨在为环境公益诉讼"松绑"的新《民事诉讼法》,缘何仍未能使我国环保法庭摆脱"零受案率"的困境?①据公开资料统计,在 2005 年至 2014 年的 10 年间,全国法院受理环境民事公益诉讼案件总数为 47 件,2015 年一年即受理了 38 件。②就环境公益诉讼的发展而言,《民事诉讼法》确立的公益诉讼制度对公益诉讼有促进作用,但是,在公益诉讼的绝对数量上并未显现出制度的"飞跃"式推动作用,《环境保护法》的修改也并未显著改变这种状况。论其客观因由,主体要素仍是首要因素,如有学者所言,符合条件、有意愿、有能力提起环境公益诉讼的组织可能很少。③由此可见,新兴的民事公益诉讼制度仍需继续改革,改革的基本方向应为重整公益诉讼的起诉主体构造。2012 年前后,不少学者发出呼吁,希望检察机关充分发挥民事行政检察的职能作用,积极开展环境公益诉讼。④这种呼吁基于 20 世纪 90 年代末开始的人民检察院的公益诉讼实践摸索经验留下的积极社会印象,与社会公众一直怀有的对人民检察院检察职能的多重期待。

---

① 参见陈亮:《环境公益诉讼"零受案率"之反思》,载《法学》2013 年第 7 期。

② 巩固根据王社坤、陈亮的统计数据及其收集的 2014 年的数据,梳理出这一数据。数据来源为王社坤:《我国环境公益诉讼司法实践与制度构建调查报告》,载《中国环境法治》2011 年第 1 期,其统计了 2010 年之前的各类环境公益诉讼案件数据;陈亮:《环境公益诉讼研究》,法律出版社 2015 年版,第 223—232 页,其统计了 2005—2013 年各类环境公益诉讼案件的数据。详细内容参见巩固:《2015 年中国环境民事公益诉讼的实证分析》,载《法学》2016 年第 9 期。

③ 参见王灿发、程多威:《新〈环境保护法〉下环境公益诉讼面临的困境及其破解》,载《法律适用》2014 年第 8 期。

④ 参见韩波:《公益诉讼制度的力量组合》,载《当代法学》2013 年第 1 期;梁亚、赵存耀:《从"康菲事件"看检察机关开展环境公益诉讼》,载《河北法学》2012 年第 1 期;韩志红:《我国检察机关应当有权提起民事诉讼》,载《南开学报》2000 年第 5 期,等等。

《中国共产党第十八届中央委员会第四次全体会议公报》作出探索建立检察机关提起公益诉讼制度的部署。①2015 年 6 月,第十二届全国人大常委会第十五次会议举行第一次全体会议,时任最高人民检察院检察长曹建明作了《关于授权最高人民检察院在部分地区开展公益诉讼改革试点工作的决定(草案)》的说明。②为加强对国家利益和社会公共利益的保护,2015 年 7 月 1 日第十二届全国人民代表大会常务委员会第十五次会议通过《关于授权最高人民检察院在部分地区开展公益诉讼试点工作的决定》,"授权最高人民检察院在生态环境和资源保护、国有资产保护、国有土地使用权出让、食品药品安全等领域开展提起公益诉讼试点。试点地区确定为北京、内蒙古、吉林、江苏、安徽、福建、山东、湖北、广东、贵州、云南、陕西、甘肃十三个省、自治区、直辖市"。该决定要求,人民法院应当依法审理人民检察院提起的公益诉讼案件。提起公益诉讼前,人民检察院应当依法督促行政机关纠正违法行政行为、履行法定职责,或者督促、支持法律规定的机关和有关组织提起公益诉讼。③人民检察院开展检察公益诉讼试点工作的第一年,进展顺利。至 2016 年 9 月,各试点地区检察机关共在履行职责中发现公益案件线索 2982 件,办理公益诉讼案件 1710 件,其中办理诉前程序案件 1668 件、提起诉讼案件 42 件。在试点地区检察机关发现的 2982 件案件线索中,生态环境和资源保护领域 2221 件,国有土地使用权出让领域 371 件,国有资产保护领域 280 件,食品药品安全领域 110 件。在各试点地区检察机关提起的 42 件诉讼案件

---

① 《中国共产党第十八届中央委员会第四次全体会议公报》,载共产党员网,https://www.12371.cn/special/18jszqh/,访问时间:2021 年 1 月 17 日。

② 《曹建明作关于授权最高人民检察院在部分地区开展公益诉讼改革试点工作的决定草案的说明》,载中国人大网,http://www.npc.gov.cn/npc/c2/c10134/201905/t20190521_259951.html,访问时间:2015 年 6 月 24 日。

③ 《全国人民代表大会常务委员会关于授权最高人民检察院在部分地区开展公益诉讼试点工作的决定》,载中国人大网,http://www.npc.gov.cn/npc/c10134/201507/1b884f853d384b20a7cbd4d6945f5e4d.shtml,访问时间:2021 年 1 月 17 日。

中,行政公益诉讼 28 件、民事公益诉讼 13 件、行政附带民事公益诉讼 1
件。2015 年 12 月,江苏省常州市人民检察院提起首例民事公益诉讼案
件。江苏省徐州市人民检察院在审查起诉一起污染环境案中发现,刘铁
山等 12 人非法开办电镀、酸洗加工作坊,并将废水直接排放至土壤和水
体中,对生态环境造成严重破坏,遂向有关社会组织发出检察建议,督促
提起民事公益诉讼。有关社会组织对该系列案件提起诉讼后,市检察院
又指派检察人员出庭支持起诉,经过人民法院审判,实现了原告停止侵
害、消除危险、赔偿环境污染损失等诉讼请求。①在试点工作的第一年,制
度推进方面也成效卓著。2015 年 7 月,最高人民检察院颁发《检察机关
提起公益诉讼改革试点方案》,就检察机关提起公益诉讼改革试点的目标
和原则、主要内容、方案实施、工作要求作出安排。2015 年 12 月,最高人
民检察院第十二届检察委员会第四十五次会议通过《人民检察院提起公
益诉讼试点工作实施办法》。该实施办法包括提起民事公益诉讼、提起行
政公益诉讼、其他规定、附则四章。提起民事公益诉讼部分总计 27 条,对
检察公益诉讼范围、管辖、负责部门、立案程序、调查核实权、诉前程序、人
民检察院的公益诉讼人身份、保全程序、反诉问题、诉讼请求、派员出席法
庭、和解与调解,以及抗诉等方面作了详细规定。有学者认为,检察机关
提起环境公益诉讼既有法理基础,也符合现实需要,但检察机关在参与环
境公益诉讼时,需要妥当处理公益诉权与行政权和社会监督权之间的关
系。环境行政权在维护环境公共利益上具有主导性,应避免检察监督权
与环境行政权失衡。由于社会公众在提起环境公益诉讼上具有"最终启
动者"地位,还应防范检察机关过度干涉社会公众的诉权。为此,需要在

---

① 《最高人民检察院关于检察机关提起公益诉讼试点工作情况的中期报告——2016 年 11
月 5 日在第十二届全国人民代表大会常务委员会第二十四次会议上》,载中国人大网,http://
www.npc.gov.cn/zgrdw/npc/xinwen/2016-11/05/content_2001150.htm,访问时间:2021 年 1 月
17 日。

检察机关提起环境公益诉讼时,在诉讼对象选择、诉讼范围划分、诉讼顺序安排、诉讼权利限制,以及与刑事公诉衔接配合等方面进行不同于普通民事诉讼与一般公益诉讼的设计安排。①对于检察公益诉讼试点工作,最高人民检察院是十分慎重的。实施办法明确要求,地方各级人民检察院拟决定向人民法院提起公益诉讼的,应当层报最高人民检察院审查批准。

经过一年的试点,检察机关提起公益诉讼制度的优越性逐步显现,调动了其他适格主体积极性,增进了公益保护的社会参与。一年来的实践充分证明,党的十八届四中全会部署"探索建立检察机关提起公益诉讼制度"是完全正确的,这一制度设计也是切实可行的,必将在全面推进依法治国、建设社会主义法治国家进程中发挥更大作用。②检察院提起公益诉讼的"试点规则"经实践证明是行之有效的,对于充分发挥公益诉讼在公益维护方面的功能具有实践意义和立法价值。通过人民检察院介入公益诉讼,重构公益诉讼的起诉主体构造,是行之有效的公益诉讼改革之道,应当通过修法予以明确。

第三节　民事公益诉讼制度改革的构成与未来

2017 年民事诉讼法修正时,根据人民检察院公益诉讼的试点经验,增加了《民事诉讼法》第五十五条第二款规定,"人民检察院在履行职责中发现破坏生态环境和资源保护、食品药品安全领域侵害众多消费者合法

---

① 参见李艳芳、吴凯杰:《论检察机关在环境公益诉讼中的角色与定位——兼评最高人民检察院〈检察机关提起公益诉讼改革试点方案〉》,载《中国人民大学学报》2016 年第 2 期。

② 《最高人民检察院关于检察机关提起公益诉讼试点工作情况的中期报告——2016 年 11 月 5 日在第十二届全国人民代表大会常务委员会第二十四次会议上》,载中国人大网,http://www.npc.gov.cn/zgrdw/npc/xinwen/2016-11/05/content_2001150.htm,访问时间:2021 年 1 月 17 日。

权益等损害社会公共利益的行为，在没有前款规定的机关和组织或者前款规定的机关和组织不提起诉讼的情况下，可以向人民法院提起诉讼。"前款规定的机关或者组织提起诉讼的，人民检察院可以支持起诉。2018年10月26日，第十三届全国人民代表大会常务委员会第六次会议修订通过《中华人民共和国人民检察院组织法》。修订后的《人民检察院组织法》第二十条明确将"依照法律规定提起公益诉讼"规定为人民检察院的第四项职权。至此，以认同并推进检察公益诉讼的民事公益诉讼改革完成了从"试点"到"修法"的符合科学规律、符合认识与实践的关系原理、符合改革与法治的关系原理的历程。

民事检察公益诉权由法律监督权衍生而来。法律监督权的监督性程序权力、国家权力、谦抑的权力等特质对民事检察公益诉权必然会产生潜在影响。这种潜在影响集中体现在诉讼系属前。这使得民事检察公益诉权表现出以起诉人地位行使诉权、交纳案件受理费不是诉权行使条件、诉权行使方式上的备位性等有别于其他类型公益诉权的特异之处。①近年来，《英雄烈士保护法》《未成年人保护法》《个人信息保护法》等法律也明确规定了检察公益诉讼制度，使民事公益诉讼制度更加充实。不过，也需注意到在检察公益诉讼制度不断扩展的过程中，公益诉讼也发生了一些细微的制度性变化。比如《个人信息保护法》第七十条规定："个人信息处理者违反本法规定处理个人信息，侵害众多个人的权益的，人民检察院、法律规定的消费者组织和由国家网信部门确定的组织可以依法向人民法院提起诉讼。"在这一规定中，人民检察院在起诉主体构造的排序中已经居于首位，这一制度安排是否与民事检察公益诉权的谦抑性特质相契合，值得观察。

2015年第十二届全国人民代表大会常务委员会第十五次会议通过

---

① 参见韩波：《论民事检察公益诉权的本质》，载《国家检察官学院学报》2020年第2期。

《关于授权最高人民检察院在部分地区开展公益诉讼试点工作的决定》的目的是"加强对国家利益和社会公共利益的保护"。此表述事实上,将公共利益为社会公共利益的界定拓展为包含"国家利益和社会公共利益"的公共利益界定,这也与授权试点拓展公益诉讼的客体范围是契合的。授权试点开展公益诉讼的客体范围中,除了生态环境和资源保护、食品药品安全等领域外,还包括国有资产保护、国有土地使用权出让等领域。近年来,进一步拓展检察公益诉讼适用范围的呼声不断。可以预计,为了切实维护国家利益和社会公共利益,检察公益诉讼、民事公益诉讼的范围仍有拓展可能性。在此扩展进程中,如能吸取 2015 年至 2017 年的"授权—试点—修法"的科学立法经验,亦将取得良好的法律效果和社会治理效果。

第二十一章　民事诉讼程序繁简分流制度改革

21世纪以来,我国民事诉讼率长期保持增长趋势,审判资源合理配置问题日渐严峻。依程序相称性原理,繁简分流是民事诉讼制度改革的必经之路。

第一节　民事诉讼繁简分流制度的历史发展

2012年《民事诉讼法》修改过程中,新增了繁简分流规定,形成了我国民事诉讼繁简分流制度。《民事诉讼法》第一百三十三条规定:"人民法院对受理的案件,分别情形,予以处理:(一)当事人没有争议,符合督促程序规定条件的,可以转入督促程序;(二)开庭前可以调解的,采取调解方式及时解决纠纷;(三)根据案件情况,确定适用简易程序或者普通程序;(四)需要开庭审理的,通过要求当事人交换证据等方式,明确争议焦点。"我国法院根据这一规定,在审理前准备程序中根据案件的具体情形进行繁简分流,对于适宜通过特别程序或者非诉机制解决的纠纷,采取调解或者督促程序定分止争;对于必须通过诉讼机制解决的纠纷,法院根据案件性质,选择适宜的审理程序,指示当事人交换证据、明确争议焦点,为下一阶段的集中开庭审理做好准备。[1]在《民事诉讼法》规定繁简分流制度之前,民事诉讼程序的时序结构是双阶式诉讼构造,即审前准备阶段其并不具有独立的解纷功能,其功能就是为正式庭审作准备。从《民事诉讼法》第一百三十三条的规定内容看,繁简分流制度的实施已经改变了双阶式诉讼构造,通过督促程序、法院调解或者诉讼外调解程序化解纠纷成为审理前准备程序的重要功能。在此意义上,繁简分流制度不仅是程序分流的规定,还包括简易程序、小额程序等诉讼程序的规定,以及调解协议司法确认等非讼程序的规定。繁简分流制度确立十余年,双阶式诉讼构造正在转向二元式诉讼构造。在二元式诉讼构造中,审前程序与庭审程序都独立发挥纠纷解决功能,审前程序中的纠纷化解功能更为突出。在民事诉讼构造转型的意义上,繁简分流制度格外重要。

我国最高人民法院非常重视繁简分流制度。2014 年 12 月 18 日,最高人民法院审判委员会第 1636 次会议通过《最高人民法院关于适用〈中华人民共和国民事诉讼法〉的解释》。该解释对简易程序的适用条件、审理期限、程序简化等问题作出细化规定,也对小额程序的积极适用条件与消极适用条件、程序简化、程序异议等问题作出细化规定。同时,对人民调解协议司法确认程序、督促程序作了细化规定。上述规定使繁简分流制度更为细密、周全,积极促进了繁简分流制度的顺利实施。

2016 年最高人民法院印发司法指导性文件《关于进一步推进案件繁简分流优化司法资源配置的若干意见》。该意见就进一步推进案件繁简分流、优化司法资源配置提出一系列意见。例如,遵循司法规律推进繁简分流;科学调配和高效运用审判资源,依法快速审理简单案件,严格规范审理复杂案件,实现简案快审、繁案精审;根据案件事实、法律适用、社会影响等因素,选择适用适当的审理程序,规范完善不同程序之间的转换衔

---

[1]　全国人大常委会法制工作委员会民法室:《〈中华人民共和国民事诉讼法〉释解与适用》,人民法院出版社 2012 年版,第 216 页。

接，做到该繁则繁，当简则简，繁简得当，努力以较小的司法成本取得较好的法律效果；推进立案环节案件的甄别分流；完善送达程序与送达方式，积极运用电子方式送达；发挥民事案件快速审判程序的优势，积极引导当事人将债权人请求债务人给付金钱、有价证券的案件转入督促程序，推广使用电子支付令；完善多元化纠纷解决机制等。该意见展现了繁简分流制度的整体面貌，涵盖民事诉讼、刑事诉讼与行政诉讼，不仅具有系统性，而且使繁简分流制度具有了更强的可操作性。

2017 年最高人民法院印发《关于民商事案件繁简分流和调解速裁操作规程（试行）》。该操作规程规定了先行调解的构成（人民法院调解和委托第三方调解）、程序分流的具体操作办法以及程序分流员的职责，还规定人民法院采用速裁方式的具体方法。程序分流员职位的设立，使繁简分流制度在每一个基层法院都能落实到人、落实到位，这是繁简分流制度实施中非常关键的一步。密切结合法院专职调解员调解与诉讼外委托调解的先行调解，为不同类型案件提供了差异化的解纷途径，能满足不同当事人的解纷需求，该操作规程进一步推进了繁简分流制度的实施。

根据民事诉讼法学中的程序相称性原理，繁简分流势在必行。自2012 年确立繁简分流制度以来，最高人民法院陆续通过司法解释、司法政务性文件、司法指导性文件对繁简分流制度的实施作出细化规定、提出具体要求。在实务中，繁简分流制度为实现"简案快审、繁案精审"目标起到了积极作用。

第二节　民事诉讼繁简分流制度的改革动因

2019 年 12 月 23 日，在十三届全国人大常委会第十五次会议第一次全体会议上，最高人民法院院长周强作了关于提请审议《关于授权在部分地区开展民事诉讼程序繁简分流改革试点工作的决定(草案)》议案的说明。①2019年12月28日第十三届全国人民代表大会常务委员会第十五次会议通过《关于授权最高人民法院在部分地区开展民事诉讼程序繁简分流改革试点工作的决定》(以下简称《授权决定》)②,我国民事诉讼繁简分流改革在国家层面正式启动。

就民事诉讼繁简分流改革的动因,时任最高人民法院院长周强在《关于授权在部分地区开展民事诉讼程序繁简分流改革试点工作的决定(草案)》议案的说明中作了如下阐述,"习近平总书记在2019年中央政法工作会议上指出:'要深化诉讼制度改革,推进案件繁简分流、轻重分离、快慢分道'。党的十九届四中全会对完善正确处理新形势下人民内部矛盾有效机制作出部署,要求完善人民调解、行政调解、司法调解联动工作体系,完善社会矛盾纠纷多元预防调处化解综合机制,努力将矛盾化解在基层。习近平总书记和党中央对深化诉讼制度改革、完善矛盾纠纷化解机制提出了明确要求,指明了方向。为进一步从诉讼制度和机制层面提升司法效能,满足信息化时代人民群众高效、便捷、公正解决纠纷的需求,有必要改进和完善部分民事诉讼程序规则。一是司法确认程序适用范围较窄,限制了商事调解、行政调解、行业调解等多元解纷方式的适用,制约了诉前调解工作的开展;二是小额诉讼程序适用门槛过高,效率优势体现不足;三是简易程序适用案件范围受限,不利于尽快实现当事人诉讼利益;四是独任制适用范围不尽合理,不利于优化配置审判资源;五是电子诉讼相关程序规则尚不明确,不适应司法信息化应用和发展进程。这些问题

---

① 《周强作关于提请审议关于授权在部分地区开展民事诉讼程序繁简分流改革试点工作的决定(草案)议案的说明》,载中国人大网,http://www.npc.gov.cn/npc/c2/c30834/201912/t20191223_303772.html,访问时间:2022年1月6日。

② 《全国人民代表大会常务委员会关于授权最高人民法院在部分地区开展民事诉讼程序繁简分流改革试点工作的决定》,载中国人大网,http://www.npc.gov.cn/npc/c2/c30834/201912/t20191231_304361.html,访问时间:2022年1月6日。

的存在，制约了司法质量效率的提升，影响了人民群众的获得感"。①

由此可知，虽然近年来我国繁简分流制度在审理前化解纠纷方面取得了一定成效，但是仍难以满足信息化时代人民群众高效、便捷、公正解决纠纷的需求。因此，繁简分流改革是时代之需、人民之需、完善民事诉讼制度的内在需求。

第三节 繁简分流改革的"试点规则"及其试点效应

2019 年 12 月，第十三届全国人民代表大会常务委员会第十五次会议通过的《授权决定》规定，"授权最高人民法院在北京、上海市辖区内中级人民法院、基层人民法院，南京、苏州、杭州、宁波、合肥、福州、厦门、济南、郑州、洛阳、武汉、广州、深圳、成都、贵阳、昆明、西安、银川市中级人民法院及其辖区内基层人民法院，北京、上海、广州知识产权法院，上海金融法院，北京、杭州、广州互联网法院，就优化司法确认程序、完善小额诉讼程序、完善简易程序规则、扩大独任制适用范围、健全电子诉讼规则等，开展民事诉讼程序繁简分流改革试点工作。试点期间，试点法院暂时调整适用《中华人民共和国民事诉讼法》第三十九条第一款、第二款，第四十条第一款，第八十七条第一款，第一百六十二条，第一百六十九条第一款，第一百九十四条"。试点期限为两年，自试点办法印发之日起算。由上述规定可知，拟修改条文涉及审判组织构成、电子送达、小额程序的适用，以及调解协议司法确认。

2020 年 1 月 15 日最高人民法院印发《民事诉讼程序繁简分流改革

---

① 《对〈关于授权在部分地区开展民事诉讼程序繁简分流改革试点工作的决定（草案）〉的说明》，载中国法院网，https://www.chinacourt.org/article/detail/2019/12/id/4749386.shtml，访问时间：2022 年 1 月 6 日。

试点方案》（以下简称《试点方案》）、《民事诉讼程序繁简分流改革试点实施办法》（以下简称《实施办法》）。这是最高人民法院落实《授权决定》的两个司法指导性文件。《试点方案》从改革目标和基本原则、主要内容、试点范围和期限、方案实施、组织保障五个方面作出决定与部署。《实施办法》采条文式体例，分一般规定、优化司法确认程序、完善小额诉讼程序、完善简易程序规则、扩大独任制适用范围、健全电子诉讼规则与附则七个部分，以《授权决定》《试点方案》为基础进行了细化规定。

2021 年 2 月 27 日在第十三届全国人民代表大会常务委员会第二十六次会议上，时任最高人民法院院长周强作了《最高人民法院关于民事诉讼程序繁简分流改革试点情况的中期报告》（以下简称《中期报告》）[1]。

要确定《实施办法》中的试点规则是否具有立法价值，需要结合《试点方案》中明确的试点内容与《中期报告》中报告的试点工作成效，依循十三届全国人大常委会第二十六次会议《对民事诉讼程序繁简分流改革试点情况中期报告的意见和建议》（以下简称《对中期报告的意见和建议》），围绕《实施办法》中的试点规则产生的司法效应加以研判。

一、优化司法确认程序举措的试点效应

《实施办法》第二、三、四条对试点法院适用的司法确认程序作出规定，确立了特邀调解规则；扩充了可司法确认调解协议范围；在确立委派调解、特邀调解的调解协议司法确认案件的管辖规则基础上，允许中级人民法院或者专门人民法院管辖司法确认案件。

《中期报告》中的数据显示，一年来，各试点法院诉前委派调解纠纷 169.66 万件，成功化解 54.34 万件，纠纷诉前化解率达 32%。受理司法确认申请 13.31 万件，裁定确认调解协议有效 12.91 万件，确认有效率达

---

① 参见《最高人民法院关于民事诉讼程序繁简分流改革试点情况的中期报告》，载中国人大网，https://www.court.gov.cn/zixun-xiangqing-288321.html，访问时间：2022 年 1 月 22 日。

97％,诉前调解质量显著提升,也未出现司法确认案件数量激增情况。试点法院全部建立特邀调解名册,2020 年纳入名册的特邀调解组织 4062 家,特邀调解员 26433 名,同比分别上升了 44％、58％。①从这组数据看,《实施办法》第二、三、四条规则在试点第一年期间在促进诉调对接与纠纷化解、缓解审判压力方面取得了比较明显的成效。

根据《对中期报告的意见和建议》,第十三届全国人大常委会第二十六次会议审议《中期报告》时,有的出席人员提出,目前大多数法院已经与政府有关部门建立了诉调对接机制,但由于当事人认可度不高、衔接配合不畅等原因,调解成功率不尽如人意。应健全多元解纷机制,发挥司法的引领、推动作用,整合商事调解、行政调解、行业调解等多方力量,促进各种解纷方式协同配合,有效缓解诉讼压力。有的出席人员提到,各试点法院委派的特邀调解员多数是司法系统的离退休人员,有司法实践经验丰富的优势,但也存在一些调解员工作积极性主动性不强、效率不高等问题。建议参考仲裁委员会仲裁员的选任方式,探索建立遵循市场规律和法治要求的特邀调解员队伍,为诉前调解工作提供充足的人才保障。②上述意见与建议聚焦当事人认可度、衔接配合机制、调解员主动性和调解的实际效果,为深化试点工作及试点规则向法律规定转化的关键路径指明方向。

二、完善小额诉讼程序举措的试点效应

《实施办法》第五条至第十一条对试点法院适用的小额程序作出规定,确立了在试点法院运行小额程序的适用条件、程式简化安排、裁判文

---

① 参见《最高人民法院关于民事诉讼程序繁简分流改革试点情况的中期报告》,载中国人大网,https://www.court.gov.cn/zixun-xiangqing-288321.html,访问时间:2022 年 1 月 22 日。
② 《对民事诉讼程序繁简分流改革试点情况中期报告的意见和建议》,载中国人大网,http://www.npc.gov.cn/npc/c2/c30834/202104/t20210402_310942.html,访问时间:2022 年 1 月 22 日。

书简化安排,以及小额诉讼程序转为简易程序或者普通程序的条件与方式。这些试点规则在程序原理上与 2017 年《民事诉讼法》中关于小额程序的规定是相通的。试点规则最突出的变化是将 2017 年《民事诉讼法》中的"标的额为各省、自治区、直辖市上年度就业人员年平均工资百分之三十以下的"小额程序的适用条件改为"基层人民法院审理的事实清楚、权利义务关系明确、争议不大的简单金钱给付类案件,标的额为人民币五万元以下的,适用小额诉讼程序,实行一审终审。标的额超出前款规定,但在人民币五万元以上、十万元以下的简单金钱给付类案件,当事人双方约定适用小额诉讼程序的,可以适用小额诉讼程序审理"。在此基础上,明确规定了不得适用小额程序的案件范围和法院的告知义务。2017 年《民事诉讼法》第一百六十二条仅规定,"基层人民法院和它派出的法庭审理符合本法第一百五十七条第一款规定的简单的民事案件,标的额为各省、自治区、直辖市上年度就业人员年平均工资百分之三十以下的,实行一审终审"。总体上看,试点规则中关于小额程序的规定更为完整。

《中期报告》中的数据显示,一年来,各试点法院适用小额诉讼程序审结案件 61.11 万件,小额诉讼程序适用率从试点前的 5.7％,上升至 19.3％,小额诉讼案件平均审理期限 27 天,少于法定审限的一半,提起再审率为 0.1％,再审改发率为 0.01％。①从这组数据看,《实施办法》第五条至第十一条规则产生了明显的促进小额程序适用的改革试点效应。13.63％的小额程序适用率提升实属不易,27 天的平均审理期限与 0.01％的再审改发率也显现了试点法院适用小额诉讼程序审理案件质效齐升的实际效果。

根据《对中期报告的意见和建议》,第十三届全国人大常委会第二十

---

① 《最高人民法院关于民事诉讼程序繁简分流改革试点情况的中期报告》,载中国人大网,http://www.npc.gov.cn/npc/c2/c30834/202102/t20210228_310186.html,访问时间:2022 年 1 月 22 日。

六次会议审议《中期报告》时，有的出席人员提出，应加强对当事人合意适用小额诉讼程序的引导，充分发挥其高效、便捷、低成本的优势，同时注重规范法官自由裁量权行使，防止为追求效率而牺牲程序公正。①上述意见与建议聚焦小额程序适用中的当事人合意引导，还就规范法官自由裁量权行使、小额程序适用条件上的比例制与定额制关系给出了建议。

三、完善简易诉讼程序举措的试点效应

《实施办法》第十二条至第十五条对试点法院适用的简易程序作出规定，确立了在试点法院运行简易程序的适用条件、程式简化安排、裁判文书简化安排与审理期限。这些试点规则在程序原理上与 2017 年《民事诉讼法》中的简易程序规定的程序原理相通。试点规则突出的变化是允许需要公告送达的案件适用简易程序审理、认可庭前会议笔录记载的无争议事实、推行要素式审判，以及一个月的审限延长。

《中期报告》中的数据显示，试点第一年，各试点法院共适用简易程序审结案件 207.98 万件，简易程序适用率达到 63.8%，平均审理期限 48天，较法定审限缩短 42 天，审理效率明显提升。简易程序案件上诉率为7.6%，二审改发率为 0.8%，较试点前同比分别下降 18.1% 和 13.4%，案件质量相关指标均优于全国平均水平。2020 年，试点法院共有 6 个案例被纳入最高人民法院指导性案例，公正审理广州摘杨梅坠亡再审案等一批社会广泛关注的重大案件，取得良好政治效果、法律效果和社会效果。②从这组数据看，在试点法院，适用简易程序的案件更多、诉讼用时更

---

① 《对民事诉讼程序繁简分流改革试点情况中期报告的意见和建议》，载中国人大网，http://www.npc.gov.cn/npc/c2/c30834/202104/t20210402_310942.html，访问时间：2022 年1 月 22 日。

② 《最高人民法院关于民事诉讼程序繁简分流改革试点情况的中期报告》，载中国人大网，http://www.npc.gov.cn/npc/c2/c30834/202102/t20210228_310186.html，访问时间：2022 年1 月 22 日。

短、审判公正度更高,《实施办法》第十二条至第十五条规则产生了积极明显的促进简易程序适用的改革试点效应。

根据《对中期报告的意见和建议》,第十三届全国人大常委会第二十六次会议审议《中期报告》时,有的出席人员提出,涉及英雄烈士名誉保护等方面的案件关系弘扬社会主义核心价值观,社会关注度高、影响深远,应通过普通程序来审理,使审理过程成为法治宣传教育的过程。有的出席人员提出,应加强要素式审判的研究和实践,为在民事诉讼中运用和普及人工智能创造条件。①上述意见与建议指明了简易程序适用的边界和要素式审判与人工智能密切结合的重要性。

四、扩大独任制适用范围举措的试点效应

《实施办法》第十六条至第二十条对试点法院扩大独任制适用范围的程序安排作出规定,允许基层人民法院在审理事实不易查明,但法律适用明确的案件时,由法官一人适用普通程序独任审理;允许第二审人民法院对第一审适用简易程序审理结案的、不服民事裁定的上诉案件独任审理。相对于2017年《民事诉讼法》规定的独任制仅限于简易程序、仅限于基层法院的审判组织与程序的对应关系,上述普通程序独任制、二审独任制当属法律制度上的重大突破。

《中期报告》中的数据显示,试点第一年,试点法院一审独任制适用率为84.8%,较改革前提升14.8个百分点,二审独任制适用率为29.3%,基本形成一审"独任制为主,合议制为辅"、二审"合议制为主,独任制为辅"的审判组织格局。试点法院独任制一审案件上诉率为6.1%,二审改发率为0.6%,同比分别下降27%和29%;独任制二审案件提起再审率为

---

① 《对民事诉讼程序繁简分流改革试点情况中期报告的意见和建议》,载中国人大网,http://www.npc.gov.cn/npc/c2/c30834/202104/t20210402_310942.html,访问时间:2022年1月22日。

0.6％,再审改发数为17件,案件质量指标一定程度优于合议制案件。①从这组数据看,试点法院"独任制为主,合议制为辅"、二审"合议制为主,独任制为辅"的新审判组织格局,对于审判资源的集约化利用效果非常明显。独任制缺乏合议庭的集智功能,但是从另一侧面看,这种审判组织形式在更深层次上激发了法官的责任心。这对审判质量的保障具有重要意义。不过,这种源自个人责任心的审判质量保障究竟能达到何种程度,还需要更充分的数据来加以研判。

根据《对中期报告的意见和建议》,第十三届全国人大常委会第二十六次会议审议《中期报告》时,有的出席人员认为,二审案件适用独任制可能会削弱二审的监督和纠错功能,应审慎扩大独任制适用范围。②上述意见与建议指明了二审案件适用独任制的制度风险,指明了深化试点工作及试点规则向法律规定转化的方向。

五、健全电子诉讼规则举措的试点效应

《实施办法》第二十一条至第二十六条对试点法院适用的电子诉讼规则作出规定,确立了在线诉讼活动的法律效力,在试点法院开展在线诉讼及通过电子信息化手段进行证据提交、送达等诉讼活动的适用条件、程式安排。近年来,互联网、信息化技术日益普及、日益成熟,社会公众与律师对于在线诉讼、电子化的诉讼技术的态度发生了从拒斥到接受再到认同的巨大变化,人们对于云法庭、在线移动微法院越来越熟悉。在线诉讼活动降低出行成本,避免了纠纷当事人线下相逢的尴尬,还使异地开庭成为

---

① 《最高人民法院关于民事诉讼程序繁简分流改革试点情况的中期报告》,载中国人大网,http://www.npc.gov.cn/npc/c2/c30834/202102/t20210228_310186.html,访问时间:2022年1月22日。

② 《对民事诉讼程序繁简分流改革试点情况中期报告的意见和建议》,载中国人大网,http://www.npc.gov.cn/npc/c2/c30834/202104/t20210402_310942.html,访问时间:2022年1月22日。

可能。它正在发挥着重要作用,也必将成为当今社会的新兴诉讼形态。2017 年《民事诉讼法》仅对电子送达作出规定,已经难以适应在线诉讼及相关诉讼活动的实践发展需求。《实施办法》第二十一条规定,"人民法院、当事人及其他诉讼参与人可以通过信息化诉讼平台在线开展诉讼活动。诉讼主体的在线诉讼活动,与线下诉讼活动具有同等效力"。《实施办法》第二十二条规定以电子化方式提交的诉讼材料和证据材料的原件替代效力。《实施办法》第二十三条规定了不适用在线庭审的情形。在电子送达方面,《实施办法》将可电子送达的文书范围扩展至判决书、裁定书、调解书等裁判文书。《实施办法》中健全电子诉讼的试点规则具有填补立法空白的重大意义。

《中期报告》中的数据显示,试点第一年,试点法院在线立案率为54.5%、电子送达适用率为 56.1%,较试点前同比分别上升 17 个百分点和 34 个百分点。在线庭审占所有庭审的近 30%,平均庭审时长 46 分钟,较线下庭审缩短 60%,在线诉讼应用规模和质量不断提升。[①]从这组数据看,《实施办法》中健全电子诉讼的试点规则让试点法院更踏实放心地开展在线诉讼活动,在线立案、在线庭审的应用范围大大扩展。在线立案、在线庭审及其他在线诉讼活动的公正度是否也如其高效性、便捷性一样应予全面肯定,还有待更充分、更完整的数据和更长时段的观察。

根据《对中期报告的意见和建议》,第十三届全国人大常委会第二十六次会议审议《中期报告》时,有的出席人员认为,在线诉讼能够节约资源、提高效率,也对设施配备等提出新的要求,还对如何保证司法审判的现场性、公开性、亲历性提出新的课题。建议结合最高人民法院《关于人

---

① 《最高人民法院关于民事诉讼程序繁简分流改革试点情况的中期报告》,载中国人大网,http://www.npc.gov.cn/npc/c2/c30834/202102/t20210228_310186.html,访问时间:2022 年1 月 22 日。

民法院在线办理案件若干问题的规定》的征求意见工作，系统研究梳理在线诉讼的难点堵点，进一步完善程序规则、加强设施配备，充分释放在线诉讼的效能。有的出席人员指出，司法文书电子送达工作仍存在一些不足：法院系统内部设有多套电子送达系统，存在多头管理、资源浪费等现象；有些当事人提供无效电子邮箱或者邮箱的信件拦截功能设置不当，导致司法文书送而不达、达而不悉。建议进一步规范送达程序、明确送达标准，加快建立全国统一的法律文书送达平台，协调各大电信运营商，整合短信、微信、电子邮箱等渠道，提高电子送达的权威性和实效性。①上述意见与建议聚焦在线诉讼如何保证司法审判的现场性、公开性、亲历性，如何提高电子送达的权威性和实效性。

第四节　从"试点规则""修正草案"到"修改民事诉讼法的决定"

2021 年 12 月，第十三届全国人民代表大会常务委员会第三十二次会议通过《全国人民代表大会常务委员会关于修改〈中华人民共和国民事诉讼法〉的决定》（以下简称《修改民事诉讼法的决定》）。这是 1991 年以来我国民事诉讼法的第四次修改。这次民事诉讼法的修改主要是为了适应深化繁简分流改革的需求。习近平总书记指出，"在研究改革方案和改革措施时，要同步考虑改革涉及的立法问题，及时提出立法需求和立法建议。实践证明行之有效的，要及时上升为法律。实践条件还不成熟、需要先行先试的，要按照法定程序作出授权"。2012 年修改《民事诉讼法》时，增加第一百三十三条，对于无争议的案件、可调解的案件、可适用简易程

---

① 《对民事诉讼程序繁简分流改革试点情况中期报告的意见和建议》，载中国人大网，http://www.npc.gov.cn/npc/c2/c30834/202104/t20210402_310942.html，访问时间：2022 年 1 月 22 日。

序的案件、需要开庭审理的案件,分情形予以处理,这一法条规定了与案件特征相适应的处理方式,奠定了繁简分流的制度基石。随着涉诉案件数量增长,涉诉案件繁简区分层次化特征也更加明显,人民调解协议司法确认程序运用也日益广泛。加之,我国人民法院信息化建设、智慧法院建设不断取得突破性进展,在线诉讼的技术可行性越来越强。综合以上情况,进一步深化繁简分流制度改革势在必行。通过由全国人大常委授权最高人民法院在部分试点法院开展进一步扩大简易程序、小额程序的适用范围等深化繁简分流改革举措,在总结试点经验基础上形成法律修正草案,报全国人大常委审议,是繁简分流改革法治化的最佳轨道。2021年10月,第十三届全国人大常委会第三十一次会议第一次全体会议审议了最高人民法院关于提请审议民事诉讼法修正草案的议案。①该草案征求意见截止日期为2021年11月21日。全国人民代表大会宪法和法律委员会于2021年11月9日召开会议,根据委员长会议精神、常委会组成人员审议意见和各方面的意见,对修正草案进行了逐条审议。监察和司法委员会、最高人民法院的有关负责同志列席了会议。2021年11月30日,宪法和法律委员会召开会议,再次进行了审议。宪法和法律委员会认为,修正草案经过审议修改,已经比较成熟。同时,提出修改意见。②2021年12月20日全国人民代表大会宪法和法律委员会作出《全国人民代表大会宪法和法律委员会关于〈中华人民共和国民事诉讼法(修正草案)〉审议结果的报告》。2021年12月24日第十三届全国人民代表大会常务委员会第三十二次会议通过《修改民事诉讼法的决定》。从在这次民事诉讼

---

① 《中国拟修改民事诉讼法　公告送达期限拟缩短一半》,载中国人大网,http://www.npc.gov.cn/npc/c2/c30834/202110/t20211019_314059.html,访问时间:2022年1月22日。

② 《全国人民代表大会宪法和法律委员会关于〈中华人民共和国民事诉讼法(修正草案)〉审议结果的报告》,载中国人大网,http://www.npc.gov.cn/npc/c2/c30834/202309/t20230901_431421.html,访问时间:2022年1月24日。

法修改过程中引起关注较多的四个规定的形成过程看，这次修法是符合科学立法、民主立法的要求的。

一、在线诉讼适用范围

《修改民事诉讼法的决定》中第一条修改决定是："一、增加一条，作为第十六条：'经当事人同意，民事诉讼活动可以通过信息网络平台在线进行。民事诉讼活动通过信息网络平台在线进行的，与线下诉讼活动具有同等法律效力。'"这一条决定的内容与 2021 年《中华人民共和国民事诉讼法（修正草案）》（以下简称《民事诉讼法修正草案》）《实施办法》中的相关规定有明显变化。《实施办法》第二十一条规定，"人民法院、当事人及其他诉讼参与人可以通过信息化诉讼平台在线开展诉讼活动。诉讼主体的在线诉讼活动，与线下诉讼活动具有同等效力"。《民事诉讼法修正草案》第一条修改建议为："一、增加一条，作为第十六条：'民事诉讼活动通过信息网络平台在线进行的，与线下诉讼活动具有同等法律效力。'"该条规定在《实施办法》与《民事诉讼法修正草案》中的基本行为模式相同，即将是否在线诉讼作为职权确定事项，而非当事人可以行使程序选择权的事项。《修改民事诉讼法的决定》中增添"经当事人同意"作为开展在线诉讼活动的当事人意愿要件，这一变化甚为显著，充分彰显了立法机关全面保护当事人诉讼权利的立场。根据 2021 年 12 月 20 日发布的《全国人民代表大会宪法和法律委员会关于〈中华人民共和国民事诉讼法（修正草案）〉审议结果的报告》，在审议这一条文时，有的常委委员、地方和专家提出，要尊重和保障当事人对在线诉讼的选择权，建议明确进行在线诉讼应当经当事人同意。宪法和法律委员会经研究，建议采纳这一意见，在该条中增加一款规定：经当事人同意，民事诉讼活动可以通过信息网络平台在线进行。在《民事诉讼法修正草案》征求意见过程中，也有学者在学术讨论中提出过近似的建议。[①]随着网络技术的发展与日趋成熟，在线诉讼必将成为与线下进行的传统诉讼形态并立的新型诉讼形态。这种新型诉讼形态有高效、便捷的优势，但是其适用范围与适用方式还要受当事人的诉讼程序认同度、当事人实际诉讼能力与网络技术应用能力的制约。我国《民事诉讼法》第十三条明确规定，"当事人有权在法律规定的范围内处分自己的民事权利和诉讼权利"。据此规定，在我国民事诉讼中，当事人处分权应受到保障。当事人不仅享有实体处分权，还享有程序处分权。实质上，在决定是否同意进行在线诉讼时当事人的程序选择权，就是当事人的程序处分权。经意见征求、讨论、审议等关键立法活动，《修改民事诉讼法的决定》中第一条修改决定，维护了民事诉讼法原则体系的一致性。

二、独任制的适用条件

《修改民事诉讼法的决定》中第三条修改决定为："三、将第四十条改为第四十一条，增加一款，作为第二款：'中级人民法院对第一审适用简易程序审结或者不服裁定提起上诉的第二审民事案件，事实清楚、权利义务关系明确的，经双方当事人同意，可以由审判员一人独任审理'。"这条决定的内容与《民事诉讼法修正草案》《实施办法》中的相关规定有明显变化。《民事诉讼法修正草案》第三条建议，"将第四十条改为第四十一条，增加一款，作为第二款：'中级人民法院、专门人民法院对第一审适用简易程序审理结案或者不服民事裁定提起上诉的第二审民事案件，事实清楚、权利义务关系明确的，可以由审判员一人独任审理'。"《实施办法》第十八条规定："第二审人民法院审理上诉案件应当组成合议庭审理。但事实清楚、法律适用明确的下列案件，可以由法官一人独任审理：（一）第一审适

---

① 参见《山东大学民事诉讼法学前沿论坛第一期"〈民事诉讼法〉修改的共识与细节"研讨会会议综述》，https://www.law.sdu.edu.cn/info/1050/10134.html，访问时间：2022年1月24日。

用简易程序审理结案的；（二）不服民事裁定的。"

该条规定在《实施办法》与《民事诉讼法修正草案》中为二审独任制设定的案件类型要件与基本行为模式是相同的，即对于第一审适用简易程序审理结案或者不服民事裁定提起上诉的第二审民事案件可依职权确定适用独任制。《修改民事诉讼法的决定》中第三条修改决定则赋予了当事人在二审独任制适用时的程序处分权。根据《全国人民代表大会宪法和法律委员会关于〈中华人民共和国民事诉讼法（修正草案）〉审议结果的报告》，在审议这一条时，有的单位、专家提出，为更好保护当事人的诉讼权利，应当明确经双方当事人同意，二审民事案件才可以由审判员一人独任审理。宪法和法律委员会经研究，建议采纳这一意见，对上述规定作出修改。①

"经双方当事人同意"这一当事人意愿要件的增加，充分考虑到案件类型的多样性，发挥二审程序纠错与监督功能的程序保障安排，高度尊重了当事人的程序处分权。经意见征求、讨论、审议等严密的立法活动，《修改民事诉讼法的决定》中第三条修改决定既充分地体现了案件争议大小与正义价值追求之间的相称性原理，也维护了二审审判组织应有的集智性、严肃性与庄重性。

三、小额程序的适用条件

《修改民事诉讼法的决定》中第九条修改决定为："将第一百六十二条改为第一百六十五条，修改为：'基层人民法院和它派出的法庭审理事实清楚、权利义务关系明确、争议不大的简单金钱给付民事案件，标的额为各省、自治区、直辖市上年度就业人员年平均工资百分之五十以下的，适

---

① 《全国人民代表大会宪法和法律委员会关于〈中华人民共和国民事诉讼法（修正草案）〉审议结果的报告》，载中国人大网，http://www.npc.gov.cn/npc/c2/c30834/202309/t20230901_431421.html，访问时间：2022 年 1 月 24 日。

用小额诉讼的程序审理，实行一审终审。基层人民法院和它派出的法庭审理前款规定的民事案件，标的额超过各省、自治区、直辖市上年度就业人员年平均工资百分之五十但在二倍以下的，当事人双方也可以约定适用小额诉讼的程序。'"这条决定的内容与《民事诉讼法修正草案》《实施办法》中的相关规定有明显变化。《民事诉讼法修正草案》第九条建议："将第一百六十二条改为第一百六十五条，修改为：'基层人民法院和它派出的法庭审理事实清楚、权利义务关系明确、争议不大的简单金钱给付案件，标的额为各省、自治区、直辖市上年度就业人员年平均工资百分之五十以下的，适用小额诉讼程序审理，实行一审终审。标的额超出前款规定，但在各省、自治区、直辖市上年度就业人员年平均工资三倍以下的，当事人双方可以约定适用小额诉讼程序。'"《实施办法》第五条规定，"基层人民法院审理的事实清楚、权利义务关系明确、争议不大的简单金钱给付类案件，标的额为人民币五万元以下的，适用小额诉讼程序，实行一审终审。标的额超出前款规定，但在人民币五万元以上、十万元以下的简单金钱给付类案件，当事人双方约定适用小额诉讼程序的，可以适用小额诉讼程序审理"。与修法前的《民事诉讼法》第一百六十二条相较，《实施办法》试行了法定与约定相结合的双轨制小额程序适用条件，同时，在诉讼标的额标准上变比例制为定额制。根据《对中期报告的意见和建议》，第十三届全国人大常委会第二十六次会议审议中期报告时，有的出席人员指出，本次改革对小额诉讼程序的适用条件作出调整，从以各地年均工资为基准的比例制改为五万至十万元的定额制。考虑到我国各地经济社会发展水平还存在较大差异，建议在保持定额制的基础上，适当吸收以往比例制的内容，因地制宜确定小额诉讼程序的"入口"。[①]在认真领会《对中期报

---

① 《对民事诉讼程序繁简分流改革试点情况中期报告的意见和建议》，载中国人大网，http://www.npc.gov.cn/npc/c2/c30834/202104/t20210402_310942.html，访问时间：2022 年 1 月 24 日。

告的意见和建议》与总结试点经验基础上，《民事诉讼法修正草案》形成时，肯定了双轨制的小额程序适用条件，否定了定额制的诉讼标的额标准，继续沿用比例制确定诉讼标的额标准。对于小额程序的约定适用条件，《民事诉讼法修正草案》建议，标的额为各省、自治区、直辖市上年度就业人员年平均工资百分之五十以上三倍以下的，当事人双方可以约定适用小额诉讼程序。

《民事诉讼法修正草案》恢复比例制的小额诉讼的诉讼标的额标准，但是，各省、自治区、直辖市上年度就业人员年平均工资三倍的约定条件上限是否过高则存在疑义。经过征求意见、讨论、审议，《修改民事诉讼法的决定》中第九条修改决定确立了法定与约定相结合的小额程序适用条件，标的额超过各省、自治区、直辖市上年度就业人员年平均工资百分之五十但在二倍以下的约定适用诉讼标的额标准。但我国各省、自治区、直辖市上年度就业人员年平均工资水平仍有差距，固定化的定额制标的额标准难以充分体现确定诉讼程序时的相称性原理。

四、司法确认程序的适用范围

《修改民事诉讼法的决定》的第十五条修改决定为："将第一百九十四条改为第二百零一条，修改为：'经依法设立的调解组织调解达成调解协议，申请司法确认的，由双方当事人自调解协议生效之日起三十日内，共同向下列人民法院提出：（一）人民法院邀请调解组织开展先行调解的，向作出邀请的人民法院提出；（二）调解组织自行开展调解的，向当事人住所地、标的物所在地、调解组织所在地的基层人民法院提出；调解协议所涉纠纷应当由中级人民法院管辖的，向相应的中级人民法院提出。'"这条决定的内容与《民事诉讼法修正草案》《实施办法》中的相关规定有明显变化。《民事诉讼法修正草案》第十六条建议："将第一百九十四条改为第二百零二条，修改为：'经依法设立的调解组织或者依法任职的调解员主持达成调解协议，申请司法确认的，由双方当事人自调解协议生效之日起三十日内，共同向下列人民法院提出：（一）人民法院邀请调解组织、调解员开展先行调解的，向作出邀请的人民法院提出；（二）当事人申请由人民调解委员会调解的，向人民调解委员会所在地基层人民法院提出；（三）当事人申请由其他依法设立的调解组织或者依法任职的调解员调解的，向当事人住所地、标的物所在地的基层人民法院提出。调解协议所涉纠纷应当由中级人民法院。专门人民法院管辖的，向相应的中级人民法院、专门人民法院提出。'"《实施办法》第三条规定："经人民调解委员会、特邀调解组织或者特邀调解员调解达成民事调解协议的，双方当事人可以自调解协议生效之日起三十日内共同向人民法院申请司法确认。"将特邀调解员调解达成民事调解协议纳入司法确认程序是《实施办法》扩张司法确认程序适用范围的重要路径。《民事诉讼法修正草案》中同样将特邀调解员调解达成民事调解协议改为依法任职的调解员主持达成调解协议。总体上看，《实施办法》《民事诉讼法修正草案》都期望将个人调解员的调解协议纳入司法确认程序中，但这种改革设想与我国《人民调解法》的规定存在抵触之处。《人民调解法》第十七条、第十九条规定，当事人可以向人民调解委员会申请调解，人民调解委员会也可以主动调解。人民调解委员会根据调解纠纷的需要，可以指定一名或者数名人民调解员进行调解，也可以由当事人选择一名或者数名人民调解员进行调解。可见，调解民事纠纷应当通过向人民调解委员会申请启动是调解的基本程序要求。此外，《人民调解法》第二十九条规定，调解协议书自各方当事人签名、盖章或者按指印，人民调解员签名并加盖人民调解委员会印章之日起生效。可见，加盖人民调解委员会印章是必不可少的调解协议生效要件。仅有人民调解员签名而未加盖人民调解委员会印章的调解协议不发生法律效力。《人民调解法》第三十四条规定，乡镇、街道以及社会团体或者其他组织根据需要可以参照本法有关规定设立人民调解委员会，调解民间纠纷。总而言之，调解应通过调解委员会进行。经依法任职的调解员调解达成的调解协议存在调解主体正当性、调解程序合法性等问题。据《全国人民代表大会宪法和法律委员会关于〈中华人民共和国民事诉讼法（修正草案）〉审议结果的报告》，在审议这一条时，有的部门、地方和专家提出，由于经法院确认后的调解协议具有强制执行力，因此，相关范围的扩大应当严格、谨慎，建议删除依法任职的调解员调解达成的调解协议可以申请司法确认的规定。宪法和法律委员会经研究，建议采纳这一意见，对相关规定作出修改。①最终"一锤定音"的《修改民事诉讼法的决定》中第十五条修改决定将依法任职的调解员主持达成调解协议排除出可司法确认的调解协议之列。该条修改决定维护诉讼外调解应该组织化运行的当下诉讼外调解的法秩序，促进了《民事诉讼法》《人民调解法》在纠纷解决程序法这一更宏观的法律系统内的体系相容性。该条修改决定既充分地体现了提升审判质效与诉讼外纠纷解决机制之间相辅相成、相互促进的辩证关系，也精准地把握了诉讼外纠纷解决机制的发展边界。

综上所述，民事诉讼繁简分流改革过程中，正确处理了改革与法治的关系。这次改革不是直接提出修法建议草案推动民事诉讼法的第四次修改，而是由最高人民法院提请全国人大常务委员会审议《关于授权在部分地区开展民事诉讼程序繁简分流改革试点工作的决定（草案）》议案，在授权决定通过后展开试点改革。在合理评估试点经验的基础上，最高人民法院向全国人大常务委员会提请审议中期报告。全国人大常务委员会审议中期报告后提出意见与建议。在此基础上，最高人民法院提出《民事诉讼法修正草案》，全国人大常务委员会在中国人大网公布《民事诉讼法修

---

① 《全国人民代表大会宪法和法律委员会关于〈中华人民共和国民事诉讼法（修正草案）〉审议结果的报告》，载中国人大网，http://www.npc.gov.cn/npc/c2/c30834/202309/t20230901_431421.html，访问时间：2022 年 1 月 24 日。

正草案》并面向社会征求意见。在认真考虑社会各界的意见与建议的基础上，全国人民代表大会宪法和法律委员会对《民事诉讼法修正草案》进行审议并作出指明应当如何修改的报告，最后由全国人大常务委员会对修改后的《民事诉讼法修正草案》进行审议并决定是否通过。这样充分体现认识与实践的正确关系、层层审议、充分听取各方意见的立法过程，为《修改民事诉讼法的决定》的科学性与民主性奠定了坚实基础。

第二十二章　证券纠纷代表人诉讼制度改革

　　1998 年 12 月 29 日中华人民共和国第九届全国人民代表大会常务委员会第六次会议通过《证券法》。为保护投资者权益,该法第七十二条规定:"禁止国家工作人员、新闻传播媒介从业人员和有关人员编造并传播虚假信息,严重影响证券交易。禁止证券交易所、证券公司、证券登记结算机构、证券交易服务机构、社会中介机构及其从业人员,证券业协会、证券监督管理机构及其工作人员,在证券交易活动中作出虚假陈述或者信息误导。各种传播媒介传播证券交易信息必须真实、客观,禁止误导。"该法第一百八十九条规定:"证券交易所、证券公司、证券登记结算机构、证券交易服务机构、社会中介机构及其从业人员,或者证券业协会、证券监督管理机构及其工作人员,在证券交易活动中作出虚假陈述或者信息误导的,责令改正,处以三万元以上二十万元以下的罚款;属于国家工作人员的,还应当依法给予行政处分。构成犯罪的,依法追究刑事责任。"证券虚假陈述行为不仅会破坏社会主义市场经济秩序、妨害社会管理秩序并产生刑事责任、行政责任,同时也会损害投资者的财产权益,应当产生民事责任。有民事责任,则有受损方追究不法行为者民事责任的民事纠纷,则有证券纠纷民事诉讼。证券纠纷民事诉讼与一般民事诉讼的显著区别在于受损方的群体规模大、分布区域广。采取怎样的诉讼形式才能既保护投资者权益,又不严重影响证券市场的稳定成长,是一个深层次的结构性问题。

第一节　证券纠纷诉讼制度的历史发展

《民事诉讼法》规定了两种代表人诉讼,一种是人数确定的代表人诉讼,另一种是人数不确定的代表人诉讼。就群体规模庞大的证券虚假陈述纠纷而言,人数不确定的代表人诉讼是理论上的可选诉讼形式。在《证券法》实施之初,采用这种诉讼形式应对证券虚假陈述纠纷能否取得良好的法律效果、社会效果、市场效果,还要考量诸多现实制约因素。2002年《最高人民法院关于受理证券市场因虚假陈述引发的民事侵权纠纷案件有关问题的通知》开启了证券虚假陈述纠纷的诉讼之门。鉴于当时法院审判资源的实际配置状况、证券纠纷自身的复杂性以及证券纠纷诉讼影响的扩散性,该通知在诉讼形式上将证券虚假陈述诉讼限定为单独诉讼与共同诉讼,不允许以集团诉讼形式提起诉讼。该通知中使用了集团诉讼一词。

集团诉讼并非我国《民事诉讼法》中的法律概念。在学理上,集团诉讼是英美法系解决群体性纠纷的制度。据美国学者解释,集团诉讼是由一位代表(或多位代表)代表一个群体提起或应诉之诉讼。如果操作正确,该群体将受到诉讼结果之拘束。这种诉讼程序很明显提升了司法效率,其意味着该群体的个体成员并不参加诉讼。但因其确定对非严格意义上的当事人具有拘束力而引起了诸多重大的正当程序问题,且集团诉讼易被滥用,产生诸多重大的道德问题。因为担忧集团诉讼在一些州法院被滥用,促使了2005年《集团诉讼公平法》(*Class Action Fairness Act*)

的出台。①

　　集团诉讼,又被通俗地称为集体诉讼。在有些文章或者会议发言中,集团诉讼有时会被非常含混地与我国的人数不确定的代表人诉讼相互指称。在法律语言层面,这是很不严谨的。综合比较,会发现人数不确定的代表人诉讼与集团诉讼存在显著区别:第一,在诉讼启动时,人数不确定的代表人诉讼要求至少十人起诉,而集团诉讼对原告人数并无要求,一个人都可以提起一个虚拟的集团起诉;第二,就被代表人的参加方式而言,人数不确定的代表人诉讼中被代表人要主动、明示参加(不存在默示参加的规则与空间),而集团诉讼恰恰相反;第三,在当事人身份方面,人数不确定的代表人诉讼中被代表人仍然是当事人,而集团诉讼中的非代表人集团成员原则上并非当事人;第四,人数不确定的代表人诉讼要求群体与对方形成同一种类的争议法律关系(即诉讼标的同一种类),而集团诉讼要求原告集团或被告集团(主要是原告集团)中有共同的法律问题或事实问题。②然而,人数不确定的代表人诉讼在被代表群体范围的流动性及既判力的间接扩张方面与集团诉讼制度有相似之处。为此,最高人民法院发布的《关于受理证券市场因虚假陈述引发的民事侵权纠纷案件有关问题的通知》上的集团诉讼可大略地理解为人数不确定的代表人诉讼。在通知颁布后,全国法院陆续出现数百件证券虚假陈述案件。为统一裁判标准与程序,2003 年的《最高人民法院关于审理证券市场因虚假陈述引发的民事赔偿案件的若干规定》适时颁布。这一规定如同证券市场的及时雨。它将刑事裁判文书作为与行政处罚决定并列的前置文书要件;在确定以共同诉讼吸纳单独诉讼的主要诉讼方式之外允许采取人数确定的

---

　　① 参见[美]弗里尔:《美国民事诉讼法》,张利民、孙国平、赵艳敏译,商务印书馆 2013 年版,第 885 页。
　　② 就集团诉讼的第三个特点,参见[美]弗里尔:《美国民事诉讼法》,张利民、孙国平、赵艳敏译,商务印书馆 2013 年版,第 887 页。

代表人诉讼；详细规定了证券虚假陈述侵权责任的构成要件与认定标准；倡导调解与和解。规定使证券虚假陈述侵权责任的追究有了具有可操作性的程序法依据。郑百文案件、银广夏案件、东方电子案件、大庆联谊案件、杭萧钢构案件等证券虚假陈述侵权责任案件或以和解、调解方式结案，或以判决结案，投资者的权益获得了保护。

随着证券市场的发展，证券侵权形式更加多样化与复杂化，规定的局限性也显现出来。主要体现在：第一，案件类型仅限于证券虚假陈述侵权案件，内幕交易、操纵市场等侵权行为的受害者仍然诉告无门；第二，对普通投资者而言，起诉前置程序仍是现实的诉讼屏障；第三，上述通知与规定的规则组合效应使最恰当的人数不确定的代表人诉讼形式无用武之地，代表人诉讼化解群体纠纷的集约化功能无法体现。2002年到2016年，证据虚假陈述案件的裁判文书比较少。从2016年开始，这方面的案件数量大幅增加。这种现象一方面体现了立案登记制改革保障诉权的效应，另一方面也折射出证券侵权行为范围之广、强度之大。在共同诉讼格局下，近五年来证券虚假陈述侵权责任案件多达2.28万，判决的近一半，全部或部分支持请求近3900件。近年来证券虚假陈述侵权责任案件的维权效果明显，这样的局面来之不易。不过，已经进行的证券虚假陈述诉讼案件中存在的诉讼成本过高、诉讼周期长等问题也需认真对待。

第二节　证券纠纷代表人诉讼制度的改革动因

由于制度供给的局限，民事诉讼对证券市场虚假陈述不法行为的威慑力远远没有表现出来，对于内幕交易、操纵市场等不法行为的威慑力更是不明显。2020年之前，我国法院审判过大庆联谊、杭萧钢构、郑百文、银广夏、东方电子虚假陈述案件，但是，大多数裁判文书中主要引用的是《民事诉讼法》中共同诉讼的规定，未见引用《民事诉讼法》代表人诉讼的规定。在证券纠纷中代表人诉讼还应该是"休眠条款"吗？如何实现诉讼集约化？有关联性的同类纠纷能否尽量一次解决？如何避免类案异判以及重复诉讼？如何在保证公正的前提下提高效率？如何在缓解审判压力与切实维护投资者权益之间寻得平衡？诸如此类的问题依然横亘在证券纠纷诉讼制度之前。概言之，为了更充分地保护中小投资者合法权益，增强社会公众对证券市场的信心，严惩并威慑证券市场上的虚假陈述、内幕交易、操纵市场行为者，形成于 2003 年的证券纠纷代表人诉讼制度必须要改革。

根据 2019 年 12 月 23 日全国人民代表大会宪法和法律委员会作出的《关于〈中华人民共和国证券法（修订草案）〉审议结果的报告》，有的常委委员和地方、部门、专家提出，为提高证券违法行为的违法成本，在加大行政处罚和刑事制裁的同时，应当充分发挥民事赔偿的作用；证券民事诉讼具有涉及投资者人数众多，单个投资者起诉成本高、起诉意愿不强等特点，建议在民事诉讼法框架内，结合证券民事诉讼的具体特点，有针对性地完善相关制度，有效保护投资者合法权益；有的建议，发挥投资者保护机构在证券民事诉讼中的作用，明确投资者保护机构可按照"明示退出、默示加入"的规则，为证券登记结算机构确认的受损害的投资者向法院办理登记，提起代表人诉讼。宪法和法律委员会经研究，建议在修订草案三次审议稿第一百零五条中增加两款规定：一是明确，投资者提起虚假陈述等证券民事赔偿诉讼，可能存在有相同诉讼请求的其他众多投资者的，人民法院可以发出公告，说明该诉讼请求的案件情况，通知投资者在一定期间向人民法院登记。人民法院作出的判决、裁定，对参加登记的投资者发生效力。二是明确，投资者保护机构受五十名以上投资者委托，可以作为代表人参加诉讼，并为经证券登记结算机构确认的权利人向人民法院登记,但投资者明确表示不愿意参加该诉讼的除外。①经法定的审议与表决程序,在 2019 年的《证券法》修正中,规定证券纠纷诉讼制度的第九十五条正式出台。《证券法》第九十五条规定:"投资者提起虚假陈述等证券民事赔偿诉讼时,诉讼标的是同一种类,且当事人一方人数众多的,可以依法推选代表人进行诉讼。对按照前款规定提起的诉讼,可能存在有相同诉讼请求的其他众多投资者的,人民法院可以发出公告,说明该诉讼请求的案件情况,通知投资者在一定期间向人民法院登记。人民法院作出的判决、裁定,对参加登记的投资者发生效力。投资者保护机构受五十名以上投资者委托,可以作为代表人参加诉讼,并为经证券登记结算机构确认的权利人依照前款规定向人民法院登记,但投资者明确表示不愿意参加该诉讼的除外。"

第三节　证券纠纷代表人诉讼制度的构成与未来

根据《证券法》第九十五条的规定以及《最高人民法院关于证券纠纷代表人诉讼若干问题的规定》,我国新型证券纠纷代表人诉讼制度的基本构成如下:第一,涵盖三类典型证券纠纷,即虚假陈述、内幕交易,以及操纵市场不法行为引起的侵权纠纷;第二,有两种代表人诉讼方式可以选择采用,一种是普通代表人诉讼,另一种是特别代表人诉讼。普通代表人诉讼依据民事诉讼法对人数不确定的代表人诉讼的规定展开。特别代表人诉讼依据《证券法》第九十五条第三款的规定展开;第三,严格的程序安排,明确规定了管辖、信息化技术支撑、权利登记程序、撤诉加入代表人诉

---

①　《全国人民代表大会宪法和法律委员会关于〈中华人民共和国证券法(修订草案)〉审议结果的报告》,载中国人大网,http://www.npc.gov.cn/npc/c2/c30834/202309/t20230901_431421.html,访问时间:2022 年 1 月 17 日。

讼程序（退还诉讼费）、原告与代表人资格、代表人确定程序（拟任、推选、指定），以及特别代表人诉讼程序中的特别制度安排。平衡代表人与原告的权利，规定默示特别授权与原告的异议权、获得听证权、申请撤销代表权，以及执行异议权。由新型证券纠纷代表人诉讼制度的基本构成，可以看出我国立法机关、司法机关在解决证券侵权纠纷领域的三个导向：直面《民事诉讼法》规定的代表人诉讼制度在证券纠纷诉讼中的具体困难作出相应规定，意味着要坚定不移地充分发挥代表人诉讼的集约化解纷功能；在团体诉讼与代表人诉讼对接层面的理论"破冰"与认同默示参加的理念"跨越"，显现了充分发挥投资者保护机构保护职能的立场；充分体现信息化建设的先发优势依托信息化技术手段开展立案登记、诉讼文书送达、公告和通知、权利登记等工作的导向，例如在飞乐音响案件的审理中信息化技术就运用得非常成功。

　　新型证券纠纷代表人诉讼制度，既是证券纠纷诉讼制度的突破，也是民事诉讼代表人诉讼制度的飞跃发展。这一新型制度具有扩增解纷容量的革新意义，首先，它对证券纠纷作了拓展性规定，"证券虚假陈述等"的开放式界定为进入诉讼救济行列的案件类型留下开放空间；其次，在法律层面明确规定证券纠纷可适用人数不确定的代表人诉讼的诉讼形式；再次，确立了投资者保护机构的代表人诉讼地位；最后，确立了在投资者保护机构代表诉讼时的默示参加规则。这一新型制度进行了"三合一"的集成式制度功能重构，可发挥选定当事人制度中通过选择代表行为，进行的意思表示集中的功能，可发挥集团诉讼制度限定群体范围流动性的功能，还可发挥团体诉讼制度的社会组织凝聚共识、维护权益与秩序的功能。

　　自最高人民法院颁布《关于证券纠纷代表人诉讼若干问题的规定》以来，我国人民法院又审判了众多证券侵权案件，多轨体系渐成规模，杭州基金案、上海飞乐案获得社会广泛好评。康美药业案是我国采用特别代表人诉讼程序审判的第一案,该案意味着证券纠纷代表人诉讼实践进入新阶段。

对于证券纠纷代表人诉讼制度的未来,有三个方面值得考量:第一,单独诉讼和无代表人共同诉讼、机构代表人诉讼和个体代表人诉讼的关系问题如何处理。第二,是否放开低比例的胜诉酬金制。无论机构代表人诉讼还是个体代表人诉讼,无论代表人还是被代表的原告、无论公司还是个人都需要律师专业、细致的代理工作。律师积极作用的发挥会对证券代表人诉讼、证券行为的营商环境有非常大的促进作用。第三,如何进一步优化程序构造,比如,如何改进程序,使之能既尊重当事人意思,以专业性评估机构的工作促进调解、和解,又不拖延审判。代表人决议程序如何规定,要不要建立首席原告或者首席代表人制度,如何优化机构代表人与个体代表人协同行使权利的程序等问题仍需进一步思考。

第二十三章　我国生育制度改革的法治化实践

我国生育政策变迁主要是顺应经济和人口发展需要。20 世纪 50 年代开始，我国通过指标控制、层层压实地方责任，逐步确立独生子女政策及相关配套落实举措。为优化人口结构、保障公民生育权益，从 21 世纪开始，计划生育工作由控制人口数量为主向调控总量、提升素质和优化结构并举转变，2002 年开始放开数量限制，通过法律授权、修改法律、备案审查等方式，发布"双独二孩""单独二孩""二孩""三孩"政策，生育政策快速放开。但改革中还存在越权设置法律保留事项、法律冲突、备案审查和法律清理机制不完善等问题，亟须通过法治化路径进一步处理好改革与法治的关系。

第一节　我国生育制度的历史发展

一、20 世纪 50 年代开始，进入控制人口数量阶段

我国生育政策变迁一直跟随经济和人口发展需要。我国总人口从中华人民共和国成立初期的 5.4 亿人迅速增加到 1970 年的 8.3 亿人，给经济社会发展带来了巨大压力。为控制人口过快增长，国家开始在城乡推

行计划生育。1955 年中共中央《关于控制人口问题的指示》指出："节制生育是关系广大人民生活的一项重大政策性问题。在当前的历史条件下,为了国家、家庭和新生一代的利益,我们党是赞成适当节制生育的。"1962 年,中共中央和国务院发出《关于认真提倡计划生育的指示》,提出"在城市和人口稠密的农村提倡节制生育,适当控制人口自然增长率,使生育问题由毫无计划的状态逐渐走向有计划的状态,这是我国社会主义建设中既定的政策"。同年,卫生部妇幼司设立计划生育处。1964 年,国务院成立计划生育委员会。从 1962 年到"文革"时期,提倡节制生育全面展开,主要工作在城市,农村则结合社会主义教育运动开展。1971 年,我国"四五"计划正式提出"一个不少、两个正好、三个多了,一个家庭有两个孩子最理想"的政策。1973 年 12 月,第一次全国计划生育汇报会又提出了"晚、稀、少"的要求,即晚婚晚育,最多生两个孩子,间隔三年以上。"晚、稀、少"人口政策对生育实践的调控具有一定弹性,生育调控未设置硬指标。

1951 年《劳动保险条例》构建了我国生育保险制度,适用于雇用工人与职员人数在一百人以上的国营、公私合营、私营和合作社经营的工厂、矿场及其附属单位与业务管理机关。生育保险待遇包括产假、生育津贴和生育补助。1953 年政务院又对《劳动保险条例》进行了修订,增加了生育保险的待遇内容,如规定女职工孕产期在本企业医疗机构检查费、接生费由企业支付,男职工之妻生育时发给其生育补助费。1955 年国务院发布《关于女工作人员生产假期的通知》,建立了国家机关和事业单位生育保险制度。企业和国家机关、事业单位的生育保险制度虽分别建立,但其项目和待遇水平是相同的。

二、1978 年开始,计划生育成为基本国策

1978 年《宪法》第五十三条第三款规定:"国家提倡和推行计划生育。"1978 年 10 月,中央下发《关于国务院计划生育领导小组第一次会议的报告》提出一对夫妻生育孩子的数量"最好一个，最多两个"。1979 年 6 月国务院总理在政府工作报告中，对提出严格的人口控制目标，"今年我们要力争使全国人口增长率降到 10‰左右，今后要继续努力使它逐年下降，1985 年要降到 5‰左右"。1980 年 9 月，全国人大五届三次会议通过的《政府工作报告》和《中共中央关于控制我国人口增长问题致全体共产党员、共青团员的公开信》，都提出提倡党团员一对夫妇只生育一个孩子。1982 年 2 月，《中共中央、国务院关于进一步做好计划生育工作的指示》第一次明确规定了我国生育政策是"限制人口数量，提高人口的素质"，即"国家干部和职工、城镇居民除特殊情况经过批准者外，一对夫妇只生育一个孩子。农村普遍提倡一对夫妇只生育一个孩子，某些群众确有实际困难要求生两个的，经过审批可以有计划地安排。不论哪种情况，都不能生三个"。1982 年 9 月，党的十二大将计划生育提到基本国策的高度，实行独生子女政策。中央批转国家计生委党组《关于计划生育工作情况的汇报》强调："在我国经济和社会的发展中人口问题始终是极为重要的问题，实行计划生育是我国的一项基本国策。"至此，独生子女政策正式形成，成为各地制定具体生育政策的基本要求，如杭州市计划生育工作会议提出"1980 年全地区人口自然增长率要求降到 6‰左右，其中七个县降到 7‰，市区降到 4‰"的要求。必须坚持"晚、稀、少"的原则，把主攻方向放到"一对育龄夫妇只生一个孩子"上来，严格控制二胎，坚决杜绝三胎。

由于各省、直辖市、自治区人口发展的实际情况差异较大，国家计划生育统一立法比较困难，各省、自治区、直辖市根据中央的政策，结合本地实际，陆续制定了计划生育地方性法规。1980 年，《广东省计划生育条例》成为专门地、系统地规定计划生育事项的第一部地方性法规。随后，计划生育地方性法规在全国各地逐渐普遍化。各地差异性主要体现在对农业人口、少数民族和再婚夫妇的生育政策规定上。例如，农业人口有的限制二孩比例，有的允许但作了间隔规定，有的未规定生育间隔；再婚夫妇大部分规定仅一方在婚前只生育过一个孩子的可再生育,也有规定双方再婚前各生育一个但再组新家庭无孩子的可再生一个等。此外,管理政策规定上也有不同,如为了保证人口计划的实施,有的省市规定各级人民政府实行人口计划目标管理责任制,把完成情况作为考核政府和主要领导人政绩的主要内容,并实行相应的奖惩;一些地方实行"准生证"制度,夫妻双方必须经批准才能生育等。

三、20 世纪 80 年代开始,人口增长计划纳入国家经济发展战略,实行严格的指标控制

1982 年《宪法》第二十五条规定:"国家推行计划生育,使人口的增长同经济和社会发展计划相适应。"第四十九条第二款规定:"夫妻双方有实行计划生育的义务。"计划生育成为一项宪法义务。全国大多数省份都出台了本省计划生育条例,采用经济、行政和法律手段限制居民生育,有关农村口粮分配、城市住房分配等社会经济政策和其他规定,都要配合计划生育工作的开展。《广东省计划生育条例》规定,各地区(自治州)、市、县,都要根据上级下达的人口计划指标制定人口计划。城市的区和农村的公社要按上级下达人口计划和晚婚、晚育、少生的要求,审批生育名单,对女性特别晚婚者,优先安排生育第一胎,由所在单位落实到人。从 1985 年开始,国家计生委在全国开展"两胎加间隔"的试点,在山西翼城、河北承德、甘肃酒泉等地区农村家庭允许一对夫妇生育两个孩子,但没有在全国推行。1991 年 5 月,中共中央、国务院作出《关于加强计划生育工作严格控制人口增长的决定》,明确提出"对造成人口失控的要给予处罚并追究有关领导人的责任"。1992 年,国务院发出《关于下达十年规划和"八五"计划分地区人口指标的通知》,对每个地区在 1990 年末、1995 年末和 2000 年末的人口数都有相应的指标,如北京市分别是 1086 万人、1159 万人、1210 万人;广东省分别是 6346 万人、6875 万人、7305 万人等。通过

这些目标的订立、指标的分配明确了各行政层级任务，把人口增长计划纳入国家经济发展战略，以人均指标作为发展经济建设的奋斗目标，极大地加强各级领导计划生育工作的责任，权力支配关系得到加强，计划生育成为实实在在的国家计划，具有强大执行力。

1988 年，国务院颁发了《女职工劳动保护规定》，将生育保险制度的实施范围扩大到外商投资企业和乡镇企业，统一机关、事业单位和企业的生育保险制度，要求用人单位不得在女职工怀孕期、产期、哺乳期降低其基本工资或解除劳动合同，女职工的产假则由原来的 56 天变更为 90 天。

四、进入 21 世纪，计划生育制度法治化进程加快，生育政策由国家管理式开始向服务家庭、注重公民权益保护式转变

1990 年开始，公民的生育相关权益得到进一步保障。1991 年国务院颁布《流动人口计划生育管理办法》。1992 年《妇女权益保障法》确立生育权，生育作为一种权利首次在国家法律层面得到确认。2001 年《计划生育技术服务管理条例》规定了手术者的同意权、安全保障权等，注重公民权益的保护。2002 年施行《人口与计划生育法》，确认公民有生育权利，并将男性纳入权利主体范畴，明确公民避孕、节育措施的知情选择权，节育手术安全保障权，生殖保健技术服务享受权，男女平等权，休假权，计划生育困难家庭获得帮助权等系列权利。2004 年《宪法》增加"国家尊重和保障人权"的重要条款，各地掀起修订人口与计划生育条例的热潮，落实生育权利相关内容。2004 年修订《计划生育技术服务管理条例》，增加事故鉴定与赔偿调解等与相对人权益密切相关的内容。2006 年中共中央、国务院《关于全面加强人口和计划生育工作统筹解决人口问题的决定》提出以促进人的全面发展为中心，以统筹解决人口问题为主线，强调"优先投资于人的全面发展"的人口发展理念。2015 年中共中央、国务院《关于实施全面两孩政策改革完善计划生育服务管理的决定》明确提出

"以人为本""创新发展""法治引领"的改革理念,尊重家庭在计划生育中的主体地位,坚持权利与义务对等,寓管理于服务之中,引导群众负责任、有计划地生育。推动人口和计划生育工作由控制人口数量为主向调控总量、提升素质和优化结构并举转变,由管理为主向更加注重服务家庭转变,由主要依靠政府力量向政府、社会和公民多元共治转变,充分发挥立法对完善生育政策和服务管理改革的引领、规范、保障作用,坚持严格、规范、公正、文明执法,不断提高计划生育法治水平。

20 世纪 90 年代,我国进行了一系列的生育保险改革和立法。1994 年 7 月颁布《劳动法》,对于女职工的特殊劳动保护和生育保险工作开展作出明确规定。1994 年 12 月劳动部颁布了《企业职工生育保险试行办法》,规定了各地需将生育保险的管理模式由用人单位管理逐步转变为社会统筹,由各地社会保障机构负责生育保险的管理工作。1995 年《中国妇女发展纲要(1995—2000 年)》明确生育保险目标,即 20 世纪末在全国城市基本实现女职工生育费用的社会统筹。2001 年《中国妇女发展纲要(2001—2010 年)》规定有关部门应该普遍建立城镇职工生育保险制度,覆盖面达到 90%以上;生育保险覆盖所有用人单位。2010 年《社会保险法》把生育保险和养老保险、失业保险、医疗保险、工伤保险统一融合在社会保险法中。2012 年国务院审议通过《女职工劳动保护特别规定》,调整了女职工禁忌从事的劳动范围,将女职工生育享受的产假由 90 天延长至 98 天,并规范了产假待遇。

五、2002 年开始,从双独二孩调整到三孩政策,生育政策快速放开

双独二孩政策。2002 年开始,湖北、甘肃、内蒙古、山东、四川等省(区、市)陆续实行夫妻双方为独生子女,经批准可按计划生育第二个子女的政策(简称"双独二孩"),直至 2011 年全国所有省份实现"双独二孩"政策的转换。同时从 2002 年开始,吉林、江苏、上海、海南、甘肃、新疆、湖南、浙江、山西等省(区、市)也陆续取消生育间隔政策。

单独二孩。2013 年 11 月 12 日，党的十八届三中全会通过《中共中央关于全面深化改革若干重大问题的决定》，明确"启动实施一方是独生子女的夫妇可生育两个孩子的政策"。2013 年 12 月 28 日第十二届全国人民代表大会常务委员会第六次会议通过《关于调整完善生育政策的决议》，"同意启动实施一方是独生子女的夫妇可生育两个孩子的政策"，以法律决议形式确认单独二孩政策。

全面二孩政策。2015 年 10 月，党的十八届五中全会决定，"全面实施一对夫妻可生育两个孩子政策，积极开展应对人口老龄化行动"。2015 年 12 月，全国人大常委会通过修改《人口与计划生育法》的决定，明确国家提倡一对夫妻生育两个子女。

三孩政策。为适应我国人口与经济社会发展新形势，党的十九届五中全会提出，优化生育政策，增强生育政策包容性，促进人口长期均衡发展。2021 年 6 月，中共中央、国务院《关于优化生育政策促进人口长期均衡发展的决定》提出，修改人口与计划生育法，提倡适龄婚育、优生优育，一对夫妻可以生育三个子女，取消社会抚养费，清理和废止相关处罚规定。2021 年 8 月 17 日，《人口与计划生育法》再次修订，重点围绕实施三孩生育政策、取消社会抚养费等制约措施、配套实施积极生育支持措施进行修改。

第二节　我国生育制度的立法改革动因及内容

一、我国生育制度的改革动因

21 世纪以来，我国人口发展的内在动力和外部条件发生了显著变化，人口总量增长势头明显减弱，劳动年龄人口和育龄妇女人口开始减少，老龄化程度不断加深。一是低生育率问题引发人口结构失衡。从

2000 年开始，中国人口就处在低生育率水平，远低于 2.1 的更替生育率。近年来，我国人口形势发生新变化，生育水平逐年走低。实施单独两孩和全面两孩政策后，人口形势获得了一定成效。2016 年、2017 年全国出生人口都在 1700 万以上，但是 2018 年以后，却连续三年下降，而且下降幅度较大。第七次全国人口普查数据显示，2020 年我国育龄妇女总和生育率①为 1.3，已经处于较低水平。生育率降低并长期维持在低水平，劳动年龄人口将出现缺口，继而引起人口结构严重失衡，社会迅速进入老龄化，我国的人口红利正面临着"拐点"。二是应对老龄化社会压力。老龄化是全球性人口发展大趋势，也是今后较长一段时期我国的基本国情。20 世纪末，我国 60 岁及以上老年人口占比超过 10%，进入老龄社会，预计"十四五"末期将由轻度老龄化转入中度老龄化（占比超过 20%），在2035 年前后进入重度阶段（占比超过 30%）。放开生育限制及构建配套支持措施，有利于改善人口年龄结构，扩大新增劳动力供给，减轻老年人口抚养比，缓和代际之间矛盾，增加社会整体活力，降低老龄化峰值水平。

放开生育政策、改革完善计划生育服务管理，是促进人口长期均衡发展的重大举措，有利于优化人口结构，增加劳动力供给，减缓人口老龄化压力；有利于促进经济社会持续健康发展，能够最大限度发挥人口对经济社会发展的能动作用，积极应对生育水平持续走低的风险。

二、我国生育制度的改革内容

（一）改革方式来看，通过法律授权、修改法律、备案审查等实施，处理改革和法治的关系

1. 通过全国人民代表大会常委会决议授权实施"单独二孩"政策

2013 年《全国人民代表大会常务委员会关于调整完善生育政策的决

---

①　总和生育率代表了一个国家或地区的妇女在育龄期间，每个妇女平均的生育子女数，国际上认为 2.1 的总和生育率是实现和维持代际更替的基本条件。

议》，以决议形式同意启动实施一方是独生子女的夫妇可生育两个孩子的政策。2015 年《人口与计划生育法》对此项改革予以确认。

2. 通过修改法律实施"二孩""三孩"政策

2015 年《中共中央、国务院关于实施全面两孩政策改革完善计划生育服务管理的决定》、2021 年《中共中央、国务院关于优化生育政策促进人口长期均衡发展的决定》等都要求改革依法进行，通过修改或制定法律实施改革措施。①2021 年 8 月，全国人大常委会会议表决通过了《关于修改人口与计划生育法的决定》，提倡适龄婚育、优生优育，实施三孩生育政策。

3. 法律授权地方具体实施

2001 年出台和 2015 年修改的《人口与计划生育法》将一胎和二胎政策具体实施办法授予地方人大及常委会，即"具体办法由省、自治区、直辖市人民代表大会或者其常务委员会规定。"2021 年修改的《人口与计划生育法》要求各省（自治区、直辖市）综合考虑本地区人口发展形势、工作基础和政策实施风险，做好政策衔接，依法组织实施。虽然地方还是可以依据实际情况实施，但是"授权地方制定具体实施办法"变为"要求地方依法组织实施"的表述可以看出。地方立法空间缩小，对于国家三胎政策实施要严格依法执行，不能利用地方法规设置条件使三胎政策打折扣。②

---

① 2015 年《中共中央、国务院关于实施全面两孩政策　改革完善计划生育服务管理的决定》明确："依法组织实施全面两孩政策。贯彻落实新修改的《中华人民共和国人口与计划生育法》，完善相关行政法规以及地方性法规。从 2016 年开始实施全面两孩政策。各省（自治区、直辖市）政府综合评估本地人口发展形势、计划生育工作基础和政策实施风险，科学制定实施方案，报国务院主管部门备案，确保政策平稳落地，生育水平不出现大幅波动。"2021 年《中共中央、国务院关于优化生育政策促进人口长期均衡发展的决定》要求生育政策改革要以法治为保障，依法实施三孩生育政策，"坚持重大改革于法有据、依法实施，将长期以来党领导人民在统筹解决人口问题方面的创新理念、改革成果、实践经验转化为法律，保障人民群众合法权益，保障新时代人口工作行稳致远，保障人口发展战略目标顺利实现。"

② 2001 年《人口与计划生育法》第十八条："国家稳定现行生育政策，鼓励公民晚婚晚育，提倡一对夫妻生育一个子女；符合法律、法规规定条件的，可以要求安排生育第二个子女。具体办法由省、自治区、直辖市人民代表大会或者其常务委员会规定。少数民族也要实行计划生育，具体办法由省、自治区、直辖市人民代表大会或者其常务委员会规定。"2013 年 12 月 28 日（转下页）

4. 通过备案审查等撤销或修改相关法规

全国人大常委会对报送备案的行政法规、地方性法规、司法解释等规范性文件开展合宪性、合法性、适当性审查。对与宪法法律相抵触的法规、司法解释有权予以撤销、纠正。一是全面清理。《全国人大常委会法工委关于2020年备案审查工作情况的报告》督促修改滞后于改革要求或制度调整的规定，贯彻党的十九届五中全会"增强生育政策包容性"精神，要求各省、自治区、直辖市人大常委会对人口与计划生育领域相关法规、规章、规范性文件进行全面清理。二是针对某项具体制度进行清理。关于"超生即辞退"等问题①，2017年多名学者联名向全国人大常委会法工委提交建议，希望对各地出现的"超生即辞退"问题开展备案审查和纠正。法工委审查后认为，地方性法规中有关企业对超生职工给予开除或者解除聘用合同的规定，虽不能认定与法律相抵触，但已与变化了的情况不再适应，需要进行调整。②通过致函有关地方人大常委会，建议对有关地方

（接上页）《全国人民代表大会常务委员会关于调整完善生育政策的决议》，"同意启动实施一方是独生子女的夫妇可生育两个孩子的政策。各省、自治区、直辖市人民代表大会或者其常务委员会应当根据人口与计划生育法和本决议，结合本地实际情况，及时修改相关地方性法规或者作出规定。"2015年《中华人民共和国人口与计划生育法》第十八条规定："国家提倡一对夫妻生育两个子女。符合法律、法规规定条件的，可以要求安排再生育子女。具体办法由省、自治区、直辖市人民代表大会或者其常务委员会规定。少数民族也要实行计划生育，具体办法由省、自治区、直辖市人民代表大会或者其常务委员会规定。"2021年《人口与计划生育法》第十八条："提倡适龄婚育、优生优育。一对夫妻可以生育三个子女。各省（自治区、直辖市）综合考虑本地区人口发展形势、工作基础和政策实施风险，做好政策衔接，依法组织实施。"

① 所谓"超生即辞退"，是一种对违反计划生育行为的严厉处理措施，一般见于地方立法中对公职人员的相关规定。有些地方也延伸到国企、乡镇集体企业、事业单位乃民营私企中。在各省份的人口与计划生育条例中，类似的举措还包括：征收高额社会抚养费，给予降级或撤职处分，生育费自理，产假不发工资，男女双方三年内不得提职（含技术职称）、晋级和领取奖金，七年内不得享受公费医疗福利，七年以上十四年以下不得享受集体福利等。

② 全国人大法工委审查后认为，计划生育作为一项基本国策推行了40多年，使我国人口过快增长的趋势得到有效控制，有力促进了经济发展、社会进步和民生改善，为现代化建设提供了重要保障。计划生育政策实行初期，地方立法走在了前面，在当时人口形势非常严峻的情况下，有的地方规定了较为严厉的管控措施。从历史的角度来看，地方立法的施行对落实计划生育政策发挥了重要保障作用。进入21世纪后，我国人口形势出现重要转折性变化，党中央根据我国人口发展趋势从国家战略层面对调整计划生育政策作出重大决策部署。地方立法应当积极主动适应计划生育改革发展的政策精神，用法治思维探索新形势下落实计划生育基本国策的体制机制和方式方法。

性法规中类似的控制措施和处罚处分处理规定作出修改①，2018 年末，被建议省份全部完成地方性法规修改，取消了"超生即辞退"等过于严厉的控制措施。②关于社会抚养费问题。2017 年，全国人大常委会法工委向广东、云南、江西、海南、辽宁、贵州、福建 7 个省份提出书面研究意见，建议地方对暂时还难以修改的地方性法规的严厉惩罚性措施，可以考虑先减缓执行力度，以后再适时作出修改。同时，建议有关方面尽快研究调整与此相关的政策和规定。关于将亲子鉴定作为查处超生的"法定手段"的规定，《全国人民代表大会常务委员会法制工作委员会关于 2021 年备案审查工作情况的报告》指出，有的地方性法规规定，有关行政部门为调查计划生育违法事实，可以要求当事人进行亲子鉴定；对拒不配合的，处以一万元以上五万元以下罚款，"我们审查认为，亲子关系涉及公民人格尊严、身份、隐私和家庭关系和谐稳定，属于公民基本权益，受宪法法律保护，地方性法规不宜规定强制性亲子鉴定的内容，也不应对此设定相应的行政处罚、处分、处理措施。经沟通，制定机关已对相关规定作出修改"。

5. 中央政策文件要求根据改革精神和法律修改清理相关法规政策，做好改革后法律和政策衔接

《中共中央、国务院关于优化生育政策促进人口长期均衡发展的决定》要求"取消社会抚养费等制约措施，清理和废止相关处罚规定"，《国家卫生健康委关于贯彻落实〈中共中央 国务院关于优化生育政策促进人口长期均衡发展的决定〉的通知》进一步要求"及时提请省级人大或其常委

---

① 全国人大常委会法工委建议地方根据党中央的精神，结合本省实际，对有关地方性法规中不宜像过去那样继续施行的严厉控制措施和处罚处分处理规定尽快作出修改；对暂时还难以修改的，可以考虑先减缓执行力。例如，2018 年 9 月，海南省人大常委会修改人口与计划生育条例，删除违反计划生育时，生育费自理、产假不发工资、男女双方三年内不得提职，以及超生开除或辞退等规定。

② 参见沈春耀：《全国人民代表大会常务委员会法制工作委员会关于 2018 年备案审查工作情况的报告》，载《中华人民共和国全国人民代表大会常务委员会公报》，2019 年第 1 号。

会修订本省（区、市）人口与计划生育条例，重点对生育调节、奖励与社会保障、普惠托育服务、计划生育服务和法律责任等相关内容进行修订。取消社会抚养费，清理和废止相关处罚规定，将入户、入学、入职等与个人生育情况全面脱钩。遵循法制统一原则，注重与上位法的协调，做好三孩生育政策实施前后奖励扶助和制约处罚措施的衔接"。

（二）实施包容性生育政策，逐步放开生育限制

2020 年 11 月，《中共中央关于制定国民经济和社会发展第十四个五年规划和二〇三五年远景目标的建议》不再提及"计划生育"，而是改为"优化生育政策，增强生育政策包容性"。人口与计划生育工作理念与方式发生了重大变革，计划生育工作被整体纳入卫生健康的范畴下。一是放开数量限制。2001 年《人口与计划生育法》要求一对夫妻只生一个孩子，2002 年地方试点变为双方为独生子女的可生两个孩子，2003 年中央文件放宽为一方为独生子女的可生两个孩子，2015 年《人口与计划生育法》确认为一对夫妻可生两个孩子，2021 年《人口与计划生育法》明确一对夫妻可生三个孩子。二是取消时间限制。2001 年《人口与计划生育法》规定国家稳定现行生育政策，鼓励公民晚婚晚育。2015 年《人口与计划生育法》取消晚婚晚育。2021 年《人口与计划生育法》修改为国家提倡适龄婚育、优生优育。三是取消生育审批制度。生育政策严格时期，很多省份都对生育一孩实行许可制，能否生育要经过严格审查，未经批准不得生育。2015 年中共中央、国务院发布《关于实施全面两孩政策改革完善计划生育服务管理的决定》明确，实行生育登记服务制度。对生育两个以内（含两个）孩子的，不实行审批，由家庭自主安排生育。

（三）取消社会抚养费等惩罚性措施

1. 取消社会抚养费

民间将社会抚养费称为"超生罚款"，通过经济罚则来遏制超生行为，同时为超生所增加的社会抚养负担筹集相应资金。1992 年《计划外生育

费管理办法》明确计划外生育费是一项为控制人口过快增长对计划外生育者征收的补偿性资金。1996 年《行政处罚法》进一步明确对于超计划生育的不得给予罚款，但可以征收"计划外生育费"。2000 年财政部、国家计生委联合下发文件要求各地将"计划外生育费"改为"社会抚养费"。2002 年国务院出台《社会抚养费征收管理办法》，为社会抚养费提供了明确法律依据，从法律性质来看，社会抚养费是行政性收费而不是行政罚款。2015 年《人口与计划生育法》明确违法计划生育法的应当依法缴纳社会抚养费。2021 年《中共中央、国务院关于优化生育政策促进人口长期均衡发展的决定》要求取消社会抚养费，并清理和废止相关处罚规定。2021 年 6 月，《人口与计划生育法》取消社会抚养费，删除相关处分规定。

2. 将入户、入学、入职等与个人生育情况全面脱钩

一直以来，各地为了控制生育，将个人生育情况与入户、入学、入职等捆绑挂钩，以提供计划生育证明作为办理手续的前提。2021 年 6 月，中共中央、国务院发布的《关于优化生育政策促进人口长期均衡发展的决定》明确将入户、入学、入职等与个人生育情况全面脱钩。2021 年《人口与计划生育法》删除了有关计划生育证明的规定。

（四）加强生育保障性措施

1. 建立普惠托育服务体系

目前，托育服务供给还未满足广大父母的需求。中国人口与发展研究中心 2020 年启动的调研显示，我国 3 岁以下托育服务还面临供给严重不足等问题。国家发改委曾测算，预计"十四五"时期还需要新增托位 450 万个，带动投资和消费规模均超过千亿元。2019 年 5 月，国务院办公厅印发《关于促进 3 岁以下婴幼儿照护服务发展的指导意见》，同年 10 月，国家发改委、国家卫健委联合发布《支持社会力量发展普惠托育服务专项行动实施方案（试行）》，要求"着力增加 3 岁以下婴幼儿普惠性托育服务有效供给"。提高优生优育服务水平，发展普惠托育服务体系，推进教育公平与

优质教育资源供给,降低家庭教育开支。修改后的法律推动建立普惠托育服务体系,提高婴幼儿家庭获得服务的可及性和公平性,规范托育服务。教育部办公厅印发《关于支持探索开展暑期托管服务的通知》,引导支持有条件的地方积极探索开展暑期托管服务工作,解决学生暑假"看护难"问题。

2. 完善生育休假与生育保险制度

2016 年 4 月 1 日,人社部与财政部联合下发的《关于阶段性降低社会保险费率的通知》中提出:"生育保险和基本医疗保险合并实施",并选取了 12 个地方作为新草案试点,暂将生育保险基金并入职工基本医疗保险基金征缴和管理。全面推进生育保险和职工基本医疗保险合并实施,统一参保登记、基金征缴和管理、医疗服务管理。国家医保局规定将参保女职工生育三孩费用纳入生育保险待遇支付范围。加强税收、住房等支持政策,保障女性就业合法权益。支持有条件的地方探索设立父母育儿假,如北京市规定 2021 年 5 月 31 日(含)后按规定生育三孩的,除享受国家规定的产假外,享受生育奖励假 30 天,其配偶享受陪产假 15 天。

3. 加强妇幼保健服务

2015 年《中共中央、国务院关于实施全面两孩政策改革完善计划生育服务管理的决定》明确加强妇幼健康计划生育服务,包括推进优生优育全程服务,落实孕前优生健康检查,加强孕产期保健服务和出生缺陷综合防治,向生育困难人员提供必要的辅助生殖技术服务,推进妇幼保健计划生育服务机构标准化建设和规范化管理,加快产科和儿科医师、助产士及护士人才培养,向育龄人群提供安全、有效、适宜的避孕节育服务等。2021 年《人口与计划生育法》要求医疗卫生机构开展围孕期、孕产期保健服务,加强对婴幼儿照护的支持和指导,县级以上地方各级人民政府应当建设与常住人口规模相适应的婴幼儿活动场所及配套服务设施。公共场所和女职工比较多的用人单位应当配置母婴设施,为婴幼儿照护、哺乳提供便利条件。

4. 对政策调整前计划生育家庭继续实行现行各项奖励扶助制度和优惠政策

2015 年《中共中央、国务院关于实施全面两孩政策改革完善计划生育服务管理的决定》提出加大对计划生育家庭扶助力度。对政策调整前的独生子女家庭和农村计划生育双女家庭，继续实行现行各项奖励扶助政策，在社会保障、集体收益分配、就业创业、新农村建设等方面予以倾斜。对全面两孩政策实施前的计划生育家庭，一是在老年人福利、养老服务等方面给予必要的优先和照顾；二是独生子女发生意外伤残、死亡的，给予全方位帮扶保障。

第三节　我国生育制度改革后的实施状况

一、存在问题

（一）先地方后中央立法模式导致地方性立法存在越权设置法律保留事项等问题

我国计划生育法采取了"原则＋授权"的立法模式，给予地方较大立法空间，20 世纪五六十年代开始，在国家层面主要以政策形式推行计划生育工作，各地则结合本地实际陆续制定了地方性计划生育法规规章①，对公民的生育行为和计划生育管理活动进行规范。地方立法先行，相比国家立法更具操作性和执行性，但同时导致计划生育法规体系的内在冲突（包括下位法与上位法，以及处于统一效力位阶的立法之间的冲突）始终未能得到有效调和。一是越权设置法律保留事项。《人口与计划生育

---

① 全国 30 个省、自治区、直辖市制定了有关计划生育的地方性法规，西藏制定了有关计划生育的政府规章。

法》只对生育数量、奖励措施和法律责任类型等事项进行原则性规定,具体界定和执行采取授权方式交由行政法规、地方性法规进行。对于生育第一孩的生育行为管理,各地方性法规规定不一,有许可制、登记制和产后生育证制,而对于生育二孩的生育行为管理一律实行核准制。但如何具体执行需要根据地方关于生育权、生育义务、责任的范围以及"违反生育政策"行为的界定来判断,这些具体标准在实际中发挥更大的调整作用,关系到公民切身权益。生育权作为一项基本人权,有关生育数量、生育时间和间隔、生育行为管理、奖励优待和社会保障、违法生育法律责任追究等一系列规定构成对生育权或生育自由行使的要求和限制,应当属于法律保留事项。这种立法权限"下放"的做法造成了事实上公民生育权不平等。二是地方规定冲突问题。各地计划生育条例是在《人口与计划生育法》出台之前制定的,关于生二孩条件、生育间隔的界定、独生子女奖励措施等,各省的政策规定并不一致。这种"地方分治"立法模式使得生育制度存在鲜明"地方特色",各地生育政策的差异性十分明显,不可避免造成地方规定冲突问题。例如,贵州再婚夫妻计划生育一案就反映了户籍所在省份和工作所在地省份的生育政策不同所导致的问题。贵州省荔波县覃某与丈夫是再婚家庭,各自婚前都有一个孩子,婚后怀有一孩。覃某怀有 5 个月身孕时被荔波县的教育局和卫生计生委要求终止妊娠。根据覃某户籍地安徽省计生条例规定,再婚夫妻,再婚前生育子女合计不超过两个的,可以申请再生育,但不适用于复婚夫妻;覃某工作地贵州省的计生条例则规定,一方或双方是再婚夫妻,一方生育过一个子女,另一方未生育过子女的,可以申请生育第二个子女。最后经过贵州省卫计委和安徽省卫计委的协商和研究,决定覃某的生育行为可适用《安徽省人口与计划生育条例》的规定。

（二）奖惩措施超越计生法律规定,并与其他法律法规冲突

各地为了严格执行计划生育政策、完成计划生育指标,对于遵守计划

生育政策的家庭和不遵守计划生育政策的家庭分别给予奖励和惩罚。但这些奖惩措施大都超越《人口与计划生育法》规定的范围。一是奖惩主体范围延伸。《人口与计划生育法》第二十三条规定的奖励对象为"实行计划生育的夫妻"，并未将其所生育的子女列为奖励对象。多数省、自治区、直辖市的地方性法规或者规章要求有关单位或者部门优先照顾独生子女的入学高考、就业就医等。将父母对生育政策的执行情况延伸到子女切身权益上，实际上造成独生子女与非独生子女之间教育就业医疗资源等方面的不平等，违反了《教育法》和《劳动法》平等原则，对独生子女家庭或农村计划生育家庭的奖励和优待措施规定与相关法律法规相抵触。例如，扩大社会抚养费征收对象，2015 年《人口与计划生育法》第四十一条第一款规定，只有不符合生育数量规定的情形才征收社会抚养费。而各地方性法规（规章）有关社会抚养费征收对象的规定则远远超出了此范围。地方立法规定处以征收社会抚养费的行为包括：公民未履行法定婚姻登记程序，在未形成法定夫妻关系的前提下的生育行为；公民收养子女的行为不符合收养法或地方人口与计划生育法规的有关规定，或依法收养后的生育行为不符合地方人口与计划生育法规的规定；公民再生育行为不符合地方人口与计划生育法规关于生育间隔或有关程序规定的等。对未婚生育、违反生育间隔等生育行为征收社会抚养费，违背了社会抚养费制度设定初衷，与《人口与计划生育法》《社会抚养费征收管理办法》相抵触。二是责任加码。较为突出的问题是法律责任承担方式超越法律规定，《人口与计划生育法》第四十一条规定违法生育的法律责任是"依法缴纳社会抚养费"，而各省、自治区、直辖市的地方性法规或者规章除此以外，还设置终止妊娠和采取补救措施。除了上述三种典型的责任形式外，各地条例或规章还规定了不予提干、不予评优、不予工商登记、开除公职等责任形式。例如，《青海省人口与计划生育条例（2019 年）》违反超生规定的，是国家工作人员、企业事业组织从业人员的，夫妻双方三年内不得提职、晋级、享受奖励工资。《人口与计划生育法》没有规定终止妊娠和采取补救措施的责任形式，地方性法规的相关规定属于越权规定。而不予提干、不予评优、不予工商登记、开除公职等责任形式与《公务员法》《公司登记管理条例》等法律法规的规定相冲突，额外增加了有关人员的负担。2015年《人口与计划生育法》第四十二条规定，对国家工作人员和其他单位或组织的人员违法生育行为依法进行行政处分和纪律处分。《行政机关公务员处分条例》规定："违反规定超计划生育的，给予降级或者撤职处分；情节严重的，给予开除处分。"很多省份地方性法规直接明确对违反计划生育政策的人员给予开除处分，而不限定在"情节严重"的情况下。三是责任延伸。很多基层组织设置违反计划生育政策就承担民事责任的惩罚措施，较为典型的是因村民违反计生政策，公司停发分红问题，如2010年某街道办事处因樊某生育第三个孩子对某公司发出《关于违法超生处理的通知》和《关于樊某、许某违法超生处理的通知》，樊某夫妇不仅要按照法律规定缴纳社会抚养费，而且七年内不得享受村民待遇，包括农村股份分红、村民就业补助、合作医疗补助等。街道办的决定依据是《广东省人口与计划生育条例》及村规民约。樊某夫妇持有某公司的股份是以20元每股出资认购的，其股份分红、村民就业补助、合作医疗补助等是作为股东依法享有的，依法受法律保护。而村委会（或经济联社、村改制股份公司）在村规民约、章程中因违反计划生育政策而剥夺当事人应有权利，超越法律规定责任范围。街道办上述行政行为属对超生行为予以处理的行政指导行为，该行为不具有强制性，依法不具有可诉性，致使樊某夫妇无法通过司法途径维权。

（三）备案审查和法律清理机制有待完善

一是生育政策相关问题的备案审查主要是被动启动，主动审查机制作用未得到充分发挥。全国人大专门委员会和常委会工作机构有权对报送备案的规范性文件进行主动审查。从实际情况来看，审查工作是以被动审查为主的，"超生即辞退""强制性亲子鉴定""社会抚养费"等问题都是由专家或公民建议审查的，主动审查作用还未充分发挥。同时，对地方政府部门制发的规范性文件，地方人大常委会是否应予主动审查，法律没有明确规定。生育制度相关政策分布在大量地方规范性文件之中，单靠全国人大常委会力量不可能彻底审查。二是法律清理不及时，法律清理制度不健全。虽然《人口与计划生育法》已被修改，但是配套法规和地方性法规的清理仍然不彻底。现行政策允许生育三个子女，而配套法规还是为一孩政策服务，如《计划生育技术服务管理条例》《社会抚养征收管理办法》《婚姻家庭法》等，与新政策存在内容冲突，各地更是存在诸多过时、不符合最新法律规定的地方性法规和政策文件。例如，2018年5月，广东省对《广东省人口与计划生育条例》进行修改，废止"超生即辞退"条款。但是《广东省共产党员和国家工作人员违反人口与计划生育政策法规纪律处分规定》《事业单位工作人员处分暂行规定》这类省政府办公厅的规范性文件和部门规章，仍旧延续着自2012年以来对超计划生育人员"过时"的处罚规定。2018年12月，广东省云浮市公安局职员薛锐权因生三胎违反当前计生法律法规及相关政策被辞退，其妻子被云浮市云城区教育局依据《广东省共产党员和国家工作人员违反人口与计划生育政策法规纪律处分规定》《事业单位工作人员处分暂行规定》予以行政开除处分。如若关于计划生育的陈旧规定不作修改，那么因为法律和政策规范冲突则会引发更多纠纷。同时，常规化的法律清理机制并未完全建立，法律清理的实施主要依靠中央文件提出清理要求。清理主体、清理程序、违法清理责任承担以及清理监督主体等必要制度内容不健全或者不明确，缺失清理失职或者违法应承担的法律责任的规定，导致很多清理行动都无法发挥效果。三是备案审查范围还未覆盖到大量政策文件和社会规范。目前备案审查范围覆盖到国务院的行政法规，省级及设区的市的人大及其常委会制定的地方性法规，自治州和自治县人大制定的自治条例和单行条例,全国人大及其常委会授权制定的法规、部门规章和地方政府规章,最高人民法院和最高人民检察院通过的司法解释,以及其他由国家机关制定的决议、决定、命令和司法解释等。因规范性文件的定义比较模糊,界定范围并不是十分清晰,导致大量应该报备的文件未报备。同时较多村规民约和企业规章对生育行为的限制涉及大量民众切身利益,通过一些程序设置、具体判断标准划分,对公民权益产生着实质性影响。目前主要通过司法案例发现,解决个案问题,但法院很多时候倾向于遵从基层自治原则、尊重风俗习惯,导致权利得到有效救济十分困难。

(四)法律效力问题

近年来,国家生育政策发生了重大变化,2013 年开始实行单独二孩政策,2016 年开始实行全面二孩政策,在生育政策调整之前出生的二孩,如按照调整前的生育政策会被界定为超生,需要征收社会抚养费,如按照调整后的生育政策,则符合生育政策。对于 2016 年 1 月 1 日前出生的二孩,在此日后是否还需征收社会抚养费以及承担相应不利后果,引起了较大争议,并引发若干行政诉讼案件。据统计,从 2011 年到 2020 年,这十年间与生育政策有关的裁判文书数量就超过了 38 万份。[1]一方认为,根据 2015 年《立法法》第九十二条规定:"同一机关制定的法律、行政法规、

---

① 《十年 38 万份裁判文书涉社会抚养费:低生育率下"超生"还罚款吗?》,载新浪网,http://finance.sina.com.cn/chanjing/cyxw/2020-12-09/doc-iiznezxs6015537.shtml,访问时间:2024 年 1 月 27 日。江西省上饶市婺源县的刘某在 2015 年 12 月 16 日生育二胎,该县卫计局在时隔三年后在 2018 年 9 月向其追缴因为违法生育二胎的"社会抚养费"。其二胎生育的时间距离国家全面放开二胎不足一月。浙江省玉环县单独夫妻章荣真、李善霞于 2012 年 7 月生下第二个孩子,2014 年 7 月收到《征收社会抚养费决定书》,被要求缴纳 13 万元社会抚养费。该夫妻表示不服,并将当地计生部门告上法院,历经一审、二审,均败诉。该院 2015 年 10 月 12 日再审立案后,依法组成合议庭于 2017 年 3 月 23 日公开开庭审理了本案。再审审理过程中,再审申请人章荣真、李善霞以双方争议已实质性化解为由,向本院申请撤回再审申请。据吴有水透露,章荣真、李善霞一案之所以能以撤回再审申请的方式结束,其背景之一是当地计生部门承诺不再处罚。与章荣真、李善霞类似的案件并不少见。浙江省台州市单独夫妻陈杨国、徐姗姗也是因为二孩"抢生"被征收 79020 元社会抚养费,并且实际缴纳了 10020 元。此后,两人不服上述决定,提起行政诉讼。一、二审均未支持其诉讼请求。后向浙江申高院申请再审,浙江省高院组成合议庭于 2017 年 3 月 23 日公开开庭审理了本案,经协调调化解,申请人撤回再审申请。

地方性法规、自治条例和单行条例、规章，特别规定与一般规定不一致的，适用特别规定；新的规定与旧的规定不一致的，适用新的规定。"行政行为必须以现行有效的法律、法规为依据，被废止的法律法规，行政机关不得再援引适用。《最高人民法院关于印发〈关于审理行政案件适用法律规范问题的座谈会纪要〉的通知》规定了关于新旧法律规范的适用规则，"……行政相对人的行为发生在新法施行以前，具体行政行为作出在新法实施以后，人民法院审查具体行政行为的合法性时，实体问题适用旧法规定，程序问题适用新法规定，但有下列情形除外……（二）适用新法对保护行政相对人的合法权益更为有利的"。遵循从旧原则，但保护当事人利益除外。另一方认为，应适用法律不及既往原则，按照从旧原则处理。2015年《立法法》第九十三条规定："法律、行政法规、地方性法规、自治条例和单行条例、规章不溯及既往，但为了更好地保护公民、法人和其他组织的权利和利益而作的特别规定除外。"《最高人民法院关于计划生育法律、法规溯及力适用问题的电话答复》称，答辩人对被答辩人之前的违法行为作出征收社会抚养费的决定并不违法。

对于如何适用法律，两个观点都有漏洞。适用从旧原则该如何兼顾例外规定？征收社会抚养费的决定本身不违法，但是根据目前改革趋势和要求还要不要征收？对此，相关部门都没有给出明确答复。2016年全国两会期间，时任国家卫计委副主任王培安表示，根据新修订的《人口与计划生育法》，实施全面两孩政策后，社会抚养费作为限制政策外生育的制度仍需继续坚持。对于全面两孩政策实施前，也就是2016年1月1日之前，违反法律法规规定生育第二个子女的，已经依法处理完成的，应当维持处理的决定，尚未处理或者处理不到位的，由各省市自治区结合实际，依法依规，妥善处理。2017年《最高人民法院关于计划生育法律、法规溯及力适用问题的电话答复》称："关于单独夫妇违法生育二孩社会抚养费征收行为的合法性问题，不宜简单以'从旧兼从优'的一般原则予以处理。要充分考虑政策变化、新法实施和地方差异等因素,对十八届三中、五中全会相关决定公布后、新法实施前已作决定,或者新法实施后发现此前违法生育等情形,行政机关酌情减免的,应予支持;各地就此出台具体规定的,可依法适用。该文件还表示,办理相关行政非诉案件特别是实施强制过程中,要充分考虑被执行人的违法情节、负担能力和生活经济状况等因素,酌情采取措施或依法中止、终结执行;要加强与有关部门的沟通配合,尽可能采取协调、调解等方式化解争议。"

在实际的诉讼案件中,这些答复却经常被原告和被告断章取义,部分适用。比如,被征收社会抚养费的原告在上诉时大多引用"新法实施后发现此前违法生育等情形,行政机关酌情减免的,应予支持"这一措辞,而地方计生部门在应诉时往往引用上述答复中"各地就此出台具体规定的,可依法适用"这一说法予以回应。

(五)生育保障还有待加强

一是《社会保险法》立法内容比较笼统,适用范围比较狭窄,仅覆盖了单位就业的职工,自主创业、非正规就业、未就业的妇女的城乡居民没有覆盖,有些地方在两险合并实施后没有将灵活就业人员纳入进来。附则部分提到"进城务工的农村居民依照本法规定参加社会保险",但是并没有配套法律落实这一规定。二是生育保险基金缴费仅由用人单位负担,缴费主体过于单一而且采取"以支定收,收支基本平衡"的筹资原则,用人单位常因负担较重以各种方式逃避缴费。三是目前国家层面立法没有生育奖励假津贴支付和配偶护理假的统一规定,地方法规对于生育奖励假待遇支付主体的规定各不相同,配偶护理假的时间长短由 7 天到 30 天不等,配偶护理假津贴支付主体也不统一,大部分由用人单位支付。四是生育保险金的申请手续烦琐,在《上海市城镇生育保险条例》第十三条规定,"申领生育生活津贴、生育医疗费补贴的妇女必须同时具备下列条件:(一)具有本市城镇户籍;(二)参加本市城镇社会保险;(三)属于计划内生育；（四）在按规定设置产科、妇科的医疗机构生产或者流产"。领取生育生活津贴、生育医疗费补贴、申请时需提供人口和计划生育管理部门出具的属于计划内生育的证明，需要很多部门的配合。尤其生育保险金领取与计划生育政策挂钩，进一步加大申请难度。此外，女性就业权益保障有待加强，"三孩"政策实施使得女性这一群体在就业方面面临更多不公平待遇。

二、对策建议

一是完善计生法律法规，进一步明确法律保留事项，划定地方立法权限。例如，加快出台支持生育的配套法规，完善就业促进法、劳动法和妇女权益保障法等法律，从制度上解决生育妇女的就业歧视。加快学前教育法的立法，积极解决"入园难""入公办园难""入普惠园难""就近入园难"问题。二是完善法律清理制度。除了根据生育法律修改内容，专项清理涉及计生法规、规章、规范性文件，要建立常态化的中央和地方法律清理制度体系，包括修改《行政机关公务员处分条例》《事业单位工作人员处分暂行规定》以及各地人口与计划生育领域相关法规、规章、规范性文件。三是完善备案审查制度。明确规范性文件审查范围。将所有涉及公民、法人、其他组织权利义务的，具有普遍约束力的决议决定和县级以上人民政府发布的涉及公民、法人、其他组织权利义务的，具有普遍约束力的行政决定、命令等规范性文件都纳入审查范围。目前的备案审查制度还主要停留在内部运作层面，对公众参与缺乏有效的反馈程序[1]，下一步要依法逐步有序引入公众参与。同时探索和完善规范性文件备案审查相关考核制度，重点解决应报不报的问题，造成严重重大影响的应依法追究相关责任人的责任。有些地方已经探索将村规民约等社会规范纳入审查。四

---

[1]　翟国强：《备案审查：全面依法治国的重要抓手》，载《光明日报》2017 年 12 月 28 日，第15 版。

是加大生育保障制度建设。扩大生育保险覆盖范围,从国家层面将生育保险覆盖至所有用人单位,逐步将非正式就业群体等纳入生育保险覆盖范围。提升生育保险待遇水平,从国家层面统一产假时间,产假期间的生育津贴由生育保险基金支付。参考国际社会关于父亲育儿假制度的经验,研究探索延长配偶护理假,配偶护理假津贴由生育保险基金支付,减轻就业性别歧视,推进平等就业。提升生育医疗费用报销比例,争取做到费用全覆盖。建立生育保险缴费责任分担机制,探索建立政府、用人单位、个人三方共同负担缴费责任的筹资模式,通过科学测算合理确定缴费比例。

第二十四章　我国户籍制度改革的法治化实践

我国的户籍制度是以 1958 年《户口登记条例》为核心,关于农村人口流入城市的规定及配套措施,以及以户籍为分配标准的定量商品粮油供给、劳动就业、医疗保健、教育等制度。随着改革开放深入发展,社会主义市场经济体制确立,为了适应市场经济发展需求、解决"三农"问题、保障农民合法权益,1980 年开始我国户籍制度逐渐放宽,2014年从形式上取消城乡户口分类,建立统一的城乡户口登记制度,同时力图瓦解以户籍制度为基础的社会保障和福利体系。但对于公共福利的分配改革还处于表层阶段,政策式、运动式改革缺乏法律依据和规范,极易产生侵权问题,需要在国家层面统筹开展、通过法治化路径解决。

第一节　我国户籍制度的历史发展

此处所指户籍制度是指以 1958 年《户口登记条例》为核心的,关于农村人口流入城市的规定及配套措施,以及以户籍为分配标准的定量商品粮油供给、劳动就业、医疗保健、教育等制度。

一、新中国成立初期,户籍制度作为人口数据的统计手段建立,城乡居民拥有居住、迁徙的自由权

1949 年《中国人民政治协商会议共同纲领》第五条规定:"中华人民共和国人民有……人身、居住、迁徙……的自由权。"1954 年《宪法》第九十条中明确:"中华人民共和国公民有居住和迁徙的自由。"1951 年,为加强社会治安,公安部颁布《城市户口管理暂行条例》,要求在城市实行人口登记,规定了户口登记、注销、迁移、收养、婚姻、年龄、违法责任等具体细则,形成了新中国城市户籍制度。1953 年《全国人口调查登记办法》则建立了农村户口登记制度。

二、从 1958 年开始,户籍逐渐成为一种"身份"标志,人口流动被严格管理,城乡二元户籍管理格局形成

为了推行重工业优先发展战略,保证工业发展具备充足粮食供应,用工农业产品价格"剪刀差"扶持工业发展,国家决定采取固化城乡人口分布和劳动力配置的措施。1957 年 12 月,中共中央、国务院发布《关于制止农村人口盲目外流的指示》,要求进一步加强户口管理,控制人口流动,还决定在大中城市设立"收容遣送站",将"盲流"收容起来并遣送原籍。①1958 年,全国人民代表大会通过《户口登记条例》,以法律形式确定在全国实行户籍管理制度,标志着全国城乡统一户籍制度的正式形成。条例明确将城乡居民区分为"农业户口"和"非农业户口"两种不同户籍,规定"公民由农村迁往城市,必须持有城市劳动部门的录用证明,学校的录取证明,或者城市户口登记机关的准予迁入的证明,向常住地户口登记机关申请办理迁出手续"。这一规定实质上废弃了 1954 年宪法关于

---

① 　1982 年 5 月,国务院发布《城市流浪乞讨人员收容遣送办法》,收容制度由此全面启动。

迁徙自由的规定，人口流动进入严格控制期。1975年《宪法》正式删除有关迁徙自由的规定。1959年到1977年，为治理城市粮食等资源紧张问题和实施以城市为中心的工业化战略，国家先后针对"农民盲目流入城市"等情况，出台了《中央工作会议关于减少城镇人口和压缩城镇粮食销量的九条办法》《公安部关于处理户口迁移的规定》等文件，严格限制农村人口向城市流动，形成了城乡二元分治的户籍制度管理格局。户口演变为区分人的城乡身份，以及居住、就业、教育和保障等资源配置的前置依据。城乡分割、严格限制迁徙的"二元"户籍管理制度成为户口管理的核心和重点，也成为计划经济体制下政府管理社会和经济的重要手段。

三、1980年至2014年，随着改革开放深入发展，社会主义市场经济体制确立，流动城市的农民人口增多，户籍制度逐渐放宽，人口流动处于"半开放期"

1. "农转非"政策松动

1980年9月，公安部、粮食部、国家人事局联合颁布《关于解决部分专业技术干部的农村家属迁往城镇由国家供应粮食问题的规定》，允许高级专业技术干部，有重大发明创造，在科研、技术以及专业工作上有特殊贡献的专业技术干部迁往城镇落户。农村户口转成非农村户口（"农转非"）的政策开始松动，"农转非"人口数量从不超过当地非农业户口人数的1.5％上调至2％。

2. 户籍管理开始由指标控制向准入条件控制过渡

1984年1月，《中共中央关于一九八四年农村工作的通知》开启小城镇户籍制度改革，允许务工、经商、办服务业的农民自理口粮到集镇落户。1984年10月，《国务院关于农民进入集镇落户问题的通知》，规定凡申请到集镇务工、经商、办服务业的农民和家属，在城镇有固定住所,有经营能力,或在乡镇企事业单位长期务工的,公安部门应准予落常住户口,统计为"非农业人口"。当时由于还实行粮食统购统销政策,"农转非"人数实际上仍受国家粮食供给的制约。1985年,《公安部关于城镇暂住人口管理的暂行规定》决定对流动人口实行以《暂住证》为主的管理办法,健全城市暂住人口管理制度,对暂住时间拟超过三个月的十六周岁以上的人,须申领《暂住证》,并建立集镇暂住人口登记管理制度。1989年,国务院要求严格控制"农转非"过快增长,户籍制度改革出现了反复。20世纪90年代市场经济改革取消粮食统购统销政策,为户籍制度改革创造了关键性条件。1992年8月,公安部下发《关于实行当地有效城镇居民户口制度的通知》,规定"对收钱办理的'农转非'户口符合办理蓝印居民户口条件、迁移手续完备的,可以转为蓝印户口",广东、浙江、山东、山西、河北等十多个省先后开始试行"蓝印户口制度"。为吸引人才、投资或推动商品房销售,20世纪90年代中期开始,国内大中城市纷纷推出蓝印户口政策。

3. 户籍制度改革由全面改革转为从小城镇改革入手

1992年底,国务院正式成立了户籍制度改革文件起草小组。1993年6月,户籍制度改革文件起草小组推出《国务院关于户籍制度改革的决定》,主张废除农业户口与非农业户口的划分,建立以常住户口、暂住户口和寄住户口三种户口形式为基础,以居住地登记、迁徙和暂住规定等制度为内容,以居民身份证、公民出生证为证件管理主体的新型户籍管理制度,但该方案因各方面因素未能颁布实行。1993年9月,国务院开始研究小城镇户籍制度改革方案,户籍制度改革由此从全面改革转向重点进行小城镇户籍制度改革。1997年7月,国务院批转公安部《关于推进小城镇户籍管理制度改革试点方案》,规定试点镇具备条件的农村人口准予办理城镇户口。2000年6月,《中共中央、国务院关于促进小城镇健康发展的若干意见》规定,从2000年起,凡在县级市市区、县人民政府驻地镇及县以下小城镇有合法固定住所、稳定职业或生活来源的农民，均可根据本人意愿转为城镇户口，并在子女入学、参军、就业等方面享受与城镇居民同等待遇，不得实行歧视性政策。2001 年10 月，国务院批转公安部《关于推进小城镇户籍管理制度改革的意见》，规定在全国小城镇中有固定住所和合法收入的外来人口均可办理小城镇户口。1997—2001 年的一系列政策，使得小城镇的落户限制全面放开。2008 年至 2013 年的一系列政策，使得中等城市的户口限制进一步放开。2003 年 6 月，第十届全国人大常委会第三次会议通过了《中华人民共和国居民身份证法》，中国的户籍管理开始向信息化管理、身份证管理迈进。

四、2014 年至今，从形式上取消城乡户口分类，建立统一的城乡户口登记制度，同时力图逐步瓦解以户籍制度为基础的社会保障和福利体系

1. 全面取消农业户口和非农户口的性质区别

2014 年《国家新型城镇化规划（2014—2020 年）》提出到 2020 年实现"户籍人口城镇化率达到 45％左右……努力实现 1 亿左右农业转移人口和其他常住人口在城镇落户"。同年 7 月，《国务院关于进一步推进户籍制度改革的意见》发布，首次提出"取消农业户口与非农业户口性质区分和由此衍生的蓝印户口等户口类型，统一登记为居民户口，体现户籍制度的人口登记管理功能"，拉开户籍制度全面改革的帷幕。2016 年，全国 31个省（区、市）全部出台户籍制度改革方案，城乡统一的户口登记制度全面建立。

2. 2019 年开始，放开放宽除个别超大城市外的城市落户限制，实施户籍准入年限同城化累计、城市群内户口通迁、居住证互认制度等措施，持续深化户籍制度改革

2019 年 2 月，《国家发展改革委关于培育发展现代化都市圈的指导

意见》提出,放开放宽除个别超大城市外的城市落户限制,在具备条件的
都市圈率先实现户籍准入年限同城化累积互认。2019 年 12 月,中共中
央办公厅、国务院办公厅印发了《关于促进劳动力和人才社会性流动体制
机制改革的意见》,全面取消城区常住人口 300 万以下的城市落户限制,
全面放宽城区常住人口 300 万至 500 万的大城市落户条件,完善城区常
住人口 500 万以上的超大特大城市积分落户政策。2020 年 4 月 9 日中共中
央、国务院发布《关于构建更加完善的要素市场化配置体制机制的意
见》,以及 2020 年 5 月 18 日中共中央、国务院发布《关于新时代加快完善
社会主义市场经济体制的意见》提出,强调要深化户籍制度改革,除了超
大城市以外,其余的城市一律都要放开或放宽,探索实行城市群内户口通
迁、居住证互认制度,推动公共资源由按城市行政等级配置向按实际服务
管理人口规模配置转变。到 2020 年底,全国 300 万人以下人口城市总体
放开了落户限制。据统计,2014—2019 年,超过 1 亿人的农业转移人口
成为城镇居民。①

第二节　我国户籍制度的改革动因

一、城乡二分的户籍制度不适应市场经济发展需求

新中国成立后,我国还处于工业化初期和计划经济时期,不具备市场
配置资源能力,工业部门仅靠自身力量无法筹集资金,依赖政策性的资源
配置手段将农业剩余转化为工业积累,农业经济成为资本积累的重要来

---

① 参见王大伟、孔翠芳、徐勤贤:《中国百年城乡关系——从农村包围城市到城乡融合发
展》,载中华人民共和国国家发展和改革委员会,https://www.ndrc.gov.cn/wsdwhfz/202106/
t20210617_1283370.html?code=&state=123,访问时间:2022 年 1 月 30 日。

源。这种政府主导的工业化模式，需要一种稳固的城乡二元结构，将农民劳动力固定在农村。改革开放以来，市场经济飞速发展，我国商品市场发育逐渐充分，要素市场改革取得了重要进展，劳动力市场逐步建立扩大，市场配置要素资源的能力明显增强。市场经济发展本质上需要劳动力市场化、人力资源自由流动，而人的自由流动最大障碍就是户籍制度，与之相配套的城市福利体制阻碍了劳动力在部门间、地域间和所有制间的流动，使得长期以来中国城乡处于分割状态，造成了资源配置的扭曲和低效率，传统的城乡二元结构和户籍制度不适应经济社会发展要求。目前，农业劳动力成为城市劳动力供给的重要因素，城镇对劳动力需求越来越强烈，劳动力短缺现象越来越严重。同时，人口在城市可以获得更高收入，获得更为优质的教育和生活资源，有助于进一步释放内需，促进创新和资源合理配置，带动经济发展。"十四五"时期，我国内外部形势发展变化，通过户籍制度改革，转移农业人口可创造人力资源，释放人口红利，进一步挖掘消费潜力、扩大内需具有重要作用，也是当前推进供给侧结构性改革的一项重大举措。

二、户籍制度改革是解决"三农"问题、促进城市化发展的关键

城乡二元制度和政策阻碍了中国城乡人口和资本的自由流动，加剧城乡分化，制约农业和农村经济发展。以户籍制度为基础，城乡之间在治理体制、经济形态、社会组织、财政投入、公共服务等方面形成了一系列差别化的制度安排，形成了"以农补工、以乡养城"的经济格局，导致城乡分化问题。由于利益格局的强大惯性、市场机制的自发作用，城乡分割的局面尚没有发生彻底改变，二元结构的制度坚冰尚未从根本上打破。例如，虽然随着统购统销的废止和农产品流通的市场化，通过农业剩余来支持工业的比重大幅下降，但通过提供廉价劳动力和资金、土地等资源的方式支持城市化和工业化的比重却急剧攀升，农村的生产要素和资源要素在

进一步向城市转移和集聚。农村人口和资本从农村向城市单向流动,造成农民兼业、土地抛荒和"农业边缘化"现象,加剧了"农民老龄化",对农业现代化形成体制性障碍。《中共中央关于全面深化改革若干重大问题的决定》深刻认识到:"城乡二元结构是制约城乡发展一体化的主要障碍",强调城乡发展一体化是解决"三农"问题的根本途径。"三农"问题不能只靠农业解决农村和农民问题,而要统筹城乡社会发展,促进市场要素的自由流动。如果不废除户籍制度,中国的"三农"问题就难以彻底解决。

近年来,中国人口流动规模不断扩大,户籍制度严重滞后于城镇化发展和人口迁移流动,城镇中的人口比重越来越大,"人户分离"现象更为突出。同时,全国还存在大量"黑户口"即无户口,包括持证未落的"口袋户"人员。为了获得大城市户口和购房资格,"假结婚"一度形成一条黑色产业链,如房产中介介绍客户通过结婚再离婚的方式规避限购政策,让客户顺利买到房,从中收取报酬。人口统计功能是户籍制度的本原功能之一。因"人户分离""黑户口"的大量存在,降低了户籍制度的统计功能,造成人口统计混乱,影响人口信息的真实性,影响了人口统计作为国民经济和社会发展重要基础数据的真实性和有效性,影响区域社会经济发展规划和部署的科学性,导致公共基础设施配置与居民需求的空间错位,降低公共投资效率。

第三节　我国户籍制度的立法改革内容

1958 年《户口登记条例》构成户籍制度的法律基础,国务院及其下属部门通过政策文件限制人口流动机制,各省市根据各地情况进行了地方化微调和具有实验性质的改进,逐渐形成了城乡二元户籍制度和以此为基础的社会福利分配体系。户籍制度改革就是要建立城乡统一户口登记制度，逐渐消灭农业与非农户口界限、不同城市间落户壁垒，以及附加其上的一系列福利制度与其他不平等制度，促进人口资源要素的自由流动，保障公民权益平等。面临社会资源分配这一最复杂的矛盾，考虑到不同城市的承载能力和均衡发展，改革采用区分大中小城市开放标准的人口梯度转移、居住证和积分入户等推进公共福利均衡化的路线。

一、取消农业与非农业户口界限

2014 年 7 月 30 日，国务院印发《关于进一步推进户籍制度改革的意见》，规定建立统一的城乡户口登记制度，取消农业户口与非农业户口的区分和由此衍生的蓝印户口和户口类型，统一登记为居民户口。这意味着将依据户口性质统计农业人口与非农业人口，改为根据户口登记地的城乡地域属性划分统计城镇户籍人口和农村户籍人口。从地方改革来看，全国各地都取消了"农业户口"和"非农业户口"的划分，普遍建立了城乡统一的户口登记制度，实现了中国城乡居民身份地位的平等。

二、通过设置不同人口城市的差别化落户措施，引导人口逐步梯度转移

根据不同城市的承载能力，以流动人口对城市的贡献和黏度为标准，设置差别化的落户政策，推动人口在农村、乡镇、城市之间逐步实现梯度转移。党的十八届三中全会提出，"全面放开建制镇和小城市落户限制，有序放开中等城市落户限制，合理确定大城市落户条件，严格控制特大城市人口规模"。2014 年《国务院关于进一步推进户籍制度改革的意见》规定，全面放开建制镇和小城市落户限制、有序放开中等城市落户限制（人口在 50 万至 100 万的）、合理确定大城市落户条件（人口在 100 万至 300

万）、严格控制特大城市人口规模并改进其现行落户政策（人口在 500 万以上）。2020 年 12 月 25 日，中共中央办公厅、国务院办公厅印发《关于促进劳动力和人才社会性流动体制机制改革的意见》明确："以户籍制度和公共服务牵引区域流动。全面取消城区常住人口 300 万以下的城市落户限制，全面放宽城区常住人口 300 万至 500 万的大城市落户条件。"中共中央、国务院发布《关于构建更加完善的要素市场化配置体制机制的意见》，要求深化户籍制度改革，"放开放宽除个别超大城市外的城市落户限制，试行以经常居住地登记户口制度。建立城镇教育、就业创业、医疗卫生等基本公共服务与常住人口挂钩机制，推动公共资源按常住人口规模配置"。可以看出，落户措施在不同城市间初步放开，目前除了超大城市以外，其余城市一律放开或放宽。[①]

三、针对特大城市采取积分落户和累计互认

2014 年《国务院关于进一步推进户籍制度改革的意见》提出"改进城区人口 500 万以上的城市现行落户政策，建立完善积分落户制度"。积分落户制度是指外来务工人员积分入户核准分值达到一定值后即可申请落户，以此缓解大城市的公共服务无法一步到位满足户籍制度改革需求的问题，北京、天津、上海、广东、浙江等多个城市早已开始进行积极探索。2019 年 2 月，《国家发展改革委关于培育发展现代化都市圈的指导意见》提出，"放开放宽除个别超大城市外的城市落户限制，在具备条件的都市

---

① 《国家发展改革委办公厅关于推广第三批国家新型城镇化综合试点等地区经验的通知》："山东济南和云南昆明全面取消城区落户限制，有产权房屋的非户籍常住人口在房屋处落户，无产权房屋的在租赁房屋处或单位集体户、社区集体户、人才集体户等落户。重庆永川区和璧山区取消务工年限等地区落户限制，城区常住人口从净流出转变为净流入。江苏南京取消地区年度落户名额限制，降低 6 个市辖区落户门槛。广东广州 7 个市辖区探索实施与中心城区差别化落户政策，降低学历等落户门槛，允许全日制大专学历等符合条件人员直接落户。辽宁鞍山快速落实城区常住人口 300 万以下城市取消落户限制的要求，并开通户籍'全城通办'线上线下服务，大幅提高户籍迁移便利度。"

圈率先实现户籍准入年限同城化累积互认"。2020 年 4 月,《中共中央 国务院关于构建更加完善的要素市场化配置体制机制的意见》提出,"探索推动在长三角、珠三角等城市群率先实现户籍准入年限同城化累计互认"。2020 年 5 月,《中共中央、国务院关于新时代加快完善社会主义市场经济体制的意见》发布,强调要"深化户籍制度改革,放开放宽除个别超大城市外的城市落户限制,探索实行城市群内户口通迁、居住证互认制度。推动公共资源由按城市行政等级配置向按实际服务管理人口规模配置转变"。从程度来看,由户籍准入年限同城化累计互认,变成城市群内户口通迁、居住证互认,改革的力度明显更大了。从范围来看,由限定"长三角、珠三角",变成不设限的"城市群"。

四、全面实施新型居住证制度作为落户的过渡渠道,保障外地人口享受生活基本权益

2015 年 2 月,《关于全面深化公安改革若干问重大问题的框架意见》及相关改革方案提出取消暂住证制度,全面实施居住证制度,建立健全与居住年限等条件相挂钩的基本公共服务提供机制。2016 年 1 月,《居住证暂行条例》全面实施。根据居住证制度,流动人口在流入地居住时间达到一定期限、符合相应条件的,即可向居住地相关部门申请领取居住证。持证人凭居住证即可享受流入地相关的基本公共服务,主要包括义务教育、社会保险、就业服务、公共卫生、住房等基本公共服务,以及证照办理、申领机动车驾驶证、参加职业资格考试等便利。各地按照国务院的要求,对未落户的常住人口实施居住证制度。同时,不断提高居住证的"含金量",赋予居住证更多的与本地城市户籍居民同等的权利,使得持证者能够在就业、教育、卫生计生、社保、住房保障等方面享受基本权益,全面落实市民化待遇。此外,条例还提供了居住证向常住户口转变的渠道,当持证人达到特定的条件之后即可以向流入地申请常住户口,并根据城市人

口规模大小设置不同的落户门槛。①目前,很多城市都规定了与居住证相关的基本公共服务阶梯式福利享受机制,即流动人口凭居住证就可以享受当地的基本公共服务,当达到相应条件后,可以进一步享受更多的公共服务。居住证制度改变了以往"高门槛、一次性"的权益获取方式,将公共服务的获得方式调整为"低门槛、阶梯式",使流动人口既可以普遍享受到基本公共服务,也能够通过不断积累提高自身享受的公共服务水平。②

五、深化户籍制度综合配套改革,社会管理和公共服务保障逐步与户籍制度脱钩

近年来,配合户籍制度改革,推动户籍制度与社会保障体制脱钩的措施不断推出。2014 年《国务院关于建立统一的城乡居民基本养老保险制度的意见》合并新农保和城居保,建立全国统一的城乡居民基本养老保险制度。2015 年《国务院关于进一步完善城乡义务教育经费保障机制的通知》整合农村义务教育经费保障机制和城市义务教育奖补政策,建立城乡统一、重在农村的义务教育经费保障机制,实现"两免一补"和生均公用经

---

① 《居住证暂行条例》第十六条规定:"居住地人民政府应当根据下列规定确定落户条件:(一)建制镇和城区人口 50 万以下的小城市的落户条件为在城市市区、县人民政府驻地镇或者其他建制镇有合法稳定住所。(二)城区人口 50 万至 100 万的中等城市的落户条件为在城市有合法稳定就业并有合法稳定住所,同时按照国家规定参加城镇社会保险达到一定年限。其中,城市综合承载能力压力小的地方,可以参照建制镇和小城市标准,全面放开落户限制;城市综合承载能力压力大的地方,可以对合法稳定就业的范围、年限和合法稳定住所的范围、条件等作出规定,但对合法稳定住所不得设置住房面积、金额等要求,对参加城镇社会保险年限的要求不得超过 3 年。(三)城区人口 100 万至 500 万的大城市的落户条件为在城市有合法稳定就业达到一定年限并有合法稳定住所,同时按照国家规定参加城镇社会保险达到一定年限,但对参加城镇社会保险年限的要求不得超过 5 年。其中,城区人口 300 万至 500 万的大城市可以对合法稳定就业的范围、年限和合法稳定住所的范围、条件等作出规定,也可结合本地实际,建立积分落户制度。(四)城区人口 500 万以上的特大城市和超大城市应当根据城市综合承载能力和经济社会发展需要,以具有合法稳定就业和合法稳定住所、参加城镇社会保险年限、连续居住年限等为主要指标,建立完善积分落户制度。"
② 参见陆杰华、李月:《居住证制度改革新政——演进、挑战与改革路径》,载《国家行政学院学报》2015 年第 5 期。

费基准定额资金随学生流动可携带。2016年《国务院关于整合城乡居民基本医疗保险制度的意见》整合城镇居民医保和新农合制度，建立全国统一城乡居民医保制度。党的十八届三中全会提出要"推进城乡最低生活保障制度统筹发展"，2021年6月，民政部印发《最低生活保障审核确认办法》，删除了有关城市低保、农村低保的概念，所有规定不再区分城乡，将统一规范为"最低生活保障"。若干省市在统一城乡居民，以及统一常住人口与户籍人口所享有的社会保障方面取得了很大进展，如统一城乡低保标准、根据农业转移人口需求加强义务教育学位供给、优化医疗卫生服务、加大住房保障力度等。①此外，推动户籍相关制度改革，如取消收容遣送制度，改变"同命不同价"的赔偿标准。②

---

① 2022年1月，国务院办公厅印发《要素市场化配置综合改革试点总体方案》（下称《方案》）规定，"（十）进一步深化户籍制度改革……建立健全与地区常住人口规模相适应的财政转移支付、住房供应、教师医生编制等保障机制。"《国家发展改革委办公厅关于推广第三批国家新型城镇化综合试点等地区经验的通知》规定："湖南郴州在试点期间增加义务教育学位约12万个，海南琼中建设华中师范大学琼中附属中学、增加学位约0.4万个，河北固安第八小学增加学位约0.2万个，为适龄学生特别是农业转移人口随迁子女提供优质教育。山东诸城建成由三级乙等综合医院、三级甲等中医院、疾控中心、几百家社区卫生服务机构等组成的医疗卫生服务体系，县域内就诊率达98％。湖北随州通过政府建设、商住小区配建、企业自建、长期租赁等方式筹集公租房约1.8万套，湖南湘潭筹集公租房约2.9万套，宁夏银川分配保障性住房约4.5万户，对农业转移人口等重点人群'应保尽保'。福建上杭以公建民营方式发展普惠养老，河北卢龙发展居家养老服务中心和养老服务机构，提供健康管理和急诊急救等多项服务。吉林公主岭范家屯镇整合设立12个社区，每个社区设立公共服务中心、提供一站式服务。贵州'十三五'期间推动约182万建档立卡农村贫困人口通过易地扶贫搬迁成为新市民，增强城镇基本公共服务供给，推动常住人口城镇化率提高约5个百分点。"

② 在司法实践中，2004年开始，广东、江西、江苏、山东、安徽等多个省高级人民法院纷纷出台文件规定，将已经在城镇居住、工作、生活且达到一定期限的农村居民，视为城镇居民，其人身损害赔偿按照城镇居民的标准对待。2006年《最高人民法院民一庭关于经常居住地在城镇的农村居民因交通事故伤亡如何计算赔偿费用的复函》明确："受害人唐顺亮虽然农村户口，但在城市经商、居住，其经常居住地和主要收入来源地均为城市，有关损害赔偿费用应当根据当地城镇居民的相关标准计算。"2010年施行的原《侵权责任法》第十七条规定："因同一侵权行为造成多人死亡的，可以以相同数额确定死亡赔偿金。"在法律层面明确同一侵权行为导致死亡的多名受害人，死亡赔偿金可以不按照户籍、住所等标准区分，以同等数额赔偿。2019年《中共中央、国务院关于建立健全城乡融合发展体制机制和政策体系的意见》明确提出，要"统筹城乡社会救助体系""改革人身损害赔偿制度，统一城乡居民赔偿标准"。最高人民法院于2019年9月下发通知，授权各高院，在辖区内开展人身损害赔偿纠纷案件统一城乡赔偿标准试点工作。

六、充分尊重农业转移人口意愿，保障农村居民合法权益

为切实保障农业转移人口及其他常住人口的合法权益，明确要求尊重农民意愿，不得以退出土地承包经营权、宅基地使用权、集体收益分配权作为农民进城落户的条件。2002 年《农村土地承包法》关于农业户籍人员迁往大中城市和小城镇后的土地承包权益规定是"二元"的。农民根据自愿原则，可以采取转包、租赁、土地使用权入股等方式，实现承包土地使用权的流转。承包期内，承包方全家迁入小城镇落户的，应当按照承包方的意愿，保留其土地承包经营权或者允许其依法进行土地承包经营权流转；迁入设区的市，转为非农业户口的，应当将承包的耕地和草地交回发包方，承包方不交回的，发包方可以收回承包的耕地和草地。2018 年《农村土地承包法》进行了新的修改，对于户口不在农村的人，不再规定发包方（村集体）有权要求进城落户农户交回承包地，而是规定发包方引导进城落户农户自愿有偿退出或者流转出租。①

第四节　我国户籍制度改革后的实施状况

一、改革进程和面临困境

户籍制度改革目标是实现人口自由流动和公共福利均衡化。从户籍

---

① 2018 年《农村土地承包法》第二十七条："承包期内，发包方不得收回承包地。国家保护进城农户的土地承包经营权。不得以退出土地承包经营权作为农户进城落户的条件。承包期内，承包农户进城落户的，引导支持其按照自愿有偿原则依法在本集体经济组织内转让土地承包经营权或者将承包地交回发包方，也可以鼓励其流转土地经营权。承包期内，承包方交回承包地或者发包方依法收回承包地时，承包方对其在承包地上投入而提高土地生产能力的，有权获得相应的补偿。"

制度改革沿革来看，通过取消暂住证、收容遣送制度，已实现了人口自由流动；通过取消城乡户口性质区分，实现了城乡主体身份属性平等。但是关于公共福利的分配改革还处于表层阶段，尚未动及筋骨。

从权利保障来看，人口自由流动权、主体身份属性平等等权利随着消除二元户籍划分已基本实现，而公民社会保障、教育就业等社会福利平等等权利保障还存在财政和制度障碍。现阶段户籍制度改革真正需要的是打破建立在户籍制度之上的公共福利资源分配格局，消除附加在户籍之上的实质性不平等待遇，使得户籍制度回归人口管理的固有功能。这不仅涉及户口登记部门，还涉及教育、劳动保障、民政、卫生、计划生育等多个部门，改革已经进入深水区。一方面是要打破城乡户籍壁垒。据有关统计，"约 1.7 亿进城务工的农民工，没有城市的户口，因此不能享受同户籍人口相同的基本公共服务。中国目前还存在常住人口城镇化率同户籍人口城镇化率之间的差异，两者之间大约有 18.5 个百分点的差距，这个群体约 2.6 亿人，这其中绝大部分是农民工"。①另一方面是打破地区、城市间户籍壁垒。

从区域划分来看，由于我国城乡、地区经济社会发展差异巨大，人口流动仍保持向特大城市聚集的态势，在进行人口规模调控的同时提高流动人口基本公共服务水平始终是特大城市面临的困境，1992 年提出的全面户籍制度改革方案最终未能成功。20 世纪 90 年代以后，改革开始着力于阻力较小的小城镇户籍制度，而大城市户籍改革的主导权从中央下移到了地方。目前，中小城市的户口壁垒逐步消解，难点依然集中在社会资源集中的超大、特大城市。

由于中央层面推动户籍制度改革遇到巨大阻力，改革权下放地方，通过政策文件下达原则性改革方案和具体指标性要求，与此同时，给予地方

---

① 参见《蔡昉谈缩小城乡差距：关键是完成户籍制度改革》，载澎湃新闻，https://new.qq.com/omn/20220112/20220112A03W3800.html，访问时间：2022 年 1 月 3 日。

充分的政策设计和决定权,可以根据地方具体情况制定适宜方案,形成地方试点、中央监督式改革路径。但地方政府更加缺乏改革户籍制度的动力与能力,加之部门利益主义、地方保护主义等因素制约,导致各地采取多种"对策性"措施,同时加剧了户籍制度改革的"地方利益导向"趋势,各地或采取形式化改革,治标不治本,或采取交易式改革,采取资源置换的措施,保障地方利益最大化,使得改革难以深入推进,并且产生各种改革乱象。

二、存在的法律问题

1. 政策式、运动式改革缺乏法律依据和规范

在户籍制度改革过程中,我国除 1958 年《户口登记条例》外,尚无统一的户籍立法。从中央层面来看,改革措施基本是以政策形式发布,如暂住证及其相关的收容遣送制度。1984 年,深圳市率先开始实行暂住证制度,要求外地人口到达暂住地 3 日内申报暂住登记,符合申领暂住证条件的,应申领暂住证。1992 年国务院《关于收容遣送工作改革问题的意见》要求居住 3 天以上的非本地户口公民办理《暂住证》,否则就视为非法居留,须被收容遣返。再如放开中小城镇户籍主要依据《国务院批转公安部小城镇户籍管理制度改革试点方案和关于完善农村户籍管理制度意见的通知》《国务院批转公安部关于推进小城镇户籍管理制度改革意见的通知》等国务院及其部委的相关政策文件;打破《户口登记条例》所构建的城乡户籍制度基本结构、全面取消农业户口和非农户口性质区别的改革措施是依据 2014 年 7 月《国务院关于进一步推进户籍制度改革的意见》,全国大部分省市区都据此出台户籍制度改革实施方案。改革缺乏相关落实制度和具体落实规则,在相关政策具体实施时没有法律进行规范,缺乏对行政权力约束机制。

从地方改革情况来看,从 20 世纪 80 年代开始,户籍制度改革实质上

由地方政府主导，户籍政策也就成了地方政府理性决策的制度性表达。户籍制度改革的工具属性优于价值属性，表现出地方功利性与城市保护主义。在相当长的一个时期内，户籍制度更多的体现为人口流入地的政府为了落实计划生育、维持稳定和秩序、吸引人才与投资等需求而采取的各种暂时性的管控措施，在法规条例未修订的情况下不断出台新政策、新措施，有些改革措施存在随意性和不确定性。一是在指标式考核压力下催生的形式化改革政策。从已经公布的各地户籍制度改革方案来看，大城市的改革力度依然缓慢，以京沪为代表的特大和超大城市实行的入户积分制度，根据地方发展需求设置过高的落户条件，对外来流动人口的包容性和开放度依旧有限，人才"筛选性"依然很强，落户"普惠性"仍然不足，使得户籍制度改革流于形式。例如，重庆市"各区县、各部门推进户籍改革工作情况将纳入市政府年度工作目标进行考核"的规定，引发了2010年9月"高校学生强制转户"风波①，重庆市少数大中专学校将学术转户与否同奖学金、毕业证、评优评先、学生干部职务、毕业评语等挂钩，将"农转城"进度纳入对区县教委和大中专院校的年终考核，这种强制性完成指标的形式化改革严重扭曲了户籍制度改革的本质。二是利益取向式改革导致农民等弱势群体权益被变相剥夺。目前各大城市积分落户普遍要求申请人学历高、职称高、纳税额高，成为各大城市在全国攫取高素

---

① 参见《重庆高校强迫学生转城镇户籍仍未停止》，载新浪网，https://news.sina.com.cn/c/2010-10-30/162821384190.shtml，访问时间：2022年1月3日。重庆市少数大中专学校在推进学生转户工作中，将转户与否同奖学金、毕业证、评优评先、学生干部职务、毕业评语等挂钩，将"农转城"进度纳入对区县教委和大中专院校的年终考核。重庆市委教育工委书记、市教委主任彭智勇2010年9月15日在重庆市农村籍大中专学生转户工作推进会上表示："按照目标进度，10月底前，全市农村籍学生转户率总体达到95％以上。"同时，"把转户工作完成情况纳入区县教委、高校和中等职业学校年度考核。对工作推进快、措施实、效果好的单位和个人予以表彰，对领导重视不够、工作推进不力的单位和学校将在全市范围内予以通报批评"。讲话稿中还表示："我们必须统一思想认识，确立'自愿不等于自由，尊重不等于放任'的观念。""95％的转户目标""纳入年终考核"，在很多学生看来，这才是学校继续强制农村学生转户口的核心问题，而教委所说的"发现一起、制止一起"并没有改变核心问题，只要学校和老师仍然面临"农转城"的任务压力，强制"农转城"的现象就不可能彻底消失。

质人才的利器,表面是开放落户标准,实际上筛选能够为地方做出更多贡献的人才,低层次劳动者依然在公共福利分配范围之外,户籍制度作为社会治理中介的工具作用进一步强化。某些地方政府设立了千变万化的城市准入条件,随着农村居民变成临时城市居民,因其农村户口消失,其本来拥有的土地使用权和土地补贴也随之消失,同时又不能享受同永久城市居民身份同等的待遇和福利条件。通过户籍管理制度改革或者"村改居"等方式非经法定征收程序将农民集体所有土地转为国有土地,非法出让、出租集体土地用于非农业建设,允许城镇居民在农村购置宅基地。比如,一些地方曾经提出农民进城的"三件旧衣"(农民的承包地、宅基地、林地)换"五件新衣"(养老保险、医疗保险、子女读书、就业、住房)的政策,实质上是"宅基地换房、土地换社保",这种"土地换户口"运动式"农转非"造成对耕地资源的浪费、对农民利益的侵占。在地方户籍改革试点中,出现了"逆城市化"的现象。一些农民工不愿意要城市的户口,甚至于很多原有城市户籍的人口,希望换成农村户籍,以分得田地,享受城镇化带来的红利。三是政策不确定性引发群体性社会矛盾。例如,蓝印户口政策,根据天津市政策,外来人员一次性购房付款40万—80万元,即可获得天津市蓝印户口,在子女入学、高考、社保等方面享受天津市常住户口居民同等待遇,这一政策成为"高考移民"的一大突破口。天津市武清区房管局统计的数据显示,2013年1—11月,非天津市户籍人士在武清购买新建商品房12044套,占总成交套数的64.52%。但随着申请者越来越多,一边是"蓝印"学生的入学需求越来越难以满足,一边是当地学生对外来者严重挤占名额日益不满。自2007年4月1日开始,天津调整购房落户标准,所有区县购房款"一刀切"设定为100万元。2009年2月,天津对蓝印户口政策再次作了调整:市内六区和塘沽区购房款降至80万元,环城四区和汉沽区、大港区降至60万元,宝坻区、武清区等两区三县降至40万元。随着公共资源供给不足,直接影响了购房者的预期利益,引发群体性事件。①

2. 改革试点授权规范程序有待明确

目前，很多户籍制度改革措施都是先通过试点开展的，通过"授权"开展试点成为"重大改革于法有据"的示范性举措。2015 年《立法法》第十三条为改革试点突破现行法律规定提供了法律依据："全国人民代表大会及其常务委员会可以根据改革发展的需要，决定就行政管理等领域的特定事项授权在一定期限内在部分地方暂时调整或者暂时停止适用法律的部分规定。""试点授权"是"根据改革发展的需要"作出的，旨在解决改革发展的合法性依据。这条规定赋予全国人民代表大会及其常务委员会试点授权主体地位，而"行政管理等领域的特定事项"如何界定？改革试点授权行为法定程序如何进行？我国现行法律法规没有作出进一步规定。有学者认为，行政改革试验授权实际上构成了一种类似于法律修改的法律预变动链条，应当参照法律修改、法律废止的制度来进行。我国法律和地方性法规的修改与废止基本遵循"谁立法谁修改"和"修法程序与立法程序基本趋同"的原则。由此推论，试点改革事项需要得到对要突破的法律制度或规则具有决定权的相应级别权力部门的授权。②

一些试点方案实施没有相应立法机构的授权，也没有试点成熟评价机制以及与现行法律之间的衔接机制。授权不规范导致改革措施缺乏规制，制度突破口被无限制撕扯得越来越大，极其容易侵犯公民合法权益。比如积分制发挥作用的关键是积分指标体系，指标体系实际上影响公民

---

① 参见《天津蓝印户口馅饼变陷阱 想转常住户不容易》，载新浪财经，http://finance.sina.com.cn/china/20130727/002516258450.shtml，访问时间：2022 年 1 月 3 日。

② "基于暂时调整或暂停部分法律的适用与法律废止、修改对于法律秩序影响的相似性，则行政改革试验授权的法定权限和程序应当是：试验内容涉及法律的暂时调整或者暂停适用的，由全国人大及其常委会授权；授权程序遵循法律的制定程序；各方面意见比较一致的，可以经一次常委会会议审议即交付表决。试验内容涉及地方性法规的暂时调整或者暂停适用的，由相应的地方人大及其常委会授权；授权程序遵循地方性法规的制定程序；各方面意见比较一致的，也可经一次常委会会议审议即交付表决。"杨登峰：《行政改革试验授权制度的法理分析》，载《中国社会科学》2018 年第 9 期。

基本福利分配标准。一些地方积分制度以年龄、婚姻和生育状况作为积分标准，18 周岁以上至 35 周岁以下成员计 5 分，未婚者计 15 分，按照政策自觉落实长效避孕节育措施，上环计 10 分，结扎计 25 分，违反政策生育（含收养）子女、未办理结婚登记手续生育第二胎（含）以上子女，以及有配偶而与他人生育的，每生育一个子女扣 60 分。这种标准使得积分落户制度不仅成为城市获取人才资源的途径，成为落实计划生育等政策任务的工具，极易造成实质上的人口歧视和不平等待遇。

3. 相关制度掣肘

一是建立在二元户籍之上的法律法规所建立的各项社会福利制度依然在运行。户籍制度切割的权利分配格局未根本改变，不断增加户口的附加值，户口在实际生活中依然发挥着"区分"功能，这严重阻碍了户籍制度改革步伐。例如义务教育入学、高考资格和录取都与户籍挂钩，户籍是教育资源配置的最为重要的依据之一。如《义务教育法》要求学龄儿童在户籍所在地学校入学[①]，城乡一元劳动就业体系有待完善。以退伍安置政策为例，城镇籍复员士官、城镇籍退伍义务兵，可选择由原户籍地政府安排工作，也可选择领取一次性自谋职业补助金后享受国家有关优惠政策自谋职业。农村籍退役士兵，按照从哪里来、回哪里去的原则，退役后一般回农村。因不想扩大义务安置的范围，较多民政部门对户口一元化改革的支持并不积极。

二是建立在户籍人口基础上的地方人财配置制度与实际人口状况不匹配。户籍改革是一项关乎全局发展战略的重大措施，流动人口在城市落户遇到的公房、教育、社保、土地等问题都是全局性的问题。在流动人

---

① 《义务教育法》第十二条规定："适龄儿童、少年免试入学。地方各级人民政府应当保障适龄儿童、少年在户籍所在地学校就近入学。父母或者其他法定监护人在非户籍所在地工作或者居住的适龄儿童、少年，在其父母或者其他法定监护人工作或者居住地接受义务教育的，当地人民政府应当为其提供平等接受义务教育的条件。具体办法由省、自治区、直辖市规定。县级人民政府教育行政部门对本行政区域内的军人子女接受义务教育予以保障。"

口集中的城市，通过积分落户、居住证等制度进行逐渐过渡依然是目前的现实情况。但是，目前这些城市人力、物力、财力制度内配备却是建立在户籍人口数量之上，如根据国家公务员编制规定，公务人员编制数量以当地户籍人口数量为标准配备相应的公务人员。按中山市150万户籍人口标准配备的公务人员队伍，却要同时服务包括160万流动人口在内的312万常住人口。再如目前义务教育所需的资金基本上由地方政府筹措，并根据当地户籍学生数进行划拨。流动儿童因为没有流入地的户口，无法享受由流入地政府财政负担的教育经费，而流动儿童户籍所在地政府又不出资划拨经费，于是造成了流动儿童教育经费的"真空"。

三是改革统筹力度不够、流动人口转移接续不畅，阻碍人口自由流动。在户籍制度附加的社会福利功能依然存在的情况下，不同地区、城乡之间因户籍形成巨大的福利级差，实质上是不同地区经济社会发展水平和能力的差异。这种差异在特大城市、大城市与中小城市之间形成非常巨大的反差。即使同是特大城市，一旦跨越省份，彼此之间的户籍基本无互通性。例如，东部沿海和发达地区由于流入劳动力多，社会保险表现出参保人员年轻、制度负担较轻的特点；贫困地区经济落后、就业率低、流出人口多，当地社会保障负担较高。具体到一个城市内部也是如此，统筹不到位会严重影响流动人口基本权益。一些地方流动人口积分制管理措施建立在分镇区就地管理的基础上，流动人口入户申请及其子女入学申请也以居住地为管理原则，廉价出租屋与政府公租房申请也以居住地就地管理为原则。但流动人口本身工作的流动性有可能与分镇区居住地管理原则相左，一旦流动人口离开工作和居住常住地到另外一个镇区工作居住，其在原镇区积累的积分就失去了作用，如社会保险制度，我们国家的养老保险等主要社会保险制度多为县市级统筹内运行，城乡之间、地区之间社保不能有效地对接，各个统筹单位之间政策不统一，难以互联互通，养老保险关系没有办法转移接续，而且镇一级的社保机构还未健全。国家规定任何地方都要无条件地接纳个人的养老保险,考虑到退休人员越多,负担财政支持越多,各地方实施存在障碍。按照我国现行的养老保险制度,个人缴费年限累计满 15 年的,退休后按月发给基本养老金,但绝大多数农民工不可能在同一个地方工作 15 年,在养老保险转移新政策实施前,养老关系很难转移到其他城市,更不可能转回家乡,因此很多农民工离开一个城市时选择了退保。深圳 2010 年年底"退保潮"就是这一制度问题的反映。

4. 改革措施在地方政策和社会规范中落实不彻底

农村集体经济组织是农村分配土地、组织生产的基本单位,农村集体经济组织的成员资格关系农民生产生活的根本利益。如何认定农村集体经济组织成员资格,目前国家层面缺少统一立法。《农村土地承包法》仅确认了农转非类型人员、外嫁女、离婚丧偶媳妇类型人员的成员资格条件,而地方立法更是参差不齐、标准不一,如 2006 年《广东省农村集体经济组织管理规定》规定了"户籍在册 + 履行义务"标准;《山东省实施〈中华人民共和国农村土地承包法〉办法》规定了"户籍在册 + 多数同意"标准;《重庆市土地管理规定》确立了"户籍在册 + 常住"标准。除部分省份省级作出统一规定外,部分地方由市级作出统一规定,还有部分区域由县级作出统一规定。①在具体实践中,认定标准主要由村规民约和传统观念习惯决定,成员资格认定纠纷时有发生,尤其是在拆迁地赔款等问题中,法院也往往依照村规民约认定成员资格。在 2014 年户籍改革之前,认定标准中首要前提是必须有农村户口,但在取消农业和非农业户口后,对于如何认定成员资格引发了很多诉讼。从司法案例来看,农村集体经济组织还是按照农业和非农业户籍来判定,有的法院依然承认农业户口和非农业

---

① 参见孙文凯:《集体经济组织成员资格认定是下一步农村改革关键》,载澎湃新闻,http://nads.ruc.edu.cn/xzgd/838adbe35cdc4e9a9e6f02bb5cb52793.htm,访问时间:2022 年 1 月 3 日。

户口有实质性区别。例如，2019年邓少玲诉佛山市南海区狮山镇人民政府行政处理决定纠纷案中，争议焦点是邓少玲在佛山市户籍制度改革前为非农业户口，其通过夫妻投靠将户口迁入佛山市南海区狮山镇塘头村塘一股份合作经济社处后，能否取得成员资格。邓少玲认为2004年7月1日佛山市户籍改革已取消农业、非农业制度，统一称为居民户籍。但塘一合作社在2007年、2015年的集体组织章程中仍然将村民户籍区分为农业、非农业，明显违规。法院则认为，确定集体经济组织成员资格的法律标准是"户口"加"义务"，而户口在集体经济组织所在地且户口性质为农业户口，一般是行政机关确定申请人具有成员资格的首要前提条件。邓少玲在2004年7月1日佛山市户籍制度改革前登记为非农业户口，所以不予认定其成员资格。①再如2020年广州市白云区石井街庆丰经济联合社（以下简称庆丰经联社）诉广州市白云区人民政府（以下简称白云区政府）、张镇毅行政复议纠纷一案中，其父为庆丰经联社资格成员。张镇毅于1991年（3岁）随母迁入庆丰经联社处居住至今，户户口性质为居民户口，2002年庆丰经联社城中村集体农转居。白云区政府撤销石井街道办作出的不予确认其为庆丰经联社成员资格的行政处理决定。一审法院认为，其户口保留在农村集体经济组织所在地并履行法定义务，且在没有举证证明张镇毅另外享有其他国家其他待遇保障的情形下应当认定其成员资格。但二审法院却因其非农业户口将一审判决推翻。判决书中明确："然户户籍

---

① 《广东省农村集体经济组织管理规定》第十五条第一、三款规定："原人民公社、生产大队、生产队的成员，户口保留在农村集体经济组织所在地，履行法律法规和组织章程规定义务的，属于农村集体经济组织的成员……实行以家庭承包经营为基础、统分结合的双层经营体制时起，户口迁入、迁出集体经济组织所在地的公民，按照组织章程规定，经社委会或者理事会审查和成员大会表决确定其成员资格；法律、法规、规章和县级以上人民政府另有规定的，从其规定。"《佛山市南海区农村集体经济组织成员资格界定办法》第二条规定："农村集体经济组织男性成员初婚娶入农业户口性质并入户农村集体经济组织所在地的女性配偶可以具有农村集体经济组织成员资格。确定集体经济组织成员资格的法律标准是'户口'加'义务'，而户口在集体经济组织所在地且户口性质为农业户口一般是行政机关确定申请人具有成员资格的首要前提条件。"

登记改革取消农业户口、农业户户口的表述差异，一登记为居民户口，但农村居民与城镇居民的实质性区别并不因户户籍登记改革而消失。"①

可以看出，尽管 2014 年取消了城乡二元户口性质差别，原户籍性质依然在资源分配中起基础性作用，尤其是我国农村实践中主要依靠农村集体经济组织的章程或决议来确认自身成员资格，很多法院也依旧按照改革之前的地方性政策文件和村规民约认定成员资格。②没有统一立法，地方性政策文件、村规民约等社会规范对成员身份这一资源分配基本资格的认定方面起着决定性作用，造成公民基本权益面临着极大的不确定性，而其对旧制度和政策的延续则不断在实质上架空中央层面改革，户口流转存在"空转"问题。

三、进一步深化户籍制度改革的思考与建议

户籍制度改革是一项综合性、全局性、战略性很强的系统工程。2011年 2 月，《国务院办公厅关于积极稳妥推进户籍管理制度改革的通知》明

---

①　"我国现实存在城乡二元体制，户户籍分为城市户籍和农村户籍两种，现在户户口簿上为农业户口与居民户口之分。据我国以往的户户口政策，民户户口人员在就业、育、社会保障等各方面享受国家财政补贴待遇，而农业户户口人员则只能以集体经济组织为单位，靠土地劳作，自己统筹解决生产、生活等各方面问题，并不享受国家财政给予城市居民的各方面补贴待遇。因此，能享有集体收益分配权的集体经济组织成员的前提，应是有农业户户口的农村自然人，不是拥有居民户户口的城市居民。然户户籍登记改革取消农业户口、农业户户口的表述差异，一登记为居民户口，但农村居民与城镇居民的实质性区别并不因户籍登记改革而消失。案中，张镇毅出生后于 1991 年 1 月 10 日入户在庆丰经联社处，户户口性质为居民户口，后户户籍地一直在庆丰经联社处，丰经联社于 2002 年 10 月 31 日城中村集体农改居，据此可知，在庆丰经联社集体农转居之前，张镇毅户户口就已是居民户口，经享有国家基于其城市居民户户口所给予的相应保障和待遇，属于必须依靠集体经济组织的土地产出取得生存、生活保障的情形，依法不具有农村集体经济组织成员的资格。"《许天庆、洛阳伊滨区管理委员会二审行政裁定书》，载中国裁判文书网，https://wenshu.court.gov.cn/website/wenshu/181107ANFZ0BXSK4/index.html?docId=857e33c310384906b1e9abd400a65c14。

②　再如许天庆因诉洛阳伊滨区管理委员会(简称伊滨区管委会)行政补偿一案中，许天庆出生和成长在诸葛镇司马村，在 1998 年土地二轮延包时分包有村里的集体土地，2004 年因到异地上大学需要而将户口短暂转出，2009 年 4 月份将户口转回，后一直生活居住在诸葛镇司马村，2020 年村里发放伊滨区的拆迁安置过渡费，被告知其为非农户口，不符合发放过渡费，并且安置待遇和农业户口的待遇也有区别。

确指出"国家基本户籍管理制度属于中央事权"。当前我国户籍制度已到了攻坚时期，依靠地方政府局部式的探索和改革的模式已不能取得实质性的突破，与户籍制度相关的配套制度改革，很多都需要在国家层面进行统筹考虑。一是尽快出台《户籍法》，通过法律确认取消二元户籍等重大改革措施，明确公民拥有依法迁徙入籍的自由，地方不再设立差别性户籍。同时，加强相关法律清理工作，对涉及农业户口和非农业户口性质区分的现行法律法规政策进行一次全面系统梳理，加快修订与户籍制度改革不相符的法规政策、完善相关保障机制。二是完善备案审查机制。党的十八届四中全会提出："加强备案审查制度和能力建设，把所有规范性文件纳入备案审查范围，依法撤销和纠正违宪违法的规范性文件，禁止地方制发带有立法性质的文件。"建议对户籍相关地方性法规、政策文件统一进行备案，集中开展专项审查，统一清理一批违反法律法规或不合理的文件。同时，建立社会规范备案审查制度，将户籍政策相关的社会规范一同纳入备案审查范围，实行备案审查制度一体化。三是加强户籍制度改革领导体制机制，在中央层面设立户籍改革专项领导小组并下设办公室，统筹建立协调教育、卫生、养老、就业、住房、社保等关联部门的联席机制，解决公安部统筹协调各部委困难的问题。四是与相关制度改革进行有机联动、通盘考虑。户籍制度改革要从一种单项改革的格局提升到全面综合改革的战略定位。通过系统的顶层设计整体推动户籍制度、土地制度、财政体制、行政管理体制等方面的综合配套改革，尤其是增加土地等基本财产制度的预期，解决农民在城市安家的后顾之忧，逐步实现农村土地产权与户籍身份脱钩，将农村土地转换为农村居民的法人财产权。五是加快完善中央与地方的户籍改革成本分担机制，坚持将常住人口作为财政转移支付的基础予以布局。特别是应加大省级财政统筹支付力度和基本公共服务支出，建立健全财政转移支付同农村转移人口市民化挂钩机制。深化城镇化配套改革需要在中央政府、地方政府，以及政府企业和个人之间构建多元化的成本分担机制。比如，应该建立"人钱"挂钩机制，即根据各城市吸纳农民工定居的规模，每年定向给予财政补助，以激励城市吸纳外来人口。六是缩小地区间因制度本身带来的福利级差。提高统筹层次，科学合理地均衡中央与地方、地方与地方之间的负担，解决区域结构矛盾。一方面，要逐步将经济发展水平相近、社会福利匹配相近的城市，逐步实现户籍互通、互换；另一方面，要从根本上加大中央政府对经济落后地区的政策扶持和转移支付倾斜，尽量缩小地区差距，构建与经济发展水平及其社会福利相匹配的阶梯式户籍互通模式，进而最终实现全国户籍的一元化管理。

第二十五章 土地制度改革的法治化实践

近年来,我国对土地管理制度、农村土地承包制度、不动产登记制度等土地制度进行了较大幅度的改革与调整。在这个过程中,颁布或修改了以《民法典》《土地管理法》《农村土地承包法》为代表的多部法律。这些修改,一方面吸收了多年改革实践的经验与教训,另一方面也是为未来的社会和经济发展奠定基础。在土地制度改革的法治化实践中,虽然还存在很多问题和不足,但它也体现了我国改革在规范性和于法有据上有了很大提升。

第一节 土地管理制度

一、土地管理制度的立法发展

我国现行的《土地管理法》是第十三届全国人民代表大会常务委员会第十二次会议于 2019 年 8 月 26 日通过,自 2020 年 1 月 1 日起施行的版本。《中华人民共和国土地管理法实施条例》已经于 2021 年 4 月 21 日国务院第 132 次常务会议修订通过,自 2021 年 9 月 1 日起施行。

《土地管理法》于 1986 年 6 月 25 日经第六届全国人民代表大会常务委员会第十六次会议通过以来经历了 1988 年、1998 年、2004 年、2019 年四次修改。

2019 年土地管理法的修改可以归纳为以下五个方面：

第一，集体经营性建设用地入市。新法删除原第四十三条关于"任何单位和个人进行建设，需要使用土地，必须依法申请使用国有土地"的规定，集体经营性建设用地在符合规划、依法登记，并经本集体经济组织三分之二以上成员或者村民代表同意的条件下，可以通过出让、出租等方式转移给集体经济组织以外的单位或者个人使用。

第二，土地征收制度改革。首先，界定土地征收的公共利益范围。新法增加第四十五条，明确"公共利益"范围是因军事和外交，政府组织实施的基础设施，公共事业、扶贫搬迁和保障性安居工程建设需要，以及成片开发建设等六种情形，确需征收的，可以依法实施征收。其次，明确"保障被征地农民原有生活水平不降低、长远生计有保障"的补偿原则。最后，改革土地征收程序。将原来的征地批后公告改为征地批前公告，多数被征地的农村集体经济组织成员对征地补偿安置方案有异议的，应当召开听证会修改。

第三，农村宅基地制度改革。新法增加了宅基地户有所居的规定，人均土地少、不能保障一户拥有一处宅基地的地区，在充分尊重农民意愿的基础上可以采取措施保障农村村民实现户有所居。新法还规定，国家允许进城落户的农村村民自愿有偿退出宅基地。

第四，加强农田保护。新法将基本农田提升为永久基本农田，增加第三十五条，明确永久基本农田经依法划定后，任何单位和个人不得擅自占用或者改变用途。

第五，改革土地管理制度。新法对中央和地方的土地审批权限进行了调整，按照是否占用永久基本农田来划分国务院和省级政府的审批权限。同时，新法增加第五条，对土地督察制度进行了规定。

《土地管理法实施条例》是根据土地管理法制定的行政法规。条例主要在耕地保护制度、土地征收制度、农民宅基地合法权益保障、集体经营性建设用地入市等方面落实了土地管理法的规定。

在耕地保护制度方面，条例明确严格控制耕地转为林地、草地、园地等其他农用地，并建立耕地保护补偿制度，规定开垦耕地验收制度，规范和细化土地整理。在土地征收方面，增加征收土地预公告制度，规定地方人民政府应当落实土地补偿费等有关费用，专款专用，明确将社会稳定风险评估作为申请征收土地的重要依据，保障被征地农民的知情权、参与权、监督权。在农民宅基地合法权益保障方面，条例规定只做加法、不做减法。在集体经营性建设用地入市方面，条例一方面加强规划管控，另一方面明确交易规则。

二、土地管理制度改革的方向

土地管理法及其实施条例都是近年来修订通过并实施的，是我国的土地改革的阶段性成果。但是新法并不一定可以解决所有实践中的问题，归纳起来，未来还有以下四个方面的改革方向。

1. 加强农村集体经济组织的作用

《农业农村部、自然资源部关于规范农村宅基地审批管理的通知》提出，"符合宅基地申请条件的农户，以户为单位向所在村民小组提出宅基地和建房（规划许可）书面申请"。可见，无论是在法律层面还是在政策层面，农村宅基地的供给主体均为农村集体经济组织。然而，新《土地管理法》将保障农村村民"户有所居"之权利实现的义务主体确定为县级人民政府，使得在农村宅基地管理方面政府权力的运行出现越位。[①]这使得政

---

① 高飞：《农村宅基地"三权分置"政策入法的公法基础——以〈土地管理法〉第 62 条之解读为线索》，载《云南社会科学》2020 年第 2 期。

府权力对民事关系深度介入,这种规定既不利于农村村民权利的实现,也与私法的自治精神相悖。政府的行政功能较多,难以具体深入一线了解情况、解决问题,而具体了解情况的农村集体经济组织却不是行使权力的主体。

2. 规定为违法留下可能

新《土地管理法》明确规定农村村民建住宅"不得占用永久基本农田",而新《土地管理法》第六十二条第三款却规定,农村村民建住宅"尽量"使用原有的宅基地和村内空闲地。这种规定虽然与我国对基本农田的态度没有冲突,但也为农村占用农田留下可能。在农村除了原有的宅基地和村内空闲地之外,还有农田与其他性质的土地。根据实地调研的情况,在主要城市周边,对基本农田的管理是非常严格的。但是在广大的边远农村地区,"尽量"的立法开口有可能会为大量已经存在和将要存在的占用基本农田和其他农用地的情况留下大量的空间。事实上,实践中这种情况已经比较严重,而"尽量"的用语也为政府推卸责任提供了依据。

3. 规定还有细化空间

在新《土地管理法》中,根据第六十二条第三款的规定,乡(镇)土地利用总体规划、村庄规划的编制机关在编制规划时,应当对宅基地用地进行统筹并作出合理安排,以便"改善农村村民居住环境和条件",而对于"改善"的标准并没有具体描述。新《土地管理法》没有进一步对宅基地制度改革与集体经营性建设用地入市改革作出回应。

关于有偿退出或者集体回购宅基地的补偿标准,目前试点实践中主要有四种模式。第一种是参考当地集体建设用地基准地价,由双方协商确定补偿标准。第二种是以评估中介机构对宅基地使用权及房屋所有权依法进行评估后的评估价,或者退出意愿人与集体经济组织的协商价为标准。第三种是以当地征地补偿费为标准,法定面积部分按当地征地补偿费的标准补偿,超占面积部分按当地土地补偿费的 70％ 补偿。第四种是由政府根据不同区域直接设定相应的补偿标准。有学者在调研中发现,余江县对自愿有偿退出的建筑物、构筑物,区分住房、厨房和厕所等辅助用房、畜禽舍、柴火间等设定不同标准,也可由本集体经济组织根据实际情况与宅基地退出户协商确定;金寨县对属于农村宅基地有偿退出范围的,区分已确权登记发证且符合规定面积标准的部分、超出规定面积标准的部分和未确权登记发证的三种情形,规定不同的补偿标准。①但在具备一定实践基础后,国家立法应当对补偿标准出台一个相对确定的规范。

4. 规定与农村所有权制度进一步整合

新《土地管理法》第六十二条第六款规定,"国家允许进城落户的农村村民依法自愿有偿退出宅基地,鼓励农村集体经济组织及其成员盘活利用闲置宅基地和闲置住宅"。进城落户的农村村民可以退出宅基地,宅基地使用权是农村村民的权利,当然可以放弃,而非退出。那么国家允许的是"有偿"退出,而对于是否允许有偿退出的问题,原本是集体经济组织的民事权利行使的问题。事实上,这代表了国家在集体经济组织行使所有权上还有管理权。

三、改革存在的现实问题

1. 农村宅基地收回缺乏程序性规定

农村宅基地收回缺乏程序性规定,在现实中难以执行。健全的土地收回程序必须明确宅基地收回的具体政策界限及标准、能够进行回收的情形以及法定化的收回标准;还必须明确集体经济组织、村民委员会、农户等相关主体在农村宅基地收回中的角色定位及功能,集体经济组织作

---

① 高飞:《农村宅基地"三权分置"政策入法的公法基础——以〈土地管理法〉第 62 条之解读为线索》,载《云南社会科学》2020 年第 2 期。

为代表主体的职责、权限必须明确,农户作为利害主体必须在程序中具有意思表达的渠道且真正起到作用;还有必要建立客观公正的农村宅基地收回风险评估制度,关键是要设立专门的机构来统筹协调并监督农村宅基地收回,而且能够对利害群体尤其是农户的投诉及时作出回应。①唯此,我国的农村宅基地收回才能有效地运行。

2. 农村宅基地收回缺乏补偿机制

对于农村宅基地收回,现有法律只规定了"适当补偿",但没有明确的补偿标准和相应的下位法来补充,实践中缺乏可操作性,补偿方式、补偿内容、补偿程序不明确,立法没有作出相关规定。对于补偿问题,目前各地都没有确定的规定,但根据地区不同,补偿金数额也应当有所不同。需要注意的是,对于数额确定的程序以及受补偿的农民的救济渠道,应当事先在法律中有所规定。

3. 非法农地出让广泛存在

所谓非法的出让流转,即指我国农村地区存在的未经国家征收而由乡镇或村组干部通过出售、出租或联建等方式将农村集体建设用地或宅基地,甚至是耕地的使用权直接交给开发商用于小产权房或工业、商业用房等建设,开发商则只需支付远少于土地市场正常的土地出让价格的价款或租金,即可取得一定面积的集体土地用于开发。这种操作违反了我国《土地管理法》的相关规定,在现实中造成了我国农村土地直接出让流转与农村土地征收出让流转并存的尴尬局面。非法出让在现实中广泛存在,可能导致农村土地流失、影响农业可持续发展、诱发有关村干部滥用职权滋生腐败等问题,更有可能损害农民的利益。②

---

①　吕军书、杨毅斌:《农村宅基地使用权收回制度的缺陷与立法回应——基于〈土地管理法修正案(修正案)〉的思考》,载《南阳理工学院学报》2019 年第 5 期。

②　罗正相、宋秉斌:《我国农村土地出让流转法律制度的重构——以新〈土地管理法〉修正案为视角》,载《江西社会科学》2019 年第 9 期。

第二节　农村土地承包制度

一、农村土地承包制度的立法发展

现行的《农村土地承包法》是 2018 年 12 月 29 日第十三届全国人民代表大会常务委员会第七次会议《关于修改〈中华人民共和国农村土地承包法〉的决定》第二次修正后的版本。

《农村土地承包法》于 2002 年 8 月 29 日第九届全国人民代表大会常务委员会第二十九次会议通过,2002 年 8 月 29 日中华人民共和国主席令第七十三号公布。经过两次修正:根据 2009 年 8 月 27 日第十一届全国人民代表大会常务委员会第十次会议《关于修改部分法律的决定》第一次修正;根据 2018 年 12 月 29 日第十三届全国人民代表大会常务委员会第七次会议《关于修改〈中华人民共和国农村土地承包法〉的决定》第二次修正。

最近一次修正的主要内容是:

第一,关于"三权分置"。习近平总书记指出,"要在坚持农村土地集体所有的前提下,促使承包权和经营权分离,形成所有权、承包权、经营权三权分置,经营权流转的格局"。为此,修正案第三条、第二十二条规定,以家庭承包方式取得的土地承包经营权在流转中分为土地承包权和土地经营权。同时,明确了土地承包权和土地经营权的权能。土地经营权流转后,为了加强对土地承包权的保护,修正案规定,承包土地的经营权流转后,承包方与发包方的承包关系不变,承包方的土地承包权不变。

为确保实行"三权分置"后不改变农地用途,修正案第二十二条、第二十九条规定,承包方连续两年以上弃耕抛荒承包地的,发包方可以收取一定的费用,用于土地耕作,连续三年以上弃耕抛荒承包地的,发包方可以依法定程序收回承包地,重新发包;土地经营权流转后第三方擅自改变承包地农业用途、弃耕抛荒两年以上、给承包地造成严重损害或者严重破坏承包地生态环境的,发包方或承包方有权要求终止土地经营权流转合同,收回土地经营权。

第二,关于稳定农村土地承包关系并长久不变。稳定农村土地承包关系并保持长久不变,有利于坚持和完善农村基本经营制度,坚持农村土地集体所有,坚持家庭经营基础性地位,坚持土地承包关系稳定,核心是维护农民土地权益。为此,修正案第一条、第六条规定,国家依法保护农村土地承包关系稳定并长久不变。为了给予农民稳定的土地承包经营预期,修正案规定,耕地承包期届满后再延长 30 年。

第三,关于承包地的个别调整。为进一步规范对个别农户之间承包的耕地和草地的适当调整,修正案第十条划定了红线:必须坚持土地承包关系稳定、不得打乱重分的原则;必须经本集体经济组织成员的村民会议三分之二以上成员或者三分之二以上村民代表的同意,并报乡(镇)人民政府和县级人民政府农业等行政主管部门批准。

第四,关于土地经营权流转和融资担保。赋予第三方经营主体土地经营权,是完善农村基本经营制度的一个重要内容。修正案第十六条、第十八条规定,土地经营权可以依法采取出租(转包)、入股或者其他方式流转;第三方通过流转取得的土地经营权经承包方或其委托代理人书面同意,并向本集体经济组织备案后可以再流转。

关于土地经营权的融资担保。此前的相关政策文件规定,土地承包经营权和土地经营权都可以向金融机构抵押担保融资。鉴于实践中抵押担保融资的情况复杂,操作方式多样,加之各方面对土地经营权的性质认识分歧较大,修正案使用了"融资担保"的概念,包含了抵押和质押等多种情形,既解决农民向金融机构融资缺少有效担保物的问题,又保持了与担保法等法律规定的一致性。修正案第二十四条规定，承包方可以用承包土地经营权向金融机构融资担保。第三方通过流转取得的土地经营权，经承包方或其委托代理人书面同意，可以向金融机构融资担保。

第五，关于土地经营权入股。为落实党的十八届三中全会提出的"允许农民以承包经营权入股发展农业产业化经营"的精神，修正案第二十三条增加了土地经营权可以入股从事农业产业化经营的规定。鉴于土地经营权入股发展农业产业化经营尚处于探索阶段，实践中的做法也不尽相同，为此，修正案只作原则性规定，具体可依实践发展需要再由行政法规规范。

第六，关于维护进城务工和落户农民的土地承包权益。党的十八届五中全会决定提出，维护进城落户农民土地承包权、宅基地使用权、集体收益分配权，支持引导其依法自愿有偿转让上述权益。为此，修正案删除了现行法律中关于承包方全家迁入设区的市，转为非农业户口的，应将承包地交回发包方的规定。鉴于城乡人口结构的变革是一个较长的历史过程，现阶段农民进城务工、落户的情况也十分复杂，按照中央关于推进农业转移人口市民化的要求，修正案第九条规定，维护进城务工农民的土地承包经营权，不得以退出土地承包权作为农民进城落户的条件，是否保留土地承包经营权，由农民选择而不代替农民选择。承包方全家迁入城镇落户，纳入城镇住房和社会保障体系，丧失农村集体经济组织成员身份的，支持引导其按照国家有关规定转让土地承包权益，为政策适时调整留出了空间。

第七，关于保护农村妇女土地承包权益。为了更好地保护农村妇女的土地承包权益，借鉴一些地方开展土地承包经营权确权登记的做法，修正案第七条规定，土地承包经营权证或者林权证等证书应当将具有土地承包权的全部家庭成员列入，进一步明确了妇女应该享有的土地承包权益。[1]

---

[1] 《关于〈中华人民共和国农村土地承包法修正案（草案）〉的说明》，载中国人大网，http://www.npc.gov.cn/zgrdw/npc/xinwen/2018-12/29/content_2068326.htm。

二、制度改革的发展方向

《农村土地承包法》于 2018 年修正,但是本次修正并不一定可以解决所有实践中的问题。归纳起来,应着重向以下几个改革方向发展。

1. 落实"三权分置"改革要求

巩固和完善农村基本经营制度,深化农村土地制度改革,落实"三权分置"制度,是本次修改农村土地承包法的主要任务。针对新修正案,尚有以下三个方面可以修改:一是明确农村集体经济组织成员承包土地后,享有土地承包经营权,可以自己经营,也可以保留土地承包权,流转其承包地的土地经营权,由他人经营。二是明确对土地经营权流转的保护,国家保护承包方依法、自愿、有偿流转土地经营权,保护土地经营权人的合法权益,任何组织和个人不得侵犯。三是明确土地经营权人的权利,土地经营权人有权在合同约定的期限内占有农村土地,自主开展农业生产经营并取得收益。四是明确土地经营权流转的内涵,包括明确土地经营权的流转方式、流转原则、流转价款、流转合同等具体程序和要求。

2. 规定土地经营权的登记

推进"三权分置"改革,关键是要明确和保护经营主体通过流转合同取得的土地经营权,保障其经营预期。实践中,不同经营主体对土地经营权登记颁证的需求存在差异,有的经营者希望能通过登记的方式获得长期稳定的土地经营权,而有的短期经营者则认为没有必要办理登记。未来立法可以细化登记的规定,比如,《农村土地承包法》第四十一条规定:"土地经营权流转期限为五年以上的,当事人可以向登记机构申请土地经营权登记。未经登记,不得对抗善意第三人。"还需要操作性规范的配合。同时,为避免承包方随意解除合同,建议增加规定承包方不得单方解除土地经营权流转合同,但受让方有法定情形的除外。

3. 土地经营权的融资担保制度

新修正案规定，土地经营权可以向金融机构融资担保。而土地经营权融资担保的登记及实现也需要予以明确，通过赋予担保物权登记对抗效力，明确担保物权人在实现担保物权时有权以土地经营权优先受偿，有利于保护融资担保各方当事人的合法权益。例如，《农村土地承包法》第四十七条规定，担保物权自融资担保合同生效时设立。当事人可以向登记机构申请登记；未经登记，不得对抗善意第三人。实现担保物权时，担保物权人有权就土地经营权优先受偿。

4. 关于林地、草地承包期延长

新修正案只对耕地承包期届满后再延长 30 年作了规定，但对林地、草地承包期届满后延期的问题没有规定。保持农村土地承包关系长期稳定，应当包括草地和林地的承包关系。例如，《农村土地承包法》第二十一条规定："草地、林地承包期届满后依照前款规定相应延长。"

5. 规定"其他方式的承包"取得的权利为土地经营权

现行《农村土地承包法》第三章规定了其他方式（即家庭承包以外的方式）的承包，主要是承包"四荒地"。而家庭承包具有生产经营性质，也具有社会保障性质，只有本集体经济组织成员才有权承包，取得土地承包经营权。"四荒地"承包不涉及社会保障因素，承包方不限于本集体经济组织成员，其取得的权利在性质上不同于土地承包经营权。所以可以修改为：以其他方式承包农村土地的，承包方取得土地经营权。[①]

学界也对农村土地承包法的改革方向提出了建议：

第一，明确农村土地承包经营权流转的定位。促进农村土地承包经营权流转过程中，人们应明确农村土地承包经营权流转物权化性质，充分掌握农村土地承包经营权流转对应知识理论，进而在具备强大理论基础

---

① 参见《关于〈中华人民共和国农村土地承包法修正案（草案）〉的说明》，载中国人大网，http://www.npc.gov.cn/zgrdw/npc/xinwen/2018-12/29/content_2068326.htm。

条件下,对该权利流转进行准确定位。同时,还可以物权原则为基础建立规范化农村土地承包经营权流转机制,并构建法定化农村土地承包经营权内容体系,以此为农村集体土地所有权得到贯彻落实提供法律保障。第二,系统地明晰农村土地产权体系,突显农村土承包经营权流转的主体。第三,严格创建规范化农村土地管理机制,并对农村土地承包经营权流转制定弹性制度体系。①

三、制度改革中存在的现实问题

1. 农地碎片化耕种问题突出

土地承包责任制的意义就在于农地分户经营,实质是土地分户占有。这样的模式,在人力＋畜力耕作条件下,能够分清责任,强化精耕细作,有利于增产增效,解放农业生产力。但是随着生产方式的多样化,农村青壮年劳动力大多向外流动,农村人口已明显减少,传统的农业劳动力日益老化,而农业已普遍实现机械化,农业智能化也已经起步,农业生产模式迫切地转向土地规模化耕种、经营集约化运作,这是新时代农业发展的大趋势。在这样的趋势面前,土地分户承包制度造成的耕地碎片化等问题已严重制约农业发展,有些地区碎片化严重的是价值较高的地,直接影响着粮食生产和粮食安全。②

2. 部分农户流转土地意愿低

我国农业历史悠久,部分农民的思想观念较为保守,甚至有些农民将土地看作自己最重要的财产,土地不仅具有财富的属性,也具有精神寄托的属性,所以很多农民并不能理性对待土地流转和自身的相关利益;部分农民很难意识到土地流转的必要性,也很难理解政府提出的相关政策;还

---

① 参见梅淑元:《新时期农村土地承包经营权流转完善研究》,载《核农学报》2021年第12期。
② 参见常歌、潘信利:《试点农村土地承包改革破解农地碎片化耕种问题》,载《人民政协报》2021年11月1日,第5版。

有一部分进城务工的农民,因为"落叶归根"的思想,认为年老后依然要回乡守着自己的土地生活,所以宁愿让农村里的土地撂荒也不愿意将土地承包经营权流转出去。农民对待土地的问题总是十分谨慎,使得土地流转工作开展难度加大。

3. 土地流转管理服务体系和社会保障体系不完善

目前我国很多地区都没有健全的土地流转管理服务体系,土地流转后期出现的问题也很难得到妥善解决。虽然很多地方乡镇都建立了农村土地流转服务中心,但在很多方面的功能都不够健全,例如,信息的收集和发布不够及时、全面,资金和工作人员不足,导致不能及时有效解决土地承包经营权流转过程中出现的各种问题。同时,我国的城乡二元户籍制度使很多农民工难以在城市稳住脚跟,很多农民工由于养老、医疗、教育等压力,不得不回归农村依靠土地生活,因此他们不会将自己的土地转让给他人。

4. 政策法规不健全,市场机制不够完善

虽然我国制定的土地政策和相关法律在一定程度上促进了土地流转,但对于土地权利的研究、司法实践经验的总结都较少,专门的土地权利纠纷案例和裁判编撰稀缺,导致在土地流转中出现的各种纠纷很难得到有效解决,农民的利益难以保障。例如,一些不法分子欺骗农民、村干部,逼迫农民将土地转出,但农民不清楚权益维护的方法。加上土地流转市场机制不够完善,土地流转的供求信息不平衡、定价不够明朗,并且流转金不能一次性收齐,导致农民不放心将土地流转出去。由于土地的特殊性,国家政策对土地流转市场干预作用很大,很难建立完善的市场机制。①

---

① 参见陆冬梅、王述芬:《农村土地承包经营权流转问题探析》,载《农业科技通讯》2021年第9期。

第三节　不动产登记制度

《不动产登记暂行条例》由国务院于 2014 年 11 月 24 日发布,自 2015 年 3 月 1 日起施行。《不动产登记暂行条例实施细则》于 2015 年 6 月 29 日国土资源部第 3 次部务会议通过。2019 年 7 月 16 日,自然资源部审议通过《自然资源关于第一批废止和修改的部门规章的决定》修正了《不动产登记暂行条例实施细则》。

一、制度改革的发展方向

自然资源部办公厅关于印发《自然资源部 2020 年立法工作计划》的通知中表示,为健全完善不动产登记法律制度,保障不动产权利人的合法权益,在总结《不动产登记暂行条例》实施成效的基础上,研究起草《不动产登记法》。

关于不动产登记法的具体内容,《自然资源部关于做好不动产抵押权登记工作的通知》中表示有以下方面是在民法典颁布后,关于不动产抵押工作需要进一步完善的内容:

第一,依法确定不动产抵押范围。学校、幼儿园、医疗机构、养老机构等为公益目的成立的非营利法人的教育设施、医疗卫生设施、养老设施和其他公益设施,以及法律、行政法规规定不得抵押的其他不动产,不得办理不动产抵押登记。

第二,明确记载抵押担保范围。当事人对一般抵押或者最高额抵押的主债权及其利息、违约金、损害赔偿金和实现抵押权费用等抵押担保范围有明确约定的,不动产登记机构应当根据申请在不动产登记簿担保范围栏记载;没有提出申请的,填写"/"。

第三,保障抵押不动产依法转让。当事人申请办理不动产抵押权首次登记或抵押预告登记的,不动产登记机构应当根据申请在不动产登记簿"是否存在禁止或限制转让抵押不动产的约定"栏记载转让抵押不动产的约定情况。有约定的填写"是",抵押期间依法转让的,应当由受让人、抵押人(转让人)和抵押权人共同申请转移登记;没有约定的填写"否",抵押期间依法转让的,应当由受让人、抵押人(转让人)共同申请转移登记。约定情况发生变化的,不动产登记机构应当根据申请办理变更登记。民法典施行前已经办理抵押登记的不动产,抵押期间转让的,未经抵押权人同意,不予办理转移登记。

第四,完善不动产登记簿。对《国土资源部关于启用不动产登记簿证样式(试行)的通知》(国土资发〔2015〕25 号)规定的不动产登记簿样式进行修改:在抵押权登记信息页、预告登记信息页均增加担保范围、是否存在禁止或限制转让抵押不动产的约定栏目;将抵押权登记信息页的最高债权数额修改为最高债权额并独立为一个栏目,填写最高额抵押担保范围所对应的最高债权数额。

第五,更新不动产权证书和不动产登记证明。更改法律依据,将电子和纸质不动产权证书、不动产登记证明中的《中华人民共和国物权法》修改为《中华人民共和国民法典》。

第六,调整不动产登记系统、数据库以及申请书。各地要根据新的不动产登记簿,抓紧升级改造各级不动产登记系统,扩展完善数据库结构和内容,将新增和修改的栏目纳入登记系统和数据库,并实时完整上传汇交登记信息。要在不动产登记申请书中增加担保范围等栏目,完善申请书示范文本等,保障登记工作顺畅开展。

在立法方向方面,学界对以下问题进行了研究,并提出立法方向。

一是登记的主体问题。在现有法律规定中,涉及不动产的登记均是以县级(含以上)人民政府的名义进行登记造册、核发证书的。因此,不动产统一登记过程中可以保留这一法定内容,即仍然由县级(含以上)人民政府统一进行,只是对具体承办部门做出规定。例如:在此基础上可以统一规定:应当向县级以上地方人民政府不动产登记部门申请登记,经该部门核实,由同级人民政府颁发相应证书,确认所有权或者使用权。这些内容通过法律修正案的形式即可完成,既经济又简洁。

二是登记的程序问题。不动产登记系依申请的行为,由当事人申请登记。登记的程序从当事人申请、受理到最后办结、发证、归档,形成一个完整的流程。因此,《不动产登记条例》的重点程序应当是受理程序、初始登记程序、变更登记程序、注销登记程序、其他登记程序等。

三是登记机关的职责问题。根据职权法定原则,登记机关的职责是立法中不可回避的问题。登记职责应当由登记审查职责和事后监督职责组成。在登记审查过程中,登记机关主要遵循以形式审查为主、实质审查为辅的审查原则,及时、如实地履行登记职责。这一职责比较客观,相对来说比较容易。相比之下,监督职责至为关键,因为不动产登记的内容正确与否,直接关系到当事人的合法权益,涉及整个社会不动产的交易安全与秩序。所以,自然资源部门最重要的职责还在于事后的监督职责。谈及监督职责,就必须理顺不动产领域主管部门与登记部门的关系,明确两部门之间的职责范围。一般而言,涉及日常管理的事项,原则上由相关主管部门负责;涉及登记发证事项(或直接与登记发证具有关联性的事项),原则上由自然资源部门负责。实际上,自然资源部门的监督职责是由一系列的具体制度体现出来的,比如查询登记制度、更正登记制度、异议登记制度、争议处理制度、错误赔偿制度等。

四是注重信息化建设,构建登记簿的管理平台。面对全球化、信息化的发展潮流,如何实现不动产登记簿的信息化管理、构建不动产登记信息管理基础平台,将是一个现实而紧迫的工作。不动产未经登记,不发生效力。不动产登记簿是权利归属和内容的最终载体。实际上,比较严峻的工作至少有以下两项：一方面，需要尽快完成不动产历史数据的整合。理顺历史数据是开展统一登记工作的前提，实现各区（县）不动产数据的整合、共享、更新，是构建不动产登记信息平台的重中之重。由于在登记实践中，不动产登记长期分散于各个不同的部门，标准不一，平台各异，理顺历史数据将面临严峻考验；另一方面，需要建立省、市、县三级不动产登记数据中心。数据中心是集不动产历史数据、现实数据于一体，将土地、房屋、林地、草原、海洋等数据统一联网，实现不动产数据的信息化。①2023年4月25日，自然资源部宣布我国全面实现不动产统一登记。2024年2月4日，自然资源部、国务院国资委、金融监督管理总局、税务总局等四部门联合发布了《关于深化不动产登记改革，进一步推动营商环境优化的通知》，旨在进一步改革和推动不动产登记制度的优化完善。

二、制度改革中存在的现实问题

1. 不动产登记档案缺乏统一性管理渠道

不动产登记档案信息的管理，涉及的管理面较广，包含森林、海洋、住建等，而这些方面的管理权都归属不同的国家部门，而不同部门在档案信息管理中，存在管理方式及内容的不同，使不动产登记档案缺乏统一性管理模式，这为不动产登记档案信息整合、管理带来一定的不便。特别针对不动产登记档案信息化发展进程，这加大了不动产登记档案建设的难度。基于此，推助不动产登记档案信息化发展是必要的，能够在网络平台中，构建不动产登记档案管理系统，重新梳理不动产登记档案信息，实现不动产登记档案信息的统一性，达到不动产登记档案信息化良好的管理成效。

2. 工作人员档案信息化认知不足

在不动产登记档案信息化建设过程中，工作人员对档案信息化认知不

---

① 江玉桥：《"统一"之路立法为先——对不动产统一登记立法工作的完善意见》，载《中国土地》2014年第5期。

足问题的存在,影响到不动产登记档案信息化发展与建设。受传统纸质不动产登记档案信息的管理模式及管理理念的影响,多数工作人员在不动产登记档案信息化发展进程中,存在专业能力、信息整合力度、管理水平不高的问题,对先进的档案管理技术掌握力度不足,不利于不动产登记档案的进一步建设。例如,多数工作人员在长期的纸质不动产登记档案整合、管理过程中,形成熟练的档案管理章程,而对新的不动产登记档案整合、分析、管理等模式,其运用成效不佳。又如,在互联网视域下,单位都能够与时俱进,促进信息化建设,将信息化思维、技术运用到各个工作领域中,同理,不动产登记档案工作也不例外,也受到信息化工作的冲击,但部分工作人员以往的管理理念根深蒂固,存在不动产登记档案信息化实践力度不足的问题。

3. 不动产登记档案存在安全隐患

不同于传统的纸质不动产登记档案信息管理模式,不动产登记档案信息化的建设,其虽然拓宽了不动产登记档案信息存储面,但不动产登记档案信息存储安全存在隐患,这影响到不动产登记档案信息化的发展进程。例如,不动产登记档案信息化建设需要依托于网络平台,而网络安全性问题,使不动产登记档案信息在存储、运用、分享过程中存在隐患,导致出现信息泄露、信息失真、信息遗失等问题。[1]

4. 房屋租赁登记备案制度不具有公示效力

我国现行法主要从两个层面调整房屋租赁关系:一是公法层面的房屋租赁登记备案制度,二是私法层面关于租赁合同等内容的规定。现有制度中房屋租赁登记备案制度看似与公示有关,但实际上属于公法上的制度设计,以管理为目的而不具有公示的私法效果。[2]

---

[1]　王春梅:《浅谈不动产登记档案信息化建设中面临的问题与解决策略》,载《中国管理信息化》2021 年第 23 期。

[2]　陈耀东:《房屋租赁权的不动产登记能力及预告登记的建构》,载《天津法学》2021 年第 2 期,第 21 页。

第二十六章　财税体制改革的法治化实践

　　我国财税体制改革始终伴随着法治理论、改革实践、法治实践三者的良性互动。从学界对财税体制改革和财税法学发展的阶段划分来看,两者具有高度的重合性。以党的十八大为时间节点,党的十一届三中全会到党的十八大前可以分为 1978—1993 年的"包干制财政体制"、1994—1998 年的"分税制财政体制"、1999—2012 年的"公共财政体制"三个阶段,党的十八大至今处于"财税制度改革的法治现代化时期"。①

第一节　1978 年至党的十八大前的财税法治改革

一、包干制改革时期的财税法治(1978—1993 年)

　　1978 年党的十一届三中全会后,我国开始了市场经济改革的探索。②在经济问题多年积弊、百废待兴的情况下,1979 年 4 月中央工作会议决

---

　　①　参见马海涛、汪昊:《中国特色财政改革的伟大实践——改革开放 40 年回顾与思考》,载《财经问题研究》2018 年第 11 期;高培勇:《中国财税改革 40 年:基本轨迹、基本经验和基本规律》,载《经济研究》2018 年第 3 期。
　　②　参见吴敬琏:《当代中国经济改革》,上海远东出版社 2005 年版,第 55 页。

定让财政体制改革先行一步,以作为全国经济体制改革的"突破口"。此次改革的主要内容是调整中央与地方、国家与国有企业的财政分配关系,同时初步构建复税体制。

（一）改革中央与地方财政分配关系

财税体制改革首先在江苏、四川两地试行,但因 1979 年国家财政遭遇前所未有的巨额赤字①,改革方案转而推向全国。1979 年 11 月,全国计划工作会议通过财政体制改革整体方案:(1)除北京、天津、上海三大城市外,广东、福建实行特殊照顾办法;(2)江苏按原试点办法"总数分成、比例包干"继续执行;(3)广西、云南、内蒙、新疆、宁夏、青海、西藏和贵州八省区实行或参照实行民族自治地方财政体制;(4)其余十五省实行原四川试点改革体制,即"划分收支、分级包干"的办法。②五种改革方案因地制宜,以适应各地实际情况。

经过一年的改革实践,新方案在调动地方积极性、平衡财政收入上取得较好效果。1980 年 2 月,国务院下达了《实行"划分收支,分级包干"财政管理体制的暂行规定》,将实践成果及时固化为法规,为后续改革明确了方向。根据该规定,财政管理体制转为在中央统一计划领导下,各地分级管理;财力分配由"条条"为主变为"块块"为主,按隶属关系确定收入支配关系,统一地方政府权、责、利。③1985 年 2 月,国务院发布《关于实行"划分税种、核定收支、分级包干"财政管理体制的规定》,在此前"划分收支、分级包干"和两步"利改税"基础上,实行"划分税种、核定收支、分级包干"的财政体制。当地方收入大于支出时,需按比例上解中央;反之由中央财政给予定额补助或定增补助。各地区财政收支包干基数、收入上缴

①　参见许毅:《当前财政经济中存在的问题和我们的对策》,载《财政研究》1981 年第 1 期。

②　国家计划经济研究所:《中华人民共和国经济大事记(初稿)》(专辑五),载《计划经济研究》1984 年第 8 期。

③　参见凌晨:《试论财政体制改革的作用及其完善的途径》,载《财政研究》1982 年第 4 期。

和留用比例，以及受补助地区定额补助数额按 1984 年全国财政工作会议上讨论协商的确定，收支指标原则上 5 年不变。1985—1987 年间的"划分税种、核定收支、分级包干"在"划分收支、分级包干"的基础上进一步划分了各级政府事权，并以此作为核定收支范围和数量的依据，以税种作为企业收入划分依据，较此前按照企业隶属关系划分更进一步。①1988 年起，除民族自治区外，各省、市实行不同形式的包干办法。

（二）改革国家与国有企业间分配关系

包干制财政体制在调整央地财政分配关系上实行"分灶吃饭"，在国家与国有企业分配关系上则实行"放权让利"。1979 年国务院下发《关于国营企业实行利润留成的规定》，在此前企业基金制基础上开始开展企业利润留成试点，下放企业经营自主权，初步打破了统收统支的企业分配制度，调动了企业生产积极性。按照"放权让利"的改革思路，为推动企业真正实现自主经营、自负盈亏，国家决定加大改革力度，实行"利改税"。"利改税"主要分两步走：第一步"利改税"从 1983 年 6 月 1 日起开始实施，将所得税引入国营企业利润分配领域，由企业完全上缴利润变"税利并存"，即对于国营企业利润，先征收一定比例所得税，再根据企业税后利润具体情况，以多种形式在企业与国家间分配。1984 年 9 月，国务院颁布《国营企业第二步利改税试行办法》，将国营企业上缴利润按 11 个税种分别征收，"税利并存"向完全的"以税代利"过渡。分离"利""税"，企业按法定义务交税，利润留作生产经营，是厘清政国家、企业关系，实现政企分离的关键一步。两次"利改税"，实际是以税法形式将国家和国有企业分配关系固定下来。在 11 个税种中，除了调节税外，其余 10 个税种也向集体企业征收，因此此次"利改税"也是一次全面的工商税制改革。

---

① 肖鹏：《"划分税种、核定收支、分级包干"财政改革经验与启示》，载《财政监督》2008 年第 3 期。

（三）初步构建复税体制

工商税制历经 1958 年、1973 年两次简并，建立了单一税制。①此时税收制度主要发挥着组织财政收入的作用，经济调节作用基本消失。②在"基本上保持原税负"与"简化合并"改革原则指导下，税源和税基的限制实际也影响了税收对国家财政收入的保证。1951—1978 年间，税收收入仅占财产收入的 46％左右，③形成了"税小利大"的局面。改革开放后，单一税制已难以适应发展多种经济成分的需要，亟须进行复税制改革。

1. 以立法推动税制改革的起步

税制改革的起步阶段便伴随着大规模的税收立法活动。1980—1981年间全国人大相继颁布《中外合资企业所得税法》《个人所得税法》《外国企业所得税法》三部涉外税收法律，初步建立起我国涉外税收法律制度。解决涉外税制问题的另一面是对工商税制的调研和试点改革，1981 年 8月，财政部向国务院报送《关于改革工商税制的设想》并获转批④，此后税制改革按照总规划分步骤、有计划的稳步推进。

1983 年对国营企业全面开征所得税是实行"利改税"的第一步，也是自新中国成立以来第一次对国营企业征收所得税。第二步"利改税"相较于第一步而言，无论是在广度还是深度上都向前更进一步。作为复税制改革主体部分，第二步"利改税"主要就工商税进行改造，以税利并存逐步过渡到完全的以税代利。国务院依据全国人大 1984 年的授权决定颁布了包括《中华人民共和国增值税条例（草案）》在内的四类税制条例，将此

---

① 1958 年工商税制改革，将原来的商品流通税、货物税、营业税、印花税四个税种合并为工商统一税，原工商税中所得税成为独立的工商所得税。1973 年改革进一步将企业缴纳的工商统一税及其附加、城市房贷产税、车船使用牌照税、屠宰税等合并为工商税。此后，对国营企业只征收一种工商税，对集体所有企业只征收工商税和工商所得税。参见王诚尧：《建国以来税收制度的建立和改革概况（上）》，载《财政研究》1983 年第 1 期。

② 参见刘志城：《论改革我国工商税收制度》，载《经济管理》1980 年第 9 期。

③ 参见曹钦白：《改革开放 40 年的中国税收》，载《中国财经报》2018 年 11 月 27 日，第 6 版。

④ 参见刘佐：《二十年来我国税制改革的简要回顾》，载《中国税务》1998 年第 11 期。

前统一的工商税按照性质拆分为增值税、营业税、产品税和盐税分别征收。同时，还颁布涉及资源税、国营企业所得税和调节税的税收条例，分别新设资源税、国营企业所得税和调节税。①在其他税种上，恢复房产税、土地使用税和车船使用税，开征城市维护建设税四种地方税②，此后，国营企业由上缴利润收入改为分别按 11 税种（见表 26-1）向国家纳税。到 1992 年，我国工商税种由复税制改革前的 7 个发展到之后的 32 个。③至此，我国由过去的单一税制逐步转变为以流转税和所得税为主体，其他税种相配合的多税种、多环节、多层次的复合税制。在理论上，新的税制体系突破了长期以来税制改革片面强调简化税制的思路，丰富税种、拓宽税基，使税收深入生产、分配、消费的各环节，注重从多方面发挥税收经济杠杆作用，以适应改革开放之初多种经济成分发展的需要。1993 年，我国税收收入达 4255.3 亿元，较 1978 年增长了 7.2 倍④，税收功能得到有效发挥。

表 26-1　1985 年我国 21 种工商税分类表

时间	改革内容
1984 年	第二步"利改税"设置了 11 种税，加之继续实行的 10 种税，共有 21 种工商税： 1. 属流转性质的 3 种：产品税、营业税和增值税。 2. 属所得税性质的 6 种：工商所得税、外国企业所得税、中外合资经营企业所得税、个人所得税、国营企业所得税和调节税。 3. 属特定资源级差收入性质的 2 种：盐税和资源税。 4. 属特定目的性质的 4 种：烧油特别税、建筑税、奖金税、城市维护建设税。 5. 属行为性质的 3 种：屠宰税、牲畜交易税和集市交易税。 6. 属使用性质的 3 种：房产税、土地使用税和车船使用税。

资料来源：《我国有多少种工商税》⑤。

---

① 参见《国务院关于发布产品税等六个税收条例（草案）和调节税征收办法的通知》。
② 参见李旭红：《因时制宜：70 年来税制改革之路》，载《中国财经报》2019 年 9 月 24 日，第 6 版。
③ 参见俞光远：《中国财税改革和财税法制建设 40 年回顾与展望》，法律出版社 2018 年版，第 20 页。
④ 参见刘佐：《中国税制改革 40 年的简要回顾》，载《经济研究参考》2018 年第 38 期。
⑤ 参见《我国有多少种工商税》，载《会计之友》1985 年第 3 期。

2. 备受争议的两次立法授权

1984 年、1985 年全国人民代表大会及其常务委员会颁布《关于授权国务院改革工商税制发布有关税收条例草案试行的决定》《关于授权国务院在经济体制改革和对外开放方面可以制定暂行的规定或者条例的决定》[1]，两次对国务院制定税收条例作出授权决定。1984 年的授权决定赋予了国务院在实施国营企业利改税和改革工商税制的过程中，以草案形式发布有关税收试行条例的权力，此次授权排除了中外合资经营企业和外资企业的适用。[2]1985 年的授权决定进一步将授权范围扩大到有关经济体制改革和对外开放上，赋予国务院在与上位法及其基本原则相抵触前提下，依据宪法对改革有关问题制定暂行条例先行先试的权力，待实践检验条件成熟，再由全国人大或其常委会制定相关法律。尽管两次授权决定因为有违税收法定原则而受到学界诟病[3]，但受制于经济和税制改革的客观需要，授权决定既是"权宜之举"也是"必然之势"。国务院制定的一系列财税行政法规[4]，较好平衡了改革实践下社会经济活动的频繁变化调整与税收法制要求，弥补了我国税收领域立法空白。由行政条例（草案）对税收改革方案进行"先行先试"的方式也为后续人大立法工作打下实践基础，保证了上升为立法的税收方案具备合理性和稳定性。我国税收立法以国务院主导的基调自此奠定，并逐渐形成了"行政立法为主，人大立法为辅"的立法格局。现行 18 个税种中，在 2015 年前由国务院根据授权决定以暂行条例形式规定的税种就占到 15 个，而由全国人大

---

① 参见《关于授权国务院在经济体制改革和对外开放方面可以制定暂行的规定或者条例的决定》，载《中华人民共和国国务院公报》1985 年第 11 期。

② 参见《全国人民代表大会常务委员会关于授权国务院改革工商税制和发布试行有关税收条例（草案）的决定》，载《中华人民共和国国务院公报》1984 年第 23 期。

③ 参见刘剑文、李晶：《改革开放 40 年中国财税法学的回顾与前瞻——刘剑文教授访谈》，载《上海政法学院学报》2018 年第 3 期。

④ 根据 1984 年授权决定，国务院先后颁布了增值税、产品税、资源税、营业税、国营企业所得税和盐税 6 个税收条例草案试行。参见《国务院关于发布产品税等六个税收条例（草案）和调节税征收办法的通知》。

及其常委会以法律形式规定的税种仅有 3 个（个人所得税、企业所得税、车船税）。

表 26-2　税收制度改革历程

时间	改革内容
1979 年	开始增值税试点工作
1983 年	《关于对国营企业征收所得税的暂行规定》
1984 年	《中华人民共和国企业所得税条例（草案）》 《国营企业调节税征收办法》 《中华人民共和国产品税条例（草案）》 《中华人民共和国增值税条例（草案）》 《中华人民共和国营业税条例（草案）》
1985 年	《中华人民共和国集体企业所得税暂行条例》
1986 年	《中华人民共和国城乡个体工商户所得税暂行条例》
1988 年	《中华人民共和国私营企业所得税暂行条例》

资料来源：《改革开放四十年税收制度改革回顾与展望》[①]。

（四）成效与问题

财政包干体制尽管刺激了经济发展但并未促进财政增长。1979—1993 年间，我国财政收入占 GDP 比重、中央财政占全部财政收入比重连年下降。[②]而另一边，中央财政支出却大幅增长，承担了包括国防建设、援外、特大自然灾害补助等支出项目。改革初期成功运用各种利益刺激改革，钱随政策走成为惯例，各地形成了国家"拿钱办事"的惯性，财政在"先予"之后，却难以实现"后取"目标，致使财力分散。此外，至 1990 年农业补贴等各种财政补贴高达中央财政收入的三分之一，低水平的"大锅饭"已成为新时期的高水平全面"大锅饭"。[③]收支体系上，中央财政入不敷

[①]　参见康玺、秦悦：《改革开放四十年税收制度改革回顾与展望》，载《财政科学》2018 年第 8 期。

[②]　韦夏怡：《1985 年：首次报道国家预算报告》，载《经济参考报》2011 年 3 月 4 日。

[③]　参见任丁秋：《目前"大锅饭"的主要表现》，载《北京社会科学》1992 年第 2 期。

出、连年赤字,中央财政直接组织的收入仅占国家财政总收入 20％,支出却占到 60％,其中差额靠地方上解。①财政收入软化、支出刚化问题弱化了财政宏观调控功能,中央经济权威下降。

此外,包干制的内在问题也逐渐暴露,已然无法适应社会主义市场经济。根据制度设计,承包合同的签订依靠企业与政府谈判,企业谈判能力强弱决定了包干基数多少,对企业的负担减轻缺少统一规范约束,不符合市场经济要求的公平。再者,包干制之下,财政收入来源和用途是根据行政隶属关系而非市场经济要求划分的,进而易使地方政企间形成某种纽带关系。地方政府为增加财政收入保护本地产业的同时封锁市场,地方保护主义的形成导致地区间的市场分割,阻碍全国统一市场形成,不利于产业结构优化升级。②故而继续壮大市场、深化市场化改革才是解决之道。③

二、分税制改革时期的财税法治(1993—1998 年)

1992 年党的十四大提出了建立社会主义市场经济体制的改革目标,具体对财税体制提出了"逐步实行利税分流和分税制"的改革方向④,建立与社会主义市场经济相匹配的财税体制成为新一轮财税体制改革的总目标。1993 年 11 月,《中共中央关于建立社会主义市场经济体制若干问题的决定》明确本次财税体制改革的三个重点方面:一是将地方包干的财政体制改为在合理划分央地事权基础上建立的分税制财政体制,理顺央地分配关系;二是按照统一税法、公平税负、简化税制和合理分权原则,改革和完善税收制度,建立中央和地方税收体系;三是改进和

---

① 国家计委财金局:《关于增强中央财力问题的探讨》,载《计划经济研究》1986 年第 7 期。
② 参见姜长青:《新中国财政体制 70 年变迁研究》,载《理论学刊》2019 年第 5 期。
③ 参见凌晨:《试论财政体制改革的作用及其完善的途径》,载《财政研究》1982 年第 4 期。
④ 参见江泽民:《加快改革开放和现代化建设步伐夺取有中国特色社会主义事业的更大胜利——在中国共产党第十四次全国代表大会上的报告》,载《求是》1992 年第 11 期。

规范复式预算制度。①此次改革的规模之大、范围之广、力度之强，是我国财税改革史中较为罕见的。

（一）分级财政的建立

1. 试行复式预算制

从"就地收入、就地支出"到按照税种划分地方收入、按事权划分地方支出责任，从一对一的谈判合同到全国上下统一税收，分税制财政意味着全面否定包干体制，对央地、政企关系的全面调整，改革阻力巨大。有鉴于此，改革步骤具有明显策略性，首先从企业财务会计制度入手，在理顺国家与企业利润分配关系的同时为预算制度改革作铺垫。1992 年 11 月，中央发布了《企业财务通则》和《企业会计准则》，重新划分预算外资金范围，规定了新的计算标准。此后，国有企业利润留成与专项基金不再作为预算外资金管理，是否履行政府职能成为判断资金是否属于预算外资金的重要标准。②排除了国有企业利润留成这一大部分预算外收入后③，地方预算外收入规模大幅缩水。④

这一时期我国在预算管理方面仅存有两个行政法规：一是 1951 年中央人民政府颁布的《预算决算暂行条例》，对国家预算决算进行了程序性规定。该条例一直执行至 1991 年才为国务院颁布的《国家预算管理条例》代替。后者立足基本国情，在原则部分特别强调"国家预算应当做到收支平衡"⑤；在内容上明晰各级预算的关系，规定各级政府部门职权范

---

① 参见《中共中央关于建立社会主义市场经济体制若干问题的决定》，载《中华人民共和国国务院公报》1993 年第 28 期。

② 参见杨志勇：《我国预算管理制度的演进轨迹：1979—2014 年》，载《改革》2014 年第 10 期。

③ 在放权让利改革思路下，国有企业利润留成是 1994 年以前预算外收入的主要构成，预算外资金的快速增长，挤占财政收入，也是财政收入占 GDP 比重下滑的重要原因。参见平新乔、白洁：《中国财政分权与地方公共品的供给》，载《财贸经济》2006 年第 2 期。

④ 参见中国财政年鉴编辑委员会：《中国财政年鉴 2011》，中国财政杂志社 2011 年版，第 471 页。

⑤ 《国家预算管理条例》第三条规定："国家预算管理，实行统一领导、分级管理、权责结合的原则。国家预算应当做到收支平衡。"

围;在预算编制办法上进行了重大改造,明确自 1992 年开始,政府预算由单一预算制改为复式预算制,将政府收支按不同性质计入经常性预算与建设性预算。区分财政"吃饭钱"与"建设钱",体现了财政兼具社会管理和经济建设的双重职能,增强了财政分配的透明度。①1993 年复式预算改进方案中,在二分式预算基础上提出三分式预算构成模式。公共预算、国有资产经营预算、社会保障预算的区分解决了此前模式中营利性与非营利性内容混同、市场性与非市场性内容相混同的问题②,有利于促进政资分开和政企分开。该方案也为《预算法实施条例》第 20 条所确认③,为我国财政公共化构建提供了过渡时期预算方案。④

尽管《国家预算管理条例》规范了各级政府部门预算职能,强化了行政责任,但受立法层级限制,条例无法对各级国家权力机关预算管理职责作出规定,这就导致了人大预算监督缺少法律依据。预算管理中最为关键的监督制约机制问题得不到解决,亦无法从根本上约束政府预算行为。1994 年 3 月,全国人大通过的《预算法》补充了各级权力机关的预算管理职权及其对政府预算行为的监督权,人大预算监督职权实现了法律上的具体化。1995 年 11 月,国务院颁布的《预算法实施条例》进一步细化《预算法》关于预算管理职权、预算编制与执行的相关规定,建立转移支付和政府采购制度。

①　参见《我国资本预算的发展过程、国有资本金预算的提出及进展情况》,载《经济研究参考》2000 年第 18 期。

②　参见张馨:《比较财政学教程》,中国人民大学出版社 1997 年版,第 313—314 页。

③　1994 年《中华人民共和国预算法》第二十六条规定:"中央预算和地方各级政府预算按照复式预算编制。复式预算的编制办法和实施步骤,由国务院规定。"1995 年《预算法实施条例》第二十条规定:"各级政府预算按照复式预算编制,分为政府公共预算、国有资产经营预算、社会保障预算和其他预算。"

④　参见张馨:《部门预算改革与双元财政》,载张馨、袁星侯、王玮:《部门预算改革研究》,经济科学出版社 2001 年版,第 397—406 页。

《预算法》作为新中国第一部规范政府和部门收支管理的法律①,在把国家预算推向法治轨道的进程上迈出了一大步,对实现财税法治化意义重大。然而因立法理念落后,此进步仅停留于形式法治层面,并未体现出约束政府权力的宪法理念和民主法治精神。质言之,彼时《预算法》仅作为政府管理国家的手段存在,无法实现人民对政府财政行为的约束和控制。要使《预算法》法律价值能够充分发挥依然任重而道远。②

2. 分权与分税

1993 年 12 月,国务院发布《关于实行分税制财政管理体制的决定》,决定自 1994 年 1 月 1 日开始,对各省、自治区、直辖市以及计划单列市实行分税制财政管理体制。分税制改革沿"分权—分税—返还—转移支付"思路进行。首先,要在划清央地事权基础上,确定相应财政支出范围;其次,以事权定财权,将税种分为中央税、地方税、中央与地方共享税三类,按税种确定地方的收入范围;再次,基于鲜明中央集权目标导向,计划"先取后反"③,根据"保存量,调增量"④原则进行税收返还,以确保地方既得财力;最后,转移支付属于政府间再分配范畴,用以弥补落后地区财源不足,缓解区域发展的不均衡。

国务院发布的《关于实行分税制财政管理体制的决定》对央地事权进行了基本划分:由中央财政主要承担国家安全、外交和中央国家机关运转所需经费,调整国民经济结构、协调地区发展、实施宏观调控所必需的支出以及由中央直接管理的事业发展支出;地方财政主要承担本地区政权

---

① 马海涛、肖鹏主编:《现代财政制度建设之路 新中国 70 年重大财税发展改革回顾与展望》,中国财政经济出版社 2020 年版,第 159 页。

② 参见熊伟:《认真对待权力:公共预算的法律要义》,载《政法论坛》2011 年第 5 期。

③ 消费税与增值税原属地方的支柱财源,分税制后两大税种 75% 的收入划归中央。

④ 以 1993 年为基年,按照分税后地方税划归中央税的数额作为返还基数,基数部分全额返还地方。同时建立一个超过上年增长部分予以返还的系数,对返还基数逐年基于一定增长,以此激励地方。

机关运转所需支出以及本地区经济、事业发展所需支出。根据事权与财权相结合原则,理论逻辑是由事权决定财权(税权),但实际事权落实却要通过财权来表现和保障。因此,税权分配与事权分配实际是一体两面,两者之间是相辅相成的关系。"税制改革"与"分税改革"紧密相连,同步行进。

工商税制改革又作为税制改革的核心内容①,决定了分税制目标的落实。彼时工商税主要面临三个问题:一是税种繁多,税率复杂,税制不够简化;二是现有税种无法满足按照税种划分央地收入、合理分权的要求;三是内资企业、内外资企业税负不均。②

依据国家税务总局制定的《工商税制改革实施方案》,在流转税方面,对此前的四税种两套税制(内资企业适用产品税、增值税、营业税,外资企业适用工商统一税)进行改革。1993 年 12 月,国务院颁布《增值税暂行条例》《消费税暂行条例》《营业税暂行条例》,取消产品税和工商统一税,建立以增值税为主,消费税、营业税并行的流转税体系;八届人大常委会五次会议通过的《关于外商投资企业和外国企业适用增值税、消费税、营业税等税收暂行条例的决定》废止原 1958 年国务院公布试行的《工商统一税条例(草案)》,明确内外资企业在流转税法律适用上的统一性。增值税的普遍适用,避免了产品税重复征收的弊端,减轻了企业负担,实现了出口产品的彻底退税,有利于我国产业结构优化调整和出口贸易发展,亦符合世界上大多数国家的通行做法。③

所得税方面,1993 年 12 月,八届人大常委会四次会议通过的《关于修改〈中华人民共和国个人所得税法〉的决定》对个人所得税、个人收入调节税、城乡个体户所得税三税合并,开征统一的个人所得税。同时,国务

---

① 一般将税制分为工商税、农业税、关税,本部分主要探讨工商税制的变化。

② 参见《国务院转批国家税务总局工商税制改革实施方案的通知》,载《中华人民共和国国务院公报》1993 年第 31 期。

③ 参见《工商税制改革评析》课题组:《1994 年中国工商税制改革评析》,载《经济研究参考》1997 年第 22 期。

院发布的《企业所得税条例》取消按所有制形式设置所得税的做法，将原国有企业所得税、集体企业所得税和私营企业所得税合一征收，统一了内资企业所得税，为企业创造更为公平的税收环境。

其他工商税方面，国务院于 1993 年 12 月先后颁布《土地增值税暂行条例》《资源税暂行条例》，开征土地增值税，扩大了资源税征收范围。1994 年，国务院取消集市交易税、牲畜交易税等 6 种税，并将屠宰税、筵席税管理权下放给省级人民政府。①此外，在税收法规公布方法上，改变了以"红头文件"形式逐级下发的惯常做法，而是将税收法规、政策公开刊登在《人民日报》《经济日报》等主流报刊上，使各级征税机关和纳税人能在第一时间了解规则，形成了良好的政务公开机制。②

表 26-3　工商税改革后税种表

时间	内　　　容
1994 年	改革后，我国工商税由 31 个税种简化为 18 个： 1. 属流转性质的 3 种：消费税、营业税、增值税。（取消产品税，新增消费税） 2. 属所得税性质的 3 种：个人所得税、企业所得税、外商投资所得税和外国企业所得税。（将原个人所得税、个人收入调节税和城乡个体工商户所得税合一为个人所得税；国有企业所得税、集体企业所得税和私营企业所得税合一为企业所得税。） 3. 属资源性质的 2 种：土地使用税、资源税。（取消盐税，新增土地使用税） 4. 属特定目的性质的 2 种：城乡维护建设税，固定资产投资方向调节税。 5. 属行为性质的 6 种：屠宰税、筵席税、印花税、遗产和赠与税、土地增值税、证券交易税。（取消牲畜交易税、集市交易税；新增遗产和赠与税、土地增值税、证券交易税） 6. 属使用性质的 2 种：房产税、车船使用税。

资料来源：《税制改革对原有税种的调整》③。

---

① 参见《国务院关于取消集市交易税牲畜交易税烧油特别税奖金税工资调节税和将屠宰税筵席税下放给地方管理的通知》，载《中华人民共和国国务院公报》1994 年第 2 期。
② 参见刘克崮：《1994 年前后的中国财税体制改革》，载《中共党史资料》2009 年第 4 期。
③ 参见《税制改革对原有税种的调整》，载《广东审计》1994 年第 3 期。

改革后的工商税制一改此前名目繁多、税收优惠措施滥用等问题,规范了税收分配关系,税收体系更为简化、公平、规范。工商税种由此前 31 个简化为 18 个,集中税权使税收的聚财功能得到强化。工商税收实现连续 3 年快速增长,各项税收收入全面增加,央地收入同比增长。①

(二)分税制改革时期的财税法治改革评析

1. 财税领域立法工作的规范化

这次财税体制改革是具有根本性、基础性和制度性的成功改革。1994 年中央财政收入大幅增长,到 1996 年,财政收入占 GDP 比重止跌回升②,成功化解了包干制引起的财政困难问题,强化了中央财力。首先,以提高"两个比重"为导向对央地财政关系的调整,使中央在经济权力和利益分配中重获主动权,保证中央财政收入稳定增长,增强了中央政府宏观调控能力。其次,税制改革规范了政府与市场关系,一改此前的地方保护主义诱导机制,保障生产要素的自由流动,维护了市场公平竞争,促进了全国统一市场的形成。最后,在全国实施以"分权"为特征的分税制财政体制改革,突破以往"放权""让利"传统思路,成功调动了央地两方积极性。③"经济分权 + 政治集权"的财政体制框架将举国办大事的优势发挥到极致,为此后我国经济增长、现代化进程推进搭筑了稳固的财税体制基石。④

该时期我国立法规划工作开始具备规范性与计划性,经济领域立法明显加快。1994 年 1 月制定的五年立法规划分为"届内提请审议的"和"研究起草、成熟时安排审议的"两类,共 152 件。第一类 115 件法律草案

---

① 参见《工商税制改革评析》课题组:《1994 年中国工商税制改革评析》,载《经济研究参考》1997 年第 22 期。

② 韦夏怡:《1985 年:首次报道国家预算报告》,载《经济参考报》2011 年 3 月 4 日。

③ 参见叶振鹏、赵云旗:《新中国 60 年财政转型之研究》,载《中国经济史研究》2009 年第 3 期。

④ 参见项怀诚:《"分税制"改革的回顾与展望——在武汉大学 110 周年校庆"专家论坛"上的报告》,载《武汉大学学报(哲学社会科学版)》2004 年第 1 期,第 5—7 页。

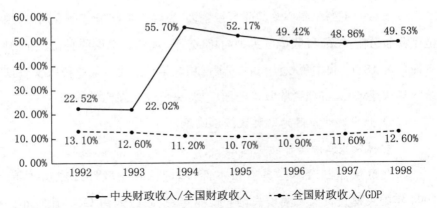

图 26-1　中央占全国财政收入比重及全国财政收入在 GDP 中占比变化

数据来源:《1978—2003 年财政收入"两个比重"变化情况》①。

中,属社会主义市场经济方面立法项目有 53 件,意在八届人大期内大体形成社会主义市场经济的基本法律体系框架②,这是一项开创性的伟大事业,而财税领域立法又是这项伟大事业的排头兵。国家相继颁布《会计法》《注册会计师法》《税收征管法》《个人所得税法》《预算法》等一大批财政法律法规,初步搭建起保障社会主义经济发展的财政法律法规体系框架。

2. 存在问题

分税制以权责要素进行分权的模式具有"集中力量办大事"的优势,但在此之下也隐藏着各层级权责难以自洽的局限性,主要表现在两方面:一是存在本应由中央或上级政府承担的责任推至地方的情况;二是地方存在非理性的短期化行为或责任失度的情况。③而强调中央集权的分税制设计初衷更加剧了此种权责不自洽关系,央地财权、事权的不匹配造成

① 参见《1978—2003 年财政收入"两个比重"变化情况》,载《地方财政研究》2004 年第 1 期。

② 参见曹志:《关于〈八届全国人大常委会立法规划(草稿)〉的说明》,载《人大工作通讯录》1994 年第 5 期。

③ 参见赵福昌:《权责内洽机制是央地关系的核心》,载《财政科学》2018 年第 8 期。

表 26-4　财政法律法规体系发展历程

时间	改革内容
1991 年	10 月 21 日，国务院发布《国家预算管理条例》
1992 年	9 月 4 日，第七届人大常委会第二十七次会议通过《税收征收管理法》
1993 年	10 月 31 日，第八届人大常委会四次会议通过《关于修改〈中华人民共和国个人所得税法〉的决定》第一次修正 12 月 13 日，国务院发布《中华人民共和国增值税暂行条例》《中华人民共和国消费税暂行条例》《中华人民共和国营业税暂行条例》《中华人民共和国企业所得税条例》《中华人民共和国土地增值税暂行条例》 12 月 15 日，国务院颁布《中华人民共和国资源税暂行条例》
1994 年	3 月 22 日，第八届全国人民代表大会第二次会议通过《中华人民共和国预算法》（废止 1991 年国务院颁布《国家预算管理条例》）
1995 年	11 月 2 日，国务院第三十七次常务会议通过《中华人民共和国预算法实施条例》

了"财权上移，事权留置"的局面。本应由上级承担的责任层层推至基层政府，后者财源有限而支出责任无限，致使地方财政出现收支不平衡。[①]地方政府财政缺口依靠中央转移制度调节，但地区间资金分配不平衡，迫使地方政府不得不寻求预算外资金和非预算资金纾解财政困难[②]，而这类资金主要来源于行政事业性收费、政府性基金、罚款和罚没收入、公共资产和资源收入。这也可以解释分税制改革后，地方政府频发的"乱收费、乱摊派、乱罚款"现象和"土地财政"等问题。

　　实际在改革规划之初，财政部就将改革对象定位于央地两者之间。从大国治理来看，"地方"具有法律上的实体意义，但相对中央政府而言，"地方"实为浓缩的一级政府。[③]因此改革方案主要设计解决中央和省级

---

　　① 参见罗必良：《分税制、财政压力与政府"土地财政"偏好》，载《学术研究》2010 年第10 期。
　　② 参见马元燕：《分税制改革后省级预算外收入膨胀的原因分析》，载《公共管理学报》2005 年第 2 期。
　　③ 刘尚希：《分税制的是与非》，载《经济研究参考》2012 年第 7 期。

政府两级财政分配关系问题，对省以下几级财政分配体制问题并无详细解决方案，仅有原则性指导方向，具体交由各省自定。①预期改革应是具有层次性的，由上至下依次推进。1996 年财政部要求各地方在省级以下落实分税制②，然而实际情况中省级以下分税制并未得以贯通，收入划分上"因地而异"、分税制流于形式、维系财政包干时期的做法屡见不鲜。纵然顶层设计尚存缺陷，但分税制本身并非土地财政等问题的根源，后续跟进不继，制度供给不足，甚至对分税制改革初衷的偏离才使得问题虚悬难决③，故分税制中的各种问题仍需依靠深化改革来完善。

三、公共财政改革时期的财税法治(1999—2012 年)

分税制改革之视线所及仅为纳入预算的政府收入部分，支出端改革并未同步跟进。④1988 年 12 月，在全国财政工作会议上，时任中共中央政治局常委、国务院副总理李岚清首次提出"要积极创造条件，逐步建立公共财政基本框架"。⑤以构建公共财政体制为目标，此后的系列举措使我国财税体制改革由此前财政收入单侧改革，逐步转向兼顾财政收入端、着重支出端的双侧改革。

（一）收入管理领域改革

1. 税费改革

分税制改革基本解决了中央政府宏观调控无力的问题，而地方税制改革则严重滞后。一方面，中央只提供政策不提供资金；另一方面，地方既无权提高税率又无权开辟新税源，缺乏必要税收立法权，各地政府自求

---

① 参见刘克崮：《1994 年前后的中国财税体制改革》，载《中共党史资料》2009 年第 4 期。

② 参见《财政部关于完善省以下分税制财政管理体制意见的通知》；《财政部地方司提出完善省以下分税制财政管理体制指导性意见》，载《财政》1996 年第 7 期。

③ 参见王振宇：《加快新一轮财税体制改革莫忘分税制初衷》，载《财政科学》2018 年第 8 期。

④ 参见王丙乾：《中国财政 60 年回顾与思考》，中国财政经济出版社 2010 年版，第 675 页。

⑤ 《李岚清在全国财政工作会议上要求深化改革振兴财政确保明年财税目标实现》，载《人民日报》1998 年 12 月 16 日，第 1 版。

收支平衡,纷纷将视线落于收费上。①收费管理又以自收自支、专款专用为原则,游离于预算管理之外,更为收费主体"谋私"行为提供便利。管理体制的滞后与财税改革自身漏洞致使各地政府巧立名目乱收费、乱摊派,各种收费、摊派远高于税负,企业负担居高不下,国家税收受到严重挤压,税费错位。

针对上述状况,此后较长时间里财税改革均围绕"费改税"这一主题进行。1997 年 7 月,中共中央、国务院出台《关于治理向企业乱收费、乱罚款和各种摊派等问题的决定》,要求取消、清理各类面向企业的不合规行政事业性收费、罚款、集资、基金项目和各种摊派,同时建立相应审批管理制度。②乱收费现象主要包括合理不合法的乱收费③、合法不合理的乱收费④、既不合法也不合理的乱收费⑤三种情况⑥,"费改税"所要解决的主要是第三种情况。根据文件要求,财政部和国家计委分三批共计取消69 项不合理事业性收费项目。⑦

此外,以开征燃油税作为实施改革的具体途径,国务院决定将交通和车辆税费改革作为整体"费改税"的突破口。为消除改革障碍,我国在

---

①　参见谢永清、谢永军、李莹:《费改税:规范我国财政收入体制的必由之路》,载《财经论丛》1998 年第 6 期。

②　参见《中共中央、国务院关于治理向企业乱收费、乱罚款和各种摊派等问题的决定》,载《中华人民共和国国务院公报》1997 年第 24 期。

③　依据 1998 年《收费许可证管理办法》第五条规定,"京外中央国家机关及其所属事业单位、非企业组织,凭合法有效的收费批准文件到省级价格主管部门申领《收费许可证》"。依据《收费许可证管理办法》第十一条规定,"《收费许可证》是收费单位依法收费的凭证"。当行政事业单位按照规定项目和标准收费,但未取得物价部门办理的《收费许可证》时,构成违法收费,即程序违法。

④　合法不合理的乱收费指行政事业单位取得了《收费许可证》但未按许可证批准的收费项目或标准收费,擅自扩大收费范围或降低标准。

⑤　既不合法也不合理的乱收费指行政事业单位既未取得收费批准文件,亦未取得《收费许可证》,擅立名目收费。

⑥　参见山东大学经济学院课题组:《规范地方政府收费与完善地方税体系研究》,载《经济研究参考》1997 年第 23 期。

⑦　参见《财政部、国家发展计划委员会关于公布取消第三批行政事业性收费项目的通知》。

1999 年 10 月通过的《公路法（修正案）》中删除原法涉征收燃油附加费的内容，规定国家采用依法征税的办法筹集公路养护资金，从而在法律上为道路和车辆的"费改税"奠定了基础，为燃油税的开征创造了条件。①2000 年 10 月，国务院批转了财政部、国家计委、国家经贸委等 12 个部门共同制定的《交通和车辆税费改革实施方案》，基本确定了燃油税制度框架。然而，受当时国际油价暴涨和税收开征阻力较大等影响，燃油税开征直至 8 年后方得实现。2008 年 12 月，国务院正式印发《关于实施成品油价格和税费改革的通知》。与此前改革方案相比，此次开征燃油税除了肩负十年前"费改税"改革之未竟目标，更作为一项重要财税引导政策，应对中国日益严峻的环保形势，改革亦侧重于促进节能减排这一功能目标。②此外，通过燃油税费改革和价格机制改革的联动，同时完善了国内成品油价格机制，可谓一举三得，意义深远而重大。

"费改税"的另一重点领域为农村税费改革。改革前，农业税制按照 1958 年颁行的《中华人民共和国农业税条例》征收，老化的税制难以应对农村经济的深刻变化，原定计税面积与实际耕地面积脱节、名义税率与实际税率脱节，农民承受着不应承受之耕地赋税。③此外，"三提五统"的产生更是雪上加霜，乱收费现象在农村地区的表现尤为突出。④为减轻农民负担，制止农村"三乱"现象，2000 年 3 月，中共中央、国务院下发《关于进

---

① 1997 年《中华人民共和国公路法》第三十六条规定，"公路养路费用采取征收燃油附加费的办法。拥有车辆的单位和个人，在购买燃油时，应当按照国家有关规定缴纳燃油附加费。征收燃油附加费的，不得再征收公路养路费。具体实施办法和步骤由国务院规定"。1999 年《中华人民共和国公路法》将该条修改为："国家采用依法征税的办法筹集公路养护资金，具体实施办法和步骤由国务院规定。依法征税筹集的公路养护资金，必须专项用于公路的养护和改建。"

② 参见财政部成品油税费改革工作小组：《成品油税费改革纪实》，载《中国财政》2009 年第 8 期。

③ 参见李冬梅：《中国农民的承重负担及其根源》，载《中国"三农"问题研究获奖优秀论文选（2004）》，中国农村财政研究会专题资料汇编，第 388—389 页。

④ 参见马善记：《扶"税"抑"费"：地方税费制度改革的必由之路》，载《财政研究》1997 年第 4 期。

行农村税费改革试点工作的通知》，率先在安徽全省及其他省的部分地区进行试点改革。此后，国务院办公厅发布的《关于做好 2002 年扩大农村税费改革试点工作的通知》确定将 19 省作为农村税费改革推广地区。其中，按照适当照顾粮食主产区、民族地区和特殊困难地区的原则，由中央对河北、内蒙古等 16 个省、自治区、直辖市改革转移支付资金，实行包干使用；对上海、浙江等沿海经济发达省市，由其依据当年改革试点条件是否基本成熟，自行确定是否自费进行扩大改革试点。①与燃油税开征历程不同，农村费税改革是通过先试点后改革的方式，基本一步到位实现了减轻农民负担的主要改革任务。

表 26-5　农村税费制度改革发展历程

时间	改革内容
1996 年	《国务院关于加强预算外资金管理的决定》
1997 年	《中共中央、国务院关于治理向企业乱收费、乱罚款和各种摊派等问题的决定》 《财政部、国家发展计划委员会关于公布取消第一批行政事业性收费项目的通知》（财综字〔1997〕170 号） 《财政部、国家发展计划委员会关于公布取消第二批行政事业性收费项目的通知》（财综字〔1998〕112 号） 《财政部、国家发展计划委员会关于公布取消第三批行政事业性收费项目的通知》（财综字〔1999〕195 号）
2000 年	《中共中央、国务院关于进行农村税费改革试点工作的通知》（中发〔2000〕7 号）
2001 年	《国务院关于进一步做好农村税费改革试点工作的通知》（国发〔2001〕5 号）
2002 年	《国务院办公厅关于做好 2002 年扩大农村税费改革试点工作的通知》

资料来源：作者自制。

从政府乱收费现象成因看，税费改革所涉并不仅是财税领域调整，还触及深层次的部门与地方利益，是一项紧迫而艰巨的系统性工程。"费改

---

① 参见《国务院办公厅关于做好 2002 年扩大农村税费改革试点工作的通知》，载《中华人民共和国公报》2002 年第 14 期。

税"其意亦不在"税"而在"费",在于通过规范收费制度,间接保障税收制度顺利运行。①

2."收支两条线"管理体制改革

"收支两条线"的提出基于同税费改革相同的改革背景,用以应对地方政府"三乱"现象,是解决预算外资金迅速膨胀问题系统性工程中的一环。1990 年 9 月,中共中央、国务院发布的《关于坚决制止乱收费、乱罚款和各种摊派的决定》中明确要求"对集资的资金,实行收支两条线管理"。②"收支两条线"概念在此文件中被首次提出,概念内涵则在 1993 年10 月中共中央办公厅、国务院办公厅转发财政部颁布的《关于治理乱收费的规定》中所明确。③

所谓"收支两条线",是指对财政资金收入、支出分别进行核定的资金管理方式,具体而言对国家机关、事业单位、社会团体以及政府授权的其他经济组织依法取得的非税收收入全额缴入国库或者财政专户,支出则通过编制预算由财政部门统筹安排,由国库或者财政专户拨付资金。④20世纪 80 年代实行的"收支两条线"管理模式关键在于对政府财政性收入与支出的脱钩管理,这也使该阶段的"收支两条线"与曾在统收统支年代实行的"全部收入上缴,支出由中央分配"式的"收支两条线"概念内涵相区分。随着"收支两条线"制度内涵的确定,其适用范围也在系列改革文件中迅速扩张。以 2001 年 12 月,国务院办公厅转发财政部《关于深化

---

① 参见何振一:《"费改税"研究要着重探索治本之策》,载《税务研究》1998 年第 12 期。

② 《中共中央、国务院关于坚决制止乱收费、乱罚款和各种摊派的决定》,载《中华人民共和国国务院公报》1990 年第 23 期。

③ 参见财政部预算司中央收入处:《何为"收支两条线"》,载《中国经济报》2002 年 3 月 29日,第 4 版。又有学者提出"收支两条线"的提法更早在 1987 年财政部发布的《关于核拨公检法等政法机关办案费用补助两点规定的通知》中,但鉴于无法找到原文件,已无从考证,参见王麟:《"收支两条线"的缘起、形成与困境》,载《"中国行政法二十年"博鳌论坛暨中国法学会行政法学研究会 2005 年年会论文集》,第 590 页。

④ 参见贾康、刘薇:《构建现代治理基础 中国财税体制改革 40 周年》,广东经济出版社2017 年版,第 296—297 页。

表 26-6 "收支两条线"制度发展历程(改革文件)

	改革文件	
时间	文件名	文件主要内容
1990 年	中共中央、国务院《关于坚决制止乱收费、乱罚款和各种摊派的决定》(中发〔1990〕16 号)	"对行政事业性收费,要按照资金性质分别纳入财政预算或预算外管理。罚款收入上缴财政,取消各种形式的罚没收入提留分成办法业务经费,列入财政支出预算。对集资的资金,实行收支两条线管理。"
1993 年	《中共中央办公厅、国务院办公厅关于转发财政部〈关于治理乱收费的规定〉的通知》(中办发〔1993〕18 号)	"要逐步将行政事业性收费管理纳入法制轨道。今后,设立行政事业性收费项目要以法律、法规为依据,并按照审批权限和规定程序报批。制定有关法律、法规,凡涉及行政事业性收费的,要事先征求主管行政事业性收费的财政、计划(物价)部门的意见。" "各级财政部门要加强行政事业性收费的财务管理,收费资金原则上要实行收支两条线。行政性收费要逐步纳入各级财政预算内管理;尚未纳入预算内管理的行政性收费、专项收费及事业性收费,要执行预算外资金管理办法,实行财政专户储存,收入上缴财政部门在银行开设的预算外资金专户,支出由用款单位编制计划,经财政部门审核后按计划拨给。"
	《中共中央办公厅、国务院办公厅关于转发财政部〈关于对行政性收费、罚没收入实行预算管理的规定〉的通知》(中办发〔1993〕19 号)	"收费、罚没收入必须全部上缴财政,绝不允许将收费、罚没收入与本部门的经费划拨和职工的奖金、福利挂钩,严禁搞任何形式的提留、分成和收支挂钩。" "各种行政性收费收入,应作为国家财政收入,逐步纳入预算管理。所收款项,除国家另有规定的外,应根据执收部门的行政隶属关系,分别作为本级财政的预算收入,上缴同级国库。"
1997 年	中共中央、国务院《关于治理向企业乱收费、乱罚款和各种摊派问题的决定》(中发〔1997〕14 号)	"行政事业性收费,《关于治理向企业乱收费、乱罚款和各种摊派问题的决定》(中发〔1997〕14 号)进行管理。罚款要全部上缴同级国库,取消和禁止各种形式的罚款收入提留分成办法。执法部门所需办案和业务经费,一律列入同级财政预算。集资、基金实行收支两条线管理。"

改革文件

时间	文件名	文件主要内容
1998 年	《关于加强公安、检察院、法院和工商行政管理部门行政性收费和罚没收入收支两条线管理工作的规定》	"三、加强行政性收费和罚没收入上缴国库和财政预算外资金专户的工作。 各执收、执罚单位要严格按照批准的收费项目、罚没款项和上缴渠道，将收取的行政性收费和罚没收入按规定及时、足额分别缴入国库或财政预算外资金专户，做到应缴尽缴。" "六、加强支出管理。 公、检、法、工商部门的全部财务收支活动都必须由单位财务部门统一归口管理，在银行设立统一账户。"
1999 年	《中共中央办公厅、国务院办公厅关于转发〈监察部、财政部、国家发展计划委员会、中国人民银行、审计署关于 1999 年落实行政事业性收费和罚没收入"收支两条线"规定的工作的意见〉的通知》（中办发〔1999〕21 号）	"1999 年落实'收支两条线'规定工作要达到以下目标： （六）财政部门安排预算时将执行执罚部门上缴的行政事业性收费和罚没收入与其支出脱钩，行政事业性收费优先用于满足相关业务的必要支出。"
2001 年	《国务院办公厅转发财政部关于深化收支两条线改革进一步加强财政管理意见的通知》	深化"收支两条线"改革需要做好三个方面的工作：一是要将各部门的预算外收入全部纳入财政专户管理，有条件的纳入预算管理，任何部门不得"坐收"、"坐支"。二是部门预算要全面反映部门及所属单位预算内外资金收支状况，提高各部门支出的透明度。同时，财政部门要合理核定支出标准，并按标准足额供给经费。三是要根据新的情况，修订、完善有关法规和规章制度，使"收支两条线"管理工作法制化、制度化、规范化。

"收支两条线"改革进一步加强财政管理意见的通知》为界分,此前相关改革文件都将视线聚焦于行政事业性收费与罚没收入,如表 26-6 整理的改革文件所示,这一点单从文件名就不难看出。但 2001 年后,除这两者以外的更多预算外收入进入了财税制度改革的视野。上述文件指出"预算外资金收入收缴制度改革是实施财政收入收缴制度改革的第一步。今后,还将对纳入预算管理的其他非税收入和税收收入收缴制度实施改革",意味着将预算外收入全部缴入财政专户并由财政部核定支出仅为改革第一层次,将预算外资金逐步纳入预算管理,从而实现对预算外资金的全面消除才是改革的最终目标。因而"收支两条线"是预算外资金唯一的管理模式,但"收支两条线"并不仅针对预算外资金而存在。换言之,即便是将预算外资金全部纳入预算管理后,同样要实行"收支两条线"管理,从而实现收入与支出的完全脱钩。①

表 26-7 "收支两条线"制度发展历程(立法文件)

立法文件			
时间	颁布机关	文件名	文件主要内容
1986 年	国务院	《关于加强预算外资金管理的通知》(国发〔1986〕44 号)	"对行政事业性收费,要按照资金性质分别纳入财政预算或预算外管理。罚款收入上缴财政,取消各种形式的罚没收入提留分成办法业务经费,列入财政支出预算。对集资的资金,实行收支两条线管理。"
1996 年	国务院	《关于加强预算外资金管理的决定》(国发〔1996〕29 号)	"要认真贯彻《中共中央办公厅、国务院办公厅关于转发财政部〈关于对行政性收费、罚没收入实行预算管理的规定〉的通知》(中办发〔1993〕19 号)精神,将财政部已经规定的 83 项行政性收费项目纳入财政预算。"

---

① 参见财政部预算司中央收入处:《何为"收支两条线"》,载《中国经济报》2002 年 3 月 29 日,第 4 版。

立法文件			
时间	颁布机关	文件名	文件主要内容
1996 年	全国人民代表大会	《行政处罚法》	第 46 条规定建立了"罚款决定与罚款收缴分离"制度： "作出罚款决定的行政机关应当与收缴罚款的机构分离。除依照本法第四十七条、第四十八条的规定当场收缴的罚款外，作出行政处罚决定的行政机关及其执法人员不得自行收缴罚款。当事人应当自收到行政处罚决定书之日起十五日内，到指定的银行缴纳罚款。银行应当收受罚款，并将罚款直接上缴国库。"
1997 年	国务院	《罚款决定与罚款收缴分离实施办法》	第 4 条"罚款必须全部上缴国库，任何行政机关、组织或者个人不得以任何形式截留、私分或者变相私分。行政机关执法所需经费的拨付，按照国家有关规定执行。" 第 11 条"代收机构应当按照行政处罚法和国家有关规定，将代收的罚款直接上缴国库。"
2000 年	国务院	《违反行政事业性收费和罚没收入两条线管理规定行政处分暂行规定》	第 1 条"为了严肃财经纪律，加强廉政建设，落实行政事业性收费和罚没收入'收支两条线'管理，促进依法行政，根据法律、行政法规和国家有关规定，制定本规定。" 第 2 条"国家公务员和法律、行政法规授权行使行政事业性收费或者罚没职能的事业单位的工作人员有违反'收支两条线'管理规定行为的，依照本规定给予行政处分。"
2002 年	财政部	《行政事业性收费和政府性基金年度稽查办法》	对行政事业性收费和政府性基金年度稽查的内容、方式、程序以及违规行为的处罚均作出具体规定。

（二）支出管理领域改革

分税制财政体制改革的成功确保了财政收入的快速与稳定增长，财政支出端管理领域改革则明显滞后，其管理手段和方式依然沿袭着过去计划经济时期的做法,致使预算监督无力,财政资金浪费严重,财政资金使用效益低下。①1998 年以来,一场以公共化为导向的财政支出端预算管理体制改革启动,以部门预算改革改革为中心,国库集中收付制度改革、政府采购制度改革等为主要内容的系列支出管理领域改革呈现出方兴未艾之势。

1. 部门预算改革

为应对当时预算编制细化不足以致人大预算审查工作受限、监督无力,预算资金挤占挪用严重的情况,1999 年 12 月,全国人大常委会继1994 年《预算法》后通过了关于加强预算审查监督有关法律问题的又一重要决定——《关于加强中央预算审查监督的决定》。该文件明确提出要细化预算编制,编制部门预算的工作要求。此前,在 1994 年《预算法》中对编制部门预算已经有所规定②,只是在技术层面上受制于当时预算编制方法,因而实践中并未遵照执行。此处改革亦是从技术层面上支持立法,使《预算法》有关法律规定真正落到实处。

根据全国人大常委会指示精神,1999 年 9 月,财政部草拟《关于改进2000 年中央预算编制的意见》并报国务院批准,正式拉开了部门预算改革的序幕。意见提出了在现有预算收支分类的基础上细化预算编制,试编部门预算的改革意见,选择教育部、农业部、科技部、社会保障部等 4 个部门作为下一年度报送部门预算的试点单位。为保障部门预算编制工作的顺利进行,将预算编制时间提前至 9 月。③在此基础上,2000 年 8 月,财政部发布《关于编制 2001 年中央部门预算的通知》,提出了具体的部门预

---

① 参见《2000 年大事记》,载中华人民共和国财政部办公厅官网,http://bgt.mof.gov.cn/zhuantilanmu/caizhengbudashiji/200807/t20080729_59245.htm,访问时间:2021 年 11 月 13 日。

② 1994 年《中华人民共和国预算法》第四条规定,"中央政府预算(以下简称中央预算)由中央各部门(含直属单位,下同)的预算组成"。第五条规定,"地方各级政府预算由本级各部门(含直属单位,下同)的预算组成"。

③ 参见《关于改进 2000 年中央预算编制的意见》。

算编制方法,并将报送部门预算范围扩大至国务院直属全部 29 个部门。①2002 年 6 月,改革进一步推进,财政部先后出台《中央本级基本支出预算管理办法》(试行)《中央本级项目支出预算管理办法》(试行),要求中央级行政事业单位依据两个办法,按照基本支出和项目支出编制部门预算,打破传统"基数法"的预算编制方法。随着中央部门预算改革的稳步推进、不断深入,部门预算改革在此后几年迅速向地方各级预算拓展,地方部门预算改革也取得重大进展。截至 2007 年底,全国 36 个省、自治区、直辖市和计划单列市本级都建立了较为规范的部门预算管理制度,实行综合预算管理。②

部门预算改革是继分税制改革后,我国财政支出管理体制上的又一制度创新。实行部门预算,改变了以往按照经费功能分类进行多本预算编制,预算编制粗放、不透明的问题。③将一个部门的所有收支活动都包含在一本预算本中,从而使预算内容能够完整覆盖政府的所有收支活动,增强了预算内容透明度,实现预算内容的完整统一性,进一步推动了我国预算制度的现代化进程。

2. 国库集中收付制度建立

自新中国成立起至 1999 年,我国的国库收付制度以 1950 年政务院颁行的《中央金库条例》为建立依据,后 1985 年国务院颁布《国家金库条例》,《中央金库条例》废止。传统的国库业务主要由中国人民银行代理,财政部门缺少独立国库机构。国库收付制度以预算单位为基础设立多重存款账户,分级分散缴拨,财政管理呈现高度分散化。随着我国建立公共财政体制目标要求的提出,计划经济体制下建立的财政资金缴拨方式弊

---

① 参见《关于编制 2001 年中央部门预算的通知》。

② 贾康、刘薇:《构建现代治理基础 中国财税体制改革 40 周年》,广东经济出版社 2017 年版,第 288 页。

③ 参见朱军:《公共部门预算制度改革:一个整体性框架》,载《改革》2013 年第 12 期。

表 26-8　部门预算制度改革发展历程

立法文件			
时间	颁布机关	文件名	文件主要内容
2001 年	财政部	《中央部门基本支出预算管理试行办法》（已废止）	对中央级行政事业单位行政经费和事业经费支出的预算管理办法做出规定。
		《中央部门项目支出预算管理试行办法》（已废止）	对中央级行政事业单位的项目支出预算管理办法做出规定。
2002 年	财政部	《中央本级基本支出预算管理办法（试行）》（已废止）	对中央级行政事业单位行政经费和事业经费支出的预算管理办法做出规定，同时废止《中央部门基本支出预算管理试行办法》。
		《中央本级项目支出预算管理办法（试行）》（已废止）	对中央级行政事业单位的项目支出预算管理办法做出规定，同时废止《中央部门项目支出预算管理试行办法》。
2003 年	财政部	《2004 年中央部门预算编制"二上二下"规程》（财办预〔2003〕24 号）	规定编制程序实行"二上二下"的基本流程。
2005 年	财政部	《中央部门预算支出绩效考评管理办法（试行）》（财办预〔2005〕86 号）	规定部门预算支出绩效考评工作要求，开展部门预算支出绩效考评试点。
2006 年	财政部	《中央部门预算编制工作规程》（财办预〔2006〕32 号）	调整部门预算编制"二上二下"时间；完善预算编制和批复的有关要求；增加部门预算编制准备阶段、有关结余资金管理、有关部门预算支出绩效考评的规定；细化职责分配。

端日益显露。高度分散化财政管理方式突出表现为财政交易监督的分散化、现金余额的分散化以及资金付款的分散化。[1]重复分散的账户设置导致财政资金活动缺乏透明度，大量预算外资金脱离监管。据统计资料显示，1999 年全国预算外资金收入达 3385 亿元，其中就有 907 亿元未缴入

---

[1]　参见王雍君：《国库体系重构与公共财政管理改革》，载《财政研究》2003 年第 4 期。

财政专户管理，各地截留、坐支现象严重。①多级多层的账户设置导致资金拨付过程经历环节过多，财政资金易滞留在预算单位账户中，资金无法及时送达用款单位，使用效率低下。

为提高财政资金的使用效率，规范政府财政收支行为，从制度上防止腐败现象的发生，从2000年起，财政部着手准备国库管理制度改革：2000年6月，财政部成立国库司，其设立的主要任务之一便是建立国库集中收付制度。2000年8月，财政部向国务院提交《关于实行国库集中收付制度改革的报告》，对建立现代国库管理制度的建立必要性及构想作报告。2001年3月，国务院批准《财政国库管理制度改革试点方案》，正式开启我国国库管理制度改革。本次改革核心在于建立国库单一账户体系，改革内容主要包括收入方面的集中收缴改革和支付方面的集中支付改革两方面，目的在于建立以国库单一账户体系为基础、以国库集中收付为资金缴拨主要形式的现代国库管理制度。从2001年中央启动国库集中收付体制改革开始，截至2006年4月，改革扩大到全部中央部门，纳入改革的基层预算单位从2001年的136个扩大到3643个，改革全面推行。②通过国库集中收付制度改革，我国建立了国库单一账户体系，使所有的财政资金集中于国库，从根本上解决资金多头存放、多头管理、多环节拨付弊端，避免支付过程中发生的资金"跑、冒、滴、漏"等问题。③从预算分配到资金拨付、使用，再到银行清算，都通过国库单一账户进行，支出实际发生时由国库直接支付，使资金直接到达商品或劳务提供者账户，在降低财政资金运行成本的同时提高资金使用效益。④

---

① 参见谢旭人：《中国财政改革三十年》，中国财政经济出版社2008年版，第330页。

② 参见《楼继伟同志在2007年中央部门预算编制工作会议上的讲话》，载《中央部门预算编制指南（2007年）》，中国财经经济出版社2006年版，第175—191页。

③ 参见马海涛：《新预算法与我国国库集中收付制度改革》，载《中国财政》2015年第1期。

④ 参见贾康、赵全厚：《中国经济改革30年（财政税收卷）》，重庆大学出版社2008年版，第170页。

表 26-9　国库管理制度改革历程

立法文件			
时间	颁布机关	文件名	文件主要内容
1950 年	政务院	《中央金库条例》	
1985 年	国务院	《中华人民共和国国家金库条例》	
2006 年	财政部、中国人民银行	《中央国库现金管理暂行办法》	初步奠定中央国库现金管理制度框架。
2007 年	财政部、国家税务总局、中国人民银行	《财税库银税收收入电子缴库横向联网管理暂行办法》	规定财税库银电子缴库横向联网工作方案。
2013 年	财政部、中国人民银行	《国库集中支付业务电子化管理暂行办法》	推进电子化支付管理工作。
	财政部、中国人民银行	《中央财政国库集中收付代理银行管理办法》	规范商业银行代理中央财政国库集中收付业务。

第二节　党的十八大以来财政现代化改革的财税法治

　　2013 年 11 月,党的十八届三中全会通过《中共中央关于全面深化改革若干重大问题的决定》,将财政定位为国家治理的基础和重要基石。财政由此前的经济范畴跃升成为国家治理范畴,财税体制也从经济体制的组成部分上升成为国家治理体系的一部分。[①]在全面深化改革的宏观背景之下,新一轮以建立现代财政制度为改革目标的财税体制改革由此展开。[②]财税体制改革进入了以"财政现代化"匹配"国家治理现代化"的新时期。而现代化的财税制度建立实质是一个以法治为主导的制度建构过

---

　　①　参见高培勇:《中国财税改革 40 年:基本轨迹、基本经验和基本规律》,载《经济研究》2018 年第 3 期。
　　②　参见楼继伟:《深化财税体制改革,建立现代财政制度》,载《求是》2014 年第 20 期。

程,要求在财税主要领域制定法律且这些法律都是良法,并得到善治。①总结而言,现当代化财税体制的构建是一个经由"无法—有法—良法—善治"的过程。多年来,在党中央的领导下,我国不断加强财税改革顶层设计,经过立法机关、行政机关、执法机关和各有关方面的共同努力,在全面深化预算体制改革和全面落实税收法定原则方面取得了重大突破,财税法治体系建设速度得到显著提升。

一、全面加快财税法治建设时期的总体设计

《中共中央关于全面深化改革若干重大问题的决定》指出,科学的财政体制是优化资源配置、维护市场统一、促进社会公平、实现国家长治久安的制度保障。必须完善立法、明确事权、改革税制、稳定税负、透明预算、提高效率,建立现代财政制度,发挥中央和地方两个积极性。决定指明财税改革在全面深化时期的三大重点任务和主攻方向:一是改进预算管理制度,实施全面规范、公开透明的预算制度;二是完善税收制度,深化税收制度改革,完善地方税体系,逐步提高直接税比重;三是逐步理顺中央和地方的事权关系,建立事权和支出责任相适应的制度,进一步理顺中央和地方收入划分。

为了落实决定中的要求,2014 年 6 月,中共中央政治局会议审议通过《深化财税体制改革总体方案》,为新一轮财税体制改革规划了路线。该总体方案明确指出,2016 年基本完成新一轮财税体制改革的重点工作和任务,2020 年基本建立现代财政制度。新一轮财税体制改革的基本思路是:围绕党的十八届三中全会《中共中央关于全面深化改革若干重大问题的决定》,明确规定的高度概括为 6 句话、24 个字,即"完善立法、明确事权、改革税制、稳定税负、透明预算、提高效率"。具言之,新一轮财税体

---

① 参见刘剑文:《论财税体制改革的正当性》,载《清华法学》2014 年第 5 期。

制改革主要涵盖以下重点任务和内容：一是完善立法。要树立法治理念，依法理财，将财政运行全面纳入法制化轨道。二是明确事权。要合理调整并明确中央和地方的事权与支出责任，促进各级政府各司其职、各负其责、各尽其能。三是改革税制。要优化税制结构，逐步提高直接税比重，完善地方税体系，坚持清费立税，强化税收筹集财政收入主渠道作用。同时，改进税收征管体制。四是稳定税负。要正确处理国家与企业、个人的分配关系，保持财政收入占国内生产总值比重基本稳定，合理控制税收负担。五是透明预算。要逐步实施全面规范的预算公开制度，推进民主理财，建设阳光政府、法治政府。六是提高效率。要推进科学理财和预算绩效管理，健全运行机制和监督制度，促进经济社会持续健康发展，不断提高人民群众生活水平。

全面依法治国是中国特色社会主义的本质要求和重要保障。由于现代财税是现代国家治理的基础和重要支柱，依法理财、依法治税又是全面依法治国不可或缺的重要内容，因而必须充分发挥依法理财、依法治税在全面推进依法治国中的重要作用。2014年10月，党的十八届四中全会通过《中共中央关于全面推进依法治国若干重大问题的决定》，提出全面推进依法治国总目标是建设中国特色社会主义法治体系，建设社会主义法治国家。把全面依法治国纳入"四个全面"战略布局，对于完善和发展中国特色社会主义制度、推进国家治理体系和治理能力现代化，具有重大战略意义。从财税法治建设总目标来看，就是建设中国特色社会主义财税法治体系，全面推进依法理财、依法治税，促进全面依法治国，推进国家治理体系和治理能力现代化。全面加快财税法治体系建设，不仅是为全面深化财税改革保驾护航的客观要求，而且是全面推进依法治国的重要内容和迫切需要。

二、预算法治观念的形成

《中共中央关于全面深化改革若干重大问题的决定》将预算管理制

度改革置于"改进预算管理制度、完善税收制度、建立事权和支出责任相适应的制度"三大任务之首。围绕决定部署任务,《深化财税体制改革总体方案》对深化财税体制改革主要任务进行了细化并明确具体时间表。"改进预算管理制度"被细化为"强化预算约束、规范政府行为、实现有效监督,加快建立全面规范、公开透明的现代预算制度"。预算体制向上紧密承接国家治理、向下则深刻影响百姓民生,居于核心枢纽地位,故从逻辑上看,预算管理制度改革是全面深化改革的基础,应当先行开展。①

这一阶段,预算管理领域的重要标志性成果当属历经十年修法、四次审议、两度搁浅的 2015 年《预算法》颁布和 2018 年《预算法》的修改完善。2015 年新《预算法》施行,为全面深化财税体制改革全局奠定了法律基础。立法宗旨的变化是本次《预算法》修改的最大亮点:此前,《预算法》对立法宗旨表述为"强化预算的分配和监督职能,健全国家对预算的管理,加强国家宏观调控,保障经济和社会的健康发展",这一立法理念下,行政机关占据预算权配置的核心地位;此后,《预算法》对立法宗旨表述为"为了规范政府收支行为,强化预算约束,加强对预算的管理和监督,建立健全全面规范、公开透明的预算制度,保障经济社会的健康发展",政府从管理主体转变为受预算法约束的对象。立法理念的变化表明预算法正从过去的"治民之法"向"治权之法"转变,从"宏观调控法"向"规范政府收支行为法"转变。②现代预算制度的要义在于不仅把预算当作简单的国家会计管理工具,而是着眼于对财政收支计划所承载的公权力进行控制与规范。面对现代社会中不断扩张的财政职能,预算法治是用以控制和规范政府

---

① 参见《一场关系国家治理现代化的深刻变革——财政部部长楼继伟详解深化财税体制改革总体方案》,载《当代农村财经》2014 年第 8 期。

② 刘剑文、苗连营、熊文钊、熊伟:《财税法学与宪法学的对话:国家宪法任务、公民基本权利与财税法治建设》,载《中国法律评论》2019 年第 1 期。

的财政权力的重要工具。这次预算法理念变更正是树立了此种现代预算观念,廓清了预算法的本质所在。

围绕着现代预算理念,2015 年《预算法》在此前改革实践的基础上,将对实践经验的总结落于具体法律条文。其创新性集中体现为:(1)完善政府预算体系,提高政府预算的完整性;(2)健全公开预算制度,提高政府预算的透明度;(3)改进预算控制方式,建立跨年度滚动预算平衡机制;(4)完善转移支付制度,推进基本公共服务均等化;(5)规范地方政府债务管理,严控债务风险;(6)加强预算执行管理,硬化预算支出约束;(7)规范税收优惠政策,促进公平竞争等七个方面。[①]2018 年 12 月 29 日第十三届全国人民代表大会常务委员会第七次会议上对 2015 年《预算法》作出修改,将第 88 条中的"监督检查本级各部门及其所属各单位预算的编制、执行"修改为"监督本级各部门及其所属各单位预算管理有关工作"。在现代财政制度的建构过程中,《预算法》既是基础,亦是起步。法律的生命力在于实施,如何在而后的改革中贯彻落实是《预算法》能否真正发挥效力的关键所在。

三、税收法定原则得以贯彻落实

税收法定原则的落实是对税法制度的法定化、规范化。2013 年党的十八届三中全会通过的《中共中央关于全面深化改革若干重大问题的决定》首次提出"落实税收法定原则"之后,"落实税收法定原则"开始进入官方话语体系。2015 年 3 月,修订后的《立法法》进一步在立法层面对税收法定原则作明确规定[②],并且对税收授权立法在内容和期限上作

---

① 参见朱立俊:《进一步落实人大预算权力强化新〈预算法〉约束力》,载《财政监督》2016年第 8 期。

② 2015 年《中华人民共和国立法法》第八条规定,"下列事项只能制定法律……(六)税种的设立、税率的确定和税收征收管理等税收基本制度"。

明确限定。①此后，中共中央审议通过的《贯彻落实税收法定原则的实施意见》为落实税收法定原则，实现税收基本制度法律化规划了明确的时间表、路线图。要实现税收基本制度法律化意味着首先要以法律的形式对税收基本制度来加以确定，其次要在此基础上搭建起包括税收实体法律、征管法律、行政法规、部门规章等涵盖各层级法律规范在内的效力等级分明、互相协调的规则体系。②

自党的十八届三中全会提出"落实税收法定原则"以来，我国税收立法工作飞速发展。在此之前，我国的税收立法仅包括 1980 年《个人所得税法》、2007 年《企业所得税法》、2011 年《车船税法》三部实体税法及 1992 年《税收征收管理法》一部程序税法。2016 年《环境保护税法》通过；2017 年《烟叶税法》《船舶吨税法》通过；2018 年《车辆购置税法》《耕地占用税法》通过；2019 年《资源税法》通过；2020 年《契税法》《城市维护建设税法》通过；2021 年《印花税法》通过。至此，我国 18 个税种中已经有 12 个制定为法律。剩余 6 个税种中，《增值税法》《土地增值税法》《消费税法》已公开立法征求意见稿，对外公开征求意见，税收法定原则正逐步在我国落实。

可以看出，改革开放以来，特别是党的十八大以来，我国财政税收方面的主要法律与其他经济法律法规相配合，在财政经济领域积极做到有

---

① 2015 年《中华人民共和国立法法》第九条对授权立法内容作限定，"本法第八条规定的事项尚未制定法律的，全国人民代表大会及其常务委员会有权作出决定，授权国务院可以根据实际需要，对其中的部分事项先制定行政法规，但是有关犯罪和刑罚、对公民政治权利的剥夺和限制人身自由的强制措施和处罚、司法制度等事项除外"。第十条对授权立法期限作限定"授权决定应当明确授权的目的、事项、范围、期限以及被授权机关实施授权决定应当遵循的原则等。授权的期限不得超过五年，但是授权决定另有规定的除外。被授权机关应当在授权期限届满的六个月以前，向授权机关报告授权决定实施的情况，并提出是否需要制定有关法律的意见；需要继续授权的，可以提出相关意见，由全国人民代表大会及其常务委员会决定"。

② 李刚：《论形式税收法定主义的落实——以税收立法体制的完善为关键》，载《税务与经济》2017 年第 1 期。

法可依,在我国财税法治化改革上努力践行着"重大改革于法有据"这一法治原则。这不仅对于加快财政职能转变、加强财税宏观调控、增强公共服务功能、优化财税收支结构、促进社会经济可持续协调发展,有着非常重要的推动作用,而且对于促进依法理财、依法治税,推进依法治国,建设社会主义法治国家,促进国家治理能力和治理水平的现代化,有着极其重要的现实意义和深远的历史意义。

易言之,如立法统计表所示,从现有的税收法律规范考察,我国税收基本制度法律化第一步即将实现,规则体系的构建则有待开展。从"税收法定"走向"预算法定"继而实现"财政法定",以纳税人"权利保障"与政府"权力制衡"为基本精神,以"现代国家治理体系"为目标的我国现代财政制度正渐次成型。

表 26-10　现有税种及是否为立法税种(狭义法律)统计

2021 年	我国现行 18 个税种: 属流转性质的 3 种:消费税、增值税、关税。 属所得税性质的 2 种:个人所得税、企业所得税。 属资源性质的 3 种:资源税、环境保护税、城镇土地使用税。 属特定目的性质的 3 种:城市维护建设税、车辆购置税、烟叶税。 属行为性质的 4 种:印花税、土地增值税、耕地占用税、船舶吨税。 属使用性质的 3 种:房产税、契税、车船税。
	其中已立法税种 12 个,尚未立法的税种 6 个(增值税、消费税、土地使用税、土地增值税、关税、房产税): 个人所得税法(自 1980 年 9 月 10 日起施行) 企业所得税法(自 2008 年 1 月 1 日起施行) 车船税法(自 2012 年 1 月 1 日起施行) 环境保护税法(自 2018 年 1 月 1 日起施行) 烟叶税法(自 2018 年 7 月 1 日起施行) 船舶吨税法(自 2018 年 7 月 1 日起施行) 车辆购置税法(自 2019 年 7 月 1 日起施行) 耕地占用税法(自 2019 年 9 月 1 日起施行) 资源税法(自 2020 年 9 月 1 日起施行) 城市维护建设税法(自 2021 年 9 月 1 日起施行) 契税法(自 2021 年 9 月 1 日起施行) 印花税法(自 2022 年 7 月 1 日起施行)

表 26-11 各税种涉及法律法规数量

税　种	法律	行政法规等规范性文件	部委规章等规范性文件
个人所得税	1	9	370
企业所得税	1	6	1114
车船税	1	1	37
环境保护税	1	2	5
烟叶税法	1	0	3
船舶吨税	1	1	24
车辆购置税	1	0	143
耕地占用税	1	3	52
资源税	1	1	57
城市维护建设税	1	3	40
契　税	1	1	112
印花税	1	7	160
消费税	0	4	207
增值税	0	6	554
土地增值税	0	1	30
城镇土地使用税	0	3	49
房产税	0	1	56
关　税	0	16	864
合　计	12	65	3877

资料来源:《高质量立法导向下的税收法定重申》①。

四、财务会计基础管理法律制度不断健全

财务会计基础管理法律制度是我国财税制度主要组成部分,党的十八大以来,国家积极健全与财务会计相关的法律制度,为财税法治化提供了重要的实践保障。

---

① 刘剑文、赵菁:《高质量立法导向下的税收法定重申》,载《法学杂志》2021 年第 8 期。

（一）修改完善《企业会计准则》

为了顺应经济全球化和市场经济发展的现实要求,借鉴国际财务报告准则,全面启动了《企业会计准则》体系建设。2006 年 10 月财政主管部门发布了《企业会计准则——应用指南》。以《企业会计准则》体系核心层次为基本准则,用于搭建中国的《企业会计准则》的概念框架,确定会计目标、会计假设、会计原则和会计要素。在新企业会计准则体系实施过程中,为适应市场经济发展需要,进一步规范会计计量方法,财政主管部门多次对多项准则进行增补和修订,特别是 2014 年进行了大规模的准则修订和增补,出台了 6 项企业会计准则解释、5 个年报通知和若干会计处理规定,当年新颁布了 3 项准则,修改了 5 项准则;为适应国际会计准则发展趋势,2017 年又对 3 项会计准则进行了修订,体现了《企业会计准则》向国际会计准则趋同的趋势。

（二）建立健全《政府会计准则》

2014 年 12 月,国务院批准财政部《权责发生制政府综合财务报告制度改革方案》,明确了我国力争在 2020 年之前建立具有中国特色的政府会计准则体系和权责发生制政府综合财务报告制度。权责发生制政府综合财务报告制度是基于政府会计规则的重大改革,而建立完善的政府会计核算体系是其基础和前提。2015 年 10 月,财政主管部门公布《政府会计准则——基本准则》,自 2017 年 1 月 1 日起施行。该准则规定了政府会计由预算会计和财务会计组成,其中预算会计实行收付实现制,财务会计实行权责发生制。2016 年根据《政府会计准则——基本准则》,财政主管部门印发了 4 项具体准则。我国政府会计准则的制定和实施,不仅对于贯彻落实国家预算管理各项要求,规范处理各项经济事务,严格预算收支行为,提高预算资金使用效果,有着重要的促进作用,而且对增强公共管理意识,实现资源的科学合理配置,防范和化解财务风险,有着不可或缺的重要意义。

（三）专项修改《注册会计师法》

我国《注册会计师法》自 1993 年 10 月 31 日颁布，1994 年 1 月 1 日施行以来，为确立注册会计师行业在经济社会发展中的重要地位，维护社会公共利益和投资者的合法权益，促进市场经济健康规范发展发挥了重要作用。同时，随着经济改革的日益深化、对外开放的日益扩大，注册会计师行业日益发展，也迫切需要对我国《注册会计师法》进行修改完善。为贯彻党中央、国务院关于推进简政放权、深化行政审批制度改革的决策部署，取消不必要或不再适用的行政审批事项，合理下放相关行政审批事项，进一步激发市场活力，2014 年对我国《注册会计师法》进行修改。修改后的法律删除了中外合作会计师事务所相关规定，取消了对外国会计师事务所在中国内地设立常驻代表机构的审批，将会计师事务所的设立审批权下放到省级财政部门，同时加强了事中、事后监管。此次修改是针对注册会计师行业行政审批事项的"专项修改"，对完善注册会计师行业管理体制，不断提高注册会计师行业的法治化、规范化、市场化水平，产生了一定的积极影响。

（四）修改完善《会计法》

根据 2017 年 11 月 4 日第十二届全国人民代表大会常务委员会第三十次会议决定，我国《会计法》主要对会计从业人员的从业资格、专业能力、行为规范等规定内容进行了修改。

尽管这次我国《会计法》修改内容不多，但对于在新时期完善会计法律制度，提高会计人员的专业素质和业务能力，遵守会计职业道德，夯实会计基础工作，提升会计现代化水平，促进依法理财、依法治税有着较为重要的现实意义。

五、税收征管体制进一步优化

2018 年 3 月，国务院机构改革方案提请第十三届全国人大第一次会议审议通过。根据改革方案,政府将着手改革国税地税征管体制,省和省级以下国税地税机构合并,具体承担所辖区域内各项税收、非税收入征管等职责。国税地税机构合并后,实行以国家税务总局为主与省(区、市)人民政府双重领导管理体制。这是继 1994 年实行分税制改革后,省级及省级以下国税地税机构的再次合并。这是一场加强党对税收工作全面领导的重大改革,是一场增强税收服务国家治理职能作用的重大改革,是一场塑造为民、便民、利民税务形象的重大改革,更是一场筑强税收事业长远发展根基的重大改革。

(一)构建优化高效统一税收征管体系

改革国税地税征管体制是加强党对税收工作全面领导、增强税收服务国家治理职能作用的重大改革。《深化党和国家机构改革方案》明确,国税地税征管体制改革的主要内容是合并省级及省级以下国税地税机构,实行以国家税务总局为主与省(自治区、直辖市)政府双重领导管理体制,将基本养老保险费、基本医疗保险费、失业保险费等各项社会保险费交由税务部门统一征收。我国税务机构要由国税、地税分设转为合并的改革可从以下几方面进行阐述。

改革的主要原因,即降低征纳成本,理顺职责关系,提高征管效率,为纳税人提供更加优质高效便利的服务。

改革的原则要求,即按照"瘦身"与"健身"相结合原则,完善结构布局和力量配置,构建优化高效统一的税收征管体系。

改革的主要益处,国税地税机构由分设向合并改革,不仅有利于提高运行效率,包括降低征纳成本、提升征管效率,而且有利于推行三公原则,促进公平竞争。国税地税机构合并后,可以促使涉税信息互通、征管统一、处理一致、优惠透明,同时还能促进企业在地区间的正常合理流动,资源得到更为有效合理配置。此外,改革强化了社会保险费的征管。税收征管体制改革后,非税收入和社会保险费将纳入税务部门征收管理。这无疑将使社保费和非税收入在制度上更具规范性，不但有利于降低征管成本、提升征管效率，而且将为未来税费制度改革、统一政府收入体系、规范收入分配秩序创造条件，夯实国家治理现代化基础。

（二）国税地税合并改革的阶段

税务机构改革既涉收税又涉收费，既要跨条块整合多种复杂事项，又要分省、市、县、乡多层级推进。故按照总体上比部委层面稍后一些、比地方机构改革稍前一些的进度安排，税务机构改革分为七个主要阶段：一是统一思想保稳定阶段；二是顶层设计定方案阶段；三是动员部署鼓干劲阶段；四是改好省局树样板阶段；五是市县推进全覆盖阶段；六是总结经验找差距阶段；七是优化完善再升级阶段，分步推进国税地税合并改革。

为确保改革有力有序有效推进，国家税务主管部门构建了"改革方案＋配套办法＋操作文件"三个层面的制度体系，制定了一揽子改革事项的任务台账和路线图、时间表，以保证改革平稳推进和落实。根据国税地税征管体制改革总体安排，税务系统机构改革将按照先挂牌再"三定"、先把省局改革做稳妥再扎实推进市局及县局改革、先合并国税地税机构再划转社保费和非税收入征管职责的顺序推进。在 2018 年 7 月底前，市、县级税务局将逐级分步完成集中办公、新机构挂牌等改革事项。

（三）国税地税合并改善税收征管，优化纳税人办税服务

国税地税征管体制改革后，针对征管业务和信息系统将如何整合优化问题，国家税务总局制定了《改革国税地税征管体制征管业务工作方案》，随着省、市、县三级新税务机构逐级对外挂牌，一个直接变化是，届时税务系统将实现"六个统一"，即国税地税业务"一厅通办"，国税地税业务"一网通办"，12366"一键咨询"，实名信息一次采集，统一税务检查，统一税收执法标准。国税地税合并改革产生新机构挂牌后，为便利纳税人办税，绝大部分办税服务厅将保持现有办税服务场所、地点不变。另一直接变化是，纳税人将减少报送办税资料，各省份税务机关梳理原国税地税相

同业务的事项清单,整合报送资料,统一资料归档,实现纳税人同一资料只报送一套、同一涉税事项只需申请一次。此外,纳税人还可以"一厅通办"所有涉税事项,"一厅通办"不仅避免了"来回跑",还进一步统一、简并、规范了涉税资料报送,简化、优化了办税流程,降低了纳税成本。

顺利推进国税地税机构合并改革,不仅是精简机构、避免重复征税、提高税收征管质量和效率的需要,而且为全面提高税收征管能力建设水平,保持国家财政收入可持续增长奠定了良好的体制机制基础。不仅促进了我国税收征管现代化,为进一步深化税制改革提供强有力的现代征管保障需要,而且有利于推动依法治税,提升我国现代税收治理能力,促进国家治理体系和治理能力的现代化。

第二十七章　自由贸易试验区制度改革的法治化实践

党的十八大以来,我国先后部署设立 22 个自由贸易试验区,形成了覆盖东西南北中的试点格局。我国自贸试验区战略着重推行制度创新,并非单纯的优惠政策供给,而是属于法律制度改革。只有完善的法律制度才能为自贸试验区日常运营管理提供最为可靠的法治保障,才会契合"重大改革于法有据"的法治先行理念,故自贸试验区法律制度改革之重要性不言而喻。本章从我国自贸试验区改革的背景与法律性质展开,梳理自贸试验区改革的目标定位与特色立法,总结评估当前自贸试验区的法治化举措,为完善自贸试验区法律制度改革提出优化思路与建议。

第一节　我国推进自由贸易试验区制度改革的背景及法律定位

自由贸易试验区建设是我国顺应全球经贸发展新趋势,更加积极主动对外开放和深化国内改革需要的重大战略举措,自贸试验区改革有其特殊的国际和国内背景。从法律性质来看,自贸试验区是一国范围以内的特殊监管区域,具备国际法中的自由贸易园区(FTZ)属性特征可以在"一线放开,二线管住"的前提下尝试各类制度创新。

一、国际背景——应对全球贸易竞争形势

随着经济和科技发展，贸易全球化和经济一体化趋势愈发深入。世界贸易组织（以下简称 WTO）作为一个发达成员和发展中成员并存的贸易组织，常难以平衡各国间利益需求，有些经贸协定难以落实，冲突解决机制难以贯彻。在这一情况下，以美国为首的西方世界有意通过更为广泛的多边自贸协定以削弱 WTO 机制作用，力求扭转对其不利的国际经济形势，从而进行新一轮的全球经济战略部署。其中对我国影响较大的多边自由贸易协定包括 TPP（《跨太平洋伙伴关系协定》）、PSA（《诸边服务贸易协定》）、TTIP（《跨大西洋贸易与投资伙伴关系协议》）。由于这些协议覆盖的成员国多、经济体量大，协定内容又涉及金融、物流、通信等很大部分服务业领域，一旦成型，易使西方国家重新掌握世界经济主导权，很大程度上抵消发展中国家日益增强的经济实力与国际市场竞争力，挤压中国等发展中国家的生存空间。

我国自贸试验区在上述国际背景下设立，意在实行制度创新，对接国际贸易投资新规则，使管理制度更加法治化、现代化和国际化。同时，自贸试验区的建立可积累多边及区域合作经验，逐步熟悉并增强国际经贸规则制定的话语权和主导权，为我国与主要经贸合作伙伴谈判提供重要依据和参考。①

二、国内背景——中国自身的改革和发展需求

党的十八大提出要加快实施自贸试验区战略，党的十八届三中全会亦提出要以周边为基础加快实施自贸试验区战略，形成面向全球的高标准自贸试验区网络。针对过往出现的偏重事前监管、产能过剩、能源紧

---

① 　王瑷媛：《上海自贸区设立背景及发展现状分析》，载《物流科技》2018 年第 8 期。

张、环境污染等问题,导致我国经济发展不平衡、不协调、不可持续的粗放型增长模式。党中央高度重视自贸试验区建设,力图以自贸试验区为契机和平台,以开放倒逼国内改革,适应适应经济全球化趋势,进一步转变政府职能。

一方面,自贸试验区战略的实施是适应经济全球化新趋势的客观要求。"十四五"规划中提到,要建设更高水平开放型经济新体制,重点之一是完善自贸试验区布局,将其建设为对外开放的新高地。当前我国对外开放要以"一带一路"建设为重点,而自贸试验区作为其重要支点,发挥着促进区域内各生产要素自由流动和优化资源配置的作用,进而加快区域经济一体化发展,提升开放水平。①故积极推动自贸试验区战略,是新时期服务于国家对外开放战略的必要举措。

另一方面,自贸试验区的对外开放战略可倒逼国内经济、行政管理等方面转型变革。2016年8月,习近平在对上海自贸试验区建设的指示中提出要大胆试、大胆闯、自主改,力争取得更多可复制推广的制度创新成果,进一步彰显全面深化改革和扩大开放的试验田作用。当下自贸试验区改革已在若干领域探索出成功经验,未来我国的深化改革将积极借鉴自贸试验区建设的有益经验,加快改革步伐,形成倒逼机制。此前,我国利用经济特区和WTO倒逼国内两次改革所取得的明显成效亦证明,利用自贸试验区形成倒逼机制是可行且必要的。②故自贸试验区改革将为国内改革倒逼机制提供完善方案。

三、法律定位——中国内部的自由贸易园区(FTZ)

世界范围内的自由贸易区有自由区、出口加工区、自由港、产业自由

---

① 韩晔:《对外开放格局下"一带一路"战略对接自贸区建设构想》,载《中国物价》2016年第8期。

② 陶庆:《"问题倒逼"与政府职能转变——以上海自贸区建设的若干困境为例》,载《经济体制改革》2015年第6期。

区等不同的表述。目前公认的两个概念分别是 FTA(Free Trade Area)和 FTZ(Free Trade Zone)。FTA 出自 1947 年《关税与贸易总协定》,指两个或两个以上独立关税主体之间,在特定区域范围内,为实现贸易自由化目标而采取取消关税和其他限制性贸易措施的协定。实质上是指集团成员相互之间取消关税和其他贸易限制,但又各自独立保留自己的对外贸易政策。目前,世界上已有欧盟、北美自由贸易区等 FTA,中国—东盟自由贸易区就是典型的 FTA。而 FTZ 源于世界海关组织(WCO)有关"自由区"的规定,在其制定的《京都公约》中规定"FTZ 是缔约方境内的一部分,进入这部分的任何货物,就进口关税而言,通常视为关境之外"。其特点是一个关境内的一小块区域,是单个主权国家(地区)的行为,一般需要进行围网隔离,且对境外入区货物的关税实施免税或保税。FTA 实质是两个或多个国家之间的一种特别约定,而 FTZ 是国家内部区域的一种制度安排。

2008 年,我国商务部和海关总署专门发文建议将 FTA 统一译为"自由贸易区",将 FTZ 译为"自由贸易园区"。我国的自由贸易试验区(China Pilot Free Trade Zone),在中国的境内关外实施特殊的税收和进出口制度,在性质上属于 FTZ。

第二节　我国不同批次自由贸易试验区制度改革的目标定位与特色立法

自 2013 年 9 月我国在上海设立首个自由贸易试验区以来,截至 2023 年底,我国自由贸易试验区经过七次扩容,共设立 22 个,形成了海陆沿边统筹、东西南北中兼顾、由点及面的全方位开放新格局。在"重大改革于法有据"理念指导下,为确保自贸试验区改革创新试验的稳步推进,从国家到地方都出台了相应法律法规,形成了有机统一、相对完整的自贸试验区法律制度体系。

一、第一批自由贸易试验区的目标定位与特色立法

2013 年 9 月,国务院批复成立上海自由贸易试验区,区域范围涵盖上海市外高桥保税区、外高桥保税物流园区、洋山保税港区和上海浦东机场综合保税区等 4 个海关特殊监管区域,总面积 28.78 平方公里。[①]

二、第二批自由贸易试验区的目标定位与特色立法

2014 年 12 月 28 日,国务院决定在此前上海自贸试验区三大片区基础上增加金桥出口加工区、张江高科技园区、陆家嘴金融贸易区,扩展后的自贸试验区总面积 120.72 平方公里。区内重点发展国际贸易、金融服务、航运服务、专业服务、高端制造,旨在建设具有国际水准的投资贸易便利、监管高效便捷、法制环境规范的自由贸易试验区,同时形成可复制、可推广的经验,作为示范积极带动、服务全国,引领各地区共同发展。[②]

2014 年 12 月,国务院批准设立第二批自贸试验区,即广东、天津和福建自贸试验区。其目标定位及特色立法如下表所示。

[①] 2014 年 12 月 28 日全国人民代表大会常务委员会通过《关于授权国务院在中国(广东)自由贸易试验区、中国(天津)自由贸易试验区、中国(福建)自由贸易试验区以及中国(上海)自由贸易试验区扩展区域暂时调整有关法律规定的行政审批的决定》中,将上海自贸试验区的范围扩展至:(1)陆家嘴金融片区共 34.26 平方公里。四至范围:东至济阳路、浦东南路、龙阳路、锦绣路、罗山路,南至中环线,西至黄浦江,北至黄浦江。(2)金桥开发片区共 20.48 平方公里。四至范围:东至外环绿带,南至锦绣东路,西至杨高路,北至巨峰路。(3)张江高科技片区共 37.2 平方公里。四至范围:东至外环线、申江路,南至外环线,西至罗山路,北至龙东大道。

[②] 参见《中国(上海)自由贸易试验区总体方案》。

表 27-1 第二批自贸试验区目标定位及特色立法

名称	涵盖片区	目标定位	特色立法及规定
广东自贸试验区	广州南沙新区片区 深圳前海蛇口片区 珠海横琴新区片区	以"依托港澳、服务内地、面向世界"为战略定位,旨在将自贸试验区建设成为全国新一轮改革开放先行地、21世纪海上丝绸之路重要枢纽和粤港澳深度合作示范区,形成国际经济合作竞争新优势。	《中国(广东)自由贸易试验区条例》对粤港澳合作深度发展及参与"一带一路"的建设作了规定。(1)放宽对粤港澳投资者资质的要求,降低门槛,扩大范围。(2)促进便捷流动,推进粤港澳服务行业管理标准和规则的相衔接,逐步实行认证及相关检测业务,简化手续;同时加强与港澳地区项目对接、投资扩展、信息交流、人才培训等方面活动。
天津自贸试验区	天津港东疆片区 天津机场片区 滨海新区中心商务片区	重点发展融资租赁业、高端制造业和现代服务业,以建成京津冀协同发展高水平对外开放平台、中国改革开放先行区和制度创新试验田、面向世界的高水平自由贸易园区为战略定位,为京津冀协同发展和中国经济转型发展发挥示范引领作用。	《中国(天津)自由贸易试验区条例》专设"服务京津冀协同发展"一章,在增强口岸服务辐射功能、促进科技协同创新、优化区域金融服务、支持区域要素市场建设等方面明确服务京津冀协同发展的主要领域和重点内容。
福建自贸试验区	福州片区 厦门片区 平潭片区	立足于深化两岸经济合作,对接台湾自由经济区,增强两岸经济关联度,并作为21世纪海上丝绸之路核心区,服务"一带一路"战略,积极拓展海上丝绸之路沿线国家和地区经贸合作。	《中国(福建)自由贸易试验区条例》设专章规定闽台交流与合作,在海丝核心区方面则规定支持企业扩大对21世纪海上丝绸之路沿线国家和地区投资,加强相关合作,提升贸易水平。

2014 年 12 月 28 日,全国人大常委会通过《关于授权国务院在中国(广东)自由贸易试验区、中国(天津)自由贸易试验区、中国(福建)自由贸易试验区以及中国(上海)自由贸易试验区扩展区域暂时调整有关法律规定的行政审批的决定》。相比上海自贸试验区调整的法律,此次法律调整增加《台湾同胞投资保护法》。

三、第三批自由贸易试验区的目标定位与特色立法

第三批自贸试验区于 2016 年 8 月批准设立,分布在湖北、辽宁、浙江、河南、重庆、四川和陕西 7 省。自此中国基本形成以"1 + 3 + 7"的雁形阵为骨架、东中西协调、陆海统筹的全方位和高水平区域开放新格局,并为加快实施"一带一路"战略提供重要支撑。该批自贸试验区各自目标定位及特色立法如下表所示。

表 27-2　第三批自贸试验区目标定位及特色立法

名称	涵盖片区	目标定位	特色立法及规定
湖北自贸试验区	武汉片区 襄阳片区 宜昌片区	有序承接产业转移,建设一批战略性新兴产业和高技术产业基地,在实施中部崛起战略和推进长江经济带发展中发挥示范作用。	《中国(湖北)自由贸易试验区条例》该条例为湖北自贸试验区试验更大程度的开放和深化放管服改革等方面固化创新成果、指明创新方向。
辽宁自贸试验区	大连片区 沈阳片区 营口片区	加快市场取向体制机制改革、积极推动结构调整,建设成为提升东北老工业基地发展整体竞争力和对外开放水平的新引擎,引领东北地区转变经济发展方式、提高经济发展质量和水平。	《中国(辽宁)自由贸易试验区条例》专章规定"老工业基地结构调整"和"东北亚区域开放与合作"等内容。
浙江自贸试验区	舟山离岛片区 舟山岛北部片区 舟山岛南部片区 2020 年 9 月区域扩展: 宁波片区 杭州片区 金义片区	推进以油品全产业链为核心的大宗商品投资便利化、贸易自由化,提升大宗商品全球配置能力,成为中国东部地区重要海上开放门户示范区、国际大宗商品贸易自由化先导区和具有国际影响力的资源配置基地,建成自由贸易港区先行区。 区域扩展后: 扩展区域坚持以"八八战略"为统领,发挥"一带一路"建设、长江经济带发展、长三角区域一体化发展等国家战略叠加优势,着力打造以油气为核心的大宗商品资源配置基地、新型国际贸易中心、国际航运和物流枢纽、数字经济发展示范区和先进制造业集聚区。	《中国(浙江)自由贸易试验区条例》重点突出浙江区域特色。围绕油品全产业链、大宗商品贸易便利化和自由化、保税燃料油加注以及服务"一带一路"倡议等内容,进行设计制度。

（续表）

名称	涵盖片区	目标定位	特色立法及规定
河南自贸试验区	郑州片区 洛阳片区 开封片区	加快建设贯通南北、连接东西的现代立体交通体系和现代物流体系，建成服务于"一带一路"建设的现代综合交通枢纽、全面改革开放试验田和内陆开放型经济示范区。	《中国（河南）自由贸易试验区条例》立足差异化探索，着重突出跨境电商、多式联运等特色领域，对利用第五航权、建立多式联运国际规则标准规范、建设国际性物流中心、培育扩大新型贸易等作出安排。此外，该条例明确推进通关便利化，压缩通关时间，持续优化口岸营商环境，推进跨境电商配套平台建设，在通关、税收征管、支付结算等方面给予便利，积极融入共建"一带一路"。
重庆自贸试验区	两江片区 西永片区 果园港片区	建成服务于"一带一路"建设和长江经济带发展的国际物流枢纽和口岸高地，推动构建西部地区门户城市全方位开放新格局，带动西部大开发战略深入实施。	
四川自贸试验区	成都天府新区片区 成都青白江铁路港片区 川南临港片区	立足内陆、承东启西，服务全国、面向世界，建成西部门户城市开发开放引领区、内陆开放战略支撑带先导区、国际开放通道枢纽区、内陆开放型经济新高地、内陆与沿海沿边沿江协同开放示范区。	《中国（四川）自由贸易试验区条例》文件规定实施内陆与沿海沿边沿江协同开放战略，主动融入"一带一路"建设、长江经济带发展，提升互联互通，加强制度对接，开展产业协同，打造多元化合作平台。
陕西自贸试验区	中心片区 西安国际港务区片区 杨凌示范区片区	将自贸试验区建设为全面改革开放试验田、内陆型改革开放新高地、"一带一路"经济合作和人文交流重要支点，探索内陆与"一带一路"沿线国家人文交流新模式，推动西部大开发战略深入实施。	《中国（陕西）自由贸易试验区条例》致力于将自贸试验区建成"一带一路"经济合作和人文交流重要支点，落实国家对陕西自贸试验区的战略定位要求，同时带动西部现代服务业、先进制造业、现代农业等高端产业全方位对外开放。

四、第四批自由贸易试验区的目标定位与特色立法

第四批仅设立海南自贸试验区，由国务院于 2018 年 10 月批准。海南自贸试验区共 3.54 万平方公里，是我国自贸试验区中面积最大的一个，它以全岛为试点，以发展旅游、现代服务、高新技术产业为主导，围绕建设"三区一中心"，力图把海南打造成为我国面向太平洋和印度洋的重要对外开放门户。[①]《海南自由贸易港建设总体方案》明确表示："在遵循宪法规定和法律、行政法规基本原则前提下，支持海南充分行使经济特区立法权，立足自由贸易港建设实际，制定经济特区法规。"

2021 年 6 月 10 日全国人大常务委员会通过《海南自由贸易港法》，从国家立法层面为海南自由贸易港的建设发展提供了重要法律保障。制定《海南自由贸易港法》的重要目的在于打造一个法治化、国际化、便利化的营商环境，推动海南在法治的轨道上形成全面深化改革开放的新标杆。

五、第五批自由贸易试验区的目标定位与特色立法

第五批自贸试验区设立在山东、江苏、广西、河北、云南和黑龙江等省份，由国务院在 2019 年 8 月批准设立。第五批自贸试验区吸收了前四批自贸试验区的成熟经验，在定位上深入全面延续了国家多个重大战略，以顺应国际经济新形势。该批自贸试验区各自目标定位及特色立法如下表所示。

六、第六批自由贸易试验区的目标定位与特色立法

2020 年 9 月，北京、安徽、湖南 3 个自贸试验区，以及浙江自贸试验区扩展区域设立运行。该批自贸试验区在此前基础上，继续承担为全面深化改革和扩大开放探索新途径、积累新经验的重大使命，努力形成可在全国范围内复制和推广的经验。

---

① 参见《中国（海南）自由贸易试验区总体方案》。

表 27-3　第五批自贸试验区目标定位及特色立法

名称	涵盖片区	目标定位	特色立法及规定
山东自贸试验区	济南片区 青岛片区 烟台片区	自贸试验区加快推进新旧发展动能接续转换,围绕高质量发展海洋经济、深化中日韩区域经济合作等方面开展创新。	《中国(山东)自由贸易试验区条例》条例突出山东在海洋资源及与日韩地方经贸合作方面的地缘优势,分别专设海洋经济和区域经济合作章节。 (1)海洋经济部分,主要规定了支持青岛、烟台片区发展的海洋特色产业和项目、提升自贸试验区航运服务能力的具体措施、深化海洋合作交流及提升海洋国际合作水平等内容。 (2)区域经济合作部分,主要在合作园区建设、提升中日韩区域通关便利化水平、服务贸易合作、航运合作等方面进行具体制度设计。
江苏自贸试验区	南京片区 苏州片区 连云港片区	自贸试验区着重推动全方位高水平对外开放,加快"一带一路"交汇点建设,着力打造开放型经济发展先行区、实体经济创新发展、高端产业集聚和产业转型升级示范区,推动长江经济带和长江三角洲区域一体化发展。	《中国(江苏)自由贸易试验区条例》该条例第五章专章突出对新一代信息技术、生物技术和新医药、新材料、高端装备制造等四大重点产业的创新发展。
广西自贸试验区	南宁片区 钦州港片区 崇左片区	自贸试验区发挥广西与东盟国家陆海相邻的独特优势,着力建设西南中南西北出海口、面向东盟的国际陆海贸易新通道,形成21世纪海上丝绸之路和丝绸之路经济带有机衔接的重要门户,形成引领中国—东盟开放合作的高标准高质量自贸试验区。	《中国(广西)自由贸易试验区条例》广西作为中国—东盟开放合作的前沿,推动面向东盟的开放合作、服务"一带一路"建设是广西自贸试验区的特色,条例专设一章对此作出规定。

（续表）

名称	涵盖片区	目标定位	特色立法及规定
河北自贸试验区	雄安片区 正定片区 曹妃甸片区 大兴机场片区	服务京津冀协同发展和雄安新区高质量发展两大国家战略。	《中国（河北）自由贸易试验区条例》该条例将"引领雄安新区高质量发展""推动京津冀协同发展"列为独立章节，并针对性提出相关促进发展的政策措施，增强法规的可操作性。
云南自贸试验区	昆明片区 红河片区 德宏片区	自贸试验区着力打造"一带一路"和长江经济带互联互通的重要通道，建设连接南亚东南亚大通道的重要节点，推动形成我国面向南亚东南亚辐射中心、生态环境质量一流的开放前沿。	《中国（云南）自由贸易试验区管理办法》着重发挥云南省"沿边"和"跨境"区位优势，鼓励创新沿边跨境经济合作模式和推动孟中印缅经济走廊、中国—中南半岛经济走廊陆路大通道建设。
黑龙江自贸试验区	哈尔滨片区 黑河片区 绥芬河片区	自贸试验区着力全面落实中央关于推动东北全面振兴全方位振兴、建成向北开放重要窗口的要求，深化产业结构调整，建设以俄罗斯及东北亚区域为重点的开放合作中心枢纽。	《中国（黑龙江）自由贸易试验区管理试行办法》

表 27-4　第六批自贸试验区目标定位及特色立法

名称	涵盖片区	目标定位	特色立法及规定
北京自贸试验区	科技创新片区 高端产业片区 国际商务服务片区	自贸试验区助力建设具有全球影响力的科技创新中心，加快打造服务业扩大开放先行区、数字经济试验区，着力构建京津冀协同发展的高水平对外开放平台。	《中国（北京）自由贸易试验区条例》征求意见稿公布，该条例鼓励京津冀自贸试验区产业链协同发展；加强京津冀自贸试验区技术、人才、信息等要素资源流动融通；促进京津冀自贸试验区政务服务同事同标、跨区通办；支持大兴组团与中国（河北）自贸试验区大兴机场片区统筹谋划、联动建设。

（续表）

名称	涵盖片区	目标定位	特色立法及规定
安徽自贸试验区	合肥片区 芜湖片区 蚌埠片区	着力推动长三角区域一体化发展，发挥在推进"一带一路"建设和长江经济带发展中重要节点作用，推动科技创新和实体经济发展深度融合，加快推进科技创新策源地建设、先进制造业和战略性新兴产业集聚发展，形成内陆开放新高地。	《中国（安徽）自由贸易试验区条例（草案）》在服务国家重大战略方面，规定自贸试验区服务和融入长三角一体化发展、长江经济带发展、中部地区崛起和"一带一路"建设的具体措施。
湖南自贸试验区	长沙片区 岳阳片区 郴州片区	自贸试验区发挥东部沿海地区和中西部地区过渡带、长江经济带和沿海开放经济带结合部的区位优势，着力打造世界级先进制造业集群、联通长江经济带和粤港澳大湾区的国际投资贸易走廊、中非经贸深度合作先行区和内陆开放新高地。	《中国（湖南）自由贸易试验区条例（草案）》

七、国务院批准设立新疆自贸试验区

2023年10月21日，国务院批准设立新疆自贸试验区。2024年1月底，新疆自治区人大启动了《中国（新疆）自由贸易试验区条例》立法工作，并提出加快推进该自贸区相关配套立法工作。

第三节　我国自由贸易试验区制度改革的法治化举措、存在问题与完善思路

一、自贸试验区改革的法治化举措及其重要意义

1. 自贸试验区的立法现状

自贸试验区设立之初，国家就注重在遵循法制统一原则的指导下进

行中央与地方层面的法律法规调整以及法律法规的制定。

在中央层面，采取了全国人大常委会授权自贸试验区暂时调整有关法律规定和条件成熟时制定或修改法律的方式。2013 年 8 月 30 日，全国人大常委会审议通过《关于授权国务院在中国（上海）自由贸易试验区暂时调整有关法律规定的行政审批的决定》，其核心是规定对国家规定实施准入特别管理措施之外的外商投资，暂时调整《中华人民共和国外资企业法》《中华人民共和国中外合资经营企业法》和《中华人民共和国中外合作经营企业法》规定的有关行政审批。①此后，全国人大常委会相继公布了各批自贸试验区的"授权国务院在自贸试验区暂时调整有关法律规定"的文件，但所调整的法律不限于以上三部，根据自贸试验区的发展需要又纳入了《中华人民共和国对外贸易法》《中华人民共和国道路交通安全法》《中华人民共和国食品安全法》等。基于改革实践经验和对外开放需求，制定了《中华人民共和国外商投资法》（2019 年 3 月 15 日第十三届全国人民代表大会第二次会议通过），对《中华人民共和国对外贸易法》做了两次修正（2016 年 11 月和 2022 年 12 月），吸收了自贸试验区改革的试验，为自贸试验区改革提供了相应法律依据。

在全国人大常委会授权国务院调整自贸试验区内法律后，针对区内的规定，2016 年 7 月，国务院出台了《关于在自由贸易试验区暂时调整有关行政法规、国务院文件和经国务院批准的部门规章规定的决定》，指出为保障自由贸易试验区有关改革开放措施依法顺利实施，国务院在自由贸易试验区暂时调整《中华人民共和国外资企业法实施细则》等 18 部行政法规、《国务院关于投资体制改革的决定》等 4 件国务院文件、《外商投资产业指导目录（2015 年修订）》等 4 件经国务院批准的部门规章的有关规定，2017 年 12 月修改后又增加了暂时调整《中华人民

---

① 参见《关于授权国务院在中国（上海）自由贸易试验区暂时调整有关法律规定的行政审批的决定》。

共和国船舶登记条例》等 11 部行政法规,等等,以及《国务院关于在自由贸易试验区暂时调整实施有关行政法规规定的通知》规定对《营业性演出管理条例》《外商投资电信企业管理规定》和《印刷业管理条例》等 3 部行政法规的调整。2019 年 12 月 12 日,《中华人民共和国外商投资法实施条例》经国务院第 74 次常务会议通过,自 2020 年 1 月 1 日起施行。

地方层面,各地自贸试验区所在省、市的人大常委会根据中央精神亦出台相关调整本地区法规的文件,如上海市人大常委会通过《关于在中国(上海)自由贸易试验区暂时调整实施本市有关地方性法规规定的决定》,规定在上海自贸试验区内,对国家规定实施准入特别管理措施之外的外商投资停止实施《上海市外商投资企业审批条例》;上海其他有关地方性法规中的规定,凡与《中国(上海)自由贸易试验区总体方案》不一致的要进行调整实施。[①]

中央与地方层面调整自贸试验区内法律、法规、规章的决定,在最后设置专门的"日落条款",即调整实施在三年内试行,对实践证明可行的,符合规定的可以上升为法律;对实践证明不宜调整的,在试点期满后恢复施行有关的法律规定。所以在自贸试验区暂停调整实施法律、法规、规章的决定不是对法制统一原则的破坏,而是在法制统一原则指导下为配合自贸试验区发展需要采取的暂时性措施。

2. 自贸试验区改革的法治化举措

除对自贸试验区内法律法规进行调整外,自贸试验区还出台了若干顺应改革法治化要求的举措以促进自身发展、保障区内各主体权益,从而维护自贸试验区法治动态平衡。

(1)推行自贸试验区"放管服"改革,提升投资贸易便利化水平。党的十八大以来,以习近平同志为核心的党中央坚定不移推进中国改革开

---

① 参见《关于在中国(上海)自由贸易试验区暂时调整实施本市地方性法规有关规定的决定》第一、二条。

放，坚定实行高水平的贸易和投资自由化便利化政策，推动我国形成全面开放新格局，取得一系列重大成绩：全国自贸试验区由 2013 年的 1 个增至 2021 年的 21 个，《外商投资准入特别管理措施（负面清单）》由 2017 年的 63 条缩减至 2021 年的 31 条，《海南自由贸易港建设总体方案》等陆续发布实施，外资准入持续放宽，营商环境全球排名不断提升。

所谓放管服的"放"在于简政放权，降低准入门槛；"管"则是针对监管体制创新，维护市场公平竞争；而"服"主要是提升服务品质，打造便利环境。①

自贸试验区的放管服改革初期主要集中于商事登记制度改革和自贸试验区负面清单制定上。上海自贸试验区率先在区内推出注册资本认缴登记制度，并制定了上海自贸试验区的外商投资准入特别管理措施，开始实施市场准入负面清单制，以清单形式对外商投资项目进行管理。随着我国对外开放程度逐步扩大，自贸试验区清单条目开始大幅缩减，进一步放宽了外资准入门槛。上海自贸试验区的改革之风也影响了后面所设的各批自贸试验区，各自贸试验区纷纷启动商事登记改革，例如，辽宁自贸试验区和河南自贸试验区条例中均指出要建立与国际惯例、规则相衔接的商事登记制度；②江苏自贸试验区为推动商事登记便利化，在自贸试验区内开始实施商事登记确认制度；③2021 年 2 月开始施行的《海南自贸港负面清单》中，其管理措施缩减至 27 条，在电信、教育等重点领域，商务服务方面和制造业、采矿业准入方面进一步放开。④

在外商投资扩大、负面清单条目缩减的同时，自贸试验区亦重视监管作用。广东自贸试验区提出加强事中、事后监管，以"互联网＋"模式开展

---

① 参见《简政放权 放管结合 优化服务 深化行政体制改革 切实转变政府职能》。
② 参见《中国（辽宁）自由贸易试验区条例》第十八条、《中国（河南）自由贸易试验区条例》第十七条。
③ 参见《中国（江苏）自由贸易试验区条例》第二十一条第二款第一项。
④ 参见《海南自由贸易港外商投资准入特别管理措施（负面清单）（2020 年版）》附件全文。

监管信息集成化系统建设,实现各监管部门平台信息互通。同时,充分利用信息对企业进行信用分类评估,制定分级分类监管措施。①福建自贸试验区整合多部门职能,成立自贸试验区综合监管和执法局,改变了自贸试验区重复执法状况。②就目前看来,各地自贸试验区在监管监测机制上均采用"双随机、一公开"平台机制,在制定了随机抽查事项的同时,建立多部门联合抽查工作制度以提升自贸试验区监管成效。

自贸试验区在放宽市场准入,做好事中、事后监管保障的同时,还注重优化事前审批流程,提高服务效率,改革行政管理机制,为新兴贸易提供发展便利,打造优质便利的政务服务环境吸引外商投资。2019 年 11 月,国务院发布的《关于在自由贸易试验区开展"证照分离"改革全覆盖试点的通知》中规定,在国内所有已设立自贸试验区内,对所有涉企经营许可事项实行全覆盖清单管理,按照直接取消审批、审批改为备案、实行告知承诺、优化审批服务等四种方式分类推进改革。③证照分离改革下,除部分国家法律法规强制规定的需经主管部门批准获取许可证后方可从事经营活动的特殊管制行业外,一般企业仅凭营业执照即可开展经营活动。天津自贸试验区为使审批更加专业高效,实行审管分离,成立行政审批局作为统一行政审批机构。为进一步提升自贸试验区贸易水平和运输通关效率,上海自贸试验区最早试点"单一窗口"机制,参与国际贸易的企业可通过"单一窗口"网络平台随时随地录入申报数据,同时"单一窗口"平台也与各部门业务网联通,各部门可以实现信息实时共享,大幅节约办事时间。目前"单一窗口"机制已经被各个自贸试验区普遍适用。在当前网络科技高速发展背景下,各自贸试验区为整合部门行政

---

① 参见《进一步加强中国(广东)自由贸易试验区事中事后监管体系建设总体方案》第二部分第一至四项。

② 刘祺、马长俊:《自贸区"放管服"改革的成效、困境及对策——以上海、广东、福建、天津自贸区为分析蓝本》,载《新视野》2020 年第 1 期。

③ 参见《关于在自由贸易试验区开展"证照分离"改革全覆盖试点的通知》。

职能，提高办事效率，纷纷推出"一网通办"平台以实现互联网和自贸试验区政务服务的融合，真正做到一站式服务。河南自贸试验区洛阳片区以大数据技术为依托，成功上线运行企业专属综合服务平台，实现政务服务事项"一号申请、一窗受理、一网通办"。①此外，为支持跨境电商平台等新兴贸易形式的发展，自贸试验区在诸多方面给予便利。例如，河南自贸试验区在通关、税收征管、支付结算等方面依法给予跨境电商便利；②北京自贸试验区允许通过跨境电商渠道进口部分医疗产品，支持药品和医疗器械出口等。③

（2）创新自贸试验区金融服务，完善金融监管机制。自2013年我国第一个自贸试验区设立开始，金融管理部门在坚持宏观审慎、风险可控的前提下，大力支持各地自贸试验区金融创新，发布各类金融支持自贸试验区建设的意见和措施，逐步形成自贸试验区金融制度创新框架。同时，各自贸试验区积极探索金融制度创新，深化金融体制改革，金融对外开放稳步推进，金融服务功能不断增强，金融监管和风险防范机制不断完善，为金融改革开放积累了经验。

当前，各自贸试验区主要集中于稳步推进人民币资本项目可兑换、推动人民币跨境使用和外汇管理改革等方面，具体着眼于积极引进各类金融机构，在金融产品、服务方面进行创新，尤其强调金融服务实体经济的发展。在早期设立的四大自贸试验区中，还曾提到开展金融利率市场化，不过目前仅上海自贸试验区于2014年开放企业小额外币存款利率上限，可以看作迈出自贸试验区利率市场化第一步，后因风险难以防控，各自贸试验区均未再提及此项创新。④为更好支撑区内各项金融业务开展，各自

---

① 参见《自贸区洛阳片区："网上可办"和"一网通办"实现100％达标》，载《洛阳日报》2020年7月17日，第1版。

② 参见《中国（河南）自由贸易试验区条例》第二十四条。

③ 参见《中国（北京）自由贸易试验区条例（征求意见稿）》第二十二条。

④ 参见《央行放开上海自贸试验区小额外币存款利率上限》，载《交通财会》2014年第3期。

贸试验区都提出建立金融基础设施和服务平台,如四川、河南自贸试验区提出建立国际贸易结算中心①,北京自贸试验区提出设立本外币合一的支付清算系统和平台②。此外,为响应国家低碳目标,自贸试验区还将着力发展绿色金融产品和服务,构筑绿色金融中心。

在金融创新不断涌现的同时,风险亦随之而生,为打造安全金融体系,各自贸试验区都在加强金融监管,构建风险防控体系。从目前来看,各自贸试验区在金融监管上主要采取完善金融风险监测预警和评估机制、优化风险防范和处置机制等方式,建立与自贸试验区金融创新发展相匹配的风险防控机制。有些自贸试验区还专门设立或规定金融风险处置机构,如北京自贸试验区规定北京金融法院负责保护各种中外金融机构的合法经营活动③;湖南自贸试验区探索建立金融法庭和引入金融仲裁机构解决金融争议纠纷④。各自贸试验区在开展金融压力测试和风险监管防控的同时,还新增区内金融机构报送信息,履行反洗钱、反恐怖融资和反逃税的义务,以配合金融监管部门监测跨境异常资金流动,保障区内金融安全和投资者权益。

(3)优化自贸试验区营商环境,提高法治保障水平。优质的营商环境是自贸试验区高质量发展的重要基础,各自贸试验区均将建设国际化、市场化、法治化营商环境作为建设重点。目前仅有海南自由贸易港出台了符合自身实际的《海南自由贸易港优化营商环境条例》,其他自贸试验区均适用各自省级人大出台的地方性优化营商环境条例。从内容上看,涉及内容区别不大,基本聚焦于市场环境、政务服务、监管执法和法治保障。只不过海南自贸港的优化营商环境条例更加细化,更具自贸港

---

① 参见《中国(河南)自由贸易试验区条例》第三十一条第一款第五项、《中国(四川)自由贸易试验区条例》第三十六条第二款。

② 参见《中国(北京)自由贸易试验区条例(征求意见稿)》第四十四条。

③ 参见《中国(北京)自由贸易试验区条例(征求意见稿)》第五十四条。

④ 参见《中国(湖南)自由贸易试验区条例(草案)》第五十四条。

特色，如海南自贸港特别强调落实跨境服务负面清单管理制度，扩大对外开放领域。①在政务服务中，各省均强调了一网通办和打造国际贸易"单一窗口"，海南自贸港结合自身特色进行了细化，提出打造国际投资"单一窗口"和自贸港人才服务"单一窗口"。②在监管方面，自贸试验区实行事中、事后监管制度，以"双随机、一公开"为基本的监管监测手段，以信用为基础进行分级分类监管，总体对新产业采取包容审慎的态度，均提出了"互联网＋监管"的理念，海南自贸港则进一步提出促进执法机关和行业主管部门的监管信息和标准联通，实现处理结果互认。③

　　各自贸试验区为打造法治化营商环境，首先提到的就是对政府及有关部门制定的；涉及市场主体生产经营活动的规范性文件、政策措施进行合法性审查，对可能影响市场竞争的进行公平竞争审查。海南自贸港提出建立涉企政策的综合协调审查机制，避免政策冲突、不协调或者政策叠加对市场主体正常生产经营活动造成不利影响。④同时，自贸试验区重视司法服务，主要体现为构建多元化纠纷解决机制。⑤随着最高人民法院"一站式"国际商事纠纷多元化解决平台的上线，国内自贸试验区都支持仲裁和调解机构加入该平台，对接国际商事通行规则，完善审判体制。目前，各自贸试验区都在建立网上诉讼服务机制，极大地提高了司法服务的效率，也有利于保障当事人的知情权和推进法院无纸化办公模式。而对各自贸试验区内的政府及有关部门，各自贸试验区适用的优化营商环境条例中明确规定了其法律责任，对不履行优化营商环境工作职责的，由负责营商环境的主管部门责令改正，情节严重的给予处分，构成犯罪的，依

---

①　参见《海南自由贸易港优化营商环境条例》第七条。

②　参见《海南自由贸易港优化营商环境条例》第十、十四条。

③　参见《海南自由贸易港优化营商环境条例》第二十九条第二款。

④　参见《海南自由贸易港优化营商环境条例》第三十三条第三款。

⑤　参见《江苏省优化营商环境条例》第七十二条、《上海市优化营商环境条例》第六十六条，其中都提到完善调解、仲裁、行政裁决、行政复议、诉讼等有机衔接、相互协调的多元化纠纷解决机制。

法追究刑事责任。①用法规约束力和法律责任的震慑力切实保障和推进自贸试验区优化营商环境工作。

3. 推进自贸试验区改革法治化的重要意义

（1）落实重大改革于法有据的理念。习近平在中央全面深化改革领导小组第二次会议上强调，凡属重大改革都要于法有据。改革是破与立的过程，由于自贸试验区改革需要突破全国性法律，因此自贸试验区的制度建构一直基于全国人大常委会作出的地方改革试点授权决定，以实现重大改革于法有据。易言之，自贸试验区在改革过程中通过运用法治思维和法治方式，发挥法治引领和推动作用，确保自贸试验区诸项改革措施都在法治轨道上推进。②故中央或地方制定的调整自贸试验区各方面的文件配合自贸试验区改革发展，从而实现自贸试验区改革措施的法治化。

（2）防范化解自贸试验区先行先试的法律风险。中央在自贸试验区成立之时就明确指出支持自贸试验区发展过程中开展各方面的先行先试，但作为一个不断试验的过程，其中可能会出现违反现行法律、法规的情况。因此，全国人大常委会授权国务院暂停调整自贸试验区内某些法律实施，国务院也作出暂停调整某些行政法规、规章在自贸试验区内实施的决定，各地自贸试验区的省级人大常委会亦作出类似决定，这些决定无一例外都是在帮助自贸试验区防范某些创新改革措施可能带来的法律风险，让自贸试验区放心、大胆地开展各种试点试验，一定程度上化解了自贸试验区改革带来的法律冲击，鼓励自贸试验区不断开展制度创新。

（3）用制度创新引领自贸试验区发展。中央明确指出，自贸试验区要从政策洼地走向制度高地。各个自贸试验区总体方案中均规定自贸试

---

①　参见《上海市优化营商环境条例》第七十九条、《海南自由贸易港优化营商环境条例》第三十八条。

②　参见《习近平主持召开中央全面深化改革领导小组第二次会议》，其中提到凡属重大改革都要于法有据，在整个改革过程中，都要高度重视运用法治思维和法治方式，发挥法治的引领和推动作用，加强对相关立法工作的协调，确保在法治轨道上推进改革。

验区在改革试点过程中贯彻可复制、可推广思路，将实践行之有效的政策措施及时上升为制度，用制度保障区内各项政策的稳定存在，减少投资者对政策稳定性的担忧，增强其投资信心。制度创新是中央对自贸试验区战略发展部署的重大任务，需发挥法治固根本、稳预期、利长远的保障作用。灵活高效的法律法规、监管模式和管理体制是实现自贸试验区打造法治化营商环境的必备元素，只有在制度创新引领下，自贸试验区的各项改革措施才能得到真正的保障和长足的发展。

（4）与国际通行规则接轨。自贸试验区是对外开放战略的重要一环，是实现人民币国际化、提升我国国际贸易水平的必经之路。然而，原有涉外商事法律制度并不完全符合国际通行规则，也不匹配自贸试验区战略定位，故国家对自贸试验区进行法律调整和规则制定，出台大量规范性文件让自贸试验区能够对标国际，真正实现"走出去"。其中最具代表性的就是自贸试验区负面清单的逐年完善，逐步减少对外资进入的限制，争取实现全行业的全面开放，这也是世界上其他国家自贸试验区的现行做法，与国际通行规则接轨亦符合自贸试验区打造国际化营商环境的目标定位。

二、自贸试验区改革法治化过程中存在的问题

尽管自贸试验区改革法治化进程稳步推进，但其制度创新亦影响国家法律体系的稳定性，从而可能产生央地关系失衡、区域法治差异协调难和行政化发展导向等问题。

1. 影响国家法律体系的稳定性

全国人大常委会为支持自贸试验区先行先试，出台了一系列暂停调整法律适用的文件，有学者将此看作是人大常委会行使法律修改的权力，也有学者认为其是一种立法行为。根据我国《立法法》第十六条规定，"全国人民代表大会及其常务委员会可以根据改革发展需要，决定就特定事

项授权在规定期限和范围内暂时调整或者暂时停止适用法律的部分规定"。故该行为不属于法律制定亦非法律修改，因为并非增加了一个新的法律规定而是暂停了法律适用，同时内容上并无大变动，仅附加了暂停适用的期限条款，所以此种行为势必是超出了通常法律的立、改、废活动范畴，应视为单独的暂停适用法律行为。[①]

既然作为一种特殊的法律行为，那么这种偏向自贸试验区的法律规定就必然会挑战法律的平等性，冲击现有法律体系，造成自贸试验区区内和区外法律适用的差异性。虽然法律调整的决定附有"日落条款"，但也干扰了各个位阶的法律对自贸试验区的规制作用，而且反复的法律变动也会破坏法律体系的稳定性。

2. 央地关系失衡导致改革空洞化

当前各自贸试验区的改革方案通过条例和管理办法确定下来，性质上属于地方性法规或者地方规章，在具体事务上，中央和自贸试验区法规适用问题错综复杂，这就导致了法律、行政法规、部门规章等与自贸试验区法规、规章存在冲突，如在设立单一窗口工作制方面，上海自贸试验区条例规定企业工商登记适用资本认缴登记制，并采用单一窗口工作制。而在中央层面，商务部办公厅、工商总局办公厅发布的《关于实行外商投资企业商务备案与工商登记"单一窗口、单一表格"受理有关工作的通知》中虽规定了工作要求和实施办法，却仅针对外资企业。[②]对上海自贸试验区市场监管部门而言，它既属于自贸试验区的政府职能部门又属于中央直属机构，自贸试验区条例规定的单一窗口制需要实施，但部门规章又规定只针对外资企业开放单一窗口，到底怎么做便成了难题。

---

① 刘沛佩：《对自贸试验区法治创新的立法反思——以在自贸试验区内"暂时调整法律规定"为视角》，载《浙江工商大学学报》2015 年第 2 期。

② 叶洋恋：《央地关系视域下的中国自贸试验区制度法治化建设：困境、障碍和完善进路》，载《河北法学》2021 年第 4 期。

虽然中央和地方都出台了自贸试验区内国家原有法律、法规、规章的暂停适用决定,但因改革牵扯部门利益繁多,导致央地在调整具体事项时关系失衡。央地持续不断的冲突导致改革难以深入推进,出现了国家各部委事权不下放自贸试验区的情况。目前尚未形成此类问题的解决机制,通常情况下此类问题会交由国务院处理,国务院明确肯定自贸试验区做法后,其改革试点工作方可继续推进,这或将致使自贸试验区改革空洞化现象严重。

3. 区域法治差异协调难

自贸试验区实行特殊法律调整和政策扶持,但其从地域上看并不在境外,故其法律和政策适用必然会造成区域内外的法治差异冲突。以上海自贸试验区为例,一方面是上海市与上海自贸试验区间的潜在法律冲突。根据上海自贸试验区总体方案要求,除总体方案实施中的重大问题由上海市政府及时向国务院请示报告之外,其他一切自贸试验区方案的具体落实均由上海市政府负责组织。[①]由此,上海市大多数地方性法规在执行过程中可能会与自贸试验区试验性规则出现冲突,即使上海市人大常委会出台了调整地方性法规适用的规定,在具体实施中也难以完全避免冲突。[②]

另一方面是浦东新区与上海自贸试验区间的潜在法律冲突。浦东新区是国家级新区,国务院授权它拥有先行先试的改革权,故作为享有地方立法权的市辖区,其与上海自贸试验区之间就产生了法律冲突的协调问题,如浦东新区的先行先试规范性文件能否适用于上海自贸试验区,上海自贸试验区遇到浦东新区和上海市政府对于园区事项立法冲突时,应该如何协调适用。[③]此类型的区域法治冲突情况非上海自贸试验区独有,其

---

① 参见《中国(上海)自由贸易试验区总体方案》第三项。
② 参见《上海市人民代表大会常务委员会关于在中国(上海)自由贸易试验区暂时调整实施本市有关地方性法规规定的决定》第一、二项。
③ 颜晓闽:《自贸试验区与行政区划法律冲突的协调机制研究》,载《东方法学》2014年第2期。

他设国家级新区的地方亦有,另外还有之前存在的保税区与自贸试验区间的规则冲突。从目前行政区划来看,自贸试验区还不属于单独行政区划,国家亦未就自贸试验区的行政级别进行明确规定,故自贸试验区出台的各项制度之效力等级尚待分析,在无明确结果前,自贸试验区与所在地方法治冲突难以缓解。

4. 上位法缺失导致自贸试验区改革趋向行政化发展

自贸试验区目前作为改革试点地带,其法治建设仍属政府主导型法治,国家层面至今尚无统一自贸试验区法律出台,导致自贸试验区法治构建和制度运行产生了严重的行政化倾向。就央地关系失衡问题而言,目前最好的解决方式是国务院的裁决,但仅依靠行政裁决却无上位法支撑,对于自贸试验区长久发展显然不利。

由于没有国家层面统一的自贸试验区上位法支撑,在面对自贸试验区发展方向问题和众多改革事项时,目前自贸试验区均按照中央给各自贸试验区设计的总体方案制定做法,由各地自贸试验区省级人大常委会制定自贸试验区条例或管理办法。自贸试验区条例或管理办法性质上仅属地方性法规或规章,效力层级不高,无法完全突破部门规章,所以上位法的缺失让自贸试验区难以开展改革,改革推进趋向平缓,法制进程缺乏动力。而且自贸试验区适用的地方制定的条例或者管理办法,带有浓重的地方色彩,在面临国际通行规则时,无法形成统一规定,难以与国际投资贸易规则充分衔接,这也会引发投资者在不同自贸试验区可能面临着不同待遇的担忧。[①]再加之自贸试验区管委会属于政府的派出机构,在各地自贸试验区细化条例和管理办法、开展工作任务时,通常是由地方政府通过行政命令,制定红头文件来建立规则,因此自贸试验区法治建设呈现

---

① 王娟娟:《浅析自贸试验区法治建设》,载《河南省法学会、山西省法学会、湖北省法学会、安徽省法学会、江西省法学会、湖南省法学会第十二届"中部崛起法治论坛"论文汇编集》,第2—3页。

出政府把控的行政化发展趋势。

三、完善自贸试验区改革的法治化路径展望

1. 在国家层面出台统一自贸试验区法

我国自贸试验区已设立了六批，然而与自贸试验区发展相适应的国家层面法律、法规仅出台了《海南自由贸易港法》，适用范围仅为海南自由贸易港，故实质上我国暂时并无统一的自贸试验区法律、法规。目前各地自贸试验区的发展规划和改革实施基本以各地自贸试验区总体方案和条例为依据。自贸试验区的此种分散立法，一方面会出现国家事权和地方事权相冲突，从而致使央地关系失衡；另一方面会导致某些投资政策与管理措施无法在各地自贸试验区达成统一规定，从而出现行政化发展趋势，且诸多政策若仅用行政性的规范文件代替法律规定，也会影响政策实施的稳定性，降低投资者信心。若中央能出台统一的、国家层面自贸试验区法，那么不但可以解决自贸试验区立法分散导致的地方行政化问题，还可一定程度上平衡央地间利益关系。[①]

此外，出台国家层面的自贸试验区法还可以在效力层级上提升自贸试验区法规的法律位阶，有利于维护法律体系的统一性和稳定性，为自贸试验区的发展提供更加稳定的法治保障，激发自贸试验区发展活力，促进自贸试验区的改革发展。

2. 明确自贸试验区管委会的法律地位

解决自贸试验区区域法治冲突的关键是明确自贸试验区管委会的法律地位。因为自贸试验区不是传统意义上的行政区划，管委会作为自贸试验区的管理机关，统筹自贸试验区的各项工作，类似于地方政府机关，故自贸试验区管委会的行政级别决定了自贸试验区所出台文件的效力等

[①] 王建学：《论我国自贸试验区改革试验功能的法治化与科学化》，载《江苏行政学院学报》2021 年第 1 期。

级,从而可以一定程度上解决法律适用冲突问题。从目前各自贸试验区条例来看,其都规定了自贸试验区管委会作为省级人民政府派出机构,负责自贸试验区建设、管理等工作。①派出机构是作为某级人民政府职能工作部门的行政机关,根据实际需要针对某项特定行政事务而设置的工作机构,并非独立行政主体,在法律无明确授权时,不能以自己名义行使权力、承担责任。而自贸试验区作为综合性园区,其管委会均被赋予了在自贸试验区内建设、规划等行政职能,拥有审批、处罚等执法权,还可制定规范性文件。②因而,自贸试验区管委会的行政职能,行政权力及承担的行政事务早已超越一般意义上的行政机构,将其定义为行政机关较为适合。

从实践中看,目前自贸试验区管委会主任多由所在地行政机关级别较高的领导担任,虽然级别较高,但由于自贸试验区管委会是派出机构,故自贸试验区诸多事务的开展需由所在地政府管控。但当地政府除了自贸试验区行政事务,还要处理其管辖区域的行政事务,所以让自贸试验区管委会专职管理更为专业高效。因而建议国家修改行政法中有关行政组织的内容,将自贸试验区管委会规定为行政机关,同时对涉及行政处罚、行政复议、行政诉讼的法律法规进行修改,明确自贸试验区管委会作为行政机关所应承担的责任。只有这样才能最大程度地发挥自贸试验区的独立性和自主性,能够让自贸试验区大刀阔斧地进行改革试验。当自贸试验区管委会作出的行政行为造成行政相对人的合法权益损害时,也可由其独立承担法律责任,实现自贸试验区管委会的权责统一。③同时,通过修改法律确定自贸试验区管委会法律地位,也就明确了它所制定文件的效力层

---

① 参见《中国(上海)自由贸易试验区条例》第8条,其中规定自由贸易试验区管理委员会(以下简称"管委会")为市人民政府派出机构,具体落实自贸试验区改革试点任务,统筹管理和协调自贸试验区有关行政事务。

② 李群:《我国自贸区管委会的法律地位研究》,中南财经政法大学2019年宪法学与行政法学硕士学位论文,第26—27页。

③ 李群:《我国自贸区管委会的法律地位研究》,中南财经政法大学2019年宪法学与行政法学硕士学位论文,第38—40页。

级低于上级机关所制定文件，从而一定程度上缓解区域的法治冲突。

3. 放开自贸试验区的授权立法

无论一个国家还是地区，法治要具有独立性，就必须有一套属于自己的法律制度，以及由这套法律制度组织产生并行使各项权力的国家机关体系。[①]因此，自贸试验区要想实现地方法治化，重要前提就是自贸试验区必须有相对独立的立法权，这样才能基于本地方实情和特色制定自贸试验区内的法律、法规，变通某些现行的法律、法规在自贸试验区的适用，并且为自贸试验区改革措施的合法性提供法律支撑。

鉴于我国目前中央和地方的立法权均由人大或者人大常委会享有，自贸试验区想要有独立立法权只能采取授权立法模式。授权立法模式实际就是国家权力机关向被授权主体让渡部分立法权，考虑到其立法权可能与地方立法权发生冲突，故建议由最高国家权力机关授权自贸试验区立法，这样即可享有与全国人大及其常委会立法的同等效力，也能化解立法权冲突问题。[②]此做法亦是参考我国经济特区授权立法的情况，从 1981 年到 1996 年，全国人大及其常委会相继授权广东、福建、海南的省级人大及其常委会，深圳、厦门、汕头和珠海的市级人大及其常委会制定所属经济特区法规。这种授权立法和一般地方性立法相比，除可对现行法律、法规的具体规定作出变通外，还具有优先适用经济特区法规的效力，从立法权效力等级来说属于全国人大立法权的衍生，因此超越了一般地方立法权，与全国人大立法具有相同的效力等级。[③]

放开自贸试验区的授权立法，除了可变通现行法律、法规中某些不适

[①] 参见刘松山：《论自贸区不具有独立的法治意义及几个相关法律问题》，载《政治与法律》2014 年第 2 期。

[②] 参见李猛、黄德海：《中国自贸区法律制度构建路径探析》，载《中国流通经济》2018 年第 2 期。

[③] 参见秦蓁：《经济特区授权立法有关情况综述》，载中国人大网，http://www.npc.gov.cn/zgrdw/npc/zt/qt/dfrd30year/2009-04/14/content_1497664.htm，访问时间：2021 年 12 月 10 日。

宜自贸试验区发展的规定,保障自贸试验区改革措施的合法性外,还有利于化解上位法机制障碍的难题,激发自贸试验区制度创新活力,用制度创新引领自贸试验区的发展。当然,由于自贸试验区目前并非独立行政主体,所以为了使授权立法模式合理合法,还需将上文提出的转变自贸试验区管委会为派出机关、明确自贸试验区法律地位作为授权自贸试验区立法的前提和基础。从已颁布的《海南自由贸易港法》来看,日后出台的各种相关法规是由海南省人民代表大会及其常委会制定①,即使其属于特殊法拥有优先适用的效力,但本质上仍为省级法规,未突破地方立法权范畴,并非真正的全国人大及其常委会授权立法模式。质言之,相比自贸试验区条例,其仅可在海南自贸港范围内相对缓解部分上位法机制带来的障碍。故而仍建议国家考虑放开自贸试验区授权立法,这样既可维护法律体系的统一与稳定,还能真正化解上位法机制带来的问题,从而提升自贸试验区改革积极性,激发其创新活力,让自贸试验区通过主动立法权准确地制定符合自贸试验区市场发展的法律法规。

4. 提升自贸试验区的执法监管和司法服务水平

地方要想实现法治化,除拥有法律、法规调整的空间和独立立法权外,还需注重行政监管和司法保障,确保一系列规章制度得到贯彻实施。因而应继续推进自贸试验区内的行政执法,创新区内监管体制,完善区内司法建设,对标国际以提升自贸试验区司法服务水平,从而保障自贸试验区改革成果,促进其改革成果的复制与推广。

面对因简化审批流程而可能产生的风险把控及时性问题、货物信息监管的全面性问题,以及金融创新监管的真空地带,加强自贸试验区执法监管亦是防范风险,推进自贸试验区改革法治化进程的重要方面。就上述问题,首先,可以用科技改良监管体制,利用大数据、人工智能辅助,对

---

① 参见《中华人民共和国海南自由贸易港法》第十条。

信息进行快速处理，做好预警防范工作。其次，打破监管壁垒，鼓励各部门进行高效联动，加强执法统一性。自贸试验区管委会也要做好统筹协调工作，引导各部门形成监测、评估、预警、处置的完整监管体系，建立覆盖全面、统一高效的风险防控闭环机制。最后，要完善监管法律法规，调整现有不协调的法律、法规，细化监管制度内容，增强监管制度实操性。

司法保障方面，自贸试验区应注重提升司法服务的国际化程度。第一，完善区内纠纷解决机构设置，支持仲裁机构在自贸试验区设立分支机构，建立专业的行业仲裁中心，搭建诉讼与仲裁的合作平台。在调解方面，支持自贸试验区建立诉讼调解对接中心，在国际商事调解中鼓励境内外调解组织和知名调解员加入，深入推进诉前调解机制建设。第二，自贸试验区应做好国际条约和惯例的国内法转化工作，积极借鉴和引入国际上先进的制度，辅助司法工作开展。①第三，应提升区内法律服务人员的国际化、专业化水平，尤其是在法院处理涉外案件，需进行域外法查明和适用时，应严格要求法官通过各种渠道，穷尽各种方法查阅域外法律。同时，开展审判人员培训工作，重点学习自贸试验区所涉较多的国外法律，对重点领域所涉外国法律开展专项培训。此外，还要进一步支持国际高端律所在自贸试验区开展工作，出台各种优惠政策吸引优秀法律人才进入自贸试验区工作。

当前，自贸试验区战略已成为我国对外战略的重要一环，自贸试验区作为我国对外开放的窗口，力图打造对外开放的新高地。同时，自贸试验区改革建设也是我国新时期深化改革的重要举措，在中央和地方的各种优惠政策的支持下，自贸试验区大力开展先行先试，革新了若干落后的体制机制，推出了不少行业创新方案，这些改革试点成果对于国内发展具有重要意义，也符合用开放去倒逼国内改革的国家战略思维。

---

① 参见李猛、黄德海：《中国自贸区法律制度构建路径探析》，载《中国流通经济》2018 年第2 期。

自贸试验区目前在市场环境、政府服务、金融改革和权益保障方面出台了大量改革措施,但需注意在倡导改革的同时也要注重改革的于法有据,尤其在我国已设七批自贸试验区,形成一定规模影响的情况下更应重视该问题。目前看来,中央和地方都对自贸试验区内法律、法规进行了适当调整,同时对调整法律、法规的决定附以"日落条款",保证最小程度地破坏法律体系的稳定性。中央各部委亦积极响应自贸试验区改革工作,就各自主管领域出台文件配合自贸试验区改革发展。对于自贸试验区的发展规划,中央出台了各地自贸试验区的总体方案,地方依据总体方案的要求制定了自贸试验区条例,各地自贸试验区根据条例的要求部署开展工作,使得自贸试验区的工作开展具备了一定合法性。此外,为推进自贸试验区改革的法治化,我国又颁布了第一个针对自贸试验区的国家层面法律——《海南自贸港法》,这对自贸试验区今后的法治建设意义重大,在一定程度上维护了法律体系统一性。

中央和地方针对自贸试验区改革法治化采取的举措,对自贸试验区化解违法性风险、对标国际革新体制机制、促进制度引领发展等固然意义深远,但上述举措仍旧无法完全解决自贸试验区改革法治化进程中的问题。央地针对自贸试验区改革的事权冲突,以及自贸试验区条例效力层级较低,缺乏统一上位法支撑等问题,导致自贸试验区改革工作常常面临空洞化。再加之自贸试验区管委会是政府派出机构,较多工作开展仍需依靠地方政府领导,亦使自贸试验区改革出现地方行政化趋势。问题的解决需借助《海南自贸港法》的实施情况来制定国家层面统一的自贸试验区法,此外,还建议中央考虑全国人大及其常委会授权自贸试验区立法,将自贸试验区管委会转变为独立行政主体以提高自贸试验区制定文件的效力层级,化解其所在区域的法治冲突。在自贸试验区改革法治化进程中,还要注重对改革措施的行政执法监管,加强对自贸试验区各主体的法律保护和司法救济,保障自贸试验区改革成果的复制和推广,确保自贸试验区改革于法有据。

第二十八章　环境保护制度改革的法治化实践

改革开放以来,我国环境保护制度朝着法治化方向不断迈进,初步构建了与社会主义市场经济发展相适应的环境保护法律体系,形成了主体多元、法律依据明确等具有中国特色的环境保护体制机制。2012年,党的十八大审议通过了《中国共产党章程(修正案)》,将生态文明建设写入党章,强调"建设生态文明,是关系人民福祉、关乎民族未来的长远大计。必须把生态文明建设放在突出地位,融入经济建设、政治建设、文化建设、社会建设各方面和全过程",环境保护制度创新被提升到生态文明体制改革的新高度,从而将人与自然的关系、经济发展与环境保护的关系、工业文明与生态文明的关系引入可持续、良性循环与高质量发展的崭新轨道。以习近平同志为核心的党中央高度重视生态文明建设和生态环境保护,提出了一系列新理念新思想新战略,开展了一系列固根本、稳预期、利长远的开创性工作,使我国生态环境保护和生态文明建设发生了历史转折性和全局性变化。习近平总书记强调要"用最严格制度最严密法治保护生态环境",为新形势下的环境保护制度改革实践提供了法治化指引。

第一节　1978 年至党的十八大前的环境保护制度改革

一、我国环境保护制度法治化改革的探索时期(1978—1989 年)

这一时期是环境保护工作开拓、机构建设和制度探索的重要阶段,也是我国环境保护走向法治化的第一个十年。这一时期的环境保护法治初显成效,相继颁布了《水污染防治法》和《大气污染防治法》。党中央和政府开始认识到加强监督、强化环境执法和司法,与环境立法工作同等重要。

(一)探索时期环境保护制度改革实践

在环境立法实践上,我国分领域进行法律规制。在大气污染防治方面,1982 年的《大气环境质量标准》、1984 年的《关于防治煤烟型污染技术政策的规定》、1986 年的《节约能源管理暂行条例》。此外,1987 年《大气污染防治法》的通过标志着我国环境保护无法可依局面的结束,我国的环境保护开始走上法治化道路。1987 年《大气污染防治法》在内容上明确了环境保护的对象和任务,确立了"经济建设、社会发展与环境保护协调发展"的基本方针,同时将以前确立的有效的制度原则上升为法律,如限期治理制度等重要的制度。[①]在水污染防治方面,在总结了建国初期水污染防治经验的基础上,于 1984 年 5 月,第六届全国人民代表大会常务委员会第五次会议通过《水污染防治法》,规定了工农业、城乡地区、船舶和饮用水等污染防治问题。在海洋污染防治方面,1982 年 8 月,第五届全国人民代表大会常务委员会第二十四次会议通过了《海洋环境保护法》,具体内容涵盖防治陆源污染物对海洋环境的污染损害、防治海岸工程建

[①]　田玲玲:《我国〈环境保护法〉限期治理制度缺陷及完善》,载《环境法治与建设和谐社会——2007 年全国环境资源法学研讨会(年会)论文集(第二册)》。

设项目对海洋环境的污染损害、防治海岸工程建设项目对海洋环境的污染损害、防治倾倒废弃物对海洋环境的污染损害、防治船舶及有关作业活动对海洋环境的污染损害等。

在环境保护规划上,1981 年国务院作出《关于在国民经济调整时期加强环境保护工作的决定》,提出了"谁污染谁治理"的原则。同年,环境保护作为独立篇章首次被纳入《国民经济和社会发展第六个五年计划(1981—1985)》。1983 年,国务院又作出了《关于结合技术改造防治工业污染的几项规定》,规定工业企业在进行技术改造时,要把工业污染作为重要内容考量。1986 年,全国人民代表大会第六次会议审议批准了我国国民经济和社会发展的第七个五年计划,"七五"计划中第一次将环境保护单独成章规定,其中既突出当时污染问题严重的城市环境污染和工业污染问题,又根据实际情况针对性地提出环保目标。①

在环境保护的方针政策上,召开了两次重要的环境保护会议。第一次是 1983 年召开的第二次全国环境保护工作会议,总结了我国环境保护事业在过去取得的成功经验,同时对环境保护制度提出新的要求,将保护环境确立为一项基本国策,从战略上对环境保护工作在社会主义现代化建设中的重要位置作出论断。根据当时国情,制定了"经济建设、城乡建设、环境建设,同步规划、同步实施、同步发展,实现经济效益、社会效益和环境效益相统一"的方针,统称为"三同时、三统一"方针。这次会议确定的一系列的方针政策,将我国的环境事业推进到了一个新的发展阶段。第二次是 1989 年的第三次全国环境保护会议,形成了环境管理要坚持预防为主、谁污染谁治理、强化环境管理的三大环境政策。此外,会议认真总结了实施建设项目环境影响评价、"三同时"、排污收费三项环境管理制度的成功经验,同时提出了五项新的制度和措施,形成了我国环境管理的

① 孙荣庆:《环保五年规划发展历程》,载《中国环境报》2012 年 8 月 9 日,第 2 版。

"八项制度"。根据此次全国环境会议的精神和内容,国务院于 1990 年颁布了《关于进一步加强环境保护工作的决定》,首次在官方文件中提出了环境保护的目标责任制。[①]

在环境保护工作机构上,1984 年国务院出台《关于环境保护工作的决定》,成立了国务院环境保护委员会。其主要任务为研究、审定、组织贯彻国家环境保护的方针、政策和措施,组织协调、检查和推动我国的环境保护工作。在各地根据决定的精神,成立省、市、县级环境保护委员会。1988 年,国务院设立国家环境保护局,明确作为国务院直属机构和国务院环保委员会办事机构,综合管理环保事务,正式将环保工作从城乡建设部分离。1998 年,国务院环保委员会被撤销,国家环保局升格为国家环保总局,成为国务院主管环保工作的直属机构。

（二）对探索时期我国环境保护制度的评价

探索时期是我国环境保护制度发展的重要阶段,这一时期我国环境保护政策经历了三大转变。一是认识上的转变,从小环境到大环境,由片面到比较全面的过程。改革开放之后,逐渐从全局、宏观上把握环境保护工作。二是战略思想上的转变,环境保护成为我国的基本国策,在战略地位上成为和其他方面同等重要的一环。三是环境管理思想上的转变,改革开放十年以来,我国采取经济和环境均衡发展战略,环境问题被当作经济问题,以经济刺激作为主要管理的手段。在制度体系上,系统地确定了环境保护三大政策和八项管理制度。在原有三项制度的基础上,又推出了新的五项制度,即环境保护目标责任制、城市环境综合整治定量考核制、污染集中控制制度、排污许可证制度和污染限期治理制度,这标志着我国环境管理和环境经济政策进入了一个新的发展阶段。

改革开放之后,我国环境保护实现了环境法治的转变,环境保护工作

---

① 王玉庆:《中国环境保护政策的历史变迁——4 月 27 日在生态环境部环境与经济政策研究中心第五期"中国环境战略与政策大讲堂"上的演讲》,载《环境可持续发展》2018 年第 4 期。

在立法、司法、执法上都取得了突破性的进展。到 20 世纪 80 年代末，国家规定的各项环境标准已有 300 项左右，为我国生态资源环境保护提供法制保障，确保了我国的生态文明建设有法可依，为我国生态文明制度建设奠定了基础。①但在环境保护制度取得重大成就的同时，仍存在较多问题和不足。在改革开放初期，我国的发展重心在经济建设上，存在着以牺牲环境为代价来发展经济的实践操作，环境保护和经济建设在宏观上的关系没有理顺。一些环境保护的目标，在一定程度上存在脱离国情、要求严重偏离和措施具体力度不够的情况。②

二、我国环境保护制度法治化改革的发展时期（1989—2014 年）

（一）发展时期的历史背景

"十五"和"十一五"时期不仅涵盖了改革开放的关键时期，更成为整个社会的转型时期。在经济上取得巨大飞跃的同时，我国环境污染治理取得的成效也是直观且令人瞩目的。国家进一步加大环境保护力度，制定了建设资源节约型、环境友好型社会，大力发展循环经济，加大自然生态和环境保护力度，强化资源管理等一系列政策。建立了节能降耗、污染减排的统计监测和考核体系制度，把我国环境保护事业的发展提升到新的高度。

1992 年，我国经济体制从计划经济开始转向计划和市场相结合。在邓小平同志发表南方谈话后，我国掀起了新一轮的改革开放浪潮。这种浪潮给转型期的经济发展注入了活力，同时也给环境带来了巨大的污染问题。另外，生态破坏、水土流失、荒漠化问题也日益突出。③在如此复杂而严峻的

① 魏彩霞：《改革开放以来我国生态文明制度建设历程及重要性》，载《经济研究导刊》2019 年第 6 期。

② 国民经济综合局 计划经济研究所"六五"计划总结小组：《第六个五年计划执行情况的初步分析》，载《计划经济研究》1986 年第 S1 期。

③ 解振华：《中国改革开放 40 年生态环境保护的历史变革——从"三废"治理走向生态文明建设》，载《中国环境管理》2019 年第 4 期。

环境污染之下，亟须对旧时期的环保体系进行革新以适应新的经济体制。

2001 年 12 月，我国加入 WTO 后，社会经济迅猛增长，能源、钢铁、化工等重化工业比重不断提高，产能、产量跃居世界前列。资源能源消耗快速增长，主要污染物排放总量也大幅增加。国家"十五"计划的主要目标中，二氧化硫排放总量控制目标不降反升，给了我国政府实施更大力度节能减排和总量控制的警醒。因此，在可持续发展期间，我国开始把环境问题当作一个发展问题，以协调经济发展和环境保护关系作为主要管理手段。该时期环保工作和制度建设进一步发展，在各法律法规共同促进下，环境污染问题已经有了较大的改善。

"十一五"期间对环境保护的投入约等于过去 20 多年对环保的总投入，环境污染防治水平亦有了明显的提高，如污水处理率从百分之十几提升到百分之五十多，处理能力从每日 6500 万吨提高到 1.2 亿吨。①环境保护法律体系在新的经济基础下面临着诸多挑战和不适应之处，在保护环境工作的开展上既可谓硕果累累，又可谓困难重重。②尽管环境污染的问题在党和政府的不断努力下得到了较大的改善，但由于产业结构和布局仍不尽合理，污染防治水平仍然较低，环境监管制度尚不完善等，环境保护形势依然十分严峻。

（二）发展时期环境保护制度的法治化实践

在环境保护制度体系的发展上，一方面，不断扩展环境保护的领域，通过立法的形式将改革过程中出现的环境问题一一解决，纳入法治化的轨道；另一方面，结合经济、社会发展实际情况对《污染防治法》予以修订，以适应社会发展需要。

---

① 王玉庆：《中国环境保护政策的历史变迁——4 月 27 日在生态环境部环境与经济政策研究中心第五期"中国环境战略与政策大讲堂"上的演讲》，载《环境可持续发展》2018 年第 4 期。

② 王曦、陈维春：《论 1989 年〈环境保护法〉之历史功绩与历史局限性》，载《时代法学》2004 年第 4 期。

发展时期进行了体系化的污染防治制度构建。在固体废物污染防治方面,1995 年 10 月,第八届全国人民代表大会常务委员会第十六次会议通过了《固体废物污染环境防治法》,对工业固体废物、生活垃圾、建筑垃圾、农业固体废物和危险废物等进行监督、管理和防治。在噪声污染防治方面,1996 年 10 月,第八届全国人民代表大会常务委员会第二十二次会议通过《环境噪声污染防治法》,其内容包括环境噪声污染防治的监督管理、工业噪声污染防治、建筑施工噪声污染防治、交通运输噪声污染防治、社会生活噪声污染防治,以及法律责任等。在放射性污染防治方面,2003 年 6 月,第十届全国人民代表大会常务委员会第三次会议通过《放射性污染防治法》,针对放射性污染、核设施的放射性污染、核技术利用的放射性污染、铀(钍)矿和伴生放射性矿开发利用的放射性污染、放射性废物进行防治和监管。2002 年 6 月,我国第一部循环经济法《清洁生产促进法》出台,以法律的形式将经济社会的可持续发展固定下来,标志着我国污染治理模式由末端治理开始向全过程控制转变。在废弃危险化学品污染防治方面,2005 年 8 月,国家环境保护总局第十四次局务会议通过《废弃危险化学品污染环境防治办法》。2008 年 8 月,第十一届全国人民代表大会常委会通过了《循环经济促进法》,对调整产业结构、促进节能减排等进行规定,其中包括综合运用财政、税收、投资、市场准入等法律规范。2013 年 11 月,国务院发布《畜禽规模养殖污染防治条例》,从加强科学规划布局、适度规模化集约化发展、加强环保设施建设、推进种养结合、提高废弃物利用率入手,提高畜禽养殖业可持续发展能力,提升产业发展水平,提升产业综合效益。

与此同时,对于污染防治体系的法律制度进行完善。发展时期,进一步优化了 1984 年的《水污染防治法》,分别在 1996 年和 2008 年作出两次修正,其中 1989 年《水污染防治法实施细则》对水污染防治的规定进行细化;对 1987 年《大气污染防治法》进行两次修订,包括 1995 年的第一次修正和 2000 年的第二次修订;对 1995 年《固体废物污染环境防治法》进行两次调整和完善,分别是 2004 年的第一次修订和 2013 年的第二次修正。1999 年修改的《海洋环境保护法》,填补了对海洋环境监督管理、保护海洋生态环境的空缺。这一时期,最关键的当属 2014 年对《环境保护法》的修订完善。相较于修订前的法律,2014 年《环境保护法》有着新的特色亮点:一是首次明确生态补偿制度和生态红线制度等重要的生态保护制度,打破了以往污染治理的局限;二是细化了环境公益诉讼制度,确立了环境公益诉讼的诉讼主体,鼓励社会各界参与环境公益诉讼,为公众监督提供法律支持;三是明确环境污染的刑事责任,提高违法成本,将环境违法信息记入诚信档案,并及时向社会公布违法者名单,同时明确按日计罚的处罚标准。

在环境保护规划方面,1991 年"八五"计划纲要进一步强化了"七五"计划中对环境污染防治的要求,从末端治理到全过程防治,对重点工业污染源、流域、海域实行污染物总量控制,同时注重环境保护与经济和社会协调发展,强化环境管理与科技进步。1996 年 5 月,审议通过的《国家环境保护"九五"计划和 2010 年远景目标》,把"实施可持续发展"作为现代化建设的一项重大战略,使可持续发展战略在我国经济建设和社会发展过程中得以实施。1998 年,国务院发布的《全国生态环境建设规划》,计划用约 50 年的时间完成一批对改善全国生态环境有重要影响的工程,扭转生态环境恶化的势头,提出建立起比较完善的生态环境预防监测和保护体系的目标,并将我国生态环境建设分为近期、中期和远期三个阶段进行规划。2002 年《国家环境保护"十五"计划》中充分肯定了我国在环境污染防治问题上取得的成就,总结了目前环境形势的严峻现状。2007 年《国家环境保护"十一五"规划》,提出保护环境要坚持预防为主、综合治理,强化从源头防治污染和保护生态,同时要加大对水污染的防治,重视农村环境污染问题,并切实保护好自然生态,坚持保护优先、开发有序。2011 年《国家环境保护"十二五"规划》中重点体现了生态环境保护工作坚持在保护中发展,在发展中保护的战略思想,提出推进主要污染物总量减排、努力改善环境质量、防范环境风险和保障城乡环境保护基本公共服务均等化四大战略任务。这一阶段不仅从全局上对环境保护进行规划，还重点关注环境保护法治空白领域，对立法空白领域进行规划，最具代表性的是土壤污染防治方面，2007年第十届人民代表大会将《土壤污染防治法》列入下一届全国人大常委会立法规划，2013年《土壤污染防治法》被列入全国人大常委会立法规划。在2014年修改的《环境保护法》中，国家加强对土壤的保护，建立和完善相应的调查、监测、评估和修复制度，为《土壤污染防治法》的出台奠定了基础。

在环境保护的战略方面，党的十六大把实现经济发展和人口、资源、环境相协调、改善生态环境作为全面建设小康社会的重要目标之一。党的十六届五中全会首次把建设资源节约型和环境友好型社会确定为国民经济与社会发展中长期规划的一项战略任务。2006年，第六次全国环境保护会议提出了推动经济社会全面协调可持续发展的方向，要加快实现三个转变的方向，即从重经济增长轻环境保护转变为保护环境与经济增长并重；从环境保护滞后于经济发展转变为环境保护和经济发展同步；从主要用行政办法保护环境转变为综合运用法律、经济、技术和必要的行政办法解决环境问题。2007年党的十七大提出，要完善有利于节约能源资源和保护生态环境的法律和政策，第一次明确提出了建设生态文明的目标。把生态文明首次写入了政治报告中，将建设资源节约型、环境友好型社会写入党章，把建设生态文明作为一项战略任务和全面推进建设小康社会目标首次固定下来，标志着环境保护作为基本国策和全党意志进入了国家政治经济社会生活的主干线、主战场。2013年，党的十八届三中全会提出要"紧紧围绕建设美丽中国深化生态文明体制改革"。此后，党中央将生态文明体制改革作为加强生态文明建设的重中之重。

在环境保护的行政性规定方面，1996年的国务院发布《关于环境保护若干问题的决定》，明确提出"保护环境实质上就是保护生产力"，首次把实行主要污染物排放总量控制作为改善环境质量的重要措施,强调了要实施污染物排放总量控制,抓紧建立全国主要污染物排放总量指标体系和定期公布制度。[1]2005年12月,国务院发布《关于落实科学发展观加强环境保护的决定》,提出落实科学发展观,强调在环境容量有限、自然资源供给不足而经济相对发达的地区实行优化开发,地方政府主要领导和部门主要负责人为环保第一责任人,并把环保纳入领导班子考核内容,作为选拔奖惩的依据。2011年10月,国务院发布《关于加强环境保护重点工作的意见》,规定了环保部门的职能职责定位,并着力解决影响科学发展和损害群众健康的突出环境问题,改革创新环境保护机制,明确指出要探索出一条"代价小、效益好、排放低、可持续"的环境保护新道路。[2]

在具体的防治措施方面,20世纪90年代,针对国内河湖污染问题严重的情况,大力推进"一控双达标",全面开展了历史上第一次大规模的流域、区域性环境治理工程——"33211"工程,即三河(淮河、海河、辽河)、三湖(滇池、太湖、巢湖)、两控区(二氧化硫和酸雨控制)、一市(北京市)和一海(渤海)。该工程主要注重河流的治理,以及大气主要污染物的控制,同时对主要城市污染进行控制。2013年国务院发布《大气污染防治行动计划》十条措施(以下简称"大气十条")明确了大气污染防治阶段性的目标,初步建立了以大气质量为核心的管理体系。为了确保"大气十条"能够具体落实,环保部、国家发改委等五部门印发了《京津冀及周边地区落实大气污染防治行动计划实施细则》,环保部与31个省、直辖市、自治区签署了"大气污染防治目标责任书",各省市依据"大气十条"的具体规定也颁布了地区性"大气十条"方案。

---

① 王玉庆:《中国环境保护政策的历史变迁——4月27日在生态环境部环境与经济政策研究中心第五期"中国环境战略与政策大讲堂"上的演讲》,载《环境可持续发展》2018年第4期。

② 中国现阶段的突出环境问题只有立足于治、治防结合、综合治理才能有效解决。参见解振华:《中国改革开放40年生态环境保护的历史变革——从"三废"治理走向生态文明建设》,载《中国环境管理》2019年第4期。

（三）对发展时期我国环境保护制度法治化改革的评价

这一时期是我国经济社会发展的转型发展期，我国的经济体制从计划经济体制转变为市场经济体制，这种经济体制上的变化直接影响着环境保护法治体系。在科学发展观的指导下，通过对环境保护制度体系进行改革完善，在环境保护上取得了巨大成就。

2008年全国工业废水排放达标率为92.4％，比2001年提高了7.2个百分点；工业二氧化硫排放达标率88.8％，提高了27.5个百分点；工业烟尘排放达标率为89.6％，提高了22.3个百分点；工业粉尘排放达标率为89.3％，提高了39.1个百分点；工业固体废物综合利用率为64.3％，提高了12.2个百分点；"三废"综合利用也取得了较高的经济效益，"三废"综合利用产品产值达到1621.4亿元，提高3.7倍；全国化学需氧量排放总量1320.7万吨，比2007年下降4.42％；二氧化硫排放总量2321.2万吨，比2007年下降5.95％。与2005年相比，化学需氧量和二氧化硫排放总量分别下降6.61％和8.95％，不仅继续保持了双下降的良好态势，而且实现了目标要求的任务完成进度，为全面完成"十一五"减排目标打下了坚实的基础。到2008年底，全国城市污水处理厂日处理能力达8106万立方米，是20世纪80年代初的96倍；到2013年，我国的森林面积已经达到了2.08亿公顷，森林覆盖率达到21.6％，同20世纪90年代相比有了巨大且持续的增加。

第二节　党的十八大以来我国环境保护制度法治化改革的体系优化

一、环保法律制度法治改革体系优化的时代背景

经过几十年的探索和改革，我国已经建立起以环境基本法为基础，以

多领域法律为框架的完整的环境保护制度体系。环境保护是我国的基本国策,鉴于环境保护的特点,持续性的环境保护也成为党中央、国务院一直致力的目标。因此党的十八大之后,伴随着我国社会主义建设新时代的开始,新时代下的环境保护又有了新的使命。

　　具体而言,虽然我国环境保护经历了几十年的改革发展已经有了显著的成效,但我国生态文明体制改革相较于经济体制等领域的改革相对滞后,生态文明制度体系依然存在短板,已经成为制约我国经济社会转向高质量、绿色发展的阻碍。①党的十八大开启了我国全面建成小康社会的新阶段,同时这一阶段也是我国环保体制机制改革力度最大、逐步成型的阶段。以习近平同志为核心的党中央认识到"生态环境保护是功在当代、利在千秋的事业",要全面建成小康社会就离不开生态文明建设的共同发展,必须要向污染宣战,打赢环境保卫战。为此,以习近平同志为核心的党中央提出了一系列生态文明建设新理念新思想新战略:"生态兴则文明兴,生态衰则文明衰",把生态环境的价值上升到文明兴衰的高度;"良好生态环境是最公平的公共产品,是最普惠的民生福祉",将生态环境与改善民生紧密相连;"绿水青山就是金山银山",摆正了保护环境与发展经济的关系。②

　　2023 年 7 月,习近平总书记在全国生态环境保护大会上强调了生态文明建设与全面推进美丽中国建设的关系,将生态文明建设作为加快推进人与自然和谐共生的现代化的重要组成部分。习近平总书记在重要讲话中部署了生态环境保护和生态文明建设的"六项重大任务"。其中,持续深入打好污染防治攻坚战,是改善生态环境质量的关键举措;加快推动发展方式绿色低碳转型,是解决我国生态环境问题的治本之策;着力提升

---

　　①　秦书生、王曦晨:《改革开放以来中国共产党生态文明制度建设思想的历史演进》,载《东北大学学报(社会科学版)》2020 年第 5 期。

　　②　夏光:《党的十八大以来环境保护取得重要突破》,载《中国环境报》2017 年 11 月 3 日专栏。

生态系统多样性、稳定性、持续性，是增加优质生态环境产品供给的必然要求；积极稳妥推进碳达峰碳中和，是推动高质量发展的内在要求；守牢美丽中国建设安全底线，是统筹发展与安全，积极有效应对各种生态环境风险挑战的现实需要；健全美丽中国建设保障体系，是确保各项目标任务如期完成的重要保证。生态环境保护和生态文明建设的"六项重大任务"为美丽中国建设提供了路线图。①

党的十八大将生态文明建设纳入中国特色社会主义事业"五位一体"总体布局中统筹考虑。②同时，党的十八大还通过了《中国共产党章程（修正案）》，把"中国共产党领导人民建设社会主义生态文明"写入党章，这是国际上首次将生态文明建设纳入一个政党特别是执政党的行动纲领。更迭并没有改变党中央和政府对环境问题的态度，相反，以习近平同志为核心的党中央就把生态文明建设摆在治国理政的突出位置，习近平总书记通过一系列讲话、指示深刻回答了为什么建设生态文明、建设什么样的生态文明、怎样建设生态文明等重大问题，形成了科学系统的生态文明建设战略思想，为实现人与自然和谐发展、建设美丽中国提供了思想指引、实践遵循和前进动力。党的十八大以来，生态文明建设、环境保护与建设特色社会主义紧密地联系在一起，生态文明成为发展的导向，也成为全党未来的奋斗目标。

二、环保法律制度法治改革体系优化的具体实践

新时代下最重要的是将环境保护新理念纳入国家根本大法。2018年3月，第十三届全国人民代表大会一次会议通过了《中华人民共和国宪

---

① 孙金龙：《深入学习贯彻习近平生态文明思想　全面推进人与自然和谐共生的美丽中国建设——在 2024 年全国生态环境保护工作会议上的讲话》，载《中国环保产业》2024 年第 1 期，第 8—9 页。

② 王金南、董战峰等：《中国环境保护战略政策 70 年历史变迁与改革方向》，载《环境科学研究》2019 年第 10 期。

法修正案》，把生态文明和美丽中国写入《宪法》，为生态文明建设提供了国家根本大法的依据。特别是在 2018 年 5 月召开的全国第八次生态环境保护大会上，将建设生态文明上升为中华民族永续发展的根本大计，提出了到 2035 年基本实现社会主义现代化远景目标和"十四五"时期经济社会发展主要目标。这次会议的召开，标志着习近平生态文明思想的正式确立，是新时代生态文明建设的根本遵循和最高准则，为推动生态文明建设和生态环境保护提供了思想指引和行动指南。这是在我国生态环境保护历史上具有里程碑意义的重大理论成果，为环境战略政策改革与创新提供了思想指引和实践指南。①

从环境保护制度的发展来看，一方面，各个方面的污染防治有了系统的优化；另一方面，优化的同时也体现出契合新时代发展下的新特点、新亮点。

在固体废物的污染防治方面，这一时期对《固体废物污染环境防治法》有三次优化，包括 2015 年、2016 年进行的两次修正，2020 年进行的一次修订。2020 年修订后的《固体废物污染环境防治法》体现了六大新特点：一是固体废物污染环境防治工作明确纳入生态环境保护范畴；二是确立了减量化、资源化和无害化原则；三是强化多部门监督管理责任；四是大幅提高经济惩罚力度；五是承运人与进口者共担连带责任；六是明确了"无主"固体废物处理原则。

在水污染防治方面，2015 年 4 月 16 日，发布了《国务院关于印发水污染防治行动计划的通知》（以下简称"水十条"）。"水十条"确立了水污染防治的"16 字原则"即节水优先、空间均衡、系统治理、两手发力；"16 字创新机制"即政府统领、企业施治、市场驱动、公众参与；"六字方针"即安全、清洁、健康。同以往的水污染治理相比，"水十条"突出了系统治理，提

①　王金南、董战峰等：《中国环境保护战略政策 70 年历史变迁与改革方向》，载《环境科学研究》2019 年第 10 期。

出了地表水和地下水协同控制的防治措施。治理目标从总量控制变为全面改善环境治理,从单一控制变为综合协同控制,从粗放型变为精细化、专业化。同时,"水十条"亦注重责任落实,在具体规定上,强化地方政府和公众的责任、落实企业的责任、增强联动协同的责任。2017年对《水污染防治法》进行修正,新修正的《水污染防治法》体现了五大新特点:一是地方政府要对水环境承担实实在在的责任;二是明确违法界限,规定超标即违法,不得超出总量控制指标;三是强化了重点水污染物排放总量控制制度;四是全面推行排污许可证制度,规范企业排污行为;五是建立了水环境信息统一发布制度。

在大气污染防治方面,这一时期,《大气污染防治法》进行了两次优化,分别是2015年和2018年的修订和修正。2015年第二次修订的《大气污染防治法》取消了部分不合时宜的内容,如两控区的说法、大气污染防治设施必须验收后才能投产或使用的规定等。同时,提出了各行业的综合防治和区域联合防治、多污染物协同控制的要求,对超总量和达标任务的地区规定了环保约谈及区域限批的要求,对违法企业取消了处罚上限、增加了按日处罚的规定等,以改善大气环境质量为目标,强化了地方政府责任,加强了对地方政府的监督。此外,提高了对大气污染违法行为的处罚力度,在坚持源头治理、推动转变经济发展方式、优化产业结构、调整能源结构等方面进行相关制度的完善。2018年修正的《大气污染防治法》呈现出以下四大新特点:一是联防联控常态化;二是注重源头治理;三是发挥科技在大气污染防治中的作用;四是加大处罚力度。

在环境评价方面,2016年第十二届全国人民代表大会常务委员会第二十一次会议对《中华人民共和国环境影响评价法》进行了优化修正,此次修正后的《环境影响评价法》主要具有以下三个特点:一是弱化了项目环评的行政审批要求;二是强化了规划环评;三是加大了处罚力度。通过这三者间的联动实现从源头减少环境污染的目标。2018年第十三届全国人民代表大会常务委员会第七次会议再次修正了《中华人民共和国环境影响评价法》,对规划环评和建设项目环评的规定进一步的完善。最为重要的是取消了建设项目环境影响评价资质行政许可事项,主要对第十九条、第二十条、第二十八条和第三十二条进行了修改,同时,还涉及强化环境影响报告书(表)编制监督管理、环评文件的责任主体由环评机构改为建设单位等相关问题。

除了对环境保护法治体系进行优化之外,还不断对具体领域的法律进行完善,主要体现在土壤污染防治和环境污染税收两方面。在土壤污染防治方面,2016 年 5 月,国务院印发了《土壤污染防治行动计划》(以下简称“土十条”)。“土十条”有六大亮点:一是摸清底数,强化检测,开篇即要求全面掌握土壤污染状况及变化趋势,为治土提供科学的数据支撑;二是依法治土,改变了过去土壤污染防治法律制度明显滞后的局面;三是分类管理,突出重点,对农用地、建设用地分别采用不同的管理措施;四是风险管控,保护有限,风险管控贯穿了“土十条”的始终,风险一词在“土十条”中出现的频率达 20 次;五是政府主导,责任明确,强调部门协调联动,且每一条的具体工作后都附上牵头与参与部门。之后相继颁布《污染地块土壤环境管理办法(试行)》《工矿用地土壤环境管理办法(试行)》和《农用地土壤环境管理办法(试行)》,为 2018 年《土壤污染防治法》的出台奠定基础。2018 年《土壤污染防治法》的出台开启土壤污染防治法治化新征程,填补上我国环境保护法治体系的最后一块拼图。《土壤污染防治法》的新亮点体现在七大制度的建立上,即土壤防治政府责任制度、土壤污染责任人制度、土壤环境信息共享机制、土壤污染状况调查和监测制度、土壤有毒有害物质防控制度、土壤污染风险管控和修复制度,以及土壤污染防治基金制度。在环境污染税收方面,2016 年 12 月,第十二届全国人民代表大会常务委员会第二十五次会议了通过《环境保护税法》。环境保护税的征税对象为大气污染物、水污染物、固体废物和噪声四类。同时建立两种环保税收机制：一是正向减排激励机制，多排多缴、少排少缴、不排不缴；二是动态税额调整机制。这是我国首部"绿色税法"，由国家定底线，地方可调整，进一步强化了税收在生态环境方面的调控作用，形成有效的约束和激励机制，促进落实排污者责任。倒逼高污染、高耗能产业转型升级，推动经济结构调整和发展方式转变。2018年10月26日第十三届全国人民代表大会常务委员会第六次会议对《中华人民共和国环境保护税法》进行了修正，对水污染提出了进一步的重视，在税收减免和征收管理上进行了补充，表现出更加灵活、便捷的特点。

关于环保机构改革方面，2018年3月，第十三届全国人民代表大会第一次会议批准《国务院机构改革方案》，组建生态环境部，统一行使生态和城乡各类污染排放监管与行政执法职责。同时，整合组建生态环境保护综合执法队伍，统一实行生态环境保护法，生态环境保护职责更加优化强化。

关于环境保护战略定位和理念也有了新的变化。2015年5月，中共中央、国务院发布《关于加快推进生态文明建设的意见》。从内容上看，一方面，意见从指导思想、基本原则、主要目标、重点任务、制度安排、政策措施等各个方面，体现了"绿水青山就是金山银山"这一基本理念。另一方面，该意见通篇体现了"人人都是生态文明建设者"的理念。意见的颁布明确了生态文明建设的总体要求、目标愿景、重点任务和制度体系，突出体现了战略性、综合性、系统性和可操作性，是当前和今后一个时期推动我国生态文明建设的纲领性文件。党的十八大和十八届三中、四中全会就生态文明建设作出了顶层设计和总体部署，意见就是落实顶层设计和总体部署的时间表和路线图，措施任务更具体、更明确。

自党的十八届三中全会召开之后，"制定生态文明体制改革总体方案"就被纳入政府工作计划之中。2015年9月，《生态文明体制改革总体方案》出台。该方案最大亮点在于全面地阐述了中央进行生态文明体制改革的操作思路,对生态文明体制改革各个环节的具体措施都进行了说明。①明确了生态文明体制改革的理念、原则和路线图,是一份统率我国生态文明体制改革的纲领性文件。《生态文明体制改革总体方案》与此前已经发布的《关于加快推进生态文明建设的意见》等制度一同,初步完成了我国生态文明建设的顶层设计。

2018 年 5 月,全国生态环境保护大会在北京召开,习近平总书记在会上强调:"生态文明建设是关系中华民族永续发展的根本大计。"会议重申了新时代生态环境保护要坚持的六大准则:坚持人与自然和谐共生、绿水青山就是金山银山、良好生态环境是最普惠的民生福祉、山水林田湖草是生命共同体、用最严格制度最严密法治保护生态环境、共谋全球生态文明建设。会议开启了新时代生态环境保护工作的新阶段。

关于环境保护具体规划,2016 年 9 月,《长江经济带发展规划纲要》正式印发,确立了长江经济带"一轴、两翼、三极、多点"的发展新格局。"一轴"是以长江黄金水道为依托,推动经济由沿海溯江而上梯度发展;"两翼"分别指沪瑞和沪蓉南北两大运输通道,这是长江经济带的发展基础;"三极"指的是长江三角洲城市群、长江中游城市群和成渝城市群,充分发挥中心城市的辐射作用,打造长江经济带的三大增长极;"多点"是指发挥三大城市群以外地级城市的支撑作用。2020 年 11 月,全面推动长江经济带发展座谈会上,习近平总书记强调:"要贯彻落实党的十九大和十九届二中、三中、四中、五中全会精神,坚定不移贯彻新发展理念,推动长江经济带高质量发展,谱写生态优先绿色发展新篇章。"会议指出推动长江经济带发展是党中央作出的重大决策,是关系国家发展全局的重大战略。

此后,我国又相继制定了《中华人民共和国黄河保护法》(2022 年 10 月 30 日第十三届全国人民代表大会常务委员会第三十七次会议通过);

---

① 刘哲:《解读〈生态文明体制改革方案〉》,载《科学导报》2016 年第 60 期。

《中华人民共和国青藏高原生态保护法》（2023年4月26日第十四届全国人民代表大会常务委员会第二次会议通过）。并于2023年6月28日第十四届全国人民代表大会常务委员会第三次会议通过了《全国人民代表大会常务委员会关于设立全国生态日的决定》，为我国生态环境保护奠定了坚实的法律基础。

三、党的十八大以来我国环境保护制度法治化改革的评价

党的十八大以来，以习近平同志为核心的党中央大力推进生态文明建设，在生态环境保护领域进行了一系列改革创新，取得了前所未有、举世瞩目的成就：一是环境保护思想理念的深化。在环保思想上，习近平总书记从人类共同利益角度出发，将生态环境保护和文明的兴衰联系起来，打破了简单把发展与保护对立起来的传统思维束缚，更新了自然环境无价的传统认识。在环保理念上，党的十八大报告创造性地提出了尊重自然、顺应自然、保护自然的基本理念，是对人与自然关系认识的重大转变。二是环境保护战略上更加的完善。党的十八大把生态文明建设纳入中国特色社会主义"五位一体"总体布局，首次把"美丽中国"作为生态文明建设的宏伟目标，把生态文明建设提升到更高的战略层面。三是生态环境保护治理进程加快推进。环境保护工作大踏步前进，无论从政策实施频率，还是立法工作安排密度，抑或是环保工作的开展都大大超过了以前。四是生态环境保护的国际贡献和影响日益提高。我国不仅重视国内的环境治理，还为其他国家贡献全球治理的中国智慧和方案，提高了我国在生态环境保护领域的国际贡献和影响。五是生态环境质量得到持续改善。实施环境保护重大行动，开展山水林田湖生态保护修复工程，增强了人民群众对良好生态环境的获得感。[1]

---

[1] 夏光、王勇等：《中国共产党十八大以来生态环境保护的历史性变化》，载《环境与可持续发展》2018年第1期。

　　具体的环境保护成效体现在三个方面：一是天更蓝，"大气十条"各项任务顺利完成。二是山更绿，自党的十八大召开来，我国累计治理沙化土地 2.1 亿亩，全国完成造林 9.6 亿亩，至 2022 年 11 月森林覆盖率达到 24.02％，成为同期全球森林资源增长最多的国家。三是水更清，截至 2021 年，我国地表水优良水质断面比例上升到 84.9％，劣五类水体比例下降至 1.2％。

第三节　我国环境保护制度法治化改革的评价与展望

　　回顾我国的环境保护法治改革实践，环境保护法律制度体系初步建成，但在实施中仍面临较大压力，要继续坚持党对环保工作的领导，完善重点领域立法，健全环保执法队伍和工作机制。

一、我国的环境保护制度体系已经形成

　　环境保护自新中国成立以来就是党和政府非常重视的一项任务，虽然环境保护制度体系在发展的过程中有过曲折，但经过数十年的探索、完善，我国已经形成了一套由政策体系和法律体系两方面构成的完整的环境保护制度体系。

　　政策体系不断完善。我国环境保护的政策体系包括三大政策和八项制度，三大政策即"预防为主，防治结合""谁污染谁治理"和"强化环境管理"；八项制度即"环境影响评价"、"三同时"、"排污收费"、"环境保护目标责任制"、"城市环境综合整治定量考核"、"排污许可证"、"限期治理"和"污染集中控制"。

　　法律体系基本建成。从《环境保护法》所针对的领域来看，有三大环保领域法律体系。首先，在污染防治领域，我国形成了以《大气污染防治

法》《水污染防治法》《固体废物污染防治法》《环境噪声污染防治法》《放射性污染防治法》和《土壤污染防治法》等法律为主体的污染防治法律子系统；其次，在自然资源保护领域，我国形成了以《土地管理法》《水法》《矿产资源法》《草原法》和《森林法》等法律为主体的法律子系统；最后，生态保护领域，我国形成了以《野生动物保护法》《水土保持法》和《防沙治沙法》等法律为主体的法律子系统。①

二、当下仍然面临较大的环保压力

党的十八大提出了"两个一百年"奋斗目标，我国已经实现了全面建成小康社会的目标，正在为第二个百年目标——建成富强民主文明和谐美丽的社会主义现代化强国而奋斗。生态文明是第二个百年目标的应有之义，必须毫不动摇地坚持生态环境保护。党的十八大以来，我国推动生态环境保护决心之大、力度之大、成效之大前所未有，大气、水、土壤污染防治行动成效明显。尽管我国在生态环保方面取得了明显成果，但在工业化和城镇化的进程中，全面绿色转型的基础依然薄弱，"三个没有根本改变"问题突出，我国环保违法现象未完全杜绝，环保工作任重道远。

从环境污染现状来看，我国现阶段的环境保护虽然取得了巨大的进步，但环境污染问题仍然十分严重。一方面，城市污染问题态势严重，以大气污染为例，虽然我国大气污染近些年已经得到了有效控制，但有些地区冬季雾霾天还会出现。这跟我国长期使用燃煤有很大关系，煤炭消耗大，导致部分地区酸雨污染严重，尤以西南和东南部酸雨区最为突出。另一方面，农村污染问题突出，我国农业科技化水平低、产量少，农民往往为了增加产量而过度使用农药和化肥，大量、长期的使用农药和化肥对农村

---

① 徐以详：《论我国环境法律的体系化》，载《现代法学》2019 年第 3 期。

地区的生态环境造成了严重的破坏。农村污染的另一大问题是生活废物污染，由于农村地区缺乏管理，人们环保意识不足，垃圾随处乱丢的现象由来已久，且大部分生活垃圾都不能及时处理，造成了农村地区环境的严重污染。[①]

从环境保护压力来看，当今中国的环境压力与发展阶段密切相关。我国十几亿人口的现代化过程，在发展的速度和时间上极为迅速，环境压力比世界上其他国家都大。在人类社会迄今为止 200 多年的现代化进程中，实现工业化的国家不超过 30 个、人口不超过 10 亿，主要是经济合作与发展组织（OECD）国家。我国在发展中来解决环境问题，具有极强的复杂性和极高的难度，这也是我国面临的一个巨大挑战。

三、环境保护法律制度进一步改革的基本思路

一是坚持在党的领导下开展环境保护工作。中国共产党领导人民建设社会主义生态文明是党的历史任务，历代中央领导集体以战略眼光高度重视并长期探索生态环境保护，所取得的巨大成效也佐证了党的领导的正确性。在日后的实践中，要建立科学合理的考核评价体系、强化考核问责、健全环境保护督察机制。完善党的领导、省政府统筹指导、地市执行的环境保护工作机制。

二是继续完善我国的环境保护制度体系。充分认识到我国区域发展不平衡、不协调的现状，在政策体系上要做到根据不同地区的发展实际发展情况，有针对性地制定环境保护政策。在法律体系上，针对我国环保法体系立法中存在的立法空白和短板现象予以完善，解决我国环境立法中存在的法律条文重复和法律制度重叠的问题。在立法中规定的内容要具

---

① 刘霜：《浅谈我国农村地区环境污染问题的防治与对策》，载《农业技术与装备》2021 年第 8 期。

有适当的前瞻性，以应对经济快速发展带来的污染情况。

　　三是进一步加强我国生态环境保护综合执法队伍建设，提高环保执法的能力和水平。加强环保执法信息化建设，建立健全执法信息化管理体系。优化执法人员结构，注重专业性选人用人。完善执法队伍培训体系、管理系统。

第二十九章　废止劳动教养制度

　　劳动教养制度建立于 20 世纪 50 年代，是针对那些未构成刑事犯罪的违法人员，实施强制性劳动教育改造的行政强制措施，亦有部分刑法学者认为根据属性可以将其归为保安处分的一种。在该制度建立之后，劳动教养的适用对象不断扩大，但由于该制度可以在未经过人民法院的审判程序的情况下限制人身自由，因而在实施的过程中争议持续不断。随着我国社会主义法治建设的推进，劳动教养制度在建立五十余年之后被正式废止。

　　1955 年 8 月 25 日，中共中央发布了《关于彻底肃清暗藏的反革命分子的指示》，第一次明确提出"劳动教养"的办法。[①]1957 年 8 月，经第一届全国人民代表大会常务委员会第七十八次会议批准，国务院公布了《关于劳动教养问题的决定》，正式确立了劳动教养制度。[②]

　　劳教制度在特殊历史时期发挥了稳定社会治安、积极预防犯罪的功效。不过随着我国法律体系不断完善，这一制度的实践已经不能适应我国社会主义法治国家的建设，依法行政、公正司法的要求。尤其是作为一

---

　　① 参见于建嵘：《劳动教养制度的发展演变及存废之争》，载《中国党政干部论坛》2013 年第 1 期。

　　② 参见李晓燕：《论劳动教养制度的废存及违法行为教育矫治法的制定》，载《法学杂志》2013 年第 3 期。

项具有限制人身自由属性的制度，其缺乏正式的法律依据，且劳动教养的决定亦未经过人民法院的司法审判程序，因而长期饱受诟病。2013 年 12 月，劳动教养制度正式废止。

第一节　我国劳动教养制度的历史发展

一、确立与扩大适用阶段

1957 年国务院发布的《关于劳动教养问题的决定》第二条规定，"劳动教养，是对于被劳动教养的人实行强制性教育改造的一种措施，也是对他们安置就业的一种办法"，同时规定，"被劳动教养的人，在劳动教养期间，必须遵守劳动教养机关规定的纪律，违反纪律的，应当受到行政处分，违法犯罪的，应当依法处理"。决定第一条亦将劳教对象扩大到四类人员，对该四类人员"应当加以收容实行劳动教养"，包括"(1)不务正业，有流氓行为或者有不追究刑事责任的盗窃、诈骗等行为，违反治安管理，屡教不改的；(2)罪行轻微，不追究刑事责任的反革命分子、反社会主义的反动分子，受到机关、团体、企业、学校等单位的开除处分，无生活出路的；(3)机关、团体、企业、学校等单位内，有劳动力，但长期拒绝劳动或者破坏纪律、妨害公共秩序，受到开除处分，无生活出路的；(4)不服从工作的分配和就业转业的安置，或者不接受从事劳动生产的劝导，不断地无理取闹、妨害公务、屡教不改的"。1961 年，公安部在《关于当前公安工作十个具体政策问题的补充规定》中，明确把劳动教养的期限定为两年至三年，对表现不好的劳教人员，可以延长劳动期限。①

---

① 参见于建嵘：《劳动教养制度的发展演变及存废之争》，载《中国党政干部论坛》2013 年第 1 期。

1979年11月，第五届全国人大常委会批准了《国务院关于劳动教养的补充规定》(以下简称《补充规定》)。该补充规定设立了劳动教养管理委员会，第一条规定，"各省、自治区、直辖市和大中城市人民政府成立劳动教养管理委员会，由民政、公安、劳动部门的负责人组成，领导和管理劳动教养工作"。补充规定第二条确定了审查批准劳动教养的机构，"对于需要实行劳动教养的人，由省、自治区、直辖市和大中城市劳动教养管理委员会审查批准"。同时，第三条还确立了劳动教养的期限为一年至三年，必要时得延长一年。

1980年2月，《国务院关于将强制劳动和收容审查两项措施统一于劳动教养的通知》，决定将强制劳动和收容审查两项措施统一于劳动教养，其第一条规定，"对有轻微违法犯罪行为、尚不够刑事处罚需要进行强制劳动的人，一律送劳动教养"。由此，劳动教养制度又起到与刑事处罚相衔接的作用，但是"一律送劳动教养"的表述具有明显的强制性且缺乏裁量的空间。

1982年，国务院同意转发公安部《劳动教养试行办法》。该试行办法共十一章六十九条。从立法技术上讲，该试行办法全面规定了劳动教养制度的程序和管理，可以视为第一部关于劳动教养的综合性法律文件。其第二条将劳动教养的性质界定为"是对被劳动教养的人实行强制性教育改造的行政措施，是处理人民内部矛盾的一种方法"。第三条将劳动教养的方针定位为"实行教育、挽救、改造的方针，教育感化第一，生产劳动第二"。第九条将劳动教养人员的范围从城市扩大到"家居农村而流窜到城市、铁路沿线和大型厂矿作案，符合劳动教养条件的人"，第十条将适用对象扩充至六类人员："(一)罪行轻微，不够刑事处分的反革命分子、反党反社会主义分子；(二)结伙杀人、抢劫、强奸、放火等犯罪团伙中，不够刑事处分的；(三)有流氓、卖淫、盗窃、诈骗等违法犯罪行为，屡教不改，不够刑事处分的；(四)聚众斗殴、寻衅滋事、煽动闹事等扰乱社会治安，不够刑事处分的；（五）有工作岗位，长期拒绝劳动，破坏劳动纪律，而又不断无理取闹，扰乱生产秩序、工作秩序、教学科研秩序和生活秩序，妨碍公务，不听劝告和制止的；（六）教唆他人违法犯罪，不够刑事处分的。"第十一条仍然将劳动教养的决定机关定为"省、自治区、直辖市和大中城市的劳动教养管理委员会"。第十三条将劳动教养的期限确定为一年至三年。

此后，1986 年《治安管理处罚条例》，1989 年国务院颁布的《铁路运输安全保护条例》，1990 年全国人大常委会《关于禁毒的决定》等先后制定，大量的法律、行政法规、司法解释、部门规章甚至地方性法规扩大了劳动教养的适用范围。[1]2002 年公安部出台的《公安机关办理劳动教养案件规定》将劳动教养的适用对象扩大为十类人。[2]

由于劳动教养的适用对象不断扩大，陈瑞华教授将劳动教养的适用对象概括为一个标准的公式："实施……行为，不够刑事处分的。"[3]这种概括体现出劳动教养制度适用不断扩张的情况，也说明了劳动教养制度的适用在实体条件层面已经过于宽泛。

二、争议与改革阶段

自 20 世纪 70 年代后期以来，学术界就有学者主张废除劳动教养制度，但早年尚未形成较大影响。2003 年发生的"孙志刚事件"直接导致收容遣送制度被废止，这也引起对于废止劳动教养制度的探讨，并开始在社会上形成了一定的影响。2004 年 1 月，时任广东省政协委员朱征夫连署发起提请废除劳动教养的提案，建议广东先行一步废除劳动教养制度，在学术界和新闻界具有一定的影响。在 2003 年的人代会上，较多全国人大

---

[1] 参见张敏发：《论劳动教养制度的废除——从收容对象的历史和现状考察》，载《犯罪研究》2013 年第 3 期。

[2] 参见《公安部关于公安机关办理劳动教养案件规定的通知》第九条。

[3] 参见陈瑞华：《劳动教养的历史考察与反思》，载《中外法学》2001 年第 6 期。

代表在要求改革或者废除劳动教养制度的议案上签名。2004 年 2 月,第十届全国人大常委会宣布,用以取代劳教制度的《违法行为矫治法》已经列入当年的立法计划。该法由全国人大常委会法制工作委员会起草,计划于当年 4 月上会审议,但是后来因故被搁置。①2010 年《违法行为教育矫治法》再次列入当年立法计划②,但后来仍然没有实现立法目标。

2011 年 11 月,最高人民法院等十部委联合发布《违法行为教育矫治委员会试点工作方案》,决定在甘肃兰州、山东济南、江苏南京、河南郑州 4 个城市进行劳教制度的改革试点。③2012 年 1 月 1 日,《行政强制法》通过,第十条规定:"行政强制措施由法律设定……法律、法规以外的其他规范性文件不得设定行政强制措施。"

2013 年 1 月,全国政法工作会议明确提出,2013 年将推进劳教制度改革。④2013 年 11 月,党的十八届三中全会通过的《中共中央关于全面深化改革若干重大问题的决定》提出,"废止劳动教养制度,完善对违法犯罪行为的惩治和矫正法律,健全社区矫正制度"。2013 年 12 月,第十二届全国人大常委会第六次会议正式通过了《关于废止有关劳动教养法律规定的决定》,该决定所废止的法律文件包括:1957 年《全国人民代表大会常务委员会批准国务院关于劳动教养问题的决定的决议》及《国务院关于劳动教养问题的决定》、1979 年《全国人民代表大会常务委员会批准国务院关于劳动教养的补充规定的决议》及《国务院关于劳动教养的补充规定》。2018 年《国务院关于修改和废止部分行政法规的决定》又废止了

---

① 参见李晓燕:《论劳动教养制度的废存及违法行为矫治法的制定》,载《法学杂志》2013 年第 3 期。

② 参见《违法行为教育矫治法列入今年立法计划》,载《法制日报》2010 年 3 月 11 日,第 2 版。

③ 参见《劳教改革　法律层面改革"正在研究"试点具体内容一直未公布》,载《潇湘晨报》2012 年 11 月 22 日。

④ 参见《全国政法工作会议:劳教制度今年拟停止使用》,载中国法院网,https://www.chinacourt.org/article/detail/2013/01/id/811011.shtml,访问时间:2021 年 5 月 10 日。

《劳动教养试行办法》。由此，劳动教养制度被全面废止。

第二节　我国劳动教养制度的改革动因

一、违背法治建设要求

随着《宪法》的修订和《立法法》的出台，劳动教养制度中存在的问题凸显，在实质上违背了宪法关于人身权利保护的规定，所扩张的内容法律依据明显不足。[①]

1. 形式上缺乏法律根据

劳动教养制度的基本法律根据是 1957 年《国务院关于劳动教养问题的决定》和 1979 年《国务院关于劳动教养的补充规定》。这两个法律文件均制定于现行 1982 年《宪法》和 2000 年《立法法》之前。从历史的角度看，在当时法律体系远未完善的历史背景下，这两个当时由全国人大常委会批准的、由国务院制定的规定或许具有相当于法律的效力，在当时存在诸多立法空白的历史条件下，或许能够起到相当于法律的作用。但是在实行依法治国，建设社会主义法治国家的历史背景下，尤其在强调全面依法治国，公权力的行使需要"于法有据"的时代语境下，劳动教养制度的法律依据问题就凸显出来。

有学者指出，在宪法与相关宪法性文件已经发生重大变化的情况下，劳动教养制度的法律根据已经产生了质疑。根据现行《宪法》，只有全国人民代表大会及其常委会有权制定法律，而根据《立法法》第十一条第五项规定，"对公民政治权利的剥夺、限制人身自由的强制措施和处罚"，只

---

① 　参见时延安：《劳动教养制度的终止与保安处分的法治化》，载《中国法学》2013 年第 1 期。

能制定法律规定该事项。在这种背景下,对劳动教养制度法律根据的解读就难以形成说服力。况且,通过制定部门规章的形式扩张劳动教养的适用范围,其法律根据也是明显不足的。①

在劳动教养的实施过程中,不同位阶的法律文件都不约而同地加剧了劳动教养对象扩大化的趋势,争相变相扩大劳动教养的适用范围,使得为刑法所禁止的行为,又不够、不能刑事处罚的,绝大部分可以适用劳动教养制度。

2. 实质性地违背宪法中的公民权利条款

从现行《宪法》有关公民权利的条款出发,劳动教养制度实质性地违反了宪法中的公民权利条款,尤其是具有统领性和约束性的《宪法》第三十七条,即人身自由保障的条款。《宪法》第三十七条第二款规定:"任何公民,非经人民检察院批准或者决定或者人民法院决定,并由公安机关执行,不受逮捕。"从《宪法》第三十七条的统领性和约束性作用出发,此处的"逮捕"不应限于刑事诉讼法中规定的作为刑事强制措施的逮捕,而是应指任何与刑事诉讼法中逮捕具有相同强制力、相同权利剥夺效果的法律强制措施和处罚。从期限标准和决定机关标准考量,该制度都是有悖于这一权利条款的。②这种分析实际上就是从宪法人权保障的角度出发,根据比例原则和相当性的标准,实质性地解读宪法关于人身自由保障的条文。基于"国家尊重和保障人权"的宪法原则、公民权利条款,尤其是与劳动教养制度直接相关的人身自由保障条款,应当构成对劳动教养制度的约束。而劳动教养的适用期限可长达三年,一般都远长于刑事逮捕的期限,且决定机关亦非人民检察院或者人民法院。因此,诸多学者认为的劳动教养制度已经实质性地与宪法中的公民权利保障条款相悖,是有理论根据的。

---

①② 参见时延安:《劳动教养制度的终止与保安处分的法治化》,载《中国法学》2013 年第 1 期。

3. 有违正当法律程序

劳动教养制度的设计有违正当法律程序所要求的比例原则、裁判中立原则、控辩平等原则等。与刑事处罚相比较，劳动教养的期限可以长达三年，而刑罚中的附加刑、管制、拘役甚至短期监禁刑对人身自由的限制或者剥夺的强度，都无法与劳动教养的最长期限相比，而这与劳动教养适用于"尚不够刑事处罚"的规定明显不相称，明显有违比例原则。与刑事诉讼相比，劳动教养的决定由行政机关作出，且无须经过人民法院的审判程序，亦无须经过刑事诉讼中的侦查、审查起诉程序。如果要将一个犯罪嫌疑人、被告人定罪量刑，需要经过正式的刑事诉讼程序，侦查、审查起诉和审判均有法律程序的刚性约束，其中最重要的是要贯彻控审分离、裁判中立原则，由人民法院进行审理和裁判，但劳动教养的适用则完全不需要经过这些严谨的程序。另外，与刑事诉讼相比，劳动教养的决定程序是一种发生在行政机关与被劳动教养人之间的结构，缺乏类似于刑事诉讼中的控辩平等原则，缺乏类似于刑事诉讼中的辩护权保障制度，但其却可能面临人身自由受到限制或者剥夺的后果。综上所述，劳动教养制度有违正当法律程序。

二、废除呼声强烈

进入 21 世纪之后，社会上有关废除劳动教养制度的呼声日趋强烈，且有人大代表和政协委员在人大和政协的会议上提出过提案，学术界和法律界人士呼吁取消劳动教养制度的呼声具有较大的社会影响。除了时任广东省政协委员朱征夫关于废除劳动教养制度的提案之外，2008 年 3 月又有全国人大代表、陕西省人大常委会委员马克宁正式提交建议，呼吁废除劳动教养制度。[①]部分人大代表、政协委员对废止劳动教养制度的提

---

① 参见李晓燕：《论劳动教养制度的废存及违法行为教育矫治法的制定》，载《法学杂志》2013 年第 3 期。

案和呼吁,在一定程度上代表了部分人民群众的呼声,使废止劳动教养制度具有一定的民意基础。

三、案件推动的舆论关切

2012 年的有关滥用劳动教养的若干案件,经媒体曝光并在互联网上被广泛讨论后,更是引发公众对劳教制度的反思和批评,废止劳教制度在公共舆论中已经形成主流意见。①这些典型案件,引起了社会公众对劳动教养制度的反思,使废止劳动教养制度不仅是学术界、法律界或者人大代表和政协委员所关注的事项,使社会普通公众也更加关注到这一问题。

四、法律体系逐步完善

2006 年 3 月 1 日起施行的《治安管理处罚法》,对扰乱公共秩序、妨害公共安全、侵犯人身权利财产权利、妨害社会管理,具有社会危害性,尚不够刑事处罚的违法行为,规定了系统而全面的治安管理处罚措施。2008 年 6 月 1 日起施行的《禁毒法》对吸毒成瘾人员规定了社区戒毒、强制隔离戒毒等措施,不再适用劳动教养戒毒。2011 年,全国人大常委会通过了《中华人民共和国刑法修正案(八)》,对盗窃等犯罪的构成条件作了进一步完善。随着治安管理处罚法、禁毒法等法律的施行、刑法的不断完善,以及相关法律的有机衔接,劳动教养制度的作用逐渐被取代,劳动教养措施的使用逐年减少,启动法律程序废止劳动教养制度的时机已经成熟。②

---

①　参见时延安:《劳动教养制度的终止与保安处分的法治化》,载《中国法学》2013 年第 1 期。

②　《关于提请废止〈国务院关于劳动教养问题的决定〉和〈国务院关于劳动教养的补充规定〉的议案的说明》,载中国人大网,http://www.npc.gov.cn/wxzl/gongbao/2014-03/21/content_1867691.htm,访问时间:2021 年 5 月 10 日。

第三节　我国劳动教养制度的立法改革内容

根据《关于提请废止〈国务院关于劳动教养问题的决定〉和〈国务院关于劳动教养的补充规定〉的议案的说明》，废止劳动教养制度后的相关工作包括："对正在被依法执行劳动教养的人员予以解除劳动教养，剩余期限不再执行。"同时，需要对相关法律、法规、司法解释、规章和规范性文件依照法定程序进行清理。"组织有关部门妥善做好被劳动教养人员依法解除劳动教养、劳动教养管理机关人民警察的职能转变和劳动教养场所的合理利用等工作。"2013年12月，第十二届全国人大常委会第六次会议正式通过了《关于废止有关劳动教养法律规定的决定》，2018年《国务院关于修改和废止部分行政法规的决定》又废止了《劳动教养试行办法》。

第四节　我国劳动教养制度改革后的实施状况

废止劳动教养制度的直接影响就是使规范劳动教养制度的原有法规、规章、规范性文件等一系列法律规范失去效力，在我国不再存在劳动教养制度。根据全国人大常委会《关于废止有关劳动教养法律规定的决定》第三条的规定："在劳动教养制度废止前，依法作出的劳动教养决定有效；劳动教养制度废止后，对正在被依法执行劳动教养的人员，解除劳动教养，剩余期限不再执行。"

废止劳动教养制度的间接影响体现在刑事实体法和刑事程序法的立法上。在刑事实体法方面，间接影响体现为部分犯罪门槛的降低和犯罪圈的扩张；在刑事程序法方面，间接影响体现为刑事诉讼程序繁简分流的改革,尤其是各类简化程序的设立。由于原劳动教养制度适用于"尚不构刑事处罚的"人,在其废止之后,立法上出现了降低犯罪门槛,扩张犯罪圈的情况,在一定程度上试图运用部分刑事处罚手段来填补原劳动教养制度的某些适用空间。例如,最高人民法院、最高人民检察院在 2013 年先后制定的《关于办理盗窃刑事案件适用法律若干问题的解释》《关于办理敲诈勒索刑事案件适用法律若干问题的解释》《关于办理寻衅滋事刑事案件适用法律若干问题的解释》《关于办理抢夺刑事案件适用法律若干问题的解释》以有限入罪为原则,适当降低了犯罪门槛。[①]又如,《刑法修正案(九)》对我国刑法进行了较大规模的修订,其所呈现的刑法立法的发展方向之一就是犯罪范围的扩张。《刑法修正案(九)》增设了 20 个罪名,并对若干旧罪进行了内容扩充,采用了增加行为方式、增加行为对象、降低入罪门槛等方式扩充旧罪,使得刑法在经济社会中的规制领域不断拓展,法网日趋严密。[②]这就在一定程度上造成了犯罪圈扩大与司法资源有限性的矛盾,并由此推动了一系列刑事诉讼程序繁简分流的相关改革。[③]这些改革,不可否认与废止劳动教养制度之后,为填补部分法律制裁的空白存在相关性,同时也驱使程序分流成为必要,因此部分学者才称其为"后劳教时代的改革"。

　　除了制度的影响之外,废止劳动教养制度还带来物质资源方面的影响。在劳动教养制度废止之后,原劳动教养场所逐渐转变为行使戒毒管理职能的场所,起到充分利用遗留物质资源的作用。2013 年 4 月,司法部部务会议审议通过了《司法行政机关强制隔离戒毒工作规定》,强制隔离戒毒工作有了专门的规范,并于 2013 年 6 月 1 日起付诸实施。根据党

---

　　① 参见熊秋红:《废止劳教之后的法律制度建设》,载《中国法律评论》2014 年第 6 期。

　　② 参见陈兴良:《犯罪范围的扩张与刑罚结构的调整——〈刑法修正案(九)〉述评》,载《法律科学(西北政法大学学报)》2016 年第 4 期。

　　③ 参见汪海燕、付奇艺:《后劳教时代的改革径路——以程序与实体的交互影响为视角》,载《法学杂志》2015 年第 7 期。

中央的部署，司法行政部门"要在原劳教场所职能转向戒毒管理后，合理使用原劳教场所和人员，不断提高戒毒工作水平。"①改革时期，劳教所里有 20 多万人接受强制戒毒，司法部劳教局直接改为强制戒毒局。但各个地方毒品形势的严重程度不一，在毒品形势不严峻的地区，有的地方尝试拓展其他职能，比如将其改造成轻刑监狱，罪行比较轻微的犯罪人转到这里来服刑。②原劳教场所除继续用于隔离戒毒外，收容场所转型为低警戒监狱或者收容被执行拘役的"醉驾人"，可以盘活闲置的执法资源，加快轻刑化的步伐。部分场所转型为中间过渡场所或者中间监禁设施，有望扩大假释率和增强对社区服刑人员的心理威慑，实质推进社区矫正制度。③因此，劳动教养制度废止之后带来的原场所的用途变更，可以起到合理利用固有物质资源的作用，并且为其他制度的实施提供了助力。

---

①③　参见王利荣、张凯伦：《后劳教时代预防犯罪资源的再利用》，载《法律适用》2016 年第 3 期。

②　参见刘仁文：《后劳教时代的法治再出发》，载《国家检察官学院学报》2015 年第 2 期。

第三十章　废止收容教育制度

　　收容教育制度,是指不经法院审判,公安机关即可对卖淫嫖娼人员决定进行一定期间的强制教育、劳动等一系列限制人身自由的行政强制教育措施。就法律根据而言,收容教育制度是在打击卖淫嫖娼过程中创造的一项长时间限制人身自由的行政强制教育措施,以 1991 年《全国人民代表大会常务委员会关于严禁卖淫嫖娼的决定》为依据。[①]1993 年国务院《卖淫嫖娼人员收容教育办法》(以下简称《收容教育办法》)系根据全国人大常委会《关于严禁卖淫嫖娼的决定》而制定,是一部规范收容教育制度的行政法规。根据《收容教育办法》第二条的规定,收容教育,是指对卖淫、嫖娼人员集中进行法律教育和道德教育、组织参加生产劳动以及进行性病检查、治疗的行政强制教育措施。2019 年 12 月,全国人大常委会通过了《全国人民代表大会常务委员会关于废止有关收容教育法律规定和制度的决定》,收容教育制度被正式废除。

第一节　我国收容教育制度的历史发展

　　1991 年 9 月 4 日第七届全国人民代表大会常务委员会第二十一次

　　[①]　参见何海波:《论收容教育》,载《中外法学》2015 年第 2 期。

会议通过的《全国人民代表大会常务委员会关于严禁卖淫嫖娼的决定》第四条第二款规定："对卖淫、嫖娼的，可以由公安机关会同有关部门强制集中进行法律、道德教育和生产劳动，使之改掉恶习。期限为六个月至二年。具体办法由国务院规定。"全国人大常委会的决定具有等同法律的效力，决定所确立的强制集中教育劳动的制度，即是收容教育制度的法律根据，其对国务院的授权，也成为国务院制定关于收容教育的行政法规的根据。

据此，1993年9月4日国务院发布了《收容教育办法》，进一步明确了收容教育所的设置、收容教育决定的程序、收容教育的期限及解除、对被收容教育人员的管理和权利救济等内容。它对卖淫、嫖娼人员集中进行法律教育和道德教育，组织参加生产劳动以及进行性病检查、治疗的行政强制教育措施。[1]2011年《国务院关于废止和修改部分行政法规的决定》对《收容教育办法》个别条文的表述和术语进行了技术性的修正。[2]

《收容教育办法》将收容教育的决定权授予公安机关。根据其第八条的规定，对卖淫、嫖娼人员实行收容教育，由县级公安机关决定。同时，还将该办法的解释权授予公安部，其第二十二条规定，"本办法由公安部负责解释"。公安部于2000年发布了《收容教育所管理办法》，第一条规定："为加强和规范收容教育所的管理，根据国务院《卖淫嫖娼人员收容教育办法》及有关规定，制定本办法。"《收容教育所管理办法》规定了收容教育

---

[1] 　参见《关于提请废止收容教育制度的议案的说明》，载中国人大网，http://www.npc.gov.cn/npc/c30834/201912/21979c6742a8435c84bdb21640026fde.shtml，访问时间：2021年8月25日。

[2] 　2011年《国务院关于废止和修改部分行政法规的决定》第六十八条将《卖淫嫖娼人员收容教育办法》第七条第一款中的"除依照《中华人民共和国治安管理处罚条例》第三十条的规定处罚外"修改为"除依照《中华人民共和国治安管理处罚法》第六十六条的规定处罚外"；第八十七条将《卖淫嫖娼人员收容教育办法》第二十条中的"可以依照《行政复议条例》的规定向上一级公安机关申请复议；对上一级公安机关的复议决定不服，可以依照《中华人民共和国行政诉讼法》的规定向人民法院提起诉讼"修改为"可以依法申请行政复议；对行政复议决定不服的，可以依照《中华人民共和国行政诉讼法》的规定向人民法院提起诉讼"。因此，该次修正是一种技术上的修正，并未实质性地变更其制度内容。

所的设置和管理,其第二条指出,"收容教育所是公安机关依法对卖淫、嫖娼人员进行法律和道德教育、组织参加劳动生产以及进行性病检查、治疗的行政强制教育场所"。《收容教育所管理办法》同时对入出所和日常管理的程序进行了规定。

2018 年,全国人大常委会法工委会同有关部门开展了联合调研,了解收容教育制度实施情况,召开座谈会听取有关单位及部分人大代表、政协委员和专家学者的意见,并书面征求了有关单位意见。通过调研论证,各有关方面对废止收容教育制度已经形成共识。目前,废止收容教育制度的时机已经成熟。[①]

2019 年 12 月 28 日,第十三届全国人民代表大会常务委员会第十五次会议通过了《全国人民代表大会常务委员会关于废止有关收容教育法律规定和制度的决定》,第一条明确规定:"废止《全国人民代表大会常务委员会关于严禁卖淫嫖娼的决定》第四条第二款、第四款,以及据此实行的收容教育制度。"这标志着收容教育制度被正式废止。

为贯彻全国人大常委会关于废止收容教育制度的决定,2020 年 4 月,国务院发布《关于修改和废止部分行政法规的决定》在其附件 2"国务院决定废止的行政法规"中,明确废止《卖淫嫖娼人员收容教育办法》。至此,具体实施收容教育制度的行政法规亦被废止。

第二节 我国收容教育制度的改革动因

一、法治建设发展需要

由于收容教育制度具有行政机关有权单方面决定较长时间限制人身

[①] 《关于提请废止收容教育制度的议案的说明》,载中国人大网,http://www.npc.gov.cn/npc/c30834/201912/21979c6742a8435c84bdb21640026fde.shtml,访问时间:2021 年 8 月 25 日。

自由的属性，因而在理论层面的合理性受到学术界的诸多质疑。简而言之，"收容教育一个经常为人诟病的地方是，行政机关凭一纸决定就可以对某个特殊人群实施长达半年到两年的人身自由限制。这种做法有违法治建设和人权保障的时代潮流"。①这也是学界诸多学者通常的观点。归纳起来，就制度的合理性而言，对该制度的质疑通常分为以下四个方面：

其一，未经正式的司法程序，以简单化的行政决定就长时间剥夺公民的人身自由，使收容教育制度侵犯了宪法所保障的公民基本权利——人身自由。

其二，不符合正当法律程序原则，在决定收容教育的过程中，对行政相对人的权利保障较弱，缺乏对正当法律程序原则所要求的程序性权利的有力保障。

其三，就作为实体性问题的法律后果而言，收容教育制度的严厉性也在较大程度上违反了比例原则，其社会危害性与较长时间限制人身自由的后果不相符。

其四，决定程序的严格性不足，容易导致执行过程中的任意性执法、选择性执法等现象，有损法治的严肃性，也容易导致执法中的不平等现象的发生。

综上所述，由于学术界普遍认为收容教育制度在理论上存在较多的问题，在全面依法治国的当下，收容教育制度的继续存在并不适应法治建设发展的需要。学术界在理论层面分析，为废止收容教育制度做了理论上的铺垫。

二、事件推动与学界呼吁

2014 年 5 月，北京传媒《京华时报》的官方微博曝料，知名演员黄某

---

① 参见何海波：《论收容教育》，载《中外法学》2015 年第 2 期。

前日因嫖娼被北京警方抓获。同日下午,北京市公安局的官方微博"平安北京"证实了这一消息。央广"新闻晚高峰"播报,黄某行政拘留日前期满但并未释放,将被收容教育 6 个月……黄某的八卦新闻激起了一场关于收容教育制度存废的公共讨论。①

据《华商报》报道,该事件曝光之后,江平、陈光中、田文昌等逾百名法学专家、律师联名起草《关于废止收容教育制度的建议书》,并正式邮寄给全国人大常委会法工委。建议书称,鉴于收容教育制度与相关法律存在冲突,已不合时宜,制度安排也不合理,建议全国人大常委会法工委予以废止。这份建议书电子版共有 5000 余字,从四个方面阐述了建议废止收容教育制度的理由:首先,建议书认为收容教育制度无论是从制度安排还是实际运作看,实质上是限制人身自由的手段,与我国《宪法》《立法法》等基本法律不协调;其次,收容教育制度是我国在特定时期的产物,在历史上或许曾发挥过一定的作用,但显然已不符合我国目前的社会发展形势;再次,收容教育手段的严厉性与规定的性质明显不符;最后,收容教育制度及其运用对社会公平正义造成严重冲击。②

在这些事件的背景下,学者们对待此问题也展开了讨论争鸣,虽然具体分析过程和具体的理由不尽相同,但是,大多认为应该予以废止,或者至少应当进行重大改造。在这些事件之后,学界几个具有代表性的观点有:

叶良芳教授认为,从最初的制度设计考察,收容教育制度事实上被赋予了三大功能:惩罚功能、教育功能和医疗功能。为实现这三大功能,立法者配置了四种治理措施:治安管理处罚、收容教育、劳动教养和强制治

---

① 参见叶良芳:《废除抑或改造:收容教育制度的反思和检讨》,载《政法论丛》2015 年第 2 期。

② 《133 名法学专家律师联名建议废止收容教育制度》,载新浪新闻,http://news.sina.com.cn/c/2014-06-19/041530386223.shtml,访问时间:2021 年 8 月 25 日。

疗。从法理和实效两个层面来看，收容教育和劳动教养的治理措施不仅难以实现教育违法行为人改善的目标，而且存在立法危机和执法困境，因而均应予以彻底废除。但是以治安管理处罚来实现惩罚功能，具有目的和方式的相当性，应予以保留，并应归并于其他法律体系；以强制治疗来实现医疗功能，具有目的正当性，亦应予以保留，但在具体适用方面，则需要在适用主体、适用程序等方面进行重大改造。①

何海波教授认为，收容教育制度有全国人大常委会《严禁卖淫嫖娼问题的决定》作依据，这使得它避免了收容遣送、劳动教养那样严重的合法性瑕疵。指责收容教育制度没有法律依据，是不能成立的。但是收容教育适用条件不够明确、实施程序缺乏保障、事后救济软弱无力、日常管理刻板粗暴，使它同样沦为中国法治和人权的一个幽暗角落。更为重要的是，收容教育在实践中蜕变为主要针对卖淫嫖娼下层人员的一项严厉惩罚，它的教育挽救功能不足，对遏制卖淫嫖娼的作用不明显，反而滋生出腐败，映照着社会的不公。这些事实使它从根本上丧失了正当性，所以应当予以废除。②

周国兴副教授认为，在实质正当性的层面，收容教育制度涉及法律是否可以强制实施性道德这一颇具价值争议的问题。在形式合法性的层面，收容教育制度的法律依据违反上位法优于下位法、新法优于旧法的法之效力判定原则，于法无据。在实际效果的层面，收容教育制度在实际运行过程中既没有实现其法律效果，也没有实现其社会效果，反而产生了巨大的社会成本。③

具有一定社会影响力的收容教育事件的发生，为讨论收容教育制度

---

① 参见叶良芳：《废除抑或改造：收容教育制度的反思和检讨》，载《政法论丛》2015 年第 2 期。

② 参见何海波：《论收容教育》，载《中外法学》2015 年第 2 期。

③ 参见周国兴：《法治思维视野下的收容教育制度之检讨》，载《法学评论》2016 年第 2 期。

的存废或者改造提供了典型案例和背景,同时也触发了社会的强烈关注和热烈讨论,类似事件与学界的讨论形成一定的互动,并且在社会层面也引起了某些知名学者、法律界人士的呼吁和推动,为废止收容教育制度提供了一个契机。

三、适用率低且作用有限

有学者从收容教育制度的实践情况出发,评估收容教育制度的实施效果,并进行公共政策层面的讨论。在实践中,被收容教育人员实际上已经出现大幅萎缩。有资料称,1992 年 6 月全国建有收容教育所111 个,收容 2 万多人。1999 年,收教所发展到 183 个,收容 4 万多人。到 2002 年,全国收容教育所增加到 200 个,但当年收容量只有 2.8 万多人,比 1999 年明显下降。随着收容量的减少,一些收容教育所因为收不到人而被关闭或者合并。到 2007 年 7 月,全国收容教育所不超过 150 个。2015 年 4 月,全国只有 90 来个收容教育所,而多个省(区)未设收容教育所。一些保留下来的收容教育所,被收容人数也已经极少。[①]

至于收容教育制度所要实现的教育功能和公共卫生功能,有学者经过实证分析,认为收容教育对卖淫嫖娼人员的教育挽救功能是有限的,对于遏制卖淫嫖娼的作用也很有限,检查治疗性病的功能则不必通过收容教育实现。[②]

既然收容教育制度在实践中的适用率极低,说明执行机关实际上较难有动力去执行该种制度,其实施的积极性不高。既然其教育功能和公共卫生功能亦并非行之有效,那么,从公正政策层面,继续维持收容教育制度的存在,似乎也不具有必要性。

---

①②　参见何海波:《论收容教育》,载《中外法学》2015 年第 2 期。

四、已有法律替代其发挥作用

2005 年 8 月 28 日,全国人大常委会颁布了《中华人民共和国治安管理处罚法》,该法第三章"违反治安管理的行为和处罚"已经将卖淫嫖娼行为列为"妨害社会管理的行为"并予以处罚。2005 年《治安管理处罚法》第六十六条规定:"卖淫、嫖娼的,处十日以上十五日以下拘留,可以并处五千元以下罚款;情节较轻的,处五日以下拘留或者五百元以下罚款。在公共场所拉客招嫖的,处五日以下拘留或者五百元以下罚款。"第六十七条规定:"引诱、容留、介绍他人卖淫的,处十日以上十五日以下拘留,可以并处五千元以下罚款;情节较轻的,处五日以下拘留或者五百元以下罚款。"《治安管理处罚法》对卖淫、嫖娼、引诱、容留、介绍他人卖淫的行为,都规定了相应的行政处罚措施。从实体事项上看,该法对卖淫嫖娼处以行政拘留、罚款的行政处罚,处罚力度具有一定的相称性,基本符合此类违法行为的社会危害性特征,更加符合比例原则。从程序事项上看,该法对处罚程序作了比较具体的规定,对于适用行政拘留、罚款,而非较长时间的剥夺人身自由的处罚结果来说,其处罚程序也相对比较适当。既然《治安管理处罚法》对卖淫嫖娼行为的行政处罚作了规定,而且无论是实体的处罚结果,还是处罚程序,都比较适当,那么实际上可以用该法律替代收容教育制度以发挥作用。

第三节　我国收容教育制度的立法改革内容

一、废止收容教育制度

2019 年,全国人大常委会通过的《关于废止有关收容教育法律规定和制度的决定》第一条明确规定："废止《全国人民代表大会常务委员会关于严禁卖淫嫖娼的决定》第四条第二款、第四款，以及据此实行的收容教育制度。"关于废止收容教育制度后的相关工作如何处理的问题，其第二条规定："在收容教育制度废止前，依法作出的收容教育决定有效；收容教育制度废止后，对正在被依法执行收容教育的人员，解除收容教育，剩余期限不再执行。"

二、相关法规规章的清理工作

全国人大常委会决定废止收容教育制度之后，有关国家机关对与收容教育制度有关的法规、规章和规范性文件等依照法定程序进行了清理，包括废止或者修改等。2020年《国务院关于修改和废止部分行政法规的决定》明确废止了《卖淫嫖娼人员收容教育办法》。

除此之外，具体执行收容教育制度的公安机关，发布了一系列清理收容教育制度有关的规章或者规范性文件的通知。2020年7月，公安部发布了《关于保留废止修改有关收容教育规范性文件的通知》，通知载明："根据第十三届全国人大常委会第十五次会议通过的《全国人民代表大会常务委员会关于废止有关收容教育法律规定和制度的决定》，公安部对有关收容教育的规范性文件进行了清理，决定保留2件，废止3件，修改6件（规范性文件继续有效，其中涉及收容教育的内容废止）。"2020年8月，公安部又公布了《关于废止和修改部分规章的决定》，其第一条规定："废止《收容教育所管理办法》"，并且删去了其他公安部颁布的行政规章中相关条款中含有"收容教育"和"收容教育所"词条的内容。

至此，有关废止收容教育制度的立法改革任务基本完成。

第四节　我国收容教育制度改革后的实施状况

废止收容教育制度，意味着收容教育制度不再实施。但是在我国，卖淫嫖娼仍然是法律规定需要予以处罚的违法行为。在行政法层面，卖淫、嫖娼行为仍然是《治安管理处罚法》明确规定的违法行为。在刑法层面，还规定了组织卖淫、强迫卖淫等罪名，并规定了明确的法定刑，刑法的规定也是遏制卖淫、嫖娼行为的重要手段。[①]因此，在全国人大常委会决定废止收容教育制度之后，一方面，有关国家机关全面清理了关于收容教育制度的行政法规、规章和规范性文件，完成了贯彻实施全国人大常委会废止收容教育制度的决定的任务；另一方面，卖淫嫖娼行为仍然是违法行为，因此，执法机关仍然会依照《治安管理处罚法》对卖淫嫖娼行为进行行政处罚，同时，通过打击组织卖淫、强迫卖淫等犯罪行为，去遏制卖淫嫖娼的行为。

[①] 参见侯朝宣：《废止收育制度：容教我国法治建设的重大进步》，载《中国人大》2020年第4期。

后 记

  《法治与改革:中国的实践》是一本集体撰写的著作。本书是由我作为主持人,于2018年获批的国家社会科学基金重点项目的最终成果。项目名称是"'重大改革于法有据'的理论与实践研究",批准号为18AFX001。经过课题组五年的努力,于2023年10月如期完成课题并顺利结项。结项后,课题组又根据最新的立法和制度变化,对涉及的有关章节内容作了修改和补充。现以《法治与改革:中国的实践》书名,在上海人民出版社正式出版。

  在本书出版之际,我要感谢国家社会科学基金批准本重点项目;感谢参与本书写作的十位课题组成员的精诚合作,使得本课题得以顺利进行并如期完成。在本书出版之前,课题组成员对书稿又不厌其烦地作了数次修改和补充,力求反映出最新的法律和制度变化;感谢上海师范大学蒋传光教授在课题研究过程中给予的大力支持;感谢蔡人俊博士在课题研究过程中在资料方面提供的大力帮助!感谢王奇才博士在课题设计、初稿统稿及书稿统校工作中给予的大力协助!感谢刘振宇博士在课题研究过程所做的组织和协调工作,以及在课题申报和书稿统校工作中给予的大力协助!

最后,感谢上海人民出版社编辑张晓玲女士、冯静女士、宋子莹女士对本书的出版给予的大力支持!

刘作翔

2024 年 3 月 18 日于上海

图书在版编目(CIP)数据

法治与改革:中国的实践/刘作翔等著.—上海:
上海人民出版社,2024
ISBN 978-7-208-18778-8

Ⅰ.①法… Ⅱ.①刘… Ⅲ.①社会主义法治-建设-
研究-中国 Ⅳ.①D920.0

中国国家版本馆 CIP 数据核字(2024)第 093236 号

责任编辑 冯 静 宋子莹
封面设计 一本好书

法治与改革:中国的实践
刘作翔 等 著

出　　版　上海人民出版社
　　　　　　(201101 上海市闵行区号景路 159 弄 C 座)
发　　行　上海人民出版社发行中心
印　　刷　上海商务联西印刷有限公司
开　　本　720×1000 1/16
印　　张　37
插　　页　2
字　　数　466,000
版　　次　2024 年 9 月第 1 版
印　　次　2024 年 9 月第 1 次印刷
ISBN 978-7-208-18778-8/D·4272
定　　价　168.00 元